U0816904

南京大学·大学数学系列

线性代数讲义

江惠坤　邵　荣　范红军　编

科学出版社
北　京

内 容 简 介

本书内容包括行列式、矩阵和向量、线性方程组、矩阵的特征值和特征向量以及矩阵的对角化、实二次型、线性空间与线性变换、内积空间. 本书作为大学数学的教材和参考书, 力求内容系统完整, 叙述简明, 推理详尽, 将抽象理论与具体例子相结合, 便于读者自学. 除系统介绍各个知识点的概念和有关性质以外, 还给出有代表性的例子并配有适量的习题. 附录中提供了计算线性代数问题的 Matlab 实验以及各章部分习题的答案或提示.

本书可用作高等院校非数学专业线性代数课程教材和参考书, 也可供相关人员参考阅读.

图书在版编目(CIP)数据

线性代数讲义/江惠坤, 邵荣, 范红军编. —北京: 科学出版社, 2013

南京大学·大学数学系列

ISBN 978-7-03-037986-3

Ⅰ. ①线… Ⅱ. ①江… ②邵… ③范… Ⅲ. ①线性代数-高等学校-教学参考资料 Ⅳ. ①O151.2

中国版本图书馆 CIP 数据核字 (2013) 第 135995 号

责任编辑: 黄 海 顾 艳/责任校对: 韩 杨
责任印制: 赵 博/封面设计: 许 瑞

科学出版社 出版
北京东黄城根北街 16 号
邮政编码: 100717
http://www.sciencep.com
保定市中画美凯印刷有限公司印刷
科学出版社发行 各地新华书店经销
*
2013 年 6 月第 一 版 开本: 787×1092 1/16
2025 年 2 月第十六次印刷 印张: 15 1/4
字数: 362 000

定价: 49.00 元

(如有印装质量问题, 我社负责调换)

前 言

本书是根据南京大学公共数学第一层次的线性代数教材经多次修改而成. 内容是介绍线性代数的基础理论和基本演算方法，除了涵盖全国研究生入学统一考试对线性代数所要求的全部内容外，还包括线性空间和内积空间的基本内容，以满足对线性代数知识有较高要求的读者之需.

本书作为大学数学的教材和教学参考书，力求内容系统完整，叙述简明，推理详尽，将抽象理论与具体例子相结合，便于读者自学. 除系统介绍各个知识点的概念和有关性质以外，还给出有代表性的例子并配有适量的习题. 全书共分 7 章，前 5 章介绍线性代数的基本内容，第 6、第 7 章介绍抽象性较强的线性空间和内积空间的基本内容。在成书过程中，我们做了如下的考虑和安排：

第 1 章，将二、三阶行列式单列一节，以方便应用. 对 n 阶行列式，我们给出基于余子式和基于逆序数的两种定义，但本书全程采用第一种定义，对各个行列式性质给出了依据第一种定义的详细证明. 第 2 章，系统地介绍了有关矩阵和向量的各种概念、基本运算以及丰富的性质、方法和结果，使之成为研究多元问题的有力的运算工具. 第 3 章，详细地讨论了解一般线性方程组的问题，给出了高斯消元法的矩阵表示，即应用矩阵的 LU 分解去求解线性方程组，还简单介绍了具有实际应用背景的最小二乘法. 第 4 章，详细地讨论了特征值、特征向量、矩阵对角化问题，还介绍了矩阵的奇异值分解和若尔当标准形以及矩阵对角化在解微分方程中的一个应用. 第 5 章，讨论了实二次型的有关内容. 第 6 章，系统介绍了抽象的线性空间和线性变换概念、性质和处理方法. 第 7 章，介绍了内积空间的基本内容, 特别对欧氏空间和酉空间上的重要结果给予以较为详细的讨论. 书后我们给出各章习题的答案或提示，附录中还介绍了应用 Matlab 软件解决线性代数问题的使用方法.

由于水平、能力所限，不当之处在所难免，希望同行、专家和广大读者批评指正.

目　录

第1章　行　列　式

行列式是一个非常有用的数学工具, 不仅在数学的各个分支中要用它, 而且在数学以外的学科也经常用到它. 行列式更是线性代数中的一个基本内容和基本工具. 本章在介绍二、三阶行列式的基础上, 归纳给出一般 n 阶行列式的定义, 讨论行列式的基本性质, 给出它们在解线性方程组中的应用.

1.1　二阶与三阶行列式

本节内容是下一节内容的特例. 鉴于本节内容被应用的频率很高, 所以本书特别将其单独列出, 以应实际需要.

1.1.1　二阶行列式, 二元一次方程组

本节通过解线性方程组引进二阶行列式的概念及应用.

设有二元一次方程组

$$\begin{cases} a_{11}x_1 + a_{12}x_2 = b_1, \\ a_{21}x_1 + a_{22}x_2 = b_2, \end{cases} \tag{1.1}$$

用消元法求解. 为消去未知数 x_2, 两式分别乘以 a_{22}, a_{12} 得

$$\begin{cases} a_{11}a_{22}x_1 + a_{12}a_{22}x_2 = b_1a_{22}, \\ a_{21}a_{12}x_1 + a_{22}a_{12}x_2 = b_2a_{12}, \end{cases}$$

然后两式相减得

$$(a_{11}a_{22} - a_{21}a_{12})x_1 = b_1a_{22} - b_2a_{12}. \tag{1.2}$$

同样, 消去 x_1, 得

$$(a_{11}a_{22} - a_{21}a_{12})x_2 = b_2a_{11} - b_1a_{21}, \tag{1.3}$$

于是, 当 $a_{11}a_{22} - a_{12}a_{21} \neq 0$ 时, 方程组 (1.1) 有唯一的解

$$x_1 = \frac{b_1a_{22} - b_2a_{12}}{a_{11}a_{22} - a_{12}a_{21}}, \qquad x_2 = \frac{b_2a_{11} - b_1a_{21}}{a_{11}a_{22} - a_{12}a_{21}}. \tag{1.4}$$

这就是一般二元线性方程组 (1.1) 的求解公式. 为了便于记忆这个公式, 我们引进新的记号来表示结果 (1.4).

定义 1.1.1 (二阶行列式)　将 4 个可以进行乘法与加法运算的元素 a, b, c, d 排成两行两列, 引用记号

$$\begin{vmatrix} a & b \\ c & d \end{vmatrix} = ad - bc, \tag{1.5}$$

并称之为**二阶行列式**. 行列式也可简记为 Δ、D 等.

从定义可以看出: 二阶行列式实际上是一个算式, 即从左上角到右下角的对角线 (主对角线) 上两元素相乘之后, 减去从右上角到左下角的对角线 (副对角线) 上两元素的乘积, 称之为计算二阶行列式的对角线法则.

注　这里 a, b, c, d 都是数，该行列式的计算结果就是一个数. 例如

$$\begin{vmatrix} 1 & 2 \\ 3 & 4 \end{vmatrix} = 1 \times 4 - 2 \times 3 = -2.$$

这样, 方程组 (1.1) 的求解结果 (1.4) 就有下述便于记忆的形式: 记

$$\Delta = \begin{vmatrix} a_{11} & a_{12} \\ a_{21} & a_{22} \end{vmatrix} = a_{11}a_{22} - a_{12}a_{21},$$

$$\Delta_1 = \begin{vmatrix} b_1 & a_{12} \\ b_2 & a_{22} \end{vmatrix} = b_1a_{22} - a_{12}b_2,$$

$$\Delta_2 = \begin{vmatrix} a_{11} & b_1 \\ a_{21} & b_2 \end{vmatrix} = a_{11}b_2 - b_1a_{21}.$$

当 $\Delta \neq 0$ 时, 则

$$x_1 = \frac{\Delta_1}{\Delta} = \frac{\begin{vmatrix} b_1 & a_{12} \\ b_2 & b_{22} \end{vmatrix}}{\begin{vmatrix} a_{11} & a_{12} \\ a_{21} & a_{22} \end{vmatrix}}, \qquad x_2 = \frac{\Delta_2}{\Delta} = \frac{\begin{vmatrix} a_{11} & b_1 \\ a_{21} & b_2 \end{vmatrix}}{\begin{vmatrix} a_{11} & a_{12} \\ a_{21} & a_{22} \end{vmatrix}}. \tag{1.6}$$

记忆方法:

(1) x_1, x_2 的分母相同, 其行列式由 (1.1) 中未知元系数按其原有的相对位置排成, 称为方程组 (1.1) 的系数行列式.

(2) x_1, x_2 的分子不同, 分别是把分母行列式中 x_1, x_2 的系数所在位置换成两个常数项, 并保持两数原有的上、下相对位置.

公式 (1.6) 要求 $\Delta \neq 0$, 当 $\Delta = 0$ 情形又如何呢? 式 (1.2) 和 (1.3) 可以写为

$$x_1\Delta = \Delta_1, \quad x_2\Delta = \Delta_2.$$

如果 $\Delta = 0$, 而 Δ_1, Δ_2 不都为零, 则无论 x_1 和 x_2 取什么值, 上面两式都不能同时成立, 故此时方程组 (1.1) 无解.

如果 $\Delta = \Delta_1 = \Delta_2 = 0$, 即同时成立

$$a_{11}a_{22} - a_{12}a_{21} = 0, \quad b_1a_{22} - b_2a_{12} = 0, \quad b_2a_{11} - b_1a_{21} = 0.$$

于是

$$\frac{a_{11}}{a_{21}} = \frac{a_{12}}{a_{22}} = \frac{b_1}{b_2}.$$

因而方程组 (1.1) 中的一个方程可由另一个方程乘以适当常数得到, 两个方程实质上成了一个方程, 但未知数却是两个, 因而方程组有无穷多组解.

综上所述, 可得

定理 1.1.1 对方程组 (1.1) 有如下结论:

(1) 若 $\Delta \neq 0$, 则方程组 (1.1) 有唯一的解: $x_1 = \dfrac{\Delta_1}{\Delta},\ \ x_2 = \dfrac{\Delta_2}{\Delta}$.

(2) 若 $\Delta = 0$, 但 Δ_1, Δ_2 不全为零, 则方程组 (1.1) 无解.

(3) 若 $\Delta = \Delta_1 = \Delta_2 = 0$, 则方程组 (1.1) 有无穷多组解.

例 1.1.1 解方程组

$$\begin{cases} x_1 + x_2 = 3, \\ x_1 - 3x_2 = -1. \end{cases}$$

解 因系数行列式

$$\Delta = \begin{vmatrix} 1 & 1 \\ 1 & -3 \end{vmatrix} = -3 - 1 = -4 \neq 0.$$

故方程组有唯一的一组解:

$$x_1 = \frac{1}{\Delta}\begin{vmatrix} 3 & 1 \\ -1 & -3 \end{vmatrix} = \frac{-8}{-4} = 2, \qquad x_2 = \frac{1}{\Delta}\begin{vmatrix} 1 & 3 \\ 1 & -1 \end{vmatrix} = \frac{-4}{-4} = 1.$$ □

例 1.1.2 解方程组

$$\begin{cases} x_1 + 2x_2 + 1 = 0, \\ 2x_1 + 4x_2 + 2 = 0. \end{cases}$$

解

$$\Delta = \begin{vmatrix} 1 & 2 \\ 2 & 4 \end{vmatrix} = 0, \qquad \Delta_1 = \begin{vmatrix} -1 & 2 \\ -2 & 4 \end{vmatrix} = 0, \qquad \Delta_2 = \begin{vmatrix} 1 & -1 \\ 2 & -2 \end{vmatrix} = 0,$$

故方程组有无穷多组解. 实际上, 方程组只含有一个方程 $x_1 + 2x_2 = -1$. 由此可知, 方程的解可表为 $x_1 = -(2x_2 + 1), x_2$ 可取任意值. □

例 1.1.3 讨论方程组

$$\begin{cases} 3x_1 + 5x_2 = 4, \\ 6x_1 + 10x_2 = 2, \end{cases}$$

是否有解.

解

$$\Delta = \begin{vmatrix} 3 & 5 \\ 6 & 10 \end{vmatrix} = 0, \qquad \Delta_1 = \begin{vmatrix} 4 & 5 \\ 2 & 10 \end{vmatrix} = 30 \neq 0.$$

可见方程组无解. 事实上第一个方程与第二个方程是矛盾的. □

含有矛盾的方程的方程组称为**不相容的方程组**.

1.1.2 三阶行列式

现在我们来推广 1.1.1 的结果

定义 1.1.2(三阶行列式)　设有 9 个可以进行乘法和加法运算的元素排成三行三列，引用记号

$$\begin{vmatrix} a_{11} & a_{12} & a_{13} \\ a_{21} & a_{22} & a_{23} \\ a_{31} & a_{32} & a_{33} \end{vmatrix} = \begin{aligned} & a_{11}a_{22}a_{33}+a_{12}a_{23}a_{31}+a_{13}a_{21}a_{32}- \\ & -a_{13}a_{22}a_{31}-a_{12}a_{21}a_{33}-a_{11}a_{23}a_{32}, \end{aligned} \tag{1.7}$$

并称之为**三阶行列式**，其中 $a_{ij}(i,j=1,2,3)$ 为该行列式的元素.

上述定义表明三阶行列式是由 6 个积的代数和构成, 每项都是不同行不同列的 3 个元素的乘积, 这 6 项及所带的符号可按下图所示对角线法则记忆:

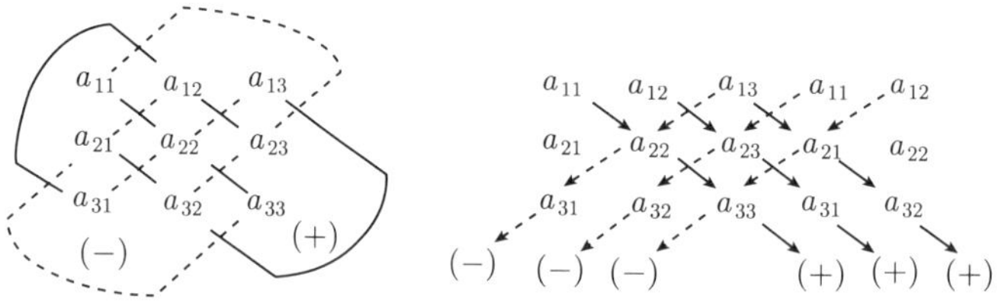

凡用实线连接的三个数的积, 均冠以正号, 凡以虚线相连的三个数的积, 均冠以负号.

例如:

$$\begin{aligned} & \begin{vmatrix} 1 & 0 & 2 \\ -1 & 2 & 3 \\ 2 & -2 & 1 \end{vmatrix} \\ = & 1\cdot 2\cdot 1+0\cdot 3\cdot 2+2\cdot(-1)\cdot(-2)-2\cdot 2\cdot 2-0\cdot(-1)\cdot 1-1\cdot 3\cdot(-2) \\ = & 2+0+4-8+0+6=4. \end{aligned}$$

利用二阶行列式的定义, (1.7) 的右端可以变形为

$$\begin{aligned} & a_{11}a_{22}a_{33}+a_{12}a_{23}a_{31}+a_{13}a_{21}a_{32}-a_{13}a_{22}a_{31}-a_{12}a_{21}a_{33}-a_{11}a_{23}a_{32} \\ = & a_{11}(a_{22}a_{33}-a_{23}a_{32})-a_{12}(a_{21}a_{33}-a_{23}a_{31})+a_{13}(a_{21}a_{32}-a_{22}a_{31}) \\ = & a_{11}\begin{vmatrix} a_{22} & a_{23} \\ a_{32} & a_{33} \end{vmatrix}-a_{12}\begin{vmatrix} a_{21} & a_{23} \\ a_{31} & a_{33} \end{vmatrix}+a_{13}\begin{vmatrix} a_{21} & a_{22} \\ a_{31} & a_{32} \end{vmatrix}. \end{aligned}$$

因此上述三阶行列式的值, 也可以表示为

$$\begin{vmatrix} a_{11} & a_{12} & a_{13} \\ a_{21} & a_{22} & a_{23} \\ a_{31} & a_{32} & a_{33} \end{vmatrix} = a_{11}\begin{vmatrix} a_{22} & a_{23} \\ a_{32} & a_{33} \end{vmatrix}-a_{12}\begin{vmatrix} a_{21} & a_{23} \\ a_{31} & a_{33} \end{vmatrix}+a_{13}\begin{vmatrix} a_{21} & a_{22} \\ a_{31} & a_{32} \end{vmatrix}. \tag{1.8}$$

用公式 (1.8) 计算三阶行列式的值称为按行列式的第一行展开. **其规则是**: 首先式 (1.8) 右端的三项是三阶行列式中第一行的三个元素 $a_{1j}(j=1,2,3)$ 分别乘以一个二阶行列式, 而这个二阶行列式是划去该元素所在的行与所在的列后留下的 4 个元素保持原有相对位置所组成; 其次, 每一项之前都要乘以 $(-1)^{1+j}$, 而 1 和 j 是 a_{1j} 的行标和列标. 例如

$$\begin{vmatrix} 1 & 0 & 2 \\ -1 & 2 & 3 \\ 2 & -2 & 1 \end{vmatrix} = 1\cdot\begin{vmatrix} 2 & 3 \\ -2 & 1 \end{vmatrix} - 0\cdot\begin{vmatrix} -1 & 3 \\ 2 & 1 \end{vmatrix} + 2\begin{vmatrix} -1 & 2 \\ 2 & -2 \end{vmatrix} = 8-4=4.$$

两种算法算出的结果相同.

类似地, 三阶行列式的值可以按第三行展开:

$$\begin{vmatrix} a_{11} & a_{12} & a_{13} \\ a_{21} & a_{22} & a_{23} \\ a_{31} & a_{32} & a_{33} \end{vmatrix} = a_{31}\begin{vmatrix} a_{12} & a_{13} \\ a_{22} & a_{23} \end{vmatrix} - a_{32}\begin{vmatrix} a_{11} & a_{13} \\ a_{21} & a_{23} \end{vmatrix} + a_{33}\begin{vmatrix} a_{11} & a_{12} \\ a_{21} & a_{22} \end{vmatrix}.$$

读者不妨验证计算行列式的值是可以按任何一行或任何一列展开.

以下给出的是空间解析几何中用到的三阶行列式的四条基本性质:

(i) 若行列式的某两行 (列) 的对应元素成比例，则该行列式的值为 0.

(ii) 若行列式的某一行拆成两行元素之和，则该行列式可拆成两个行列式之和. 例如:

$$\begin{vmatrix} a_{11}+a'_{11} & a_{12}+a'_{12} & a_{13}+a'_{13} \\ a_{21} & a_{22} & a_{23} \\ a_{31} & a_{32} & a_{33} \end{vmatrix}$$

$$= \begin{vmatrix} a_{11} & a_{12} & a_{13} \\ a_{21} & a_{22} & a_{23} \\ a_{31} & a_{32} & a_{33} \end{vmatrix} + \begin{vmatrix} a'_{11} & a'_{12} & a'_{13} \\ a_{21} & a_{22} & a_{23} \\ a_{31} & a_{32} & a_{33} \end{vmatrix}.$$

(iii) 行列式中任一行的公因子可以提出成为该行列式的因子. 例如:

$$\lambda\begin{vmatrix} a_{11} & a_{12} & a_{13} \\ a_{21} & a_{22} & a_{23} \\ a_{31} & a_{32} & a_{33} \end{vmatrix} = \begin{vmatrix} \lambda a_{11} & \lambda a_{12} & \lambda a_{13} \\ a_{21} & a_{22} & a_{23} \\ a_{31} & a_{32} & a_{33} \end{vmatrix}.$$

(iv) 两行 (列) 元素交换后，行列式的值差一个负号. 例如:

$$\begin{vmatrix} a_{11} & a_{12} & a_{13} \\ a_{21} & a_{22} & a_{23} \\ a_{31} & a_{32} & a_{33} \end{vmatrix} = -\begin{vmatrix} a_{21} & a_{22} & a_{23} \\ a_{11} & a_{12} & a_{13} \\ a_{31} & a_{32} & a_{33} \end{vmatrix}.$$

现在, 将三阶行列式应用于三元一次方程组

$$\begin{cases} a_{11}x_1 + a_{12}x_2 + a_{13}x_3 = b_1, \\ a_{21}x_1 + a_{22}x_2 + a_{23}x_3 = b_2, \\ a_{31}x_1 + a_{32}x_2 + a_{33}x_3 = b_3. \end{cases} \tag{1.9}$$

记

$$\Delta = \begin{vmatrix} a_{11} & a_{12} & a_{13} \\ a_{21} & a_{22} & a_{23} \\ a_{31} & a_{32} & a_{33} \end{vmatrix}$$

称为方程组 (1.9) 的系数行列式. 类似于二元一次方程组, 在 (1.9) 的 3 个方程中, 以常数项 b_1, b_2, b_3 分别代替 x_1, x_2, x_3 的系数得到行列式:

$$\Delta_1 = \begin{vmatrix} b_1 & a_{12} & a_{13} \\ b_2 & a_{22} & a_{23} \\ b_3 & a_{32} & a_{33} \end{vmatrix}, \quad \Delta_2 = \begin{vmatrix} a_{11} & b_1 & a_{13} \\ a_{21} & b_2 & a_{23} \\ a_{31} & b_3 & a_{33} \end{vmatrix}, \quad \Delta_3 = \begin{vmatrix} a_{11} & a_{12} & b_1 \\ a_{21} & a_{22} & b_2 \\ a_{31} & a_{32} & b_3 \end{vmatrix}.$$

有如下结论:

定理 1.1.2　*对方程组 (1.9), 有*

(1) 若 $\Delta \neq 0$, 则方程组 (1.9) 有唯一解 $x_1 = \dfrac{\Delta_1}{\Delta}, x_2 = \dfrac{\Delta_2}{\Delta}, x_3 = \dfrac{\Delta_3}{\Delta}$.

(2) 若 $\Delta = 0$, 而 $\Delta_1, \Delta_2, \Delta_3$ 不全为 0, 则方程组 (1.9) 无解.

(3) 若 $\Delta = \Delta_1 = \Delta_2 = \Delta_3 = 0$, 则方程组 (1.9) 可能无解也可能有无穷多组解.

例 1.1.4　解三元线性方程组

$$\begin{cases} 2x_1 - 4x_2 + x_3 = 1, \\ x_1 - 5x_2 + 3x_3 = 2, \\ x_1 - x_2 + x_3 = -1. \end{cases}$$

解　因系数行列式

$$\Delta = \begin{vmatrix} 2 & -4 & 1 \\ 1 & -5 & 3 \\ 1 & -1 & 1 \end{vmatrix} = -8 \neq 0,$$

故方程组有唯一解:

$$x_1 = \frac{\Delta_1}{\Delta} = \frac{1}{\Delta}\begin{vmatrix} 1 & -4 & 1 \\ 2 & -5 & 3 \\ -1 & -1 & 1 \end{vmatrix} = -\frac{11}{8},$$

$$x_2 = \frac{\Delta_2}{\Delta} = \frac{1}{\Delta}\begin{vmatrix} 2 & 1 & 1 \\ 1 & 2 & 3 \\ 1 & -1 & 1 \end{vmatrix} = -\frac{9}{8},$$

$$x_3 = \frac{\Delta_3}{\Delta} = \frac{1}{\Delta}\begin{vmatrix} 2 & -4 & 1 \\ 1 & -5 & 2 \\ 1 & -1 & -1 \end{vmatrix} = -\frac{3}{4}.$$

□

例 1.1.5　解三元线性方程组

$$\begin{cases} x_1 + 2x_2 + x_3 = 1, \\ 2x_1 + 4x_2 + 2x_3 = 2, \\ 3x_1 + 6x_2 + 3x_3 = 3. \end{cases}$$

解　显然, 4 个行列式均为零, 即 $\Delta = \Delta_1 = \Delta_2 = \Delta_3 = 0$. 而方程组与方程 $x_1 + 2x_2 + x_3 = 1$ 同解, 因此原方程组有无穷多组解, 其解可表示为: $x_1 = 1 - 2x_2 - x_3$, 其中 x_2, x_3 可取任意值. □

例 1.1.6　解三元线性方程组

$$\begin{cases} x_1+2x_2+x_3=0, \\ x_1+2x_2+x_3=1, \\ x_1+2x_2+x_3=2. \end{cases}$$

解　易知系数行列式

$$\Delta=\begin{vmatrix} 1 & 2 & 1 \\ 1 & 2 & 1 \\ 1 & 2 & 1 \end{vmatrix}=0,$$

且

$$\Delta_1=\begin{vmatrix} 0 & 2 & 1 \\ 1 & 2 & 1 \\ 2 & 2 & 1 \end{vmatrix}=0,\quad \Delta_2=\begin{vmatrix} 1 & 0 & 1 \\ 1 & 1 & 1 \\ 1 & 2 & 1 \end{vmatrix}=0,\quad \Delta_3=\begin{vmatrix} 1 & 2 & 0 \\ 1 & 2 & 1 \\ 1 & 2 & 2 \end{vmatrix}=0.$$

但该方程组无解, 因为方程组的三个方程是矛盾的. □

注　这个例子说明, 三元线性方程组与二元线性方程组的情况不同! 它不能用四个行列式的值都为零去判定方程组有无穷多组解. 本书将在第 3 章中详细讨论判定 n 元线性方程组有解无解的一般方法.

显然可以看出, 对于未知数个数等于方程个数的二、三元线性方程组利用行列式这个工具来求解 (如果有解) 十分简便, 结果也容易记忆. 我们自然联想到对未知数个数等于方程个数的 n 元 $(n>3)$ 线性方程组的求解, 是否也有类似的结果呢? 直接检验便可发现: 四阶和四阶以上的行列式如果沿用 "对角线法则" 来定义, 那么, 它们将失去二阶和三阶行列式的主要性质, 也没有类似于二阶、三阶行列式的应用 (二、三元线性方程组的求解公式). 但可以用按行 (或列) 展开的方法来定义更高阶的行列式. 下面我们用递归方法给出 n 阶行列式的定义并讨论它们的一般性质和应用.

1.2　n 阶行列式

1.2.1　n 阶行列式的定义

定义 1.2.1 (n 阶行列式)　设有 n^2 个可以进行加法和乘法运算的元素排成 n 行 n 列, 引用记号

$$D_n=\begin{vmatrix} a_{11} & a_{12} & \cdots & a_{1n} \\ a_{21} & a_{22} & \cdots & a_{2n} \\ \vdots & \vdots & & \vdots \\ a_{n1} & a_{n2} & \cdots & a_{nn} \end{vmatrix},$$

称它为n **阶行列式**，它是一个算式，有时也用记号 $|a_{ij}|_{n\times n}$ 表示这个 n 阶行列式. 其中 $a_{ij}(i,j=1,2,\cdots,n)$ 称为该行列式的元素，其第一个足标 i 表示该元素在第 i 行，其第二个足标 j 表示该元素在第 j 列. 在本课程中，行列式的元素都是数 (实数或复数)，这时行列式是一个数值，该数值可归纳定义如下:

当 $n=1$ 时, 一阶行列式的值定义为 $D_1=\det(a_{11})=a_{11}$. 当 $n\geqslant 2$ 时,

$$D_n=a_{11}A_{11}+a_{12}A_{12}+\cdots+a_{1n}A_{1n}=\sum_{j=1}^{n}a_{1j}A_{1j}. \tag{1.10}$$

其中

$$A_{ij}=(-1)^{i+j}M_{ij},$$

而

$$M_{ij}=\begin{vmatrix} a_{11} & \cdots & a_{1,j-1} & a_{1,j+1} & \cdots & a_{1n} \\ \vdots & & \vdots & \vdots & & \vdots \\ a_{i-1,1} & \cdots & a_{i-1,j-1} & a_{i-1,j+1} & \cdots & a_{i-1,n} \\ a_{i+1,1} & \cdots & a_{i+1,j-1} & a_{i+1,j+1} & \cdots & a_{i+1,n} \\ \vdots & & \vdots & \vdots & & \vdots \\ a_{n1} & \cdots & a_{n,j-1} & a_{n,j+1} & \cdots & a_{nn} \end{vmatrix}.$$

并称 M_{ij} 为元素 a_{ij} 的**余子式**, A_{ij} 为元素 a_{ij} 的**代数余子式**. 显然 M_{ij} 为一个 $n-1$ 阶的行列式, 它是在 D_n 中划去元素 a_{ij} 所在的第 i 行和第 j 列后得到的一个行列式.

由于 M_{1j} 是划去 D_n 中第一行元素 a_{1j} 所在行与列的元素后得到的余子式 $(j=1,2,\cdots,n)$, 因而 A_{1j} 是 D_n 的第一行诸元素 a_{1j} 所对应的代数余子式. 按这一规则求行列式的值, 我们也称式 (1.10) 为行列式 D_n**按第一行的展开式**, 即行列式值等于它的第一行诸元素与其对应的代数余子式的乘积之和.

今后, 用 A、B、C 等大写字母表示行列式 (1.10), 也表示它的值. 例如,

$$A=\sum_{j=1}^{n}a_{1j}A_{1j}=\sum_{j=1}^{n}(-1)^{1+j}a_{1j}M_{1j}\quad (n>1).$$

从定义 1.2.1 可见, 行列式这个算式是由 n^2 个元素 $a_{ij}(i,j=1,2,\cdots,n)$ 的若干乘积构成的代数和式. 与二、三阶行列式类似, n 阶行列式的展开式 (1.10) 中共有 $n!$ 项, 每一项都是 D_n 的不同行不同列的 n个元素的乘积, 并且在所有的 n 项中, 带正号的项和带负号的项各占一半 ($\frac{n!}{2}$, 可根据定义, 用数学归纳法证明, 留给读者).

定义 1.2.1 是基于"余子式"的一种行列式定义, 下面介绍与之等价的基于"逆序数"的另一种行列式定义. 先介绍逆序数的概念.

把 $1,2,\cdots,n$ 这 n 个自然数按任意固定的顺序排成一排, 每一种这样的排法称作一个n**元排列**. 显然, 这 n 个数共有 $n!$ 个 n 元排列. 按照自然顺序排成的排列 $1,2,\cdots,n$ 称为**自然排列**. 如果在排列 $s_1,s_2,\cdots,s_n$ 中有 s_i 排在 s_j 的前面, 但 $s_i>s_j$, 则这一对数与自然排列的顺序相反, 我们称这一对数 s_i,s_j 是排列 $s_1,s_2,\cdots,s_n$ 的一个**逆序**. 一个排列中的所有逆序的个数称为这个排列的**逆序数**. 排列 $s_1,s_2,\cdots,s_n$ 的逆序数记为 $\tau(s_1,s_2,\cdots,s_n)$. 于是有

$\tau(1,2,\cdots,n)=0$,

$\tau(s_1,s_2,\cdots,s_n)=$ (s_1 后面比s_1 小的数的个数) + (s_2 后面比s_2 小的数的个数) + $\cdots$ + (s_{n-1} 后面比s_{n-1} 小的数的个数). 例如,

$\tau(1,4,3,2)=3, \tau(4,3,2,1)=6,\ \tau(n,n-1,\cdots,2,1)=\dfrac{n(n-1)}{2}.$

定义 1.2.2 (基于逆序数的 n 阶行列式) 设有 n^2 个可以进行加法和乘法运算的元素排成 n 行 n 列，引用记号

$$D_n=\begin{vmatrix} a_{11} & a_{12} & \cdots & a_{1n} \\ a_{21} & a_{22} & \cdots & a_{2n} \\ \vdots & \vdots & & \vdots \\ a_{n1} & a_{n2} & \cdots & a_{nn} \end{vmatrix},$$

称它为n **阶行列式**，它是一个算式，其结果定义为

$$D_n=\sum_{s_1,s_2,\cdots,s_n}(-1)^{\tau(s_1,s_2,\cdots,s_n)}a_{1s_1}a_{2s_2}\cdots a_{ns_n}.$$

其中，$s_1,s_2,\cdots,s_n$ 取遍 $1,2,\cdots,n$ 的所有 n 元排列，$\sum$ 是对这 $n!$ 个排列求和. 容易发现，和式中的 $n!$ 项在不计正负号的情况下，其实是取遍在不同行不同列的 n 个元素的乘积.

可以证明定义1.2.2 与定义1.2.1 是等价的，但需要较多篇幅，此处从略. 本书全程采用基于“余子式”的行列式定义.

例 1.2.1 计算四阶行列式

$$\begin{vmatrix} -2 & 2 & 3 & 0 \\ 0 & -1 & 0 & 1 \\ 1 & 3 & 4 & -2 \\ -1 & 1 & 2 & 3 \end{vmatrix}$$

之值.

解 按定义 1.2.1

$$\begin{aligned} A=&-2\times(-1)^{1+1}\begin{vmatrix} -1 & 0 & 1 \\ 3 & 4 & -2 \\ 1 & 2 & 3 \end{vmatrix}+2\times(-1)^{1+2}\begin{vmatrix} 0 & 0 & 1 \\ 1 & 4 & -2 \\ -1 & 2 & 3 \end{vmatrix}\\ &+3\times(-1)^{1+3}\begin{vmatrix} 0 & -1 & 1 \\ 1 & 3 & -2 \\ -1 & 1 & 3 \end{vmatrix}+0\times(-1)^{1+4}\begin{vmatrix} 0 & -1 & 0 \\ 1 & 3 & 4 \\ -1 & 1 & 2 \end{vmatrix}\\ =&28-12+15=31. \end{aligned}$$

□

例 1.2.2 以下行列式称为下三角行列式 (当 $i<j$ 时, $a_{ij}=0$, 即主对角线上方的元素全为 0), 按定义计算其值

$$A=\begin{vmatrix} a_{11} & 0 & 0 & \cdots & 0 \\ a_{21} & a_{22} & 0 & \cdots & 0 \\ a_{31} & a_{32} & a_{33} & \cdots & 0 \\ \vdots & \vdots & \vdots & & \vdots \\ a_{n1} & a_{n2} & a_{n3} & \cdots & a_{nn} \end{vmatrix}.$$

解

$$A=a_{11}\begin{vmatrix} a_{22} & 0 & \cdots & 0 \\ a_{32} & a_{33} & \cdots & 0 \\ \vdots & \vdots & & \vdots \\ a_{n2} & a_{n3} & \cdots & a_{nn} \end{vmatrix}=a_{11}a_{22}\begin{vmatrix} a_{33} & \cdots & 0 \\ \vdots & & \vdots \\ a_{n3} & \cdots & a_{nn} \end{vmatrix}$$
$$=\cdots=a_{11}a_{22}a_{33}\cdots a_{nn}.$$

□

同样可计算上三角行列式 (当 $i>j$ 时, $a_{ij}=0$, 即主对角线下方的元素全为 0)

$$\begin{vmatrix} a_{11} & a_{12} & \cdots & a_{1n} \\ 0 & a_{22} & \cdots & a_{2n} \\ \vdots & \vdots & & \vdots \\ 0 & 0 & \cdots & a_{nn} \end{vmatrix}=a_{11}a_{22}\cdots a_{nn}.$$

特别地, 对角行列式 (当 $i\neq j$ 时, $a_{ij}=0$, 即主对角线以外的元素全为 0)

$$\begin{vmatrix} a_{11} & 0 & \cdots & 0 \\ 0 & a_{22} & \cdots & 0 \\ 0 & & \ddots & 0 \\ 0 & & 0 & a_{nn} \end{vmatrix}=a_{11}a_{22}\cdots a_{nn}.$$

由此可知三角行列式的值为主对角线上元素的乘积.

对一般行列式, 按照行列式的递推定义来计算通常是很烦琐甚至是不可行的. 因此我们有必要讨论行列式的性质, 利用这些性质去简化计算.

定义 1.2.3(转置行列式)　设

$$A=\begin{vmatrix} a_{11} & a_{12} & \cdots & a_{1n} \\ a_{21} & a_{22} & \cdots & a_{2n} \\ \vdots & \vdots & & \vdots \\ a_{n1} & a_{n2} & \cdots & a_{nn} \end{vmatrix},\qquad A'=\begin{vmatrix} a_{11} & a_{21} & \cdots & a_{n1} \\ a_{12} & a_{22} & \cdots & a_{n2} \\ \vdots & \vdots & & \vdots \\ a_{1n} & a_{2n} & \cdots & a_{nn} \end{vmatrix}.$$

我们称 A' 为行列式 A 的**转置行列式**. 显然, A' 是行列式 A 的行与列互换之后所得的行列式. 通常 A 的转置行列式也用 A^{T} 来表示.

1.2.2　n 阶行列式的性质

定理 1.2.1　行列式与它的转置行列式的值相等.

证明　先证明行列式可以按它的第一列展开，即设 $A=|a_{ij}|_{n\times n}$，证明 $A=\sum\limits_{i=1}^{n}a_{i1}A_{i1}$.

事实上，我们可以对行列式的阶 n 用归纳法. $n=2$ 时结论显然成立；现假设结论对 $n-1$ 阶行列式都成立，考察

$$A=a_{11}M_{11}+\sum_{k=2}^{n}a_{1k}(-1)^{1+k}M_{1k},\tag{1.11}$$

其中 M_{1k} 是 a_{1k} 的余子式. 由归纳假设, $M_{1k}(k=2,3,\cdots,n)$ 可以按第一列展开，记 M_{1k} 中 $a_{i1}(i=2,3,\cdots,n)$ 的代数余子式为 $(-1)^{(i-1)+1}M_{1k,i1}$, 代入 (1.11) 得

$$A=a_{11}M_{11}+\sum_{k=2}^{n}\sum_{i=2}^{n}a_{1k}a_{i1}(-1)^{i+k+1}M_{1k,i1}. \tag{1.12}$$

现在把 A 按它的第一列形式展开为

$$A=\sum_{i=1}^{n}a_{i1}A_{i1}=a_{11}M_{11}+\sum_{i=2}^{n}a_{i1}(-1)^{i+1}M_{i1}, \tag{1.13}$$

并将 $M_{i1}(i=2,3,\cdots,n)$ 按它的第一行展开，记 M_{i1} 中 $a_{1k}(k=2,3,\cdots,n)$ 的代数余子式为 $(-1)^{(k-1)+1}M_{i1,1k}$, 代入 (1.13) 得

$$\begin{aligned}\sum_{i=1}^{n}a_{i1}A_{i1}&=a_{11}M_{11}+\sum_{i=2}^{n}a_{i1}(-1)^{i+1}\sum_{k=2}^{n}a_{1k}(-1)^{(k-1)+1}M_{i1,1k}\\&=a_{11}M_{11}+\sum_{i=2}^{n}\sum_{k=2}^{n}a_{i1}a_{1k}(-1)^{i+k+1}M_{i1,1k}.\end{aligned} \tag{1.14}$$

注意到 $M_{i1,1k}=M_{1k,i1}$, 其中 $M_{1k,i1}$ 是余子式 M_{1k} 中元素 $a_{i1}(i=2,3,\cdots,n)$ 的余子式. 比较 (1.12) 与 (1.14) 即得 $A=\sum\limits_{i=1}^{n}a_{i1}A_{i1}$, 即证得 A 可按它的第一列展开.

再证 $A=A'$.

仍然对行列式的阶应用归纳法. $n=2$ 时, $A=A'$ 显然成立. 假设 $A=A'$ 对 $n-1$ 阶行列式成立，对 n 阶行列式，将 A' 按它的第一行展开:

$$A'=a_{11}N_{11}+\sum_{i=2}^{n}a_{i1}(-1)^{i+1}N_{1i},$$

其中 $N_{1i}(i=1,2,\cdots,n)$ 为 A' 划去第一行与第 i 列后的子行列式. 由归纳法的假设, $N_{1i}=N'_{1i}\ (i=1,2,\cdots,n)$, 而 $N'_{1i}=M_{i1}(i=1,2,\cdots,n)$, 于是有

$$A'=a_{11}N'_{11}+\sum_{i=2}^{n}a_{i1}(-1)^{i+1}N'_{1i}=a_{11}M_{11}+\sum_{i=2}^{n}a_{i1}(-1)^{i+1}M_{i1}.$$

上式右边正是 A 按它的第一列展开的表达式. 从而 $A=A'$ 对一切 n 阶行列式都成立. □

注　由定理 1.2.1 可知，行列式对行所具有的性质同样适用于列，反之也是.

定理 1.2.2　对调两行 (列) 的位置, 行列式的值相差一个负号, 即

$$\begin{vmatrix}a_{11}&a_{12}&\cdots&a_{1n}\\\vdots&\vdots&&\vdots\\a_{i1}&a_{i2}&\cdots&a_{in}\\\vdots&\vdots&&\vdots\\a_{j1}&a_{j2}&\cdots&a_{jn}\\\vdots&\vdots&&\vdots\\a_{n1}&a_{n2}&\cdots&a_{nn}\end{vmatrix}=-\begin{vmatrix}a_{11}&a_{12}&\cdots&a_{1n}\\\vdots&\vdots&&\vdots\\a_{j1}&a_{j2}&\cdots&a_{jn}\\\vdots&\vdots&&\vdots\\a_{i1}&a_{i2}&\cdots&a_{in}\\\vdots&\vdots&&\vdots\\a_{n1}&a_{n2}&\cdots&a_{nn}\end{vmatrix}.$$

证明　分三种情况讨论:

情况 1: 第一行与第二行交换. 设 $A=|a_{ij}|_{n\times n}, B$ 为将 A 的第一行与第二行交换后所得行列式. 按定义将 A 展开,

$$A=\sum_{k=1}^{n}a_{1k}A_{1k}.$$

对 M_{1k} 按第一行展开，写为

$$M_{1k}=\sum_{i=1}^{k-1}a_{2i}(-1)^{i+1}M_{1k,2i}+\sum_{i=k+1}^{n}a_{2i}(-1)^{i}M_{1k,2i}.$$

其中 $M_{1k,2i}(i\neq k)$ 是 M_{1k} 中元素 a_{2i} 的余子式，将 M_{1k} 的表示式代入 A 的展开式得

$$A=\sum_{k=1}^{n}\sum_{i=1}^{k-1}a_{2i}a_{1k}(-1)^{i+k}M_{1k,2i}+\sum_{k=1}^{n}\sum_{i=k+1}^{n}a_{2i}a_{1k}(-1)^{i+k+1}M_{1k,2i}.$$

另一方面，按定义将 B 展开,

$$B=\sum_{i=1}^{n}a_{2i}(-1)^{1+i}M_{2i}.$$

对 M_{2i} 按第一行展开，写为

$$M_{2i}=\sum_{k=1}^{i-1}a_{1k}(-1)^{k+1}M_{2i,1k}+\sum_{k=i+1}^{n}a_{1k}(-1)^{k}M_{2i,1k}.$$

其中 $M_{2i,1k}(i\neq k)$ 是 M_{2i} 中元素 a_{1k} 的余子式，将 M_{2i} 的表示式代入 B 的展开式得

$$B=\sum_{i=1}^{n}\sum_{k=1}^{i-1}a_{1k}a_{2i}(-1)^{i+k}M_{2i,1k}+\sum_{i=1}^{n}\sum_{k=i+1}^{n}a_{1k}a_{2i}(-1)^{i+k+1}M_{2i,1k}.$$

由于 $M_{2i,1k}=M_{1k,2i}$, 比较 A 与 B 右端的 $a_{1k}a_{2i}$ (分$k<i$与$k>i$) 的系数，它们恰好差一个负号. 于是得 $A=-B$.

情况 2: 任意相邻两行交换. 只要逐次按第一行展开直到余子式的前两行是交换行，利用情况 1 的结果即得所需结论.

情况 3: 任意两行交换. 设该两行中间有 k 行，则可经过 $2k+1$ 次相邻行交换回到原行列式的状态. 利用情况 2 的结果，两行交换后的行列式与原行列式相差 $(-1)^{2k+1}=-1$ 倍，即为所需结论. □

由定理 1.2.2 易得

推论 1.2.3　两行 (列) 相等的行列式的值为 0.

推论 1.2.4　行列式可以按任一行 (列) 展开.

定理 1.2.5　行列式的任一行 (列) 元素的公因子可以提到行列式外面, 即

$$\begin{vmatrix} a_{11} & a_{12} & \cdots & a_{1n} \\ \vdots & \vdots & & \vdots \\ ka_{i1} & ka_{i2} & \cdots & ka_{in} \\ \vdots & \vdots & & \vdots \\ a_{n1} & a_{n2} & \cdots & a_{nn} \end{vmatrix}=k\begin{vmatrix} a_{11} & a_{12} & \cdots & a_{1n} \\ \vdots & \vdots & & \vdots \\ a_{i1} & a_{i2} & \cdots & a_{in} \\ \vdots & \vdots & & \vdots \\ a_{n1} & a_{n2} & \cdots & a_{nn} \end{vmatrix}.$$

该性质也可以表述为: 用数 k 去乘行列式的某一行 (列), 其结果就等于用数 k 去乘这个行列式.

证明　由推论 1.2.4 将行列式按第 i 行展开, 有

$$\begin{vmatrix} a_{11} & a_{12} & \cdots & a_{1n} \\ \vdots & \vdots & & \vdots \\ ka_{i1} & ka_{i2} & \cdots & ka_{in} \\ \vdots & \vdots & & \vdots \\ a_{n1} & a_{n2} & \cdots & a_{nn} \end{vmatrix} = \sum_{j=1}^{n} ka_{ij}A_{ij} = k\sum_{j=1}^{n} a_{ij}A_{ij}$$

$$= k\begin{vmatrix} a_{11} & a_{12} & \cdots & a_{1n} \\ \vdots & \vdots & & \vdots \\ a_{i1} & a_{i2} & \cdots & a_{in} \\ \vdots & \vdots & & \vdots \\ a_{n1} & a_{n2} & \cdots & a_{nn} \end{vmatrix}.$$

□

由定理 1.2.5 不难得到:

推论 1.2.6　若行列式某两行 (列) 对应元素成比例, 则行列式的值为零.

证明　设第 i 行与第 j 行成比例, 即

$$\frac{a_{i1}}{a_{j1}} = \frac{a_{i2}}{a_{j2}} = \cdots = \frac{a_{in}}{a_{jn}} = k$$

亦即

$$a_{i1} - ka_{j1}, a_{i2} = ka_{j2}, \cdots, a_{in} = ka_{jn}.$$

于是将第 i 行元素的公因子 k 提到行列式外 (定理 1.2.5), 第 i 行与第 j 行的元素就对应相等, 故行列式为零 (推论 1.2.3). □

定理 1.2.7　若行列式的第 i 行 (列) 的每一个元素都可以表示为两数的和, 则该行列式可以表示为两个行列式之和, 即

$$\begin{vmatrix} a_{11} & \cdots & a_{1n} \\ \vdots & & \vdots \\ a_{i1}+b_{i1} & \cdots & a_{in}+b_{in} \\ \vdots & & \vdots \\ a_{n1} & \cdots & a_{nn} \end{vmatrix} = \begin{vmatrix} a_{11} & \cdots & a_{1n} \\ \vdots & & \vdots \\ a_{i1} & \cdots & a_{in} \\ \vdots & & \vdots \\ a_{n1} & \cdots & a_{nn} \end{vmatrix} + \begin{vmatrix} a_{11} & \cdots & a_{1n} \\ \vdots & & \vdots \\ b_{i1} & \cdots & b_{in} \\ \vdots & & \vdots \\ a_{n1} & \cdots & a_{nn} \end{vmatrix}.$$

证明

$$\text{左边} = \sum_{j=1}^{n}(a_{ij}+b_{ij})A_{ij} = \sum_{j=1}^{n} a_{ij}A_{ij} + \sum_{j=1}^{n} b_{ij}A_{ij} = \text{右边}.$$

□

定理 1.2.8　将行列式的任意一行 (列) 乘以数 k 加到另一行 (列) 上去, 行列式的值不变.

证明 设第 j 行乘以 k 加到第 i 行, 不失一般性, 设 $j>i$. 由定理 1.2.7 和推论 1.2.6 得:

$$\begin{vmatrix} a_{11} & a_{12} & \cdots & a_{1n} \\ \vdots & \vdots & & \vdots \\ a_{i1}+ka_{j1} & a_{i2}+ka_{j2} & \cdots & a_{in}+ka_{jn} \\ \vdots & \vdots & & \vdots \\ a_{n1} & a_{n2} & \cdots & a_{nn} \end{vmatrix}$$

$$=\begin{vmatrix} a_{11} & a_{12} & \cdots & a_{1n} \\ \vdots & \vdots & & \vdots \\ a_{i1} & a_{i2} & \cdots & a_{in} \\ \vdots & \vdots & & \vdots \\ a_{j1} & a_{j2} & \cdots & a_{jn} \\ \vdots & \vdots & & \vdots \\ a_{n1} & a_{n2} & \cdots & a_{nn} \end{vmatrix} + \begin{vmatrix} a_{11} & a_{12} & \cdots & a_{1n} \\ \vdots & \vdots & & \vdots \\ ka_{j1} & ka_{j2} & \cdots & ka_{jn} \\ \vdots & \vdots & & \vdots \\ a_{j1} & a_{j2} & \cdots & a_{jn} \\ \vdots & \vdots & & \vdots \\ a_{n1} & a_{n2} & \cdots & a_{nn} \end{vmatrix} = \begin{vmatrix} a_{11} & a_{12} & \cdots & a_{1n} \\ \vdots & \vdots & & \vdots \\ a_{i1} & a_{i2} & \cdots & a_{in} \\ \vdots & \vdots & & \vdots \\ a_{j1} & a_{j2} & \cdots & a_{jn} \\ \vdots & \vdots & & \vdots \\ a_{n1} & a_{n2} & \cdots & a_{nn} \end{vmatrix}.$$

□

定理 1.2.9 行列式任一行 (列) 的元素与另一行 (列) 元素的代数余子式对应乘积之和为零. 即, 若设 $A=|a_{ij}|_{n\times n}$, 则有

$$\sum_{k=1}^{n} a_{ik}A_{jk} = a_{i1}A_{j1}+a_{i2}A_{j2}+\cdots+a_{in}A_{jn} = \begin{cases} A, & i=j, \\ 0, & i\neq j. \end{cases}$$

$$\left(或 \quad \sum_{k=1}^{n} a_{ki}A_{kj} = a_{1i}A_{1j}+a_{2i}A_{2j}+\cdots+a_{ni}A_{nj} = \begin{cases} A, & i=j, \\ 0, & i\neq j. \end{cases} \right)$$

证明 $i=j$ 时, 由推论 1.2.4 即得 $\sum\limits_{k=1}^{n} a_{ik}A_{ik}=A$; $i\neq j$ 时, 有

$$A+\sum_{k=1}^{n} a_{ik}A_{jk} = \sum_{k=1}^{n} a_{jk}A_{jk} + \sum_{k=1}^{n} a_{ik}A_{jk} = \sum_{k=1}^{n}(a_{jk}+a_{ik})A_{jk}$$

$$= \begin{vmatrix} a_{11} & \cdots & a_{1n} \\ \vdots & & \vdots \\ a_{j1}+a_{i1} & \cdots & a_{jn}+a_{in} \\ \vdots & & \vdots \\ a_{n1} & \cdots & a_{nn} \end{vmatrix} \xlongequal{\text{(定理 1.2.8)}} A$$

所以 $\sum\limits_{k=1}^{n} a_{ik}A_{jk}=0 \quad (i\neq j)$. □

上述性质对简化行列式的计算有很大作用. 在下一节将通过一些典型的例题, 介绍行列式计算的一些常用方法.

1.2.3　n 阶行列式的计算

为方便起见, 我们把以数 k 乘以第 j 行 (列) 加到第 i 行 (列) 上的步骤记为 $r_i+kr_j(c_i+kc_j)$, 交换第 i 行 (列)与第 j 行 (列) 记为 $r_i\leftrightarrow r_j$ $(c_i\leftrightarrow c_j)$, 第 i 行 (列) 提出公因子 k 记为 $\dfrac{1}{k}r_i\left(\dfrac{1}{k}c_i\right)$. 以后均用此约定.

例 1.2.3　计算

$$A=\begin{vmatrix}0&1&2&3\\1&2&3&4\\2&3&4&5\\3&4&5&6\end{vmatrix}.$$

解

$$A\xlongequal{r_1\leftrightarrow r_2}-\begin{vmatrix}1&2&3&4\\0&1&2&3\\2&3&4&5\\3&4&5&6\end{vmatrix}\xlongequal{r_3-2r_1}\begin{vmatrix}1&2&3&4\\0&1&2&3\\0&-1&-2&-3\\3&4&5&6\end{vmatrix}=0.$$

□

例 1.2.4　当 $x\neq a_i(i=1,2,\cdots,n)$ 时, 计算行列式

$$A=\begin{vmatrix}a_1&x&x&\cdots&x\\x&a_2&x&\cdots&x\\\vdots&\vdots&\vdots&&\vdots\\x&x&x&\cdots&a_n\end{vmatrix}.$$

解　从其余各行中减去第一行得

$$A=\begin{vmatrix}a_1&x&x&\cdots&x\\x-a_1&a_2-x&0&\cdots&0\\x-a_1&0&a_3-x&\cdots&0\\\vdots&\vdots&\vdots&&\vdots\\x-a_1&0&0&\cdots&a_n-x\end{vmatrix}$$

$$\xlongequal[i=1,2,\cdots,n]{c_i\div(a_i-x)}\prod_{i=1}^{n}(a_i-x)\begin{vmatrix}\dfrac{a_1}{a_1-x}&\dfrac{x}{a_2-x}&\dfrac{x}{a_3-x}&\cdots&\dfrac{x}{a_n-x}\\-1&1&0&\cdots&0\\-1&0&1&\cdots&0\\\vdots&\vdots&\vdots&&\vdots\\-1&0&0&\cdots&1\end{vmatrix}.$$

由于 $\dfrac{a_1}{a_1-x}=1+\dfrac{x}{a_1-x}$, 所以把后面所有各列加到第一列得到

$$A=\prod_{i=1}^{n}(a_i-x)\begin{vmatrix} 1+\sum\limits_{i=1}^{n}\left(\dfrac{x}{a_i-x}\right) & \dfrac{x}{a_2-x} & \dfrac{x}{a_3-x} & \cdots & \dfrac{x}{a_n-x} \\ 0 & 1 & 0 & \cdots & 0 \\ 0 & 0 & 1 & \cdots & 0 \\ \vdots & \vdots & \vdots & & \vdots \\ 0 & 0 & 0 & \cdots & 1 \end{vmatrix}$$

$$=\left[1+\sum_{i=1}^{n}(\frac{x}{a_i-x})\right]\prod_{i=1}^{n}(a_i-x).$$

这里

$$\prod_{i=1}^{n}(a_i-x)=(a_1-x)(a_2-x)\cdots(a_n-x).$$

□

由例 1.2.4 我们知道, 在计算 n 阶行列式时, 首先须观察行列式的元素特点, 然后再寻求解题方法.

例 1.2.5　证明

$$\begin{vmatrix} 0 & a_1 & a_2 & a_3 & a_4 \\ -a_1 & 0 & b_1 & b_2 & b_3 \\ -a_2 & -b_1 & 0 & c_1 & c_2 \\ -a_3 & -b_2 & -c_1 & 0 & d \\ -a_4 & -b_3 & -c_2 & -d & 0 \end{vmatrix}=0.$$

证明　记行列式之值为 D, 则

$$D \xlongequal{\text{(定理 1.2.1)}} \begin{vmatrix} 0 & -a_1 & -a_2 & -a_3 & -a_4 \\ a_1 & 0 & -b_1 & -b_2 & -b_3 \\ a_2 & b_1 & 0 & -c_1 & -c_2 \\ a_3 & b_2 & c_1 & 0 & -d \\ a_4 & b_3 & c_2 & d & 0 \end{vmatrix}$$

$$\xlongequal{\text{(定理 1.2.5)}}(-1)^5\begin{vmatrix} 0 & a_1 & a_2 & a_3 & a_4 \\ -a_1 & 0 & b_1 & b_2 & b_3 \\ -a_2 & -b_1 & 0 & c_1 & c_2 \\ -a_3 & -b_2 & -c_1 & 0 & d \\ -a_4 & -b_3 & -c_2 & -d & 0 \end{vmatrix}=(-1)^5D=-D.$$

由此得 $D=0$.　□

在例 1.2.5 的行列式中, 第 i 行第 j 列的元素是第 j 行第 i 列的元素的负数, 即 $a_{ij}=-a_{ji}(i,j=1,2,\cdots,n)$, 这样的行列式称为**反对称行列式**. 例如

$$\begin{vmatrix} 0 & -3 \\ 3 & 0 \end{vmatrix},\quad \begin{vmatrix} 0 & -1 & 3 \\ 1 & 0 & -2 \\ -3 & 2 & 0 \end{vmatrix},\quad \begin{vmatrix} 0 & 2 & 0 & -1 \\ -2 & 0 & 3 & 4 \\ 0 & -3 & 0 & -2 \\ 1 & -4 & 2 & 0 \end{vmatrix}$$

都是反对称行列式.

仿例 1.2.5 可以证明: 一切奇数阶的反对称行列式都等于零.

例 1.2.6　证明 n 阶范德蒙德 (Vandermonde) 行列式 $(n \geqslant 2)$

$$D_n(x_1, x_2, \cdots, x_n) = \begin{vmatrix} 1 & 1 & \cdots & 1 \\ x_1 & x_2 & \cdots & x_n \\ x_1^2 & x_2^2 & \cdots & x_n^2 \\ \vdots & \vdots & & \vdots \\ x_1^{n-1} & x_2^{n-1} & \cdots & x_n^{n-1} \end{vmatrix} = \prod_{1 \leqslant i < j \leqslant n} (x_j - x_i).$$

证明　将第 $n-1$ 行 $(-x_1)$ 倍加到第 n 行, 第 $n-2$ 行 $(-x_1)$ 倍加到第 $n-1$ 行, 这样依次下去, 最后将第 1 行 $(-x_1)$ 倍加到第 2 行, 得

$$D_n(x_1, x_2, \cdots, x_n) = \begin{vmatrix} 1 & 1 & \cdots & 1 \\ 0 & x_2 - x_1 & \cdots & x_n - x_1 \\ 0 & x_2(x_2 - x_1) & \cdots & x_n(x_n - x_1) \\ \vdots & \vdots & & \vdots \\ 0 & x_2^{n-2}(x_2 - x_1) & \cdots & x_n^{n-2}(x_n - x_1) \end{vmatrix}.$$

按第一列展开, 并提出各列的公因子 $(x_i - x_1)(i = 2, 3, \cdots, n)$, 得到递推公式:

$$\begin{aligned} & D_n(x_1, x_2, \cdots, x_n) \\ & = (x_2 - x_1)(x_3 - x_1)\cdots(x_n - x_1) \begin{vmatrix} 1 & 1 & \cdots & 1 \\ x_2 & x_3 & \cdots & x_n \\ x_2^2 & x_3^2 & \cdots & x_n^2 \\ \vdots & \vdots & & \vdots \\ x_2^{n-2} & x_3^{n-2} & \cdots & x_n^{n-2} \end{vmatrix} \\ & = (x_2 - x_1)(x_3 - x_1)\cdots(x_n - x_1) D_{n-1}(x_2, x_3, \cdots, x_n). \end{aligned}$$

故

$$\begin{aligned} & D_n(x_1, x_2, \cdots, x_n) \\ = & (x_2 - x_1)(x_3 - x_1)\cdots(x_n - x_1) D_{n-1}(x_2, x_3, \cdots, x_n) \\ = & (x_2 - x_1)\cdots(x_n - x_1)[(x_3 - x_2)\cdots(x_n - x_2) D_{n-2}(x_3, x_4, \cdots, x_n)] \\ = & \cdots \\ = & (x_2 - x_1)\cdots(x_n - x_1)(x_3 - x_2)\cdots(x_n - x_2)\cdots \\ & (x_{n-1} - x_{n-2})(x_n - x_{n-2})(x_n - x_{n-1}) \end{aligned}$$

$$= \prod_{1 \leqslant i < j \leqslant n} (x_j - x_i).$$

□

例 1.2.7 证明: $n+m$ 阶行列式

$$D_n = \begin{vmatrix} a_{11} & \cdots & a_{1n} & 0 & \cdots & 0 \\ \vdots & & \vdots & \vdots & & \vdots \\ a_{n1} & \cdots & a_{nn} & 0 & \cdots & 0 \\ c_{11} & \cdots & c_{1n} & b_{11} & \cdots & b_{1m} \\ \vdots & & \vdots & \vdots & & \vdots \\ c_{m1} & \cdots & c_{mn} & b_{m1} & \cdots & b_{mm} \end{vmatrix} = \begin{vmatrix} a_{11} & \cdots & a_{1n} \\ \vdots & & \vdots \\ a_{n1} & \cdots & a_{nn} \end{vmatrix} \begin{vmatrix} b_{11} & \cdots & b_{1m} \\ \vdots & & \vdots \\ b_{m1} & \cdots & b_{mm} \end{vmatrix}. \quad (1.15)$$

证明 记

$$A = \begin{vmatrix} a_{11} & \cdots & a_{1n} \\ \vdots & & \vdots \\ a_{n1} & \cdots & a_{nn} \end{vmatrix}, \qquad B = \begin{vmatrix} b_{11} & \cdots & b_{1m} \\ \vdots & & \vdots \\ b_{m1} & \cdots & b_{mm} \end{vmatrix},$$

以 A_{ij} 记元素 a_{ij} 在行列式 A 内的代数余子式, 对任意给定的正整数 m, 关于 A 的阶数 n 利用数学归纳法.

当 $n=1$ 时, 将 D_n 按第一行展开 D_1, 得

$$D_1 = \begin{vmatrix} a_{11} & 0 & \cdots & 0 \\ c_{11} & b_{11} & \cdots & b_{1m} \\ \vdots & \vdots & & \vdots \\ c_{m1} & b_{m1} & \cdots & b_{mm} \end{vmatrix} = a_{11} \begin{vmatrix} b_{11} & \cdots & b_{1m} \\ \vdots & & \vdots \\ b_{m1} & \cdots & b_{mm} \end{vmatrix} = a_{11}B = A \cdot B,$$

结论成立.

现设 A 为 $(n-1)$ 阶行列式时结论成立, 考虑为 n 阶的情形. 仍按第一行展开 D_n, 得

$$D_n = \begin{vmatrix} a_{11} & \cdots & a_{1n} & 0 & \cdots & 0 \\ \vdots & & \vdots & \vdots & & \vdots \\ a_{n1} & \cdots & a_{nn} & 0 & \cdots & 0 \\ c_{11} & \cdots & c_{1n} & b_{11} & \cdots & b_{1m} \\ \vdots & & \vdots & \vdots & & \vdots \\ c_{m1} & \cdots & c_{mn} & b_{m1} & \cdots & b_{mm} \end{vmatrix}$$

$$
= a_{11}\begin{vmatrix} a_{22} & \cdots & a_{2n} & 0 & \cdots & 0 \\ \vdots & & \vdots & \vdots & & \vdots \\ a_{n2} & \cdots & a_{nn} & 0 & \cdots & 0 \\ c_{12} & \cdots & c_{1n} & b_{11} & \cdots & b_{1m} \\ \vdots & & \vdots & \vdots & & \vdots \\ c_{m2} & \cdots & c_{mn} & b_{m1} & \cdots & b_{mm} \end{vmatrix} + \cdots
$$

$$
+(-1)^{1+n}a_{1n}\begin{vmatrix} a_{21} & \cdots & a_{2,n-1} & 0 & \cdots & 0 \\ \vdots & & \vdots & \vdots & & \vdots \\ a_{n1} & \cdots & a_{n,n-1} & 0 & \cdots & 0 \\ c_{11} & \cdots & c_{1n-1} & b_{11} & \cdots & b_{1m} \\ \vdots & & \vdots & \vdots & & \vdots \\ c_{m1} & \cdots & c_{m,n-1} & b_{m1} & \cdots & b_{mm} \end{vmatrix}.
$$

将归纳假设用于右端的每一个行列式, 得

$$
\begin{aligned} D_n &= a_{11}A_{11}B + a_{12}A_{12}B + \cdots + a_{1n}A_{1n}B \\ &= (a_{11}A_{11} + a_{12}A_{12} + \cdots + a_{1n}A_{1n})B = AB. \end{aligned}
$$

即结论对于 n 也成立. □

式 (1.15) 常简记为

$$
D_n = \begin{vmatrix} A & 0 \\ * & B \end{vmatrix} = |A||B|.
$$

类似可得

$$
D_n = \begin{vmatrix} A & * \\ 0 & B \end{vmatrix} = |A||B|.
$$

需要注意的是

$$
D_n = \begin{vmatrix} 0 & A \\ B & * \end{vmatrix} \neq |A| \cdot |B|.
$$

此种情形下, 可将 A 的每一列依次与其前面的 m 列逐列互换, 则互换 $n \times m$ 然后便转化为 (1.15) 的形式, 于是有

$$
\begin{vmatrix} 0 & A \\ B & * \end{vmatrix} = (-1)^{nm}\begin{vmatrix} A & 0 \\ * & B \end{vmatrix} = (-1)^{nm}|A||B|.
$$

1.2.4 n 元线性方程组的克莱姆 (Cramer) 法则

用行列式解线性方程组, 在本章开始已做了介绍, 但只局限解二、三元线性方程组. 下

面我们讨论 n 元线性方程组

$$\begin{cases} a_{11}x_1 + a_{12}x_2 + \cdots + a_{1n}x_n = b_1, \\ a_{21}x_1 + a_{22}x_2 + \cdots + a_{2n}x_n = b_2, \\ \cdots\cdots \\ a_{n1}x_1 + a_{n2}x_2 + \cdots + a_{nn}x_n = b_n \end{cases} \tag{1.16}$$

的解.

与二、三元线性方程组相类似, 在一定条件下, (1.16) 的解可以用 n 阶行列式表示.

定理 1.2.10(克莱姆法则) 对于 n 元线性方程组 (1.16), 若系数行列式

$$D = \begin{vmatrix} a_{11} & a_{12} & \cdots & a_{1n} \\ a_{21} & a_{22} & \cdots & a_{2n} \\ \vdots & \vdots & & \vdots \\ a_{n1} & a_{n2} & \cdots & a_{nn} \end{vmatrix} \neq 0,$$

则方程组 (1.16) 有解, 且解是唯一的, 这个解可用公式表示为

$$x_j = \frac{D_j}{D}, \qquad (j = 1, 2, \cdots, n),$$

其中 $D_j (j = 1, 2, \cdots, n)$ 是将 D 的第 j 列元素 $a_{1j}, a_{2j}, \cdots, a_{nj}$ 换成方程组右端的常数项 $b_1, b_2, \cdots, b_n$ 所得到的行列式. 即

$$D_j = \begin{vmatrix} a_{11} & \cdots & a_{1,j-1} & b_1 & a_{1,j+1} & \cdots & a_{1n} \\ a_{21} & \cdots & a_{2,j-1} & b_2 & a_{2,j+1} & \cdots & a_{2n} \\ \vdots & & \vdots & \vdots & \vdots & & \vdots \\ a_{n1} & \cdots & a_{n,j-1} & b_n & a_{n,j+1} & \cdots & a_{nn} \end{vmatrix}, \qquad (j = 1, 2, \cdots, n).$$

证明 设 $x_1, x_2, \cdots, x_n$ 为满足方程组 (1.16) 的任一组数, 将第 1 个方程乘以 a_{1j} 的代数余子式 D_{1j}, 第 2 个方程乘以 a_{2j} 的代数余子式 $D_{2j}, \cdots$, 第 n 个方程乘以 a_{nj} 的代数余子式 D_{nj}, 得

$$\begin{cases} a_{11}D_{1j}x_1 + a_{12}D_{1j}x_2 + \cdots + a_{1n}D_{1j}x_n = b_1D_{1j}, \\ a_{21}D_{2j}x_1 + a_{22}D_{2j}x_2 + \cdots + a_{2n}D_{2j}x_n = b_2D_{2j}, \\ \cdots\cdots \\ a_{n1}D_{nj}x_1 + a_{n2}D_{nj}x_2 + \cdots + a_{nn}D_{nj}x_n = b_nD_{nj}, \end{cases}$$

n 个方程相加得

$$\sum_{i=1}^{n} a_{i1}D_{ij}x_1 + \sum_{i=1}^{n} a_{i2}D_{ij}x_2 + \cdots + \sum_{i=1}^{n} a_{in}D_{ij}x_n = \sum_{i=1}^{n} b_iD_{ij}.$$

应用行列式的定理 1.2.9 即得

$$\sum_{i=1}^{n} a_{ij}D_{ij}x_j = \sum_{i=1}^{n} b_iD_{ij} = D_j,$$

即

$$Dx_j = D_j.$$

所以得

$$x_j = \frac{D_j}{D}, \qquad j = 1, 2, \cdots, n.$$

从而说明若方程组 (1.16) 有解，则其解是唯一的.

另一方面，根据行列式展开的性质 (推论 1.2.4), 将

$$x_1 = \frac{D_1}{D}, x_2 = \frac{D_2}{D}, \cdots, x_n = \frac{D_n}{D}$$

代入方程组，得

$$\sum_{j=1}^{n} a_{ij}x_j = \sum_{j=1}^{n} a_{ij}\left(\sum_{k=1}^{n} b_k \frac{D_{kj}}{D}\right) = \frac{1}{D}\sum_{k=1}^{n} b_k \left(\sum_{j=1}^{n} a_{ij}D_{kj}\right) = b_i,$$

满足方程组 (1.16). 从而证得定理的结论. □

再讨论方程组 (1.16) 的一个特殊情形, 方程组 (1.16) 右端的常数项 $b_1, b_2, \cdots, b_n$ 全为零, 即

$$\begin{cases} a_{11}x_1 + a_{12}x_2 + \cdots + a_{1n}x_n = 0, \\ a_{21}x_1 + a_{22}x_2 + \cdots + a_{2n}x_n = 0, \\ \cdots\cdots \\ a_{n1}x_2 + a_{n2}x_2 + \cdots + a_{nn}x_n = 0. \end{cases} \tag{1.17}$$

这样的方程组称为**齐次线性方程组**, 而方程组 (1.16) 就称为**非齐次线性方程组**. 它作为 (1.16) 的特例, 有广泛的应用, 在线性方程组理论中占有重要的地位.

显然, $x_1 = x_2 = \cdots = x_n = 0$ 为 (1.17) 的解. 线性方程组的解若全为零就称为零解 (平凡解), 若不全为零就称为非零解. 因此, 齐次线性方程组必有零解, 右端不全为零的非齐次线性方程组的解都是非零解.

假设 (1.17) 的系数行列式 $D \neq 0$. 因此时有 $D_1 = D_2 = \cdots = D_n = 0$, 故由克莱姆法则, (1.17) 只有唯一零解. 因此, 若 (1.17) 具有非零解, 必须 $D = 0$, 也就是证得了如下定理:

定理 1.2.11　含有 n 个未知数 n 个方程的齐次线性方程组 (1.17) 若有非零解, 则它的系数行列式等于零.

该定理说明系数行列式 $D = 0$ 是齐次线性方程组 (1.17) 有非零解的必要条件. 在第 3 章中还将证明 $D = 0$ 是齐次线性方程组 (1.17) 有非零解的充分条件.

例 1.2.8　解线性方程组

$$\begin{cases} 2x_1 + x_2 + 3x_3 - x_4 = 0, \\ x_1 + 3x_2 + 2x_3 = -1, \\ 2x_2 + x_3 + x_4 = 1, \\ 3x_1 - x_2 - 2x_4 = 1. \end{cases}$$

解　经简单计算得

$$D=\begin{vmatrix}2&1&3&-1\\1&3&2&0\\0&2&1&1\\3&-1&0&-2\end{vmatrix}\xlongequal[r_4+2r_3]{r_1+r_3}\begin{vmatrix}2&3&4&0\\1&3&2&0\\0&2&1&1\\3&3&2&0\end{vmatrix}=12,$$

$$D_1=\begin{vmatrix}0&1&3&-1\\-1&3&2&0\\1&2&1&1\\1&-1&0&-2\end{vmatrix}=24,\qquad D_2=\begin{vmatrix}2&0&3&-1\\1&-1&2&0\\0&1&1&1\\3&1&0&-2\end{vmatrix}=-12,$$

$$D_3=\begin{vmatrix}2&1&0&-1\\1&3&-1&0\\0&2&1&1\\3&-1&1&-2\end{vmatrix}=0,\qquad D_4=\begin{vmatrix}2&1&3&0\\1&3&2&-1\\0&2&1&1\\3&-1&0&1\end{vmatrix}=36.$$

所以由克莱姆法则知:

$$x_1=\frac{D_1}{D}=\frac{24}{12}=2,x_2=\frac{D_2}{D}=\frac{-12}{12}=-1,x_3=\frac{D_3}{D}=0,x_4=\frac{D_4}{D}=\frac{36}{12}=3.$$

□

以上解法在系数行列式 $D\neq 0$ 时才有效, 遇到 $D=0$ 就无法使用.

当 $D=0$ 时, 方程组有两种可能, 一是各方程间存在矛盾, 方程组无解; 另一种可能是有些方程重合, 即至少有一个方程不是独立的, 方程组就有无穷多组解. 例如 $\begin{cases}x_1+2x_2=1,\\2x_1+4x_2=3\end{cases}$ (两方程矛盾), $\begin{cases}x_1+2x_1=1,\\2x_1+4x_2=2\end{cases}$ (两方程重合). 当系数行列式 $D\neq 0$, 在用克莱姆法则求解时, 需要计算 $n+1$ 个 n 阶行列式, 尤其是当 n 较大时, 计算量非常大，计算时间非常长，有时不能用此方法去求解. 但克莱姆法则这一局限性并不影响它的重要性及其理论价值. 对于线性方程组的一般求解问题将在第 3 章中继续讨论.

例 1.2.9　问 λ 取何值时, 方程组

$$\begin{cases}x_1+x_3=0,\\\lambda x_1+x_2+x_3=0,\\3x_1+\lambda x_2+x_3=0\end{cases}$$

有非零解?

解　由定理 1.2.11 知系数行列式应等于零, 即

$$\begin{vmatrix}1&0&1\\\lambda&1&1\\3&\lambda&1\end{vmatrix}=\lambda^2-\lambda-2=0.$$

得 $\lambda=2$ 或 $\lambda=-1$. 此时，容易验证该方程组有非零解. 故当且仅当 $\lambda=2$ 或 $\lambda=-1$ 时该方程组有非零解. □

习　题　一

1. 用对角线法则计算下列行列式:

(1) $\begin{vmatrix} 1 & 2 & 3 \\ 2 & 3 & 1 \\ 3 & 1 & 2 \end{vmatrix}$;　(2) $\begin{vmatrix} 0 & a & b \\ -a & 0 & c \\ -b & -c & 0 \end{vmatrix}$;　(3) $\begin{vmatrix} 1 & 1 & 1 \\ 1 & \omega & \omega^2 \\ 1 & \omega^2 & \omega \end{vmatrix}$,

其中 $\omega=-\dfrac{1}{2}+\dfrac{\sqrt{3}}{2}\mathrm{i}$.

2. 利用行列式解下列线性方程组:

(1) $\begin{cases} 2x_1+x_2+2x_3=1, \\ 2x_1+x_2-x_3=2, \\ -3x_1+3x_2+2x_3=3; \end{cases}$　(2) $\begin{cases} 2ax_1-3bx_2+cx_3=0, \\ 3ax_1-6bx_2+5cx_3=2abc, \\ 5ax_1-4bx_2+2cx_3=3abc, \end{cases}$ $(abc\neq 0)$.

3. 计算下列行列式:

(1) $\begin{vmatrix} 10 & 2 & 8 \\ 15 & 3 & 12 \\ 20 & 12 & 32 \end{vmatrix}$;　(2) $\begin{vmatrix} 0 & 0 & 0 & 4 \\ 0 & 0 & 4 & 3 \\ 0 & 4 & 3 & 2 \\ 4 & 3 & 2 & 1 \end{vmatrix}$;　(3) $\begin{vmatrix} a & 0 & b & 0 \\ 0 & a & 0 & b \\ 0 & b & a & 0 \\ b & 0 & 0 & a \end{vmatrix}$;

(4) $\begin{vmatrix} 5 & 0 & 4 & 2 \\ 1 & -1 & 2 & 1 \\ 4 & 1 & 2 & 0 \\ 1 & 1 & 1 & 1 \end{vmatrix}$;　(5) $\begin{vmatrix} 1 & 2 & 3 & 4 \\ 2 & 3 & 4 & 1 \\ 3 & 4 & 2 & 1 \\ 4 & 1 & 2 & 3 \end{vmatrix}$;　(6) $\begin{vmatrix} a & 0 & b & 0 \\ 0 & c & 0 & d \\ x & 0 & y & 0 \\ 0 & u & 0 & v \end{vmatrix}$.

4. 证明下列各式:

(1) $\begin{vmatrix} a^2 & ab & b^2 \\ 2a & a+b & 2b \\ 1 & 1 & 1 \end{vmatrix}=(a-b)^3$;

(2) $\begin{vmatrix} 1+a & b & c \\ a & 1+b & c \\ a & b & 1+c \end{vmatrix}=1+a+b+c$;

(3) $\begin{vmatrix} 1 & ax & a^2+x^2 \\ 1 & ay & a^2+y^2 \\ 1 & az & a^2+z^2 \end{vmatrix}=a(x-y)(y-z)(z-x)$;

(4) $D_n = \begin{vmatrix} \lambda & -1 & 0 & \cdots & 0 & 0 \\ 0 & \lambda & -1 & \cdots & 0 & 0 \\ \vdots & \vdots & \vdots & & \vdots & \vdots \\ 0 & 0 & 0 & \cdots & \lambda & -1 \\ a_n & a_{n-1} & a_{n-2} & \cdots & a_2 & \lambda + a_1 \end{vmatrix}$

$= \lambda^n + a_1\lambda^{n-1} + \cdots + a_{n-1}\lambda + a_n;$

(5) $D_n = \begin{vmatrix} a+b & ab & 0 & \cdots & 0 & 0 \\ 1 & a+b & ab & \cdots & 0 & 0 \\ 0 & 1 & a+b & \cdots & 0 & 0 \\ \vdots & \vdots & \vdots & & \vdots & \vdots \\ \vdots & \vdots & \vdots & 1 & a+b & ab \\ 0 & 0 & 0 & \cdots & 1 & a+b \end{vmatrix}$

$= \dfrac{a^{n+1} - b^{n+1}}{a - b}\ (a \neq b).$

5. 求出下列各方程的全部解:

(1) $\begin{vmatrix} 1+x & 2 & 3 \\ 1 & 2+x & 3 \\ 1 & 2 & 3+x \end{vmatrix} = 0;$　　(2) $\begin{vmatrix} x & a & b & c \\ a & x & c & b \\ b & c & x & a \\ c & b & a & x \end{vmatrix} = 0;$

(3) $\begin{vmatrix} 1 & 1 & 1 & 1 \\ 1 & -1 & 2 & x \\ 1 & 1 & 4 & x^2 \\ 1 & -1 & 8 & x^3 \end{vmatrix} = 0.$

6. 计算下列各题:

(1) 设 $D = \begin{vmatrix} 3 & 1 & -1 & 2 \\ -5 & 1 & 3 & -4 \\ 2 & 0 & 1 & -1 \\ 1 & -5 & 3 & -3 \end{vmatrix}$, A_{ij} 是元素 a_{ij} 的代数余子式, 求 A_{32} 及 $A_{31} + 3A_{32} - 2A_{33} + 2A_{34}$;

(2) 已知 $D = \begin{vmatrix} 1 & x & y & z \\ x & 1 & 0 & 0 \\ y & 0 & 1 & 0 \\ z & 0 & 0 & 1 \end{vmatrix} = 1$, 求 x, y, z;

(3) $D=\begin{vmatrix} 1+x & 1 & 1 & 1 \\ 1 & 1-x & 1 & 1 \\ 1 & 1 & 1+y & 1 \\ 1 & 1 & 1 & 1-y \end{vmatrix}$.

7. 计算下列 n 阶行列式 $(n \geqslant 2)$:

(1) $D_n=\begin{vmatrix} x & y & 0 & \cdots & 0 & 0 \\ 0 & x & y & \cdots & 0 & 0 \\ \vdots & \vdots & \vdots & & \vdots & \vdots \\ 0 & 0 & 0 & \cdots & x & y \\ y & 0 & 0 & \cdots & 0 & x \end{vmatrix}$;

(2) $D_n=\begin{vmatrix} 1 & 1 & 1 & \cdots & 1 \\ 1 & 0 & 1 & \cdots & 1 \\ 1 & 1 & 0 & \cdots & 1 \\ \vdots & \vdots & \vdots & & \vdots \\ 1 & 1 & 1 & \cdots & 0 \end{vmatrix}$;

(3) $D_n=\begin{vmatrix} x & a & a & \cdots & a \\ a & x & a & \cdots & a \\ a & a & x & \cdots & a \\ \vdots & \vdots & \vdots & & \vdots \\ a & a & a & \cdots & x \end{vmatrix}$;

(4) $D_n=\begin{vmatrix} 1 & 2 & 2 & \cdots & 2 \\ 2 & 2 & 2 & \cdots & 2 \\ 2 & 2 & 3 & \cdots & 2 \\ \vdots & \vdots & \vdots & & \vdots \\ 2 & 2 & 2 & \cdots & n \end{vmatrix}$;

(5) $D_n=\begin{vmatrix} 2 & 1 & 0 & \cdots & 0 & 0 \\ 1 & 2 & 1 & \cdots & 0 & 0 \\ 0 & 1 & 2 & \cdots & 0 & 0 \\ \vdots & \vdots & \vdots & & \vdots & \\ 0 & 0 & 0 & \cdots & 2 & 1 \\ 0 & 0 & 0 & \cdots & 1 & 2 \end{vmatrix}$;

(6) $D_n=\begin{vmatrix} -a_1 & a_1 & 0 & \cdots & 0 & 0 \\ 0 & -a_2 & a_2 & \cdots & 0 & 0 \\ \vdots & \vdots & \vdots & & \vdots & \vdots \\ 0 & 0 & 0 & \cdots & -a_{n-1} & a_{n-1} \\ 1 & 1 & 1 & \cdots & 1 & 1 \end{vmatrix}$.

8. 用克莱姆法则解下列方程组:

(1) $\begin{cases} x_1+x_2+x_3=1, \\ x_2+x_3+x_4=0, \\ x_1+2x_2-x_4=-1, \\ 2x_1+x_3-3x_4=1; \end{cases}$

(2) $\begin{cases} x+y+z=1, \\ x+\omega y+\omega^2 z=\omega, \\ x+\omega^2 y+\omega z=\omega, \end{cases}$ 其中复数 $w=-\dfrac{1}{2}+\dfrac{\sqrt{3}}{2}\mathrm{i}$.

9. 问 λ 取何值时，齐次线性方程组 $\begin{cases} \lambda x_1+3x_2+4x_3=0, \\ -x_1+\lambda x_2=0, \\ \lambda x_2+x_3=0 \end{cases}$ 仅有零解?

10. 问 λ,μ 取何值时, 齐次线性方程组 $\begin{cases} \lambda x_1+x_2+x_3=0, \\ x_1+\mu x_2+x_3=0, \\ x_1+2\mu x_2+x_3=0 \end{cases}$ 有非零解?

11. 已知齐次线性方程组 $\begin{cases} x_1+x_2+x_3+ax_4=0, \\ x_1+2x_2+x_3+x_4=0, \\ x_1+x_2-3x_3+x_4=0, \\ x_1+x_2+ax_3+bx_4=0 \end{cases}$ 有非零解. 问 a,b 必须满足什么条件?

12. 设 $f(x)=\begin{vmatrix} 1 & x-1 & 2x-1 \\ 1 & x^2-2 & 3x-2 \\ 1 & x^3-3 & 4x-3 \end{vmatrix}$, 证明: 存在 $\xi\in(0,1)$, 使得 $f'(\xi)=0$.

第 2 章　矩阵, 向量

本章系统介绍有关矩阵和向量的各种重要概念、基本运算规则和方法, 它们与行列式一起成为后续课程的重要基础和工具.

2.1　矩阵和 n 维向量的概念

定义 2.1.1 (矩阵)　由 $m \times n$ 个数 $a_{ij}(i=1,2,\cdots,m;j=1,2,\cdots,n)$ 排成 m 行 n 列数表，外加括号，写成

$$\begin{pmatrix} a_{11} & a_{12} & \cdots & a_{1n} \\ a_{21} & a_{22} & \cdots & a_{2n} \\ \vdots & \vdots & & \vdots \\ a_{m1} & a_{m2} & \cdots & a_{mn} \end{pmatrix},$$

叫做 m 行 n 列矩阵, 简称 $\boldsymbol{m \times n}$**矩阵**. 这里用 $\boldsymbol{A}$ 表示定义中的矩阵. 这 $m \times n$ 个数叫做矩阵 $\boldsymbol{A}$ 的元素, a_{ij} 是矩阵 $\boldsymbol{A}$ 的第 i 行第 j 列元素. 元素都是实数的矩阵叫做**实矩阵**, 元素都是复数的矩阵叫做**复矩阵**. 本书的矩阵除特别说明外, 均指实矩阵, 并且用符号 $\mathbf{R}^{m\times n}$ 或 $M_{m\times n}(\mathbf{R})$ 表示全体 $m \times n$ 实矩阵的集合.

当 $m=n$ 时, $m \times n$ 矩阵 $\boldsymbol{A}$ 称为 n 阶**方阵**. $m \times n$ 矩阵和 n 阶方阵可表示为 $\boldsymbol{A}=(a_{ij})_{m\times n}, \boldsymbol{A}=(a_{ij})_{n\times n}$, 也可记为 $\boldsymbol{A}_{m\times n}$, $\boldsymbol{A}_n$ 等.

定义 2.1.2 (n 维向量)　n 个数 $a_1,a_2,\cdots,a_n$ 组成的有序数组

$$(a_1,a_2,\cdots,a_n) \quad \text{或} \quad \begin{pmatrix} a_1 \\ a_2 \\ \vdots \\ a_n \end{pmatrix},$$

称为 n 维**向量**, 前者称为**行向量**, 后者称为**列向量**. $a_i(i=1,2,\cdots,n)$ 称为向量的第 i 个分量或坐标，分量都是实数的向量称为**实向量**, 实向量的全体用 $\mathbf{R}^n$ 表示; 分量都是复数的向量称为**复向量**, 复向量的全体用 $\mathbf{C}^n$ 表示. 本书中的向量除特别说明外, 均指实向量.

矩阵 $(a_{ij})_{m\times n}$ 的第 i 行的元素所成的行向量 $(a_{i1},a_{i2},\cdots,a_{in})$ 称为它的第 i 个行向量. 同样, 第 j 列元素所成的列向量 $\begin{pmatrix} a_{1j} \\ a_{2j} \\ \vdots \\ a_{mj} \end{pmatrix}$ 称为它的第 j 个列向量.

今后, 以大写的黑体英文字母 $\boldsymbol{A},\boldsymbol{B},\boldsymbol{C}$ 等表示矩阵, 以小写的黑体希腊字母 $\boldsymbol{\alpha},\boldsymbol{\beta},\boldsymbol{\gamma}$ 等表示向量. 为了区分度, 行向量的各个元素之间可用逗号隔开，在区分度明显时，也可以用空格隔开.

所有元素都为零的矩阵称为**零矩阵**, m 行 n 列的零矩阵记为 $\boldsymbol{O}_{m\times n}$ 或 $\boldsymbol{O}$. 所有分量都为零的向量称为**零向量**, 用希腊字母 $\boldsymbol{\theta}$ 表示, 有时也记为 $\mathbf{0}$.

下面介绍常用的几个特殊矩阵.

设 $\boldsymbol{A}=(a_{ij})_{n\times n}$ 为 n 阶方阵, 如果当 $i\neq j$ 时, $a_{ij}=0$, 即

$$\boldsymbol{A}=\begin{pmatrix} a_{11} & 0 & \cdots & 0 \\ 0 & a_{22} & \cdots & 0 \\ \vdots & \vdots & & \vdots \\ 0 & \cdots & 0 & a_{nn} \end{pmatrix},$$

则称 $\boldsymbol{A}$ 为**对角矩阵**. 为书写简洁起见, 也经常用 $\mathrm{diag}(a_{11},a_{22},\cdots,a_{nn})$ 表示此对角矩阵 $\boldsymbol{A}$.

如果对角矩阵 $\boldsymbol{A}$ 中的 $a_{11}=a_{22}=\cdots a_{nn}=k$, 则称 $\boldsymbol{A}$ 为**数量矩阵**, 当 $k=1$ 时, 称为**单位矩阵**，记为 $\boldsymbol{E}$ 或 $\boldsymbol{I}$. 例如

$$\begin{pmatrix} k & 0 & 0 \\ 0 & k & 0 \\ 0 & 0 & k \end{pmatrix}, \qquad \boldsymbol{E}_3=\begin{pmatrix} 1 & 0 & 0 \\ 0 & 1 & 0 \\ 0 & 0 & 1 \end{pmatrix}$$

分别是三阶数量矩阵和单位矩阵.

设 $\boldsymbol{A}=(a_{ij})_{n\times n}$ 为 n 阶方阵, 如果当 $i>j$ 时, $a_{ij}=0$, 即

$$\boldsymbol{A}=\begin{pmatrix} a_{11} & a_{12} & \cdots & a_{1n} \\ 0 & a_{22} & \cdots & a_{2n} \\ \vdots & \vdots & & \vdots \\ 0 & 0 & \cdots & a_{nn} \end{pmatrix},$$

则称 $\boldsymbol{A}$ 为**上三角形矩阵**, 类似可定义**下三角形矩阵**

$$\boldsymbol{B}=\begin{pmatrix} b_{11} & 0 & \cdots & 0 \\ b_{21} & b_{22} & \cdots & 0 \\ \vdots & \vdots & & \vdots \\ b_{n1} & b_{n2} & \cdots & b_{nn} \end{pmatrix}.$$

上三角形矩阵和下三角形矩阵统称为**三角形矩阵**.

设 $\boldsymbol{A}=(a_{ij})_{n\times n}$ 为 n 阶方阵, 如果矩阵的元素满足 $a_{ij}=a_{ji}(i,j=1,2\cdots,n)$, 则称 $\boldsymbol{A}$ 为**对称矩阵**. 如果矩阵的元素满足 $a_{ij}=-a_{ji}(i,j=1,2,\cdots,n)$, 则称 $\boldsymbol{A}$ 为**反对称矩阵**. 例如

$$\boldsymbol{A}=\begin{pmatrix} 1 & 0 & -1 \\ 0 & 2 & 5 \\ -1 & 5 & 3 \end{pmatrix}, \qquad \boldsymbol{B}=\begin{pmatrix} 0 & 1 & -\frac{1}{2} \\ -1 & 0 & -7 \\ \frac{1}{2} & 7 & 0 \end{pmatrix}$$

依次是对称矩阵和反对称矩阵.

如果矩阵 $\boldsymbol{A}$ 和 $\boldsymbol{B}$ 的行数和列数分别相同, 并且对应的元素也都相等, 则说这两个**矩阵相等**, 记为 $\boldsymbol{A}=\boldsymbol{B}$.

如果行 (列) 向量 $\boldsymbol{\alpha}$ 与 $\boldsymbol{\beta}$ 的分量个数相同, 且对应分量也都相等, 则说这两个**向量相等**, 记为 $\boldsymbol{\alpha}=\boldsymbol{\beta}$.

定义 2.1.3 (转置矩阵)　把 $m\times n$ 矩阵

$$\boldsymbol{A}=\begin{pmatrix} a_{11} & a_{12} & \cdots & a_{1n} \\ a_{21} & a_{22} & \cdots & a_{2n} \\ \vdots & \vdots & & \vdots \\ a_{m1} & a_{m2} & \cdots & a_{mn} \end{pmatrix}$$

的行与列互换后得到一个 $n\times m$ 矩阵, 称为 $\boldsymbol{A}$ 的**转置矩阵**. 记为 $\boldsymbol{A}^{\mathrm{T}}$ 或 $\boldsymbol{A}'$.

如果记 $\boldsymbol{A}=(a_{ij})_{m\times n}$, 则由定义可知 $\boldsymbol{A}^{\mathrm{T}}=(a_{ji})_{n\times m}$. 例如

$$\begin{pmatrix} 2 & 4 & 6 \\ 6 & 8 & 10 \end{pmatrix}^{\mathrm{T}}=\begin{pmatrix} 2 & 6 \\ 4 & 8 \\ 6 & 10 \end{pmatrix}.$$

定义 2.1.4 (方阵的行列式)　行列式

$$\begin{vmatrix} a_{11} & a_{12} & \cdots & a_{1n} \\ a_{21} & a_{22} & \cdots & a_{2n} \\ \vdots & \vdots & & \vdots \\ a_{n1} & a_{n2} & \cdots & a_{nn} \end{vmatrix}$$

称为方阵 $\boldsymbol{A}=(a_{ij})_{n\times n}$ 的行列式, 记为 $|\boldsymbol{A}|$. 如果 $|\boldsymbol{A}|\neq 0$, 则称矩阵 $\boldsymbol{A}$ 是**非异矩阵**, 如果 $|\boldsymbol{A}|=0$, 则称矩阵 $\boldsymbol{A}$ 是**奇异矩阵或退化矩阵**.

2.2 矩阵运算

2.2.1 矩阵的加法运算

定义 2.2.1 (加法)　设 $\boldsymbol{A}=(a_{ij})_{m\times n}$ 与 $\boldsymbol{B}=(b_{ij})_{m\times n}$ 是两个同型矩阵, 矩阵 $\boldsymbol{A}$ 与 $\boldsymbol{B}$ 的和定义为 $(a_{ij}+b_{ij})_{m\times n}$, 记为 $\boldsymbol{A}+\boldsymbol{B}$:

$$\boldsymbol{A}+\boldsymbol{B}=(a_{ij}+b_{ij})_{m\times n}.$$

注意　只有当两个矩阵为同型矩阵时, 这两个矩阵才能进行加法运算. 例如

$$\begin{pmatrix} 1 & 4 & 7 \\ 3 & -6 & 9 \end{pmatrix}+\begin{pmatrix} -1 & 1 & -1 \\ 2 & 3 & 2 \end{pmatrix}=\begin{pmatrix} 0 & 5 & 6 \\ 5 & -3 & 11 \end{pmatrix}$$

容易验证, 矩阵的加法满足下面运算规律:

(1) 交换律: $\boldsymbol{A}+\boldsymbol{B}=\boldsymbol{B}+\boldsymbol{A}$.

(2) 结合律: $(\boldsymbol{A}+\boldsymbol{B})+\boldsymbol{C}=\boldsymbol{A}+(\boldsymbol{B}+\boldsymbol{C})$.

(3) 零矩阵: 对任一矩阵 $\boldsymbol{A}, \boldsymbol{A}+\boldsymbol{O}=\boldsymbol{A}=\boldsymbol{O}+\boldsymbol{A}$ ($\boldsymbol{O}$ 与 $\boldsymbol{A}$ 是同型矩阵).

(4) 负矩阵: 对任一矩阵 $\boldsymbol{A}=(a_{ij})$, 可定义 $-\boldsymbol{A}=(-a_{ij})$, 称 $-\boldsymbol{A}$ 为 $\boldsymbol{A}$ 的负矩阵. 显然有 $\boldsymbol{A}+(-\boldsymbol{A})=\boldsymbol{O}$.

由此, 定义矩阵的减法为: $\boldsymbol{A}-\boldsymbol{B}=\boldsymbol{A}+(-\boldsymbol{B})$.

例 2.2.1 设

$$\boldsymbol{A}=\begin{pmatrix} 3 & 2 & 1 \\ 4 & 5 & 6 \end{pmatrix}, \qquad \boldsymbol{B}=\begin{pmatrix} 2 & 2 & 2 \\ 3 & 3 & 3 \end{pmatrix},$$

则

$$\boldsymbol{A}+\boldsymbol{B}=\begin{pmatrix} 5 & 4 & 3 \\ 7 & 8 & 9 \end{pmatrix},$$

$$\boldsymbol{A}-\boldsymbol{B}=\begin{pmatrix} 3 & 2 & 1 \\ 4 & 5 & 6 \end{pmatrix}+\begin{pmatrix} -2 & -2 & -2 \\ -3 & -3 & -3 \end{pmatrix}=\begin{pmatrix} 1 & 0 & -1 \\ 1 & 2 & 3 \end{pmatrix}.$$

2.2.2 矩阵的数乘运算

定义 2.2.2 (矩阵的数乘) 数 k 与矩阵 $\boldsymbol{A}=(a_{ij})_{m\times n}$ 相乘的积定义为 $(ka_{ij})_{m\times n}$, 记为 $k\boldsymbol{A}$:

$$k\boldsymbol{A}=(ka_{ij})_{m\times n}.$$

即: 数 k 与矩阵 $\boldsymbol{A}$ 的乘积是以 k 乘 $\boldsymbol{A}$ 的每个元素所得的矩阵.

例如, 若

$$\boldsymbol{A}=\begin{pmatrix} 2 & 0 & -3 \\ 3 & 1 & -2 \end{pmatrix},$$

则

$$2\boldsymbol{A}=\begin{pmatrix} 4 & 0 & -6 \\ 6 & 2 & -4 \end{pmatrix}.$$

矩阵的加法与数乘运算称为矩阵的**线性运算**. 它们满足下面的运算规律:

(1) 结合律: $(kl)\boldsymbol{A}=k(l\boldsymbol{A})=l(k\boldsymbol{A})$;

(2) 分配律: $k(\boldsymbol{A}+\boldsymbol{B})=k\boldsymbol{A}+k\boldsymbol{B}, \quad (k+l)\boldsymbol{A}=k\boldsymbol{A}+l\boldsymbol{A}$, 其中 k, l 均为实数, $\boldsymbol{A}, \boldsymbol{B}$ 均为 $m\times n$ 矩阵;

(3) $1\cdot\boldsymbol{A}=\boldsymbol{A}; \quad 0\cdot\boldsymbol{A}=\boldsymbol{O}$.

(4) (-1) 与 $\boldsymbol{A}$ 的乘积正是 $\boldsymbol{A}$ 的负矩阵 $-\boldsymbol{A}$.

注 由于行 (列) 向量可以看作一行 (列) 的矩阵, 因而定义 2.2.1 和定义 2.2.2 对于向量也是适用的.

例 2.2.2 设 $\boldsymbol{A}=\begin{pmatrix} 3 & 1 \\ -2 & 1 \end{pmatrix}, \quad \boldsymbol{B}=\begin{pmatrix} 1 & 1 \\ 2 & -1 \end{pmatrix}$, 且 $3\boldsymbol{A}-2\boldsymbol{X}=\boldsymbol{B}$, 求矩阵 $\boldsymbol{X}$.

解　在 $3\boldsymbol{A}-2\boldsymbol{X}=\boldsymbol{B}$ 两端同时加上 $(-3\boldsymbol{A})$ 得

$$-2\boldsymbol{X}=\boldsymbol{B}-3\boldsymbol{A}=\begin{pmatrix}1&1\\2&-1\end{pmatrix}-\begin{pmatrix}9&3\\-6&3\end{pmatrix}=\begin{pmatrix}-8&-2\\8&-4\end{pmatrix}$$

两端再乘以 $\left(-\dfrac{1}{2}\right)$ 得 $\boldsymbol{X}=\begin{pmatrix}4&1\\-4&2\end{pmatrix}$. □

例 2.2.3(方阵的数乘与其行列式)　已知矩阵 $\boldsymbol{A}$ 是五阶方阵, 且 $|\boldsymbol{A}|=2$, 则 $|2\boldsymbol{A}|=2^5|\boldsymbol{A}|=32\times 2=64$.

一般, 若 $\boldsymbol{A}$ 是 n 阶方阵, k 为任意数, 则有 $|k\boldsymbol{A}|=k^n|\boldsymbol{A}|$. □

2.2.3　矩阵的乘法运算

定义 2.2.3(矩阵的乘法)　设 $\boldsymbol{A}=(a_{ij})_{m\times l}, \boldsymbol{B}=(b_{ij})_{l\times n}$, 则 $\boldsymbol{A}$ 与 $\boldsymbol{B}$ 的乘积 $\boldsymbol{AB}$ 定义为 $\boldsymbol{C}=(c_{ij})_{m\times n}$, 其中

$$c_{ij}=\sum_{k=1}^{l}a_{ik}b_{kj}=a_{i1}b_{1j}+a_{i2}b_{2j}+\cdots+a_{il}b_{lj},\quad (i=1,2,\cdots,m;\ j=1,2,\cdots,n).$$

由定义知, 只有当 $\boldsymbol{A}$ 的列数与 $\boldsymbol{B}$ 的行数相等时, 乘积 $\boldsymbol{AB}$ 才有意义. 乘积 $\boldsymbol{AB}$ 仍然是一个矩阵, 且乘积矩阵 $\boldsymbol{C}$ 的行数与矩阵 $\boldsymbol{A}$ 的行数相同, $\boldsymbol{C}$ 的列数与矩阵 $\boldsymbol{B}$ 的列数相同. 例如, 设 $\boldsymbol{A}$ 是 2×3 矩阵, $\boldsymbol{B}$ 是 3×4 矩阵, 则 $\boldsymbol{AB}$ 为 2×4 矩阵, 但 $\boldsymbol{BA}$ 无意义.

例 2.2.4　设 $\boldsymbol{A}=\begin{pmatrix}2&-1\\-4&0\\3&1\end{pmatrix}$, $\boldsymbol{B}=\begin{pmatrix}7&-9\\-8&10\end{pmatrix}$, 求乘积 $\boldsymbol{AB}$.

解　按定义 2.2.3,

$$\begin{aligned}\boldsymbol{AB}&=\begin{pmatrix}2&-1\\-4&0\\3&1\end{pmatrix}\begin{pmatrix}7&-9\\-8&10\end{pmatrix}\\&=\begin{pmatrix}2\times 7+(-1)\times(-8)&2\times(-9)+(-1)\times 10\\-4\times 7+0\times(-8)&-4\times(-9)+0\times 10\\3\times 7+1\times(-8)&3\times(-9)+1\times 10\end{pmatrix}=\begin{pmatrix}22&-28\\-28&36\\13&-17\end{pmatrix}.\end{aligned}$$

□

例 2.2.5　设 $\boldsymbol{A}=(a_1\,a_2\,\cdots a_n)$, $\boldsymbol{B}=\begin{pmatrix}b_1\\b_2\\\vdots\\b_n\end{pmatrix}$, 求 $\boldsymbol{AB}$ 和 $\boldsymbol{BA}$.

解

$$AB=(a_1\,a_2\,\cdots a_n)\begin{pmatrix}b_1\\b_2\\\vdots\\b_n\end{pmatrix}=(a_1b_1+a_2b_2+\cdots+a_nb_n),$$

$$BA=\begin{pmatrix}b_1\\b_2\\\vdots\\b_n\end{pmatrix}(a_1a_2\cdots a_n)=\begin{pmatrix}b_1a_1&b_1a_2&\cdots&b_1a_n\\b_2a_1&b_2a_2&\cdots&b_2a_n\\\vdots&\vdots&&\vdots\\b_na_1&b_na_2&\cdots&b_na_n\end{pmatrix}.$$

□

注　在例2.2.4 中, 由于 $\boldsymbol{B}$ 的列数 2 与 $\boldsymbol{A}$ 的行数 3 不相等, 因而 $\boldsymbol{BA}$ 是没有意义的. 在例2.2.5 中，虽然 $\boldsymbol{AB}$ 和 $\boldsymbol{BA}$ 都有意义, 但前者是 1×1 矩阵*, 而后者是 $n\times n$ 矩阵, 知 $n>1$ 时两者是不可能相等的.

由此可知, 矩阵与矩阵相乘, 不成立交换律.

如果矩阵 $\boldsymbol{A},\boldsymbol{B}$ 满足 $\boldsymbol{AB}=\boldsymbol{BA}$, 则说 $\boldsymbol{A},\boldsymbol{B}$ 是可交换的. 例如, 若 $\boldsymbol{E}$ 是与 $\boldsymbol{A}$ 同阶的单位矩阵, $k\boldsymbol{E}$ 是与 $\boldsymbol{A}$ 同阶的数量矩阵, 则易于验证

$$\boldsymbol{AE}=\boldsymbol{EA}=\boldsymbol{A},\qquad \boldsymbol{A}(k\boldsymbol{E})=(k\boldsymbol{E})\boldsymbol{A}=k\boldsymbol{A}.$$

可见, 单位矩阵及数量矩阵与任何同阶矩阵都是可交换的.

此外, 还需注意, 矩阵与矩阵相乘, 不成立消去律. 即 $\boldsymbol{AB}=\boldsymbol{O}$ 时, 未必有 $\boldsymbol{A}=\boldsymbol{O}$ 或 $\boldsymbol{B}=\boldsymbol{O}$, $\boldsymbol{AC}=\boldsymbol{BC}$ 且 $\boldsymbol{C}\neq\boldsymbol{O}$ 时, 也未必成立 $\boldsymbol{A}=\boldsymbol{B}$. 例如

$$\boldsymbol{A}=\begin{pmatrix}1&-1\\-1&1\end{pmatrix},\quad \boldsymbol{B}=\begin{pmatrix}1&-1\\1&-1\end{pmatrix},$$

则

$$\boldsymbol{AB}=\begin{pmatrix}1&-1\\-1&1\end{pmatrix}\begin{pmatrix}1&-1\\1&-1\end{pmatrix}=\begin{pmatrix}0&0\\0&0\end{pmatrix},$$

但 $\boldsymbol{A}\neq\boldsymbol{O},\boldsymbol{B}\neq\boldsymbol{O}$;

$$\begin{pmatrix}3&1\\4&6\end{pmatrix}\begin{pmatrix}0&0\\1&1\end{pmatrix}=\begin{pmatrix}2&1\\4&6\end{pmatrix}\begin{pmatrix}0&0\\1&1\end{pmatrix},$$

且 $\begin{pmatrix}0&0\\1&1\end{pmatrix}\neq\boldsymbol{O}$, 但 $\begin{pmatrix}3&1\\4&6\end{pmatrix}\neq\begin{pmatrix}2&1\\4&6\end{pmatrix}$.

以上所说的矩阵乘法不满足交换律和消去律, 是矩阵乘法区别于数的乘法的两个重要特点，但也有若干相同或相似的运算规律:

(1) 结合律:　$(\boldsymbol{AB})\boldsymbol{C}=\boldsymbol{A}(\boldsymbol{BC})$.

(2) 数乘结合律:　$k(\boldsymbol{AB})=(k\boldsymbol{A})\boldsymbol{B}=\boldsymbol{A}(k\boldsymbol{B})$, k 为数量.

---

* 当运算的最终结果是 1×1 矩阵 (a) 时, 可省去矩阵记号, 而把结果视作为数 a

(3) 分配律: $\boldsymbol{A}(\boldsymbol{B}+\boldsymbol{C})=\boldsymbol{AB}+\boldsymbol{AC}$; $(\boldsymbol{B}+\boldsymbol{C})\boldsymbol{A}=\boldsymbol{BA}+\boldsymbol{CA}$.
此外, 还有 $\boldsymbol{AO}=\boldsymbol{OA}=\boldsymbol{O}$, $\boldsymbol{AE}=\boldsymbol{EA}=\boldsymbol{A}$. 当然, 所有这些等式中, 均需假定所遇到的和与积都有意义.

对于方阵, 可以利用矩阵乘法来定义方阵的幂和矩阵多项式的概念.

设 $\boldsymbol{A}$ 是 n 阶方阵, 定义 $\boldsymbol{A}^0=\boldsymbol{E}_n$, $\boldsymbol{A}^1=\boldsymbol{A}$, $\boldsymbol{A}^2=\boldsymbol{AA},\cdots$, $\boldsymbol{A}^{k+1}=\boldsymbol{A}^k\boldsymbol{A}$, 其中 k 为正整数, 这就是说 $\boldsymbol{A}^k$ 是 k 个 $\boldsymbol{A}$ 连乘. 称 $\boldsymbol{A}^k$ 是方阵 $\boldsymbol{A}$ 的k **次幂**. 显然, 它们仍为 n 阶矩阵. 再任取 $m+1$ 个实数 $a_0,a_1,\cdots,a_m$. 显然

$$f(\boldsymbol{A})=a_0\boldsymbol{E}+a_1\boldsymbol{A}+\cdots+a_m\boldsymbol{A}^m$$

仍为 n 阶矩阵. 称 $f(\boldsymbol{A})$ 为**矩阵多项式**.

若 $f(\boldsymbol{A})$ 是 n 阶方阵 $\boldsymbol{A}$ 的矩阵多项式，且满足 $f(\boldsymbol{A})=\boldsymbol{O}$, 则称 $\boldsymbol{A}$ 为矩阵方程 $f(\boldsymbol{X})=\boldsymbol{O}$ 的**根**或**解**，其中 $\boldsymbol{O}$ 为 n 阶零矩阵.

由于矩阵乘法适合结合律, 所以方阵的幂满足:

$$\boldsymbol{A}^k\boldsymbol{A}^l=\boldsymbol{A}^{k+l},\qquad (\boldsymbol{A}^k)^l=\boldsymbol{A}^{kl},$$

其中 $k,l=1,2,\cdots$. 又因矩阵乘法不满足交换律, 所以对任两个同阶方阵 $\boldsymbol{A},\boldsymbol{B}$ 而言, 一般 $(\boldsymbol{AB})^k\neq\boldsymbol{A}^k\boldsymbol{B}^k$.

$$\begin{aligned}(\boldsymbol{A}+\boldsymbol{B})^2&=(\boldsymbol{A}+\boldsymbol{B})(\boldsymbol{A}+\boldsymbol{B})\\&=\boldsymbol{A}^2+\boldsymbol{BA}+\boldsymbol{AB}+\boldsymbol{B}^2\neq\boldsymbol{A}^2+2\boldsymbol{AB}+\boldsymbol{B}^2,\\(\boldsymbol{A}+\boldsymbol{B})(\boldsymbol{A}-\boldsymbol{B})&=\boldsymbol{A}^2+\boldsymbol{BA}-\boldsymbol{AB}-\boldsymbol{B}^2\neq\boldsymbol{A}^2-\boldsymbol{B}^2.\end{aligned}$$

不过, 由于在矩阵 $\boldsymbol{E}$ 与 $\boldsymbol{A}$ 同阶时, 两者是可交换的, 因此有

$$\begin{aligned}&(\boldsymbol{A}+\lambda\boldsymbol{E})^2=(\boldsymbol{A}+\lambda\boldsymbol{E})(\boldsymbol{A}+\lambda\boldsymbol{E})=\boldsymbol{A}^2+2\lambda\boldsymbol{A}+\lambda^2\boldsymbol{E},\\&(\boldsymbol{A}+\lambda\boldsymbol{E})(\boldsymbol{A}-\lambda\boldsymbol{E})=\boldsymbol{A}^2-\lambda^2\boldsymbol{E},\end{aligned}$$

其中 λ 是数.

例 2.2.6　由

$$f(x)=2x^2+5x-3=(2x-1)(x+3)$$

可得

$$f(\boldsymbol{A})=2\boldsymbol{A}^2+5\boldsymbol{A}-3\boldsymbol{E}=(2\boldsymbol{A}-\boldsymbol{E})(\boldsymbol{A}+3\boldsymbol{E}).$$

一般地，由通常多项式经数乘、加法与乘法所得到的结果，对相应的矩阵多项式也有相同的结果. 特别地，通常多项式的因式分解结果同样适合于矩阵多项式. □

对于同阶方阵乘积的行列式，我们有下面的公式:

例 2.2.7　证明　$|\boldsymbol{AB}|=|\boldsymbol{A}||\boldsymbol{B}|$.

证明　设 $\boldsymbol{A}=(a_{ij})_{n\times n}$, $\boldsymbol{B}=(b_{ij})_{n\times n}$, 记 $2n$ 阶行列式

$$D_{2n}=\begin{vmatrix} a_{11} & \cdots & a_{1n} & & & \\ \vdots & & \vdots & & O & \\ a_{n1} & \cdots & a_{nn} & & & \\ -1 & & 0 & b_{11} & \cdots & b_{1n} \\ & \ddots & & \vdots & & \vdots \\ 0 & & -1 & b_{n1} & \cdots & b_{nn} \end{vmatrix}=\begin{vmatrix} \boldsymbol{A} & \boldsymbol{O} \\ -\boldsymbol{E} & \boldsymbol{B} \end{vmatrix},$$

由第 1 章例 1.2.7 可知 $D_{2n}=|\boldsymbol{A}||\boldsymbol{B}|$.

在 D_{2n} 中以 a_{i1} 乘第 $n+1$ 行, a_{i2} 乘第 $n+2$ 行, $\cdots,a_{in}$ 乘第 $2n$ 行, 都加到第 i 行上去, 其中 $i=1,2,\cdots,n$, 有

$$D_{2n}=\begin{vmatrix} \boldsymbol{O} & \boldsymbol{C} \\ -\boldsymbol{E} & \boldsymbol{B} \end{vmatrix}=(-1)^n\begin{vmatrix} \boldsymbol{C} & \boldsymbol{O} \\ \boldsymbol{B} & -\boldsymbol{E} \end{vmatrix}=(-1)^n|\boldsymbol{C}|\cdot|-\boldsymbol{E}|=|\boldsymbol{C}|,$$

其中 $\boldsymbol{C}=(c_{ij}),c_{ij}=\sum\limits_{k=1}^{n}a_{ik}b_{kj}$. 故 $\boldsymbol{C}=\boldsymbol{AB}$, 于是 $|\boldsymbol{AB}|=|\boldsymbol{C}|=|\boldsymbol{A}||\boldsymbol{B}|$. □

反复运用这一结果, 不难得知, 对于任意有限多个同阶矩阵 $\boldsymbol{A}_1,\boldsymbol{A}_2,\cdots,\boldsymbol{A}_k$ 成立

$$|\boldsymbol{A}_1\boldsymbol{A}_2\cdots\boldsymbol{A}_k|=|\boldsymbol{A}_1||\boldsymbol{A}_2|\cdots|\boldsymbol{A}_k|.$$

2.2.4 转置矩阵的性质

矩阵的转置也是一种运算, 它具有下面性质:

(1) $(\boldsymbol{A}^{\mathrm{T}})^{\mathrm{T}}=\boldsymbol{A}$; $\quad|\boldsymbol{A}^{\mathrm{T}}|=|\boldsymbol{A}|$;

(2) $(\boldsymbol{A}+\boldsymbol{B})^{\mathrm{T}}=\boldsymbol{A}^{\mathrm{T}}+\boldsymbol{B}^{\mathrm{T}}$;

(3) $(k\boldsymbol{A})^{\mathrm{T}}=k\boldsymbol{A}^{\mathrm{T}}$ (k 是数);

(4) $(\boldsymbol{AB})^{\mathrm{T}}=\boldsymbol{B}^{\mathrm{T}}\boldsymbol{A}^{\mathrm{T}}$.

证明 前三式显然, 故只证 (4). 设

$$\boldsymbol{A}=(a_{ij})_{m\times l},\qquad \boldsymbol{B}=(b_{ij})_{l\times n},$$

则

$$[(\boldsymbol{AB})^{\mathrm{T}}]_{ij}=[\boldsymbol{AB}]_{ji}=a_{j1}b_{1i}+a_{j2}b_{2i}+\cdots+a_{jl}b_{li},\ (i=1,\cdots,m;\ j=1,\cdots,n).$$

另一方面, $[\boldsymbol{B}^{\mathrm{T}}\boldsymbol{A}^{\mathrm{T}}]_{ij}$ 是 $\boldsymbol{B}^{\mathrm{T}}$ 的第 i 行与 $\boldsymbol{A}^{\mathrm{T}}$ 的第 j 列对应元素的乘积之和, 亦即 $\boldsymbol{B}$ 的第 i 列与 $\boldsymbol{A}$ 的第 j 行对应元素乘积之和. 于是

$$(\boldsymbol{B}^{\mathrm{T}}\boldsymbol{A}^{\mathrm{T}})_{ij}=b_{1i}a_{j1}+b_{2i}a_{j2}+\cdots+b_{li}a_{jl}=[(\boldsymbol{AB})^{\mathrm{T}}]_{ij},\ (i=1,\cdots,m;\ j=1,\cdots,n).$$

这就证明了 $(\boldsymbol{AB})^{\mathrm{T}}=\boldsymbol{B}^{\mathrm{T}}\boldsymbol{A}^{\mathrm{T}}$. □

如果是三个矩阵相乘, 则

$$(\boldsymbol{ABC})^{\mathrm{T}}=[(\boldsymbol{AB})\boldsymbol{C}]^{\mathrm{T}}=\boldsymbol{C}^{\mathrm{T}}(\boldsymbol{AB})^{\mathrm{T}}=\boldsymbol{C}^{\mathrm{T}}\boldsymbol{B}^{\mathrm{T}}\boldsymbol{A}^{\mathrm{T}}.$$

一般地

$$(\boldsymbol{A}_1\boldsymbol{A}_2\cdots\boldsymbol{A}_k)^{\mathrm{T}}=\boldsymbol{A}_k^{\mathrm{T}}\cdots\boldsymbol{A}_2^{\mathrm{T}}\boldsymbol{A}_1^{\mathrm{T}}.$$

例 2.2.8　设 $\boldsymbol{A}=\begin{pmatrix}1&0\\2&3\\4&5\end{pmatrix}$, $\boldsymbol{B}=\begin{pmatrix}2&1\\4&3\end{pmatrix}$, 求 $(\boldsymbol{AB})^{\mathrm{T}}$.

解　法一:

$$\boldsymbol{AB}=\begin{pmatrix}1&0\\2&3\\4&5\end{pmatrix}\begin{pmatrix}2&1\\4&3\end{pmatrix}=\begin{pmatrix}2&1\\16&11\\28&19\end{pmatrix},$$

所以

$$(\boldsymbol{AB})^{\mathrm{T}}=\begin{pmatrix}2&16&28\\1&11&19\end{pmatrix}.$$

法二:

$$(\boldsymbol{AB})^{\mathrm{T}}=\boldsymbol{B}^{\mathrm{T}}\boldsymbol{A}^{\mathrm{T}}=\begin{pmatrix}2&4\\1&3\end{pmatrix}\begin{pmatrix}1&2&4\\0&3&5\end{pmatrix}=\begin{pmatrix}2&16&28\\1&11&19\end{pmatrix}.$$

□

2.3　分块矩阵

下面将介绍矩阵运算的一种有用的技巧 —— 矩阵的分块. 这种技巧在处理某些较高阶的矩阵时常常被用到. 下面通过例子说明如何分块及分块矩阵的运算方法.

设 $\boldsymbol{A}$ 是一个 5 阶矩阵

$$\boldsymbol{A}=\begin{pmatrix}3&1&2&0&-3\\1&3&1&-2&0\\0&0&1&0&0\\0&0&0&1&0\\0&0&0&0&1\end{pmatrix},$$

用水平和垂直的虚线可以把它分隔成 4 块, 若记

$$\boldsymbol{A}_{11}=\begin{pmatrix}3&1\\1&3\end{pmatrix},\quad \boldsymbol{A}_{12}=\begin{pmatrix}2&0&-3\\1&-2&0\end{pmatrix},$$

$$\boldsymbol{O}_{3\times2}=\begin{pmatrix}0&0\\0&0\\0&0\end{pmatrix},\quad \boldsymbol{E}_3=\begin{pmatrix}1&0&0\\0&1&0\\0&0&1\end{pmatrix},$$

就可以把 $\boldsymbol{A}$ 看成由上面 4 个小矩阵所组成, 写作

$$\boldsymbol{A}=\begin{pmatrix}\boldsymbol{A}_{11}&\boldsymbol{A}_{12}\\\boldsymbol{O}_{3\times2}&\boldsymbol{E}_3\end{pmatrix},$$

并称它是 $\boldsymbol{A}$ 的一个 2×2 分块矩阵, 其中每一个小矩阵称为 $\boldsymbol{A}$ 的一个子块. 显然, $\boldsymbol{A}$ 的 2×2 分块矩阵还可以有其他的分法.

一般对于一个 $m\times n$ 矩阵, 如果在行的方向分成 s 块, 在列的方向分成 t 块, 就得到 $\boldsymbol{A}$ 的一个 $s\times t$ 分块矩阵. 记作

$$\boldsymbol{A}=(\boldsymbol{A}_{kl})_{s\times t}=\begin{array}{c}\left(\begin{array}{cccc}\boldsymbol{A}_{11} & \boldsymbol{A}_{12} & \cdots & \boldsymbol{A}_{1t}\\ \boldsymbol{A}_{21} & \boldsymbol{A}_{22} & \cdots & \boldsymbol{A}_{2t}\\ \vdots & \vdots & & \vdots\\ \boldsymbol{A}_{s1} & \boldsymbol{A}_{s2} & \cdots & \boldsymbol{A}_{st}\end{array}\right)\\ \begin{array}{cccc}n_1\text{列} & n_2\text{列} & \cdots & n_t\text{列}\end{array}\end{array}\begin{array}{c}m_1\text{行}\\ m_2\text{行}\\ \vdots\\ m_s\text{行}\\ \ \end{array}$$

其中 $m_1+m_2+\cdots+m_s=m, n_1+n_2+\cdots+n_t=n$, 而 $\boldsymbol{A}_{kl}(k=1,2,\cdots,s;l=1,2,\cdots,t)$ 称为 $\boldsymbol{A}$ 的子块.

分块矩阵的运算与普通矩阵的运算相类似.

(1) 分块矩阵的加法. 设分块矩阵

$$\boldsymbol{A}=(\boldsymbol{A}_{kl})_{s\times t},\qquad \boldsymbol{B}=(\boldsymbol{B}_{kl})_{s\times t},$$

如果 $\boldsymbol{A}$ 与 $\boldsymbol{B}$ 对应的子块 $\boldsymbol{A}_{kl}$ 和 $\boldsymbol{B}_{kl}$ 都是同型矩阵, 则

$$\boldsymbol{A}+\boldsymbol{B}=(\boldsymbol{A}_{kl}+\boldsymbol{B}_{kl})_{s\times t}.$$

(2) 分块矩阵的数乘. 设分块矩阵

$$\boldsymbol{A}=(\boldsymbol{A}_{kl})_{s\times t},$$

k 是数, 则

$$k\boldsymbol{A}=(k\boldsymbol{A}_{kl})_{s\times t}.$$

(3) 分块矩阵的乘法. 设

$$\boldsymbol{A}=(a_{ij})_{m\times n},\qquad \boldsymbol{B}=(b_{ij})_{n\times p}.$$

如果把 $\boldsymbol{A},\boldsymbol{B}$ 分别分块为 $r\times s$ 和 $s\times t$ 分块矩阵, 且 $\boldsymbol{A}$ 的列的分块法与 $\boldsymbol{B}$ 的行的分块法完全相同, 则

$$\boldsymbol{AB}=\begin{pmatrix}\boldsymbol{A}_{11} & \boldsymbol{A}_{12} & \cdots & \boldsymbol{A}_{1s}\\ \boldsymbol{A}_{21} & \boldsymbol{A}_{22} & \cdots & \boldsymbol{A}_{2s}\\ \vdots & \vdots & & \vdots\\ \boldsymbol{A}_{r1} & \boldsymbol{A}_{r2} & \cdots & \boldsymbol{A}_{rs}\end{pmatrix}\begin{pmatrix}\boldsymbol{B}_{11} & \boldsymbol{B}_{12} & \cdots & \boldsymbol{B}_{1t}\\ \boldsymbol{B}_{21} & \boldsymbol{B}_{22} & \cdots & \boldsymbol{B}_{2t}\\ \vdots & \vdots & & \vdots\\ \boldsymbol{B}_{s1} & \boldsymbol{B}_{s2} & \cdots & \boldsymbol{B}_{st}\end{pmatrix}=\boldsymbol{C}=(\boldsymbol{C}_{kl})_{r\times t},$$

其中 $\boldsymbol{C}$ 是 $r\times t$ 分块矩阵, 且

$$\begin{aligned}\boldsymbol{C}_{kl}&=\boldsymbol{A}_{k1}\boldsymbol{B}_{1l}+\boldsymbol{A}_{k2}\boldsymbol{B}_{2l}+\cdots+\boldsymbol{A}_{ks}\boldsymbol{B}_{sl}\\ &=\sum_{i=1}^{s}\boldsymbol{A}_{ki}\boldsymbol{B}_{il},\quad (k=1,2,\cdots,r;\ l=1,2,\cdots,t).\end{aligned}$$

用分块乘法求得的 $\boldsymbol{AB}$ 与不分块做乘法求得的 $\boldsymbol{AB}$ 是相同的.

例 2.3.1　设

$$
\boldsymbol{A}=\begin{pmatrix}2&0&0&0\\0&1&0&0\\-1&1&1&0\\1&1&0&1\end{pmatrix},\qquad \boldsymbol{B}=\begin{pmatrix}1&0\\1&-2\\1&0\\-1&1\end{pmatrix},
$$

求 $\boldsymbol{AB}$.

解　把 $\boldsymbol{A},\boldsymbol{B}$ 分块成

$$
\boldsymbol{A}=\begin{pmatrix}2&0&0&0\\0&1&0&0\\-1&1&1&0\\1&1&0&1\end{pmatrix}=\begin{pmatrix}\boldsymbol{A}_{11}&\boldsymbol{O}_2\\\boldsymbol{A}_{21}&\boldsymbol{E}_2\end{pmatrix},\quad \boldsymbol{B}=\begin{pmatrix}1&0\\1&-2\\1&0\\-1&1\end{pmatrix}=\begin{pmatrix}\boldsymbol{B}_{11}\\\boldsymbol{B}_{21}\end{pmatrix},
$$

则

$$
\boldsymbol{AB}=\begin{pmatrix}\boldsymbol{A}_{11}&\boldsymbol{O}_2\\\boldsymbol{A}_{21}&\boldsymbol{E}_2\end{pmatrix}\begin{pmatrix}\boldsymbol{B}_{11}\\\boldsymbol{B}_{21}\end{pmatrix}=\begin{pmatrix}\boldsymbol{A}_{11}\boldsymbol{B}_{11}\\\boldsymbol{A}_{21}\boldsymbol{B}_{11}+\boldsymbol{B}_{21}\end{pmatrix}.
$$

而

$$
\begin{aligned}
\boldsymbol{A}_{11}\boldsymbol{B}_{11}&=\begin{pmatrix}2&0\\0&1\end{pmatrix}\begin{pmatrix}1&0\\1&-2\end{pmatrix}=\begin{pmatrix}2&0\\1&-2\end{pmatrix},\\
\boldsymbol{A}_{21}\boldsymbol{B}_{11}+\boldsymbol{B}_{21}&=\begin{pmatrix}-1&1\\1&1\end{pmatrix}\begin{pmatrix}1&0\\1&-2\end{pmatrix}+\begin{pmatrix}1&0\\-1&1\end{pmatrix}=\begin{pmatrix}1&-2\\1&-1\end{pmatrix},
\end{aligned}
$$

于是

$$
\boldsymbol{AB}=\begin{pmatrix}2&0\\1&-2\\1&-2\\1&-1\end{pmatrix}.
$$

□

(4) 分块矩阵的转置. $s\times t$ 分块矩阵 $\boldsymbol{A}=(\boldsymbol{A}_{kl})_{s\times t}$ 的转置矩阵 $\boldsymbol{A}^{\mathrm{T}}$ 为 $t\times s$ 分块矩阵, 如果记 $\boldsymbol{A}^{\mathrm{T}}=(\boldsymbol{B}_{lk})_{t\times s}$, 则

$$
\boldsymbol{B}_{lk}=\boldsymbol{A}_{kl}^{\mathrm{T}},\quad (l=1,2,\cdots,t;\ k=1,2,\cdots,s).
$$

例如, 若 $\boldsymbol{A}=\begin{pmatrix}\boldsymbol{A}_{11}&\boldsymbol{A}_{12}&\boldsymbol{A}_{13}\\\boldsymbol{A}_{21}&\boldsymbol{A}_{22}&\boldsymbol{A}_{23}\end{pmatrix}$, 则

$$
\boldsymbol{A}^{\mathrm{T}}=\begin{pmatrix}\boldsymbol{A}_{11}^{\mathrm{T}}&\boldsymbol{A}_{21}^{\mathrm{T}}\\\boldsymbol{A}_{12}^{\mathrm{T}}&\boldsymbol{A}_{22}^{\mathrm{T}}\\\boldsymbol{A}_{13}^{\mathrm{T}}&\boldsymbol{A}_{23}^{\mathrm{T}}\end{pmatrix}.
$$

(5) 分块对角矩阵. 设 n 阶矩阵 $\boldsymbol{A}$ 的分块矩阵只有在对角线上有非零子块, 其余子块都为零矩阵, 且在对角线上的子块都是方阵, 即

$$\boldsymbol{A}=\begin{pmatrix}\boldsymbol{A}_1 & & & \\ & \boldsymbol{A}_2 & & \\ & & \ddots & \\ & & & \boldsymbol{A}_s\end{pmatrix},$$

其中 $\boldsymbol{A}_i(i=1,2,\cdots,s)$ 都是方阵, 则称 $\boldsymbol{A}$ 为分块对角矩阵, 也称**准对角矩阵**.

例如

$$\boldsymbol{A}=\begin{pmatrix}1&0&0&0&0\\3&4&0&0&0\\0&0&2&0&0\\0&0&0&2&4\\0&0&0&0&-2\end{pmatrix}=\begin{pmatrix}\boldsymbol{A}_1 & & \\ & \boldsymbol{A}_2 & \\ & & \boldsymbol{A}_3\end{pmatrix},$$

其中 $\boldsymbol{A}_1=\begin{pmatrix}1&0\\3&4\end{pmatrix}$, $\boldsymbol{A}_2=(2)$, $\boldsymbol{A}_3=\begin{pmatrix}2&4\\0&-2\end{pmatrix}$.

矩阵按行分块和按列分块是两种常见的分块法 (设 $\boldsymbol{A}=(a_{ij})_{m\times n}$) :

(1) 按行分块 $\boldsymbol{A}=\begin{pmatrix}\boldsymbol{\alpha}_1\\\boldsymbol{\alpha}_2\\\vdots\\\boldsymbol{\alpha}_m\end{pmatrix}$, 其中 $\boldsymbol{\alpha}_i=(a_{i1},a_{i2},\cdots a_{in})$, $i=1,2,\cdots,m$.

(2) 按列分块

$$\boldsymbol{A}=(\boldsymbol{\beta}_1\ \boldsymbol{\beta}_2\ \cdots\ \boldsymbol{\beta}_n),$$

其中

$$\boldsymbol{\beta}_j=(a_{1j},a_{2j},\cdots,a_{mj})^{\mathrm{T}},\qquad j=1,2,\cdots,n.$$

矩阵的乘法可先将矩阵按行, 列分块后再相乘.

例 2.3.2　设

$$\boldsymbol{A}=(a_{ij})_{m\times s}=\begin{pmatrix}\boldsymbol{\alpha}_1\\\boldsymbol{\alpha}_2\\\vdots\\\boldsymbol{\alpha}_m\end{pmatrix},\quad \boldsymbol{B}=(b_{ij})_{s\times n}=(\boldsymbol{\beta}_1\ \boldsymbol{\beta}_2\ \cdots\ \boldsymbol{\beta}_n),$$

则

$$\boldsymbol{AB}=\begin{pmatrix}\boldsymbol{\alpha}_1\\\boldsymbol{\alpha}_2\\\vdots\\\boldsymbol{\alpha}_m\end{pmatrix}(\boldsymbol{\beta}_1\ \boldsymbol{\beta}_2\ \cdots\ \boldsymbol{\beta}_n)=\begin{pmatrix}\boldsymbol{\alpha}_1\boldsymbol{\beta}_1&\cdots&\boldsymbol{\alpha}_1\boldsymbol{\beta}_n\\\boldsymbol{\alpha}_2\boldsymbol{\beta}_1&\cdots&\boldsymbol{\alpha}_2\boldsymbol{\beta}_n\\\vdots&&\vdots\\\boldsymbol{\alpha}_m\boldsymbol{\beta}_1&\cdots&\boldsymbol{\alpha}_m\boldsymbol{\beta}_n\end{pmatrix}=(c_{ij})_{m\times n},$$

其中

$$c_{ij}=\boldsymbol{\alpha}_i\boldsymbol{\beta}_j=(a_{i1},a_{i2},\cdots,a_{is})\begin{pmatrix}b_{1j}\\b_{2j}\\\vdots\\b_{sj}\end{pmatrix}=\sum_{k=1}^{s}a_{ik}b_{kj}.$$

又设对角矩阵

$$\boldsymbol{\Lambda}_m=\begin{pmatrix}\lambda_1&&&\\&\lambda_2&&\\&&\ddots&\\&&&\lambda_m\end{pmatrix},\qquad \boldsymbol{\Lambda}_n=\begin{pmatrix}\lambda_1&&&\\&\lambda_2&&\\&&\ddots&\\&&&\lambda_n\end{pmatrix},$$

其中 λ_i 为数. 则

$$\boldsymbol{\Lambda}_m\boldsymbol{A}_{m\times n}=\begin{pmatrix}\lambda_1&&&\\&\lambda_2&&\\&&\ddots&\\&&&\lambda_m\end{pmatrix}\begin{pmatrix}\boldsymbol{\alpha}_1\\\boldsymbol{\alpha}_2\\\vdots\\\boldsymbol{\alpha}_m\end{pmatrix}=\begin{pmatrix}\lambda_1\boldsymbol{\alpha}_1\\\lambda_2\boldsymbol{\alpha}_2\\\vdots\\\lambda_m\boldsymbol{\alpha}_m\end{pmatrix},$$

$$\begin{aligned}\boldsymbol{A}_{m\times n}\boldsymbol{\Lambda}_n&=(\boldsymbol{\beta}_1\ \boldsymbol{\beta}_2\ \cdots\ \boldsymbol{\beta}_n)\begin{pmatrix}\lambda_1&&&\\&\lambda_2&&\\&&\ddots&\\&&&\lambda_n\end{pmatrix}\\&=(\lambda_1\boldsymbol{\beta}_1\ \lambda_2\boldsymbol{\beta}_2\ \cdots\ \lambda_n\boldsymbol{\beta}_n).\end{aligned}$$

2.4 初等变换与初等矩阵

应用矩阵处理各种问题时，经常采用一种重要方法，称作初等变换法，而施行初等变换的每一步都可以通过乘以一个初等矩阵去实现.

定义 2.4.1 (初等变换) 下面三种对矩阵的变换, 统称为矩阵的初等变换:

(1) 对调变换: 互换矩阵 i,j 两行 (列), 记作 $r_i\leftrightarrow r_j(c_i\leftrightarrow c_j)$.

(2) 数乘变换: 用任意数 $k\neq 0$ 去乘矩阵的第 i 行 (列), 记作 $kr_i(kc_i)$.

(3) 倍加变换: 把矩阵的第 i 行 (列) 的 k 倍加到第 j 行 (列), 其中 k 为任意数, 记作 $r_j+kr_i\ (c_j+kc_i)$.

定义 2.4.2 (初等矩阵) 将单位矩阵 $\boldsymbol{E}$, 做一次初等变换所得的矩阵称为初等矩阵.

对应于三类初等行 (列) 变换, 有如下三种类型的初等矩阵.

(1) 初等对调矩阵

$$
\boldsymbol{E}(i,j)=\begin{pmatrix}
1 & & & & & & \\
 & \ddots & & & & & \\
 & & 0 & & 1 & & \\
 & & & \ddots & & & \\
 & & 1 & & 0 & & \\
 & & & & & \ddots & \\
 & & & & & & 1
\end{pmatrix},\quad
\begin{matrix} \\ \\ \longleftarrow \text{第}i\text{行} \\ \\ \longleftarrow \text{第}j\text{行} \\ \\ \\ \end{matrix}
$$

$$
\begin{matrix} \uparrow & \quad & \uparrow \\ \text{第}i\text{列} & & \text{第}j\text{列} \end{matrix}
$$

即是将单位矩阵的第 i 行与第 j 行对调后所得矩阵.

(2) 初等倍乘矩阵

$$
\boldsymbol{E}(i(k))=\begin{pmatrix}
1 & & & & \\
 & \ddots & & & \\
 & & k & & \\
 & & & \ddots & \\
 & & & & 1
\end{pmatrix},\quad \longleftarrow \text{第}i\text{行}
$$

$$
\begin{matrix} \uparrow \\ \text{第}i\text{列} \end{matrix}
$$

其中, $k\neq 0$ 是任意数. 即是将单位矩阵的第 i 个 1 换成 k $(k\neq 0)$ 后所得矩阵.

(3) 初等倍加矩阵

$$
\boldsymbol{E}(i,j(k))=\begin{pmatrix}
1 & & & & & & \\
 & \ddots & & & & & \\
 & & 1 & \cdots & k & & \\
 & & & \ddots & & & \\
 & & & & 1 & & \\
 & & & & & \ddots & \\
 & & & & & & 1
\end{pmatrix},\quad
\begin{matrix} \\ \\ \longleftarrow \text{第}i\text{行} \\ \\ \longleftarrow \text{第}j\text{行} \\ \\ \\ \end{matrix}
$$

$$
\begin{matrix} \uparrow & \quad & \uparrow \\ \text{第}i\text{列} & & \text{第}j\text{列} \end{matrix}
$$

即是将单位矩阵的第 i 行第 j 列的元素换成 k 后所得矩阵.

例 2.4.1 计算矩阵与初等矩阵的乘积:

$$\begin{pmatrix} 1 & 0 & 0 \\ 0 & k & 0 \\ 0 & 0 & 1 \end{pmatrix}\begin{pmatrix} a_{11} & a_{12} & \cdots & a_{1n} \\ a_{21} & a_{22} & \cdots & a_{2n} \\ a_{31} & a_{32} & \cdots & a_{3n} \end{pmatrix} = \begin{pmatrix} a_{11} & a_{12} & \cdots & a_{1n} \\ ka_{21} & ka_{22} & \cdots & ka_{2n} \\ a_{31} & a_{32} & \cdots & a_{3n} \end{pmatrix},$$

$$\begin{pmatrix} 1 & 0 & k \\ 0 & 1 & 0 \\ 0 & 0 & 1 \end{pmatrix}\begin{pmatrix} a_{11} & a_{12} \\ a_{21} & a_{22} \\ a_{31} & a_{32} \end{pmatrix} = \begin{pmatrix} a_{11}+ka_{31} & a_{12}+ka_{32} \\ a_{21} & a_{22} \\ a_{31} & a_{32} \end{pmatrix},$$

$$\begin{pmatrix} b_{11} & b_{12} & b_{13} \\ b_{21} & b_{22} & b_{23} \\ b_{31} & b_{32} & b_{33} \end{pmatrix}\begin{pmatrix} 1 & 0 & 0 \\ 0 & 0 & 1 \\ 0 & 1 & 0 \end{pmatrix} = \begin{pmatrix} b_{11} & b_{13} & b_{12} \\ b_{21} & b_{23} & b_{22} \\ b_{31} & b_{33} & b_{32} \end{pmatrix}.$$

由此例可看出, 初等矩阵左 (右) 乘一个矩阵的结果是对这个矩阵做相应的初等行 (列) 变换.

一般地, 可给出初等变换与初等矩阵的关系.

定理 2.4.1 (初等变换与初等矩阵) *设 $\boldsymbol{A}$ 是一个 $m\times n$ 矩阵, 对 $\boldsymbol{A}$ 施行一次初等行变换, 相当于在 $\boldsymbol{A}$ 的左边乘以一个相应的 m 阶初等矩阵; 对 $\boldsymbol{A}$ 施行一次初等列变换, 相当于在 $\boldsymbol{A}$ 的右边乘以一个相应的 n 阶初等矩阵.*

证明 只需具体验证即可, 此处只举一种情形. 设 $\boldsymbol{A}$ 按行分块, 对 $\boldsymbol{A}$ 施行第三种初等行变换, 将 $\boldsymbol{A}$ 的第 j 行乘 k 倍加到第 i 行上, 即

$$\boldsymbol{A} = \begin{pmatrix} \boldsymbol{\alpha}_1 \\ \ddots \\ \boldsymbol{\alpha}_i \\ \vdots \\ \boldsymbol{\alpha}_j \\ \ddots \\ \boldsymbol{\alpha}_m \end{pmatrix} \xrightarrow{r_i+kr_j} \begin{pmatrix} \boldsymbol{\alpha}_1 \\ \ddots \\ \boldsymbol{\alpha}_i+k\boldsymbol{\alpha}_j \\ \ddots \\ \boldsymbol{\alpha}_j \\ \ddots \\ \boldsymbol{\alpha}_m \end{pmatrix}.$$

而

$$\boldsymbol{E}(i,j(k))\boldsymbol{A} = \begin{pmatrix} 1 & & & & & & \\ & \ddots & & & & & \\ & & 1 & \cdots & k & & \\ & & & \ddots & \vdots & & \\ & & & & 1 & & \\ & & & & & \ddots & \\ & & & & & & 1 \end{pmatrix}\begin{pmatrix} \boldsymbol{\alpha}_1 \\ \ddots \\ \boldsymbol{\alpha}_i \\ \ddots \\ \boldsymbol{\alpha}_j \\ \ddots \\ \boldsymbol{\alpha}_m \end{pmatrix} = \begin{pmatrix} \boldsymbol{\alpha}_1 \\ \ddots \\ \boldsymbol{\alpha}_i+k\boldsymbol{\alpha}_j \\ \ddots \\ \boldsymbol{\alpha}_j \\ \ddots \\ \boldsymbol{\alpha}_m \end{pmatrix}.$$

说明施行上述初等变换相当于在 $\boldsymbol{A}$ 的左边乘一个相应的 m 阶初等矩阵 $\boldsymbol{E}(i,j(k))$, 其他情形可类似证明. □

注　注意定理说法中“相应”的含义, 具体来说, 就是

$\boldsymbol{E}(i,j)\boldsymbol{A}$: 表示 $\boldsymbol{A}$ 的第 i 行与第 j 行互换;

$\boldsymbol{E}(i(k))\boldsymbol{A}$: 表示 $\boldsymbol{A}$ 的第 i 行乘以 k;

$\boldsymbol{E}(i,j(k))\boldsymbol{A}$: 表示 $\boldsymbol{A}$ 的第 j 行乘以 k 加到第 i 行上;

$\boldsymbol{A}\boldsymbol{E}(i,j)$: 表示 $\boldsymbol{A}$ 的第 i 列与第 j 列互换;

$\boldsymbol{A}\boldsymbol{E}(i(k))$: 表示 $\boldsymbol{A}$ 的第 i 列乘以 k;

$\boldsymbol{A}\boldsymbol{E}(i,j(k))$: 表示 $\boldsymbol{A}$ 的第 i 列乘以 k 加到第 j 列上.

例如, 设 $\boldsymbol{A}=\begin{pmatrix}3&0&1\\1&-1&2\\0&1&1\end{pmatrix}$, 将 1, 2 行互换, 则

$$\boldsymbol{A}=\begin{pmatrix}3&0&1\\1&-1&2\\0&1&1\end{pmatrix}\xrightarrow{r_1\leftrightarrow r_2}\begin{pmatrix}1&-1&2\\3&0&1\\0&1&1\end{pmatrix},$$

$$\boldsymbol{E}(1,2)\boldsymbol{A}=\begin{pmatrix}0&1&0\\1&0&0\\0&0&1\end{pmatrix}\begin{pmatrix}3&0&1\\1&-1&2\\0&1&1\end{pmatrix}=\begin{pmatrix}1&-1&2\\3&0&1\\0&1&1\end{pmatrix}.$$

所以 $\boldsymbol{A}$ 左乘初等矩阵 $\boldsymbol{E}(1,2)$, 就达到了互换 1, 2 行的效果. 再如

$$\boldsymbol{A}=\begin{pmatrix}3&0&1\\1&-1&2\\0&1&1\end{pmatrix}\xrightarrow{c_1+2c_3}\begin{pmatrix}5&0&1\\5&-1&2\\2&1&1\end{pmatrix},$$

$$\boldsymbol{A}\boldsymbol{E}(3,1(2))=\begin{pmatrix}3&0&1\\1&-1&2\\0&1&1\end{pmatrix}\begin{pmatrix}1&0&0\\0&1&0\\2&0&1\end{pmatrix}=\begin{pmatrix}5&0&1\\5&-1&2\\2&1&1\end{pmatrix}.$$

这是将矩阵 $\boldsymbol{A}$ 第 3 列乘以 2 加到第 1 列的结果.

定义 2.4.3(行 (列) 等价矩阵, 等价矩阵)　如果矩阵 $\boldsymbol{A}$ 经过有限次初等行变换变成矩阵 $\boldsymbol{B}$, 称矩阵 $\boldsymbol{A}$ 与 $\boldsymbol{B}$**行等价**, 记作 $\boldsymbol{A}\xrightarrow{r}\boldsymbol{B}$; 若矩阵 $\boldsymbol{A}$ 经有限次初等列变换变成矩阵 $\boldsymbol{B}$, 称矩阵 $\boldsymbol{A}$ 与 $\boldsymbol{B}$**列等价**, 记作 $\boldsymbol{A}\xrightarrow{c}\boldsymbol{B}$; 若矩阵 $\boldsymbol{A}$ 经过有限次初等变换变成矩阵 $\boldsymbol{B}$, 称矩阵 $\boldsymbol{A}$ 与 $\boldsymbol{B}$**等价**, 记作 $\boldsymbol{A}\to\boldsymbol{B}$.

矩阵之间的等价具有通常等价关系的下列3个性质:

(1) 自反性: $\boldsymbol{A}$ 与其自身等价;

(2) 对称性: 若 $\boldsymbol{A}$ 与 $\boldsymbol{B}$ 等价, 则 $\boldsymbol{B}$ 与 $\boldsymbol{A}$ 等价;

(3) 传递性: 若 $\boldsymbol{A}$ 与 $\boldsymbol{B}$ 等价且 $\boldsymbol{B}$ 与 $\boldsymbol{C}$ 等价, 则 $\boldsymbol{A}$ 与 $\boldsymbol{C}$ 等价.

由等价关系可以将矩阵分类, 我们将等价的矩阵作为一类. 在第 3 章中将看到, 具有**行等价关系的矩阵所对应的线性方程组有相同的解**.

为下面叙述方便，将矩阵 $\boldsymbol{A}$ 中元素全为零的行 (列) 称为**零行(列)**，元素不全为零的行 (列) 称为**非零行(列)**.

定义 2.4.4(梯形矩阵, 矩阵的标准形) 若矩阵 $\boldsymbol{A}$ 满足下面两个条件:

(1) 若有零行, 则零行全部在下方,

(2) 从第一行起, 每行第一个非零元素前面的零的个数逐行增加,

则称 $\boldsymbol{A}$ 为**行梯形矩阵**. 若 $\boldsymbol{A}$ 还满足:

(3) 非零行的第一个非零元素为 1, 且 "1" 所在列的其余元素全为零, 则称 $\boldsymbol{A}$ 为**行简化梯形矩阵**. 类似可定义**列梯形矩阵**与**列简化梯形矩阵**.

若矩阵 $\boldsymbol{A}$ 既是**行简化梯形矩阵**，又是**列简化梯形矩阵**，则称 $\boldsymbol{A}$ 是**标准形矩阵**. 矩阵的标准形可写为

$$\begin{pmatrix} \boldsymbol{E} & \boldsymbol{O} \\ \boldsymbol{O} & \boldsymbol{O} \end{pmatrix},$$

即左上角为单位矩阵, 其余都是零矩阵.

经简单的观察可以得到下述结果:

定理 2.4.2(矩阵的化简) 设 $\boldsymbol{A}$ 为 $m \times n$ 矩阵, 则

(1) 存在 m 阶初等矩阵 $\boldsymbol{P}_1, \boldsymbol{P}_2, \cdots, \boldsymbol{P}_s$ 使 $\boldsymbol{P}_s\boldsymbol{P}_{s-1}\cdots\boldsymbol{P}_2\boldsymbol{P}_1\boldsymbol{A}$(即对 $\boldsymbol{A}$ 施行有限次的初等**行**变换) 成为 $m \times n$ 阶**行简化**梯形矩阵.

也存在 n 阶初等矩阵 $\boldsymbol{Q}_1, \boldsymbol{Q}_2, \cdots, \boldsymbol{Q}_t$ 使 $\boldsymbol{A}\boldsymbol{Q}_1\boldsymbol{Q}_2\cdots\boldsymbol{Q}_{t-1}\boldsymbol{Q}_t$(即对 $\boldsymbol{A}$ 施行有限次的初等**列**变换) 成为 $m \times n$ 阶**列简化**梯形矩阵.

(2) 可以经过有限次的初等**行**变换和初等**列**变换, 将矩阵 $\boldsymbol{A}$ 化为标准形.

例 2.4.2 设 $\boldsymbol{A} = \begin{pmatrix} 1 & 2 & -4 & 5 \\ 1 & 3 & -5 & 7 \\ 2 & 3 & -7 & 8 \end{pmatrix}$, $\boldsymbol{A}$ 可经下列行初等变换化为行简化梯形矩阵.

$$\boldsymbol{A} = \begin{pmatrix} 1 & 2 & -4 & 5 \\ 1 & 3 & -5 & 7 \\ 2 & 3 & -7 & 8 \end{pmatrix} \xrightarrow{r_2+(-1)r_1} \begin{pmatrix} 1 & 2 & -4 & 5 \\ 0 & 1 & -1 & 2 \\ 2 & 3 & -7 & 8 \end{pmatrix} \xrightarrow{r_3+1\cdot r_2} \begin{pmatrix} 1 & 2 & -4 & 5 \\ 0 & 1 & -1 & 2 \\ 2 & 4 & -8 & 10 \end{pmatrix}$$

$$\xrightarrow{r_3+(-2)r_1} \begin{pmatrix} 1 & 2 & -4 & 5 \\ 0 & 1 & -1 & 2 \\ 0 & 0 & 0 & 0 \end{pmatrix} \xrightarrow{r_1+(-2)r_2} \begin{pmatrix} 1 & 0 & -2 & 1 \\ 0 & 1 & -1 & 2 \\ 0 & 0 & 0 & 0 \end{pmatrix}.$$

最后得到的这个矩阵已是一个行简化梯形矩阵. 与上面施行的行初等变换对应的初等矩阵为

$$\boldsymbol{P}_1 = \begin{pmatrix} 1 & 0 & 0 \\ -1 & 1 & 0 \\ 0 & 0 & 1 \end{pmatrix}, \quad \boldsymbol{P}_2 = \begin{pmatrix} 1 & 0 & 0 \\ 0 & 1 & 0 \\ 0 & 1 & 1 \end{pmatrix},$$

$$\boldsymbol{P}_3 = \begin{pmatrix} 1 & 0 & 0 \\ 0 & 1 & 0 \\ -2 & 0 & 1 \end{pmatrix}, \quad \boldsymbol{P}_4 = \begin{pmatrix} 1 & -2 & 0 \\ 0 & 1 & 0 \\ 0 & 0 & 1 \end{pmatrix}.$$

经计算得

$$P_4P_3P_2P_1A=\begin{pmatrix}3&-2&0\\-1&1&0\\-3&1&1\end{pmatrix}\begin{pmatrix}1&2&-4&5\\1&3&-5&7\\2&3&-7&8\end{pmatrix}=\begin{pmatrix}1&0&-2&1\\0&1&-1&2\\0&0&0&0\end{pmatrix}.$$

2.5 矩阵的秩

矩阵的秩的概念是研究线性方程组理论的重要基础. 对于任一个 $m\times n$ 矩阵 $\boldsymbol{A}$ 来说, 也可用行列式理论来探讨 $\boldsymbol{A}_{m\times n}$ 的内在特性, 这就是矩阵的秩的概念.

定义 2.5.1 (矩阵的子式)　设 $\boldsymbol{A}$ 是一个 $m\times n$ 矩阵, 任取 $\boldsymbol{A}$ 的 k 行与 k 列 ($0<k\leqslant\min\{m,n\}$), 位于这些行列交叉处的 k^2 个元素, 按原来顺序排成的 k 阶行列式, 称为矩阵 $\boldsymbol{A}$ 的 k **阶子式**.

例如, 在 2×3 的矩阵

$$\boldsymbol{A}=\begin{pmatrix}1&2&-1\\2&-3&1\end{pmatrix}$$

中, 1 阶子式是由其中一个元素所构成, 共有六个 1 阶子式, 它的三个 2 阶子式是:

$$\begin{vmatrix}1&2\\2&-3\end{vmatrix},\quad\begin{vmatrix}1&-1\\2&1\end{vmatrix},\quad\begin{vmatrix}2&-1\\-3&1\end{vmatrix}.$$

一般地, $m\times n$ 矩阵 $\boldsymbol{A}$ 的 k 阶子式共有 $\boldsymbol{C}_m^k\boldsymbol{C}_n^k$ 个.

定义 2.5.2 (矩阵的秩)　设 $\boldsymbol{A}$ 是一个 $m\times n$ 矩阵, 如果 $\boldsymbol{A}$ 中至少存在一个非零的 r 阶子式 D, 且所有 $r+1$ 阶子式 (如果存在的话) 全为零, 则 D 称为矩阵 $\boldsymbol{A}$ 的最高阶非零子式, 数 r 称为矩阵 $\boldsymbol{A}$ 的**秩**, 记为 $\mathrm{rank}\boldsymbol{A}=r$(或 $\mathrm{r}(\boldsymbol{A})=r$). 并规定零矩阵的秩等于 0.

注　由于矩阵 $\boldsymbol{A}$ 的子式的阶数不超过 $\boldsymbol{A}$ 的行数和列数的最小值, 所以 $0\leqslant\mathrm{r}(\boldsymbol{A})\leqslant\min\{m,n\}$. 又矩阵 $\boldsymbol{A}$ 的每一个子式必是 $\boldsymbol{A}^{\mathrm{T}}$ 的某个子式的转置, 反过来也是如此, 而行列式的转置不改变它的值, 所以有

$$\mathrm{r}(\boldsymbol{A}^{\mathrm{T}})=\mathrm{r}(\boldsymbol{A}).$$

若方阵 $\boldsymbol{A}$ 的秩等于它的阶数, 即 $\mathrm{r}(\boldsymbol{A})=n$, 则称 $\boldsymbol{A}$ 为**满秩矩阵**, 由于 n 阶矩阵有且只有一个最高阶子式 $|\boldsymbol{A}|$, 故, $\boldsymbol{A}$ 为满秩矩阵的充要条件是 $|\boldsymbol{A}|\neq 0$. 从而又得, $\boldsymbol{A}$ 为非异矩阵的充要条件是 $\boldsymbol{A}$ 为满秩矩阵. 上述概念和与之有关的直接结论归结为:

(1) $\mathrm{r}(\boldsymbol{A})$ 是 $\boldsymbol{A}$ 的非零子式的最高阶数;

(2) $0\leqslant\mathrm{r}(\boldsymbol{A}_{m\times n})\leqslant\min(m,n)$;

(3) $\mathrm{r}(\boldsymbol{A}^{\mathrm{T}})=\mathrm{r}(\boldsymbol{A})$;

(4) 对于 n 阶方阵 $\boldsymbol{A}$, 有 $\mathrm{r}(\boldsymbol{A})=n$(即 $\boldsymbol{A}$ 为满秩矩阵) $\Longleftrightarrow|\boldsymbol{A}|\neq 0\Longleftrightarrow\boldsymbol{A}$ 非异.

例 2.5.1　求矩阵 $\boldsymbol{A}$ 和 $\boldsymbol{B}$ 的秩, 其中

$$\boldsymbol{A}=\begin{pmatrix}2&0&0\\5&0&4\\-1&3&-2\end{pmatrix},\quad\boldsymbol{B}=\begin{pmatrix}1&3&-9&3\\0&1&-3&4\\-2&-3&9&6\end{pmatrix}.$$

解 由于 $|\boldsymbol{A}| \neq 0$, 所以 $\mathrm{r}(\boldsymbol{A}) = 3$; 由于 $\boldsymbol{B}$ 中最高阶子式为 3 阶, 共有 4 个, 全为零. 所以 $\mathrm{r}(\boldsymbol{B}) \leqslant 2$, 又有二阶子式 $\begin{vmatrix} 0 & 1 \\ -2 & -3 \end{vmatrix} \neq 0$, 因此 $\mathrm{r}(\boldsymbol{B}) = 2$. □

对于行、列数较大的矩阵 $\boldsymbol{A}$, 用秩的定义计算 $\mathrm{r}(\boldsymbol{A})$, 有时要计算很多个子式的值, 工作量相当大. 因此, 我们想用初等变换来计算 $\mathrm{r}(\boldsymbol{A})$. 因为初等变换能够把矩阵化为阶梯形, 且梯形矩阵的秩容易求出. 但初等变换能否保持矩阵的秩不变呢? 下面的定理给了我们肯定的回答.

定理 2.5.1 *初等行、列变换不改变矩阵的秩.*

证明 设 $\boldsymbol{A}$ 经过一次初等行变换变为 $\boldsymbol{B}$, 证明 $\mathrm{r}(\boldsymbol{A}) \leqslant \mathrm{r}(\boldsymbol{B})$.

设 $\mathrm{r}(\boldsymbol{A}) = r$, 且 $\boldsymbol{A}$ 的某个 r 阶子式 $D \neq 0$. 若 $\boldsymbol{A}$ 是经过前两种初等行变换变为 $\boldsymbol{B}$, 即 $\boldsymbol{A} \xrightarrow{r_i \leftrightarrow r_j} \boldsymbol{B}$, 或 $\boldsymbol{A} \xrightarrow{kr_i} \boldsymbol{B}$ $(k \neq 0)$, 则容易看出 $\boldsymbol{B}$ 中必有某个 r 阶子式 $\widetilde{D} \neq 0$. 这时就有 $\mathrm{r}(\boldsymbol{B}) \geqslant r$.

若 $\boldsymbol{A}$ 是经过第三种初等行变换变为 $\boldsymbol{B}$, 则分两种情况考察. (1)$\boldsymbol{A} \xrightarrow{r_i + kr_j} \boldsymbol{B}$ 且 $\boldsymbol{A}$ 的第 i 行与第 j 行均是或均不是 D 的所在行, 则显然 D 也是 $\boldsymbol{B}$ 的 r 阶非零子式, 从而有 $\mathrm{r}(\boldsymbol{B}) \geqslant r$. (2)$\boldsymbol{A} \xrightarrow{r_i + kr_j} \boldsymbol{B}$ 且 $\boldsymbol{A}$ 的第 i 行与第 j 行中有且只有一个是 D 的所在行, 这时若 $\boldsymbol{A}$ 的第 i 行不是 D 的所在行, 则显然 D 也是 $\boldsymbol{B}$ 的 r 阶非零子式, 从而有 $\mathrm{r}(\boldsymbol{B}) \geqslant r$; 若 $\boldsymbol{A}$ 的第 i 行是 D 的所在行, 设

$$D = \begin{vmatrix} a_{i_1 j_1} & \cdots & a_{i_1 j_r} \\ \vdots & & \vdots \\ a_{i j_1} & \cdots & a_{i j_r} \\ \vdots & & \vdots \\ a_{i_r j_1} & \cdots & a_{i_r j_r} \end{vmatrix},$$

则 $\boldsymbol{B}$ 至少有 2 个 r 阶子式:

$$\widetilde{D}_1 = \begin{vmatrix} a_{i_1 j_1} & \cdots & a_{i_1 j_r} \\ \vdots & & \vdots \\ a_{i j_1} + k a_{j j_1} & \cdots & a_{i j_r} + k a_{j j_r} \\ \vdots & & \vdots \\ a_{i_r j_1} & \cdots & a_{i_r j_r} \end{vmatrix} \quad 与 \quad \widetilde{D}_2 = \begin{vmatrix} a_{m_1 j_1} & \cdots & a_{m_1 j_r} \\ \vdots & & \vdots \\ a_{j j_1} & \cdots & a_{j j_r} \\ \vdots & & \vdots \\ a_{m_r j_1} & \cdots & a_{m_r j_r} \end{vmatrix},$$

其中 $\widetilde{D}_2$ 是将“$a_{jj_1}, \cdots, a_{jj_r}$”替换 D 的一行“$a_{ij_1}, \cdots, a_{ij_r}$”并将这一行调整到其应在的位置所得到. 若 $\widetilde{D}_2 \neq 0$, 则 $\mathrm{r}(\boldsymbol{B}) \geqslant r$; 若 $\widetilde{D}_2 = 0$, 则 $\widetilde{D}_1 = D + k\widetilde{D}_2 = D \neq 0$, 从而 $\mathrm{r}(\boldsymbol{B}) \geqslant r$. 综上证得 $\mathrm{r}(\boldsymbol{A}) \leqslant \mathrm{r}(\boldsymbol{B})$. 由于 $\boldsymbol{B}$ 也可以经过一次初等行变换变为 $\boldsymbol{A}$, 故也有 $\mathrm{r}(\boldsymbol{B}) \leqslant \mathrm{r}(\boldsymbol{A})$. 这就证得 $\mathrm{r}(\boldsymbol{A}) = \mathrm{r}(\boldsymbol{B})$.

同理, 若 $\boldsymbol{A}$ 经过一次初等列变换变为 $\boldsymbol{B}$, 则也有 $\mathrm{r}(\boldsymbol{A}) = \mathrm{r}(\boldsymbol{B})$. □

如果行梯形矩阵 $\boldsymbol{A} = (a_{ij})$ 共有 k 个非零行, 则 $\boldsymbol{A}$ 的高于 k 阶的一切子式都等于零. 今设第 i $(i = 1, 2, \cdots, k)$ 行的第一个非零元的列码为 j_i, 即元素 $a_{1,j_1}, a_{2,j_2}, \cdots, a_{k,j_k}$ 都不等于

零, 则 $\boldsymbol{A}$ 至少有一个 k 阶子式 (上三角行列式)

$$\begin{vmatrix} a_{1,j_1} & a_{1,j_2} & \cdots & a_{1,j_k} \\ 0 & a_{2,j_2} & \cdots & a_{2,j_k} \\ \vdots & \vdots & & \vdots \\ 0 & 0 & \cdots & a_{k,j_k} \end{vmatrix} = a_{1,j_1}a_{2,j_2}\cdots a_{k,j_k} \neq 0.$$

故 $\boldsymbol{A}$ 的秩等于 k. 这样，我们就得到一个很有用的结论：

定理 2.5.2　行梯形矩阵的秩等于它的非零行的行数.

推论 2.5.3　任一满秩矩阵都可以经过若干次初等行变换变为单位矩阵, 也可以经过若干次初等列变换变为单位矩阵.

证明　设满秩矩阵 $\boldsymbol{A}$ 为 n 阶方阵，则 $\mathrm{r}(A) = n$. 对 $\boldsymbol{A}$ 施行若干次初等行变换变为行简化梯形矩阵 $\boldsymbol{B}$, 则 $\boldsymbol{B}$ 有 n 个非零行，每行的首个非零元素为 1，且该 1 所在的列没有其他非零元素，所以这个 $\boldsymbol{B}$ 只能是 n 阶单位矩阵. 此外，对 $\boldsymbol{A}$ 施行列变换也能得到同样结果. □

由定理 2.5.1 和定理 2.5.2，我们得到求矩阵的秩的另一个方法: **先用初等行、列变换将矩阵化为行梯形矩阵，其非零行的行数就是矩阵的秩**.

例 2.5.2　求矩阵 $\boldsymbol{A} = \begin{pmatrix} 1 & 3 & -9 & 3 \\ 0 & 1 & -3 & 4 \\ -2 & -3 & 9 & 6 \end{pmatrix}$ 的秩.

解

$$\boldsymbol{A} = \begin{pmatrix} 1 & 3 & -9 & 3 \\ 0 & 1 & -3 & 4 \\ -2 & -3 & 9 & 6 \end{pmatrix} \xrightarrow{r_3+2r_1} \begin{pmatrix} 1 & 3 & -9 & 3 \\ 0 & 1 & -3 & 4 \\ 0 & 3 & -9 & 12 \end{pmatrix} \xrightarrow{r_3-3r_2} \begin{pmatrix} 1 & 3 & -9 & 3 \\ 0 & 1 & -3 & 4 \\ 0 & 0 & 0 & 0 \end{pmatrix}.$$

最后的矩阵是有二个非零行的梯形矩阵，故 $\mathrm{r}(\boldsymbol{A}) = 2$. □

例 2.5.3　已知 $\boldsymbol{A} = \begin{pmatrix} 3 & 3 & 0 & -2 \\ -1 & -4 & \lambda & 0 \\ 1 & -5 & 6 & \mu \end{pmatrix}$, 且 $r(\boldsymbol{A}) = 2$, 求 λ 及 μ 的值.

解　对 $\boldsymbol{A}$ 作初等行变换

$$\boldsymbol{A} \xrightarrow{\frac{1}{3}r_1} \begin{pmatrix} 1 & 1 & 0 & -\dfrac{2}{3} \\ -1 & -4 & \lambda & 0 \\ 1 & -5 & 6 & \mu \end{pmatrix} \xrightarrow[r_3-r_1]{r_2+r_1} \begin{pmatrix} 1 & 1 & 0 & -\dfrac{2}{3} \\ 0 & -3 & \lambda & -\dfrac{2}{3} \\ 0 & -6 & 6 & \mu+\dfrac{2}{3} \end{pmatrix}$$

$$\xrightarrow{r_3-2r_2} \begin{pmatrix} 1 & 1 & 0 & -\dfrac{2}{3} \\ 0 & -3 & \lambda & -\dfrac{2}{3} \\ 0 & 0 & 6-2\lambda & \mu+2 \end{pmatrix}.$$

已知 $\mathrm{r}(\boldsymbol{A}) = 2$. 所以得 $\lambda = 3$, $\mu = -2$. □

2.6　可逆矩阵与伴随矩阵

在数集中有加法, 减法, 乘法, 除法运算. 对于矩阵, 我们定义了加法, 减法, 数乘, 乘法运算，但没有除法运算. 其实在矩阵运算中，确实没有一般意义下的除法运算，但可以有特定意义下的除法运算，用逆矩阵的乘法来处理矩阵的除法. 在本节中, 我们将给出逆矩阵的概念、矩阵可逆的充要条件, 并介绍求逆矩阵的两个方法.

定义 2.6.1 (逆矩阵)　对于 n 阶方阵 $\boldsymbol{A}$, 如果存在同阶方阵 $\boldsymbol{B}$, 使得

$$\boldsymbol{AB}=\boldsymbol{BA}=\boldsymbol{E},$$

则称 $\boldsymbol{A}$ 是**可逆矩阵**, 并称 $\boldsymbol{B}$ 是 $\boldsymbol{A}$ 的**逆矩阵**, 简称逆阵, 记为 $\boldsymbol{A}^{-1}$.

注　如果矩阵 $\boldsymbol{A}$ 是可逆的, 那么 $\boldsymbol{A}$ 的逆阵是唯一的. 事实上, 设 $\boldsymbol{B}$ 和 $\boldsymbol{C}$ 都是 $\boldsymbol{A}$ 的逆阵, 则由逆矩阵定义知

$$\boldsymbol{AB}=\boldsymbol{BA}=\boldsymbol{E},\qquad \boldsymbol{AC}=\boldsymbol{CA}=\boldsymbol{E}.$$

可得

$$\boldsymbol{B}=\boldsymbol{EB}=(\boldsymbol{CA})\boldsymbol{B}=\boldsymbol{C}(\boldsymbol{AB})=\boldsymbol{CE}=\boldsymbol{C}.$$

所以 $\boldsymbol{A}$ 的逆阵是唯一的.

由定义 2.6.1 可知，若 $\boldsymbol{A}$ 的逆矩阵 $\boldsymbol{A}^{-1}$ 存在, 则 $\boldsymbol{AA}^{-1}=\boldsymbol{A}^{-1}\boldsymbol{A}=\boldsymbol{E}$. 同时，容易验证单位矩阵 $\boldsymbol{E}$, 数量矩阵 $k\boldsymbol{E}(k\neq 0)$, 初等矩阵 $\boldsymbol{E}(i,j),\boldsymbol{E}(i(k)),\boldsymbol{E}(i,j(k))$ 都是可逆的，它们的逆矩阵分别为

$$\boldsymbol{E}^{-1}=\boldsymbol{E};\quad (k\boldsymbol{E})^{-1}=\frac{1}{k}\boldsymbol{E};\quad (\boldsymbol{E}(i,j))^{-1}=\boldsymbol{E}(i,j);$$
$$(\boldsymbol{E}(i(k)))^{-1}=\boldsymbol{E}\left(i\left(\frac{1}{k}\right)\right);\quad (\boldsymbol{E}(i,j(k)))^{-1}=\boldsymbol{E}(i,j(-k)).$$

可逆矩阵还有下列基本性质:

(1) 若 $\boldsymbol{A}$ 可逆, 则 $\boldsymbol{A}^{-1}$ 也可逆, 且 $(\boldsymbol{A}^{-1})^{-1}=\boldsymbol{A}$; 还有 $|\boldsymbol{A}^{-1}|=|\boldsymbol{A}|^{-1}$.

(2) 若 $\boldsymbol{A}$ 可逆, 数 $k\neq 0$, 则 $k\boldsymbol{A}$ 可逆, 且 $(k\boldsymbol{A})^{-1}=k^{-1}\boldsymbol{A}^{-1}$.

(3) 若 $\boldsymbol{A}$ 可逆, 则 $\boldsymbol{A}^{\mathrm{T}}$ 也可逆, 且 $(\boldsymbol{A}^{\mathrm{T}})^{-1}=(\boldsymbol{A}^{-1})^{\mathrm{T}}$.

(4) 若 $\boldsymbol{A},\boldsymbol{B}$ 为同阶可逆矩阵, 则 $\boldsymbol{AB}$ 也可逆, 且 $(\boldsymbol{AB})^{-1}=\boldsymbol{B}^{-1}\boldsymbol{A}^{-1}$.

证明　(1) 将等式 $\boldsymbol{AA}^{-1}=\boldsymbol{A}^{-1}\boldsymbol{A}=\boldsymbol{E}$ 改写为 $\boldsymbol{A}^{-1}\boldsymbol{A}=\boldsymbol{AA}^{-1}=\boldsymbol{E}$，由定义 2.6.1 即知 $\boldsymbol{A}^{-1}$ 可逆，且 $(\boldsymbol{A}^{-1})^{-1}=\boldsymbol{A}$.

由 $|\boldsymbol{AA}^{-1}|=|\boldsymbol{A}|\cdot|\boldsymbol{A}^{-1}|=1$, 即得 $|\boldsymbol{A}^{-1}|=|\boldsymbol{A}|^{-1}$.

(2) 因为

$$(k\boldsymbol{A})\left(k^{-1}\boldsymbol{A}^{-1}\right)=\left(k\cdot k^{-1}\right)(\boldsymbol{AA}^{-1})=\boldsymbol{E},$$
$$\left(k^{-1}\boldsymbol{A}^{-1}\right)(k\boldsymbol{A})=\left(k^{-1}k\right)(\boldsymbol{A}^{-1}\boldsymbol{A})=\boldsymbol{E},$$

所以 $(k\boldsymbol{A})^{-1}=k^{-1}\boldsymbol{A}^{-1}$.

(3) 因为

$$(\boldsymbol{A}^{-1})^{\mathrm{T}}\boldsymbol{A}^{\mathrm{T}}=(\boldsymbol{AA}^{-1})^{\mathrm{T}}=\boldsymbol{E}^{\mathrm{T}}=\boldsymbol{E},$$
$$\boldsymbol{A}^{\mathrm{T}}(\boldsymbol{A}^{-1})^{\mathrm{T}}=(\boldsymbol{A}^{-1}\boldsymbol{A})^{\mathrm{T}}=\boldsymbol{E}^{\mathrm{T}}=\boldsymbol{E},$$

所以知 $\boldsymbol{A}^{\mathrm{T}}$ 可逆, 且 $(\boldsymbol{A}^{\mathrm{T}})^{-1}=(\boldsymbol{A}^{-1})^{\mathrm{T}}$.

(4) 因为

$$
\begin{aligned}
(\boldsymbol{AB})(\boldsymbol{B}^{-1}\boldsymbol{A}^{-1})&=\boldsymbol{A}(\boldsymbol{BB}^{-1})\boldsymbol{A}^{-1}=\boldsymbol{AEA}^{-1}=\boldsymbol{AA}^{-1}=\boldsymbol{E},\\
(\boldsymbol{B}^{-1}\boldsymbol{A}^{-1})(\boldsymbol{AB})&=\boldsymbol{B}^{-1}(\boldsymbol{A}^{-1}\boldsymbol{A})\boldsymbol{B}=\boldsymbol{B}^{-1}\boldsymbol{EB}=\boldsymbol{B}^{-1}\boldsymbol{B}=\boldsymbol{E},
\end{aligned}
$$

所以知 $\boldsymbol{AB}$ 可逆, 且 $(\boldsymbol{AB})^{-1}=\boldsymbol{B}^{-1}\boldsymbol{A}^{-1}$. □

性质 (4) 可推广到有限个同阶可逆矩阵的乘积, 即若 $\boldsymbol{A}_1,\boldsymbol{A}_2,\cdots,\boldsymbol{A}_k$ 都可逆, 则 $\boldsymbol{A}_1\boldsymbol{A}_2\cdots\boldsymbol{A}_k$ 也可逆，且 $(\boldsymbol{A}_1\boldsymbol{A}_2\cdots\boldsymbol{A}_k)^{-1}=\boldsymbol{A}_k^{-1}\boldsymbol{A}_{k-1}^{-1}\cdots\boldsymbol{A}_2^{-1}\boldsymbol{A}_1^{-1}$.

例 2.6.1 试证明下列矩阵为可逆矩阵, 并求其逆矩阵:

(1) $\boldsymbol{\Lambda}=\begin{pmatrix}\lambda_1&&&\\&\lambda_2&&\\&&\ddots&\\&&&\lambda_n\end{pmatrix}$ 为对角矩阵, 其中 $\lambda_i\ (i=1,2,\cdots,n)$ 为非零实数.

(2) $\boldsymbol{B}=\begin{pmatrix}a&0\\b&c\end{pmatrix}$, 其中 a,c 为非零实数.

证明 (1) 由于

$$
\begin{pmatrix}\lambda_1&&\\&\ddots&\\&&\lambda_n\end{pmatrix}\begin{pmatrix}\lambda_1^{-1}&&\\&\ddots&\\&&\lambda_n^{-1}\end{pmatrix}=\boldsymbol{E}=\begin{pmatrix}\lambda_1^{-1}&&\\&\ddots&\\&&\lambda_n^{-1}\end{pmatrix}\begin{pmatrix}\lambda_1&&\\&\ddots&\\&&\lambda_n\end{pmatrix},
$$

所以对角矩阵 $\boldsymbol{\Lambda}$ 可逆, 且其逆矩阵 $\boldsymbol{\Lambda}^{-1}=\begin{pmatrix}\lambda_1^{-1}&&&\\&\lambda_2^{-1}&&\\&&\ddots&\\&&&\lambda_n^{-1}\end{pmatrix}$.

(2) 根据可逆矩阵定义, 需要证明存在一个二阶矩阵 $\boldsymbol{C}=\begin{pmatrix}c_{11}&c_{12}\\c_{21}&c_{22}\end{pmatrix}$, 使 $\boldsymbol{BC}=\boldsymbol{E}=\boldsymbol{CB}$. 若 $\boldsymbol{BC}=\boldsymbol{E}$, 则有

$$
\begin{cases}ac_{11}=1,\\ac_{12}=0,\\bc_{11}+cc_{21}=0,\\bc_{12}+cc_{22}=1.\end{cases}
$$

解得 $c_{11}=\dfrac{1}{a},\ c_{12}=0,\ c_{21}=-\dfrac{b}{ac},\ c_{22}=\dfrac{1}{c}$, 即

$$
\boldsymbol{C}=\begin{pmatrix}\dfrac{1}{a}&0\\-\dfrac{b}{ac}&\dfrac{1}{c}\end{pmatrix}.
$$

而 $\boldsymbol{CB}=\boldsymbol{E}$, 故 $\boldsymbol{B}$ 为可逆矩阵, 其逆矩阵 $\boldsymbol{B}^{-1}=\begin{pmatrix} \dfrac{1}{a} & 0 \\ -\dfrac{b}{ac} & \dfrac{1}{c} \end{pmatrix}$. □

例 2.6.2　设方阵 $\boldsymbol{A}$ 满足方程: $\boldsymbol{A}^2-3\boldsymbol{A}-10\boldsymbol{E}=\boldsymbol{O}$. 证明 $\boldsymbol{A}$ 和 $\boldsymbol{A}-4\boldsymbol{E}$ 都可逆, 并求 $\boldsymbol{A}^{-1}$ 和 $(\boldsymbol{A}-4\boldsymbol{E})^{-1}$.

证明　由 $\boldsymbol{A}^2-3\boldsymbol{A}-10\boldsymbol{E}=\boldsymbol{O}$ 得

$$\boldsymbol{A}(\boldsymbol{A}-3\boldsymbol{E})=10\boldsymbol{E}=(\boldsymbol{A}-3\boldsymbol{E})\boldsymbol{A},$$

立得

$$\boldsymbol{A}\left(\frac{1}{10}(\boldsymbol{A}-3\boldsymbol{E})\right)=\boldsymbol{E}=\left(\frac{1}{10}(\boldsymbol{A}-3\boldsymbol{E})\right)\boldsymbol{A}.$$

由逆矩阵定义知 $\boldsymbol{A}$ 可逆, $\boldsymbol{A}^{-1}=\dfrac{1}{10}(\boldsymbol{A}-3\boldsymbol{E})$. 再由 $\boldsymbol{A}^2-3\boldsymbol{A}-10\boldsymbol{E}=\boldsymbol{O}$ 得

$$\begin{aligned}&(\boldsymbol{A}+\boldsymbol{E})(\boldsymbol{A}-4\boldsymbol{E})=6\boldsymbol{E}=(\boldsymbol{A}-4\boldsymbol{E})(\boldsymbol{A}+\boldsymbol{E}),\\&\left(\frac{1}{6}(\boldsymbol{A}+\boldsymbol{E})\right)(\boldsymbol{A}-4\boldsymbol{E})=\boldsymbol{E}=(\boldsymbol{A}-4\boldsymbol{E})\left(\frac{1}{6}(\boldsymbol{A}+\boldsymbol{E})\right).\end{aligned}$$

故，仍由逆矩阵定义知 $\boldsymbol{A}-4\boldsymbol{E}$ 可逆, 且 $(\boldsymbol{A}-4\boldsymbol{E})^{-1}=\dfrac{1}{6}(\boldsymbol{A}+\boldsymbol{E})$. □

注　若 $\boldsymbol{A},\boldsymbol{B}$ 都可逆, $\boldsymbol{A}+\boldsymbol{B}$ 也不一定可逆；即使 $\boldsymbol{A}+\boldsymbol{B}$ 可逆, 一般 $(\boldsymbol{A}+\boldsymbol{B})^{-1}\neq\boldsymbol{A}^{-1}+\boldsymbol{B}^{-1}$. 例如，设

$$\boldsymbol{A}=\begin{pmatrix}1&0\\0&-1\end{pmatrix},\quad \boldsymbol{B}=\begin{pmatrix}1&0\\0&1\end{pmatrix},\quad \boldsymbol{C}=\begin{pmatrix}1&0\\0&2\end{pmatrix}.$$

易知 $\boldsymbol{A},\boldsymbol{B}$ 均可逆, 但 $\boldsymbol{A}+\boldsymbol{B}=\begin{pmatrix}2&0\\0&0\end{pmatrix}$ 不可逆；$\boldsymbol{A},\boldsymbol{C}$ 均可逆, 且 $\boldsymbol{A}+\boldsymbol{C}=\begin{pmatrix}2&0\\0&1\end{pmatrix}$ 也可逆, 但 $\boldsymbol{A}^{-1}+\boldsymbol{C}^{-1}\neq(\boldsymbol{A}+\boldsymbol{C})^{-1}$.

为了讨论方阵的可逆性, 并在可逆的情形下寻求计算逆矩阵的方法, 我们引入一类非常重要的矩阵叫伴随矩阵.

定义 2.6.2 (方阵的伴随矩阵)　设 $\boldsymbol{A}=(a_{ij})$ 为 n 阶方阵, A_{ij} 是 $|\boldsymbol{A}|$ 中元素 a_{ij} 的代数余子式, 则称矩阵

$$\boldsymbol{A}^*=\begin{pmatrix}A_{11}&A_{12}&\cdots&A_{1n}\\A_{21}&A_{22}&\cdots&A_{2n}\\\vdots&\vdots&&\vdots\\A_{n1}&A_{n2}&\cdots&A_{nn}\end{pmatrix}^{\mathrm{T}}=\begin{pmatrix}A_{11}&A_{21}&\cdots&A_{n1}\\A_{12}&A_{22}&\cdots&A_{n2}\\\vdots&\vdots&&\vdots\\A_{1n}&A_{2n}&\cdots&A_{nn}\end{pmatrix}$$

为 $\boldsymbol{A}$ 的**伴随矩阵**.

例 2.6.3　设

$$\boldsymbol{A}=\begin{pmatrix}1&-2&5\\-3&0&4\\2&1&6\end{pmatrix},$$

求 $\boldsymbol{A}$ 的伴随矩阵 $\boldsymbol{A}^*$.

解 因为

$$A_{11}=\begin{vmatrix}0&4\\1&6\end{vmatrix}=-4,\ A_{21}=-\begin{vmatrix}-2&5\\1&6\end{vmatrix}=17,\ A_{31}=\begin{vmatrix}-2&5\\0&4\end{vmatrix}=-8,$$

$$A_{12}=-\begin{vmatrix}-3&4\\2&6\end{vmatrix}=26,\ A_{22}=\begin{vmatrix}1&5\\2&6\end{vmatrix}=-4,\ A_{32}=-\begin{vmatrix}1&5\\-3&4\end{vmatrix}=-19,$$

$$A_{13}=\begin{vmatrix}-3&0\\2&1\end{vmatrix}=-3,\ A_{23}=-\begin{vmatrix}1&-2\\2&1\end{vmatrix}=-5,\ A_{33}=\begin{vmatrix}1&-2\\-3&0\end{vmatrix}=-6.$$

所以

$$\boldsymbol{A}^*=\begin{pmatrix}-4&17&-8\\26&-4&-19\\-3&-5&-6\end{pmatrix}.$$

□

例 2.6.4 证明: $\boldsymbol{AA}^*=\boldsymbol{A}^*\boldsymbol{A}=|\boldsymbol{A}|\boldsymbol{E}$.

证明 设 $\boldsymbol{A}=(a_{ij})_{n\times n}$

$$\boldsymbol{AA}^*=\begin{pmatrix}a_{11}&a_{12}&\cdots&a_{1n}\\a_{21}&a_{22}&\cdots&a_{2n}\\\vdots&\vdots&&\vdots\\a_{n1}&a_{n2}&\cdots&a_{nn}\end{pmatrix}\begin{pmatrix}A_{11}&A_{21}&\cdots&A_{n1}\\A_{12}&A_{22}&\cdots&A_{n2}\\\vdots&\vdots&&\vdots\\A_{1n}&A_{2n}&\cdots&A_{nn}\end{pmatrix}$$

$$=\begin{pmatrix}|\boldsymbol{A}|&0&\cdots&0\\0&|\boldsymbol{A}|&\cdots&0\\\vdots&\vdots&&\vdots\\0&0&\cdots&|\boldsymbol{A}|\end{pmatrix}=|\boldsymbol{A}|\boldsymbol{E}.$$

同理可证

$$\boldsymbol{A}^*\boldsymbol{A}=|\boldsymbol{A}|\boldsymbol{E}.$$

□

注 证明用到行列式的代数余子式的重要性质

$$\sum_{k=1}^{n}a_{ik}A_{jk}=|\boldsymbol{A}|\delta_{ij}=\begin{cases}|\boldsymbol{A}|, & i=j,\\0, & i\neq j.\end{cases}$$

关系式 $\boldsymbol{AA}^*=\boldsymbol{A}^*\boldsymbol{A}=|\boldsymbol{A}|\boldsymbol{E}$ 很重要, 它不仅是下面定理证明的关键, 而且在一些涉及伴随矩阵的证明或计算中经常用到.

定理 2.6.1 (矩阵可逆的条件) 矩阵 $\boldsymbol{A}$ 可逆的充要条件是 $|\boldsymbol{A}|\neq 0$. 且 $\boldsymbol{A}^{-1}=\dfrac{1}{|\boldsymbol{A}|}\boldsymbol{A}^*$.

证明 必要性. 设 $\boldsymbol{A}$ 可逆, 即存在 $\boldsymbol{A}^{-1}$, 使 $\boldsymbol{AA}^{-1}=\boldsymbol{E}$, 则

$$|\boldsymbol{AA}^{-1}|=|\boldsymbol{A}||\boldsymbol{A}^{-1}|=|\boldsymbol{E}|=1.$$

所以 $|\boldsymbol{A}| \neq 0$.

充分性. 由例 2.6.4 可知 $\boldsymbol{A}\boldsymbol{A}^* = \boldsymbol{A}^*\boldsymbol{A} = |\boldsymbol{A}|\boldsymbol{E}$. 因为 $|\boldsymbol{A}| \neq 0$, 所以

$$\boldsymbol{A}\left(\frac{1}{|\boldsymbol{A}|}\boldsymbol{A}^*\right) = \left(\frac{1}{|\boldsymbol{A}|}\boldsymbol{A}^*\right)\boldsymbol{A} = \boldsymbol{E}.$$

由逆矩阵的定义即知 $\boldsymbol{A}^{-1} = \dfrac{1}{|\boldsymbol{A}|}\boldsymbol{A}^*$. □

推论 2.6.2　矩阵 $\boldsymbol{A}$ 可逆的充要条件是 $\boldsymbol{A}$ 为满秩矩阵.

证明　由定义可知, 可逆矩阵和满秩矩阵都必须是方阵, 设 $\boldsymbol{A}$ 为 n 阶方阵. 由于 $\boldsymbol{A}$ 为满秩矩阵的充要条件是 $|\boldsymbol{A}| \neq 0$, 所以由本定理立即得到本推论. □

推论 2.6.3　设 $\boldsymbol{A}, \boldsymbol{B}$ 都是 n 阶方阵, 若 $\boldsymbol{AB} = \boldsymbol{E}$, 则 $\boldsymbol{BA} = \boldsymbol{E}$, 且 $\boldsymbol{A}^{-1} = \boldsymbol{B}$, $\boldsymbol{B}^{-1} = \boldsymbol{A}$.

证明　由 $|\boldsymbol{AB}| = |\boldsymbol{E}|$ 即得 $|\boldsymbol{A}||\boldsymbol{B}| = 1$, 所以 $|\boldsymbol{A}| \neq 0$, $|\boldsymbol{B}| \neq 0$. 由定理 2.6.1 知 $\boldsymbol{A}^{-1}, \boldsymbol{B}^{-1}$ 都存在, 从而

$$\begin{aligned}\boldsymbol{B} &= (\boldsymbol{A}^{-1}\boldsymbol{A})\boldsymbol{B} = \boldsymbol{A}^{-1}(\boldsymbol{AB}) = \boldsymbol{A}^{-1}\boldsymbol{E} = \boldsymbol{A}^{-1},\\ \boldsymbol{A} &= \boldsymbol{A}(\boldsymbol{B}\boldsymbol{B}^{-1}) = (\boldsymbol{AB})\boldsymbol{B}^{-1} = \boldsymbol{E}\boldsymbol{B}^{-1} = \boldsymbol{B}^{-1}.\end{aligned}$$

即 $\boldsymbol{A}, \boldsymbol{B}$ 可逆, 且 $\boldsymbol{A}, \boldsymbol{B}$ 互为逆矩阵. □

推论 2.6.3 告诉我们, 判断矩阵 $\boldsymbol{B}$ 是否为 $\boldsymbol{A}$ 的逆矩阵, 只需要验证 $\boldsymbol{AB} = \boldsymbol{E}$ 和 $\boldsymbol{BA} = \boldsymbol{E}$ 中一个等式成立即可. 定理 2.6.1 提供了求可逆矩阵的一种方法, 我们称之为**伴随矩阵法**.

例 2.6.5　判断下列矩阵 $\boldsymbol{A}, \boldsymbol{B}, \boldsymbol{C}$ 是否可逆. 若可逆, 求其逆矩阵.

$$\boldsymbol{A} = \begin{pmatrix} 1 & -2 & 5 \\ -3 & 0 & 4 \\ 2 & 1 & 6 \end{pmatrix}, \quad \boldsymbol{B} = \begin{pmatrix} a & 0 \\ b & c \end{pmatrix}, \quad \boldsymbol{C} = \begin{pmatrix} 2 & 3 & -1 \\ -1 & -3 & 5 \\ 1 & 5 & -11 \end{pmatrix},$$

其中 a, c 为非零实数.

解　因为

$$|\boldsymbol{A}| = \begin{vmatrix} 1 & -2 & 5 \\ -3 & 0 & 4 \\ 2 & 1 & 6 \end{vmatrix} = -71 \neq 0,$$

所以 $\boldsymbol{A}$ 可逆. 再由例 2.6.3 已求得的 $\boldsymbol{A}$ 的伴随矩阵 $\boldsymbol{A}^*$, 立即得到

$$\boldsymbol{A}^{-1} = \frac{1}{|\boldsymbol{A}|}\boldsymbol{A}^* = \frac{-1}{71}\begin{pmatrix} -4 & 17 & -8 \\ 26 & -4 & -19 \\ -3 & -5 & -6 \end{pmatrix}.$$

因为

$$|\boldsymbol{B}| = \begin{vmatrix} a & 0 \\ b & c \end{vmatrix} = ac \neq 0,$$

所以 $\boldsymbol{B}$ 可逆, 且

$$\boldsymbol{B}^{-1}=\frac{1}{|\boldsymbol{B}|}\boldsymbol{B}^{*}=\frac{1}{ac}\begin{pmatrix} c & 0 \\ -b & a \end{pmatrix}=\begin{pmatrix} a^{-1} & 0 \\ \dfrac{-b}{ac} & c^{-1} \end{pmatrix}.$$

最后，因为 $|\boldsymbol{C}|=0$, 所以 $\boldsymbol{C}$ 不可逆. □

例 2.6.6 设 $\boldsymbol{A}=\begin{pmatrix} 1 & 0 & 0 \\ 2 & 2 & 0 \\ 3 & 4 & 5 \end{pmatrix}$, $\boldsymbol{A}^*$ 是 $\boldsymbol{A}$ 的伴随矩阵, 求 $(\boldsymbol{A}^*)^{-1}$.

解 $|\boldsymbol{A}|=\begin{vmatrix} 1 & 0 & 0 \\ 2 & 2 & 0 \\ 3 & 4 & 5 \end{vmatrix}=10\neq 0$, 而 $\boldsymbol{A}\boldsymbol{A}^*=|\boldsymbol{A}|\boldsymbol{E}=10\boldsymbol{E}$, 即有 $\dfrac{1}{10}\boldsymbol{A}\boldsymbol{A}^*=\boldsymbol{E}$, 从而

$$(\boldsymbol{A}^*)^{-1}=\frac{1}{10}\boldsymbol{A}=\frac{1}{10}\begin{pmatrix} 1 & 0 & 0 \\ 2 & 2 & 0 \\ 3 & 4 & 5 \end{pmatrix}=\begin{pmatrix} \dfrac{1}{10} & 0 & 0 \\ \dfrac{1}{5} & \dfrac{1}{5} & 0 \\ \dfrac{3}{10} & \dfrac{2}{5} & \dfrac{1}{2} \end{pmatrix}.$$

□

本题没有去计算 $\boldsymbol{A}^*$，而是利用公式 $\boldsymbol{A}\boldsymbol{A}^*=|\boldsymbol{A}|\boldsymbol{E}$ 来计算 $(\boldsymbol{A}^*)^{-1}$. 这是在处理遇到 $\boldsymbol{A}^*$ 的题目时常用的方法. 此外，若 $|\boldsymbol{A}|\neq 0$, 则有 $(\boldsymbol{A}^*)^{-1}=\dfrac{1}{|\boldsymbol{A}|}\boldsymbol{A}$.

例 2.6.7 证明: 设 $\boldsymbol{A}$ 为 $n\,(n\geqslant 2)$ 阶方阵, 则 $|\boldsymbol{A}^*|=|\boldsymbol{A}|^{n-1}$. 这里 $\boldsymbol{A}^*$ 为 $\boldsymbol{A}$ 的伴随矩阵.

证明 (1) 若 $|\boldsymbol{A}|\neq 0$, 则 $\boldsymbol{A}$ 可逆. 由定理2.6.1 中的求逆公式知 $\boldsymbol{A}^*=|\boldsymbol{A}|\boldsymbol{A}^{-1}$, 从而 $|\boldsymbol{A}^*|=||\boldsymbol{A}|\boldsymbol{A}^{-1}|=|\boldsymbol{A}|^n|\boldsymbol{A}^{-1}|=|\boldsymbol{A}|^{n-1}$.

(2) 若 $|\boldsymbol{A}|=0$, 则一定有 $|\boldsymbol{A}^*|=0$. 事实上, 若 $|\boldsymbol{A}^*|\neq 0$, 则 $\boldsymbol{A}^*$ 可逆. 由于 $\boldsymbol{A}\boldsymbol{A}^*=|\boldsymbol{A}|\boldsymbol{E}=\boldsymbol{O}$, 两边右乘 $(\boldsymbol{A}^*)^{-1}$ 得 $\boldsymbol{A}=\boldsymbol{O}\cdot(\boldsymbol{A}^*)^{-1}=\boldsymbol{O}$. 于是得到 $\boldsymbol{A}^*=\boldsymbol{O}$. 这与 $|\boldsymbol{A}^*|\neq 0$ 相矛盾. 故 $|\boldsymbol{A}^*|=0$.

综上 (1), (2) 得，$|\boldsymbol{A}^*|=|\boldsymbol{A}|^{n-1}$. □

对于准对角矩阵，很容易验证如下结果：在准对角矩阵

$$\boldsymbol{A}=\begin{pmatrix} \boldsymbol{A}_{11} & & & \\ & \boldsymbol{A}_{22} & & \\ & & \ddots & \\ & & & \boldsymbol{A}_{ss} \end{pmatrix}$$

中, 若 $\boldsymbol{A}_{ii}\ (i=1,2,\cdots,s)$ 都是可逆方阵, 则 $\boldsymbol{A}$ 也是可逆方阵, 其逆矩阵为

$$\boldsymbol{A}^{-1}=\begin{pmatrix} \boldsymbol{A}_{11}^{-1} & & & \\ & \boldsymbol{A}_{22}^{-1} & & \\ & & \ddots & \\ & & & \boldsymbol{A}_{ss}^{-1} \end{pmatrix}.$$

例 2.6.8　设 $\boldsymbol{A}=\begin{pmatrix}1&0&0&0&0\\3&4&0&0&0\\0&0&2&0&0\\0&0&0&2&4\\0&0&0&0&-2\end{pmatrix}$, 求 $\boldsymbol{A}^{-1}$.

解　$\boldsymbol{A}$ 的分块矩阵为 $\begin{pmatrix}\boldsymbol{A}_{11}&&0\\&\boldsymbol{A}_{22}&\\0&&\boldsymbol{A}_{33}\end{pmatrix}$, 其中

$$\boldsymbol{A}_{11}=\begin{pmatrix}1&0\\3&4\end{pmatrix},\quad \boldsymbol{A}_2=2,\quad \boldsymbol{A}_{33}=\begin{pmatrix}2&4\\0&-2\end{pmatrix}$$

容易计算

$$\boldsymbol{A}_{11}^{-1}=\begin{pmatrix}1&0\\-\dfrac{3}{4}&\dfrac{1}{4}\end{pmatrix},\quad \boldsymbol{A}_{22}^{-1}=\frac{1}{2},\quad \boldsymbol{A}_{33}^{-1}=\begin{pmatrix}\dfrac{1}{2}&1\\0&-\dfrac{1}{2}\end{pmatrix}.$$

故

$$\boldsymbol{A}^{-1}=\begin{pmatrix}1&0&0&0&0\\-\dfrac{3}{4}&\dfrac{1}{4}&0&0&0\\0&0&\dfrac{1}{2}&0&0\\0&0&0&\dfrac{1}{2}&1\\0&0&0&0&-\dfrac{1}{2}\end{pmatrix}.$$

□

例 2.6.9　已知非齐次线性方程组 $\boldsymbol{Ax}=\boldsymbol{b}$ 的系数矩阵

$$\boldsymbol{A}=\begin{pmatrix}1&-1&1\\0&1&2\\1&0&4\end{pmatrix},$$

$\boldsymbol{b}=(5,1,1)^{\mathrm{T}}$. 问方程组是否有解? 若有, 求出其解.

解　因为 $|\boldsymbol{A}|=1\neq0$, 所以 $\boldsymbol{A}$ 可逆，且其逆矩阵 $\boldsymbol{A}^{-1}$ 唯一. 因此在等式 $\boldsymbol{Ax}=\boldsymbol{b}$ 的两端左乘 $\boldsymbol{A}^{-1}$, 即 $\boldsymbol{A}^{-1}(\boldsymbol{Ax})=\boldsymbol{A}^{-1}\boldsymbol{b}$. 得 $\boldsymbol{x}=\boldsymbol{A}^{-1}\boldsymbol{b}$, 即该方程组有唯一解. 用伴随矩阵法求得

$$\boldsymbol{A}^{-1}=\begin{pmatrix}4&4&-3\\2&3&-2\\-1&-1&1\end{pmatrix},$$

进一步计算得

$$\boldsymbol{x}=\begin{pmatrix}x_1\\x_2\\x_3\end{pmatrix}=\begin{pmatrix}4&4&-3\\2&3&-2\\-1&-1&1\end{pmatrix}\begin{pmatrix}5\\1\\1\end{pmatrix}=\begin{pmatrix}21\\11\\-5\end{pmatrix}.$$

□

定理 2.6.1 不但给出了矩阵可逆的充分必要条件, 也给出了求逆矩阵的伴随矩阵法. 但用伴随矩阵法求逆矩阵的主要意义在理论方面. 当 n 较大时, 用伴随矩阵求逆矩阵, 需计算 n^2 个 $n-1$ 阶行列式, 计算量十分巨大, 往往无法计算出结果. 下面介绍比较简便实用的方法 ——**初等变换法**.

定理 2.6.4 (矩阵的分解) 设 $\boldsymbol{A}$ 为 $m\times n$ 矩阵, $\mathrm{r}(\boldsymbol{A})=r$, 则存在 m 阶可逆矩阵 $\boldsymbol{P}$ 和 n 阶可逆矩阵 $\boldsymbol{Q}$, 使得 $\boldsymbol{A}=\boldsymbol{P\Lambda Q}$, 其中

$$\boldsymbol{\Lambda}=\begin{pmatrix}\boldsymbol{E}_r & \boldsymbol{O}\\ \boldsymbol{O} & \boldsymbol{O}_{(m-r)\times(n-r)}\end{pmatrix}.$$

证明 应用定理 2.4.2, 定理 2.5.1 和定理 2.5.2, 对 $\boldsymbol{A}$ 施行 s 次初等行变换 (即依次左乘 s 个 m 阶初等矩阵 $\boldsymbol{P}_1$, $\boldsymbol{P}_2,\cdots,\boldsymbol{P}_s$) 变为行简化梯形矩阵 $\boldsymbol{D}$, 则 $\boldsymbol{D}$ 有 r 个非零行, 每行的首个非零元素为 1; 再对 $\boldsymbol{D}$ 施行 t 次适当的初等列变换 (即依次右乘 t 个 n 阶初等矩阵 $\boldsymbol{Q}_1$, $\boldsymbol{Q}_2,\cdots,\boldsymbol{Q}_t$) 即可变为标准形矩阵 $\boldsymbol{\Lambda}$. 于是有

$$\boldsymbol{P}_s\cdots\boldsymbol{P}_2\boldsymbol{P}_1\boldsymbol{A}\boldsymbol{Q}_1\boldsymbol{Q}_2\cdots\boldsymbol{Q}_t=\boldsymbol{\Lambda}.$$

记 $\boldsymbol{P}=\boldsymbol{P}_1^{-1}\boldsymbol{P}_2^{-1}\cdots\boldsymbol{P}_s^{-1}$, $\boldsymbol{Q}=\boldsymbol{Q}_t^{-1}\cdots\boldsymbol{Q}_2^{-1}\boldsymbol{Q}_1^{-1}$, 立得 $\boldsymbol{A}=\boldsymbol{P\Lambda Q}$.

由于初等矩阵都是可逆矩阵, 所以由可逆矩阵的基本性质即得 $\boldsymbol{P}$, $\boldsymbol{Q}$ 分别为 m 阶和 n 阶可逆矩阵. 定理证毕. □

推论 2.6.5 任一 n 阶可逆矩阵 $\boldsymbol{A}$ 均可以表示成有限个 n 阶初等矩阵的乘积. 进一步, 任一可逆矩阵可以只经过行的初等变换化为单位阵, 也可以只经过列的初等变换化为单位阵.

证明 第一个结论由定理 2.6.4 的结论直接得到. 进一步的结论由定理 2.6.4 的证明过程中的结论得到. □

这个结论告诉我们: 当方阵 $\boldsymbol{A}$ 经过一系列行的初等变换化为单位阵 $\boldsymbol{E}$ 时, 相同的一系列行的初等变换就把 $\boldsymbol{E}$ 化为 $\boldsymbol{A}^{-1}$. 从而就得出了用初等行变换求逆矩阵的方法. 它可以叙述为: 将 $n\times 2n$ 矩阵 $(\boldsymbol{A}\ \boldsymbol{E})$ 经过一系列行的初等变换化为 $n\times 2n$ 矩阵 $(\boldsymbol{E}\ \boldsymbol{B})$, 则 $\boldsymbol{B}=\boldsymbol{A}^{-1}$. 这一方法的优点在于, 不必求 n 阶矩阵 $\boldsymbol{A}$ 的伴随矩阵 $\boldsymbol{A}^*$ 和计算 n 阶行列式 $|\boldsymbol{A}|$.

例 2.6.10 求矩阵 $\boldsymbol{A}=\begin{pmatrix}1&2&3\\2&2&1\\3&4&3\end{pmatrix}$ 的逆矩阵 $\boldsymbol{A}^{-1}$.

解

$$(\boldsymbol{A}\ \boldsymbol{E})=\begin{pmatrix}1&2&3&1&0&0\\2&2&1&0&1&0\\3&4&3&0&0&1\end{pmatrix}\xrightarrow[r_3+(-3)r_1]{r_2+(-2)r_1}\begin{pmatrix}1&2&3&1&0&0\\0&-2&-5&-2&1&0\\0&-2&-6&-3&0&1\end{pmatrix}$$

$$\xrightarrow[r_3+(-1)r_2]{r_1+r_2}\begin{pmatrix}1&0&-2&-1&1&0\\0&-2&-5&-2&1&0\\0&0&-1&-1&-1&1\end{pmatrix}$$

$$\xrightarrow[r_2+(-5)r_3]{r_1+(-2)r_3}\begin{pmatrix}1&0&0&1&3&-2\\0&-2&0&3&6&-5\\0&0&-1&-1&-1&1\end{pmatrix}$$

$$\xrightarrow[r_3\times(-1)]{r_2\times(-\frac{1}{2})}\begin{pmatrix}1&0&0&1&3&-2\\0&1&0&-\dfrac{3}{2}&-3&\dfrac{5}{2}\\0&0&1&1&1&-1\end{pmatrix}.$$

所以

$$\boldsymbol{A}^{-1}=\begin{pmatrix}1&3&-2\\-\dfrac{3}{2}&-3&\dfrac{5}{2}\\1&1&-1\end{pmatrix}.$$

□

为了防止计算出错, 先按照初等变换法算得逆矩阵, 再用定义来验证一下所得的矩阵确实是所求逆矩阵. 在上例中, 经过直接验算可知上式成立 (即验证 $\boldsymbol{A}\boldsymbol{A}^{-1}=\boldsymbol{E}$).

我们也可以用列的初等变换来求逆矩阵, 即

$$\begin{pmatrix}\boldsymbol{A}\\\boldsymbol{E}\end{pmatrix}\xrightarrow{\text{仅用初等列变换}}\begin{pmatrix}\boldsymbol{E}\\\boldsymbol{A}^{-1}\end{pmatrix}.$$

它与前面的初等行变换求逆矩阵的方法，即

$$(\boldsymbol{A}\ \boldsymbol{E})\xrightarrow{\text{仅用初等行变换}}(\boldsymbol{E}\ \boldsymbol{A}^{-1})$$

是一致的.

这种求逆的方法也可用于一类矩阵方程的求解.

设 $\boldsymbol{A},\boldsymbol{B}$ 均为 n 阶方阵, 且 $\boldsymbol{A}$ 可逆, 则矩阵方程 $\boldsymbol{AX}=\boldsymbol{B}$ 有解 $\boldsymbol{X}=\boldsymbol{A}^{-1}\boldsymbol{B}$, 即可通过先求逆矩阵，再作矩阵乘法求得具体解 $\boldsymbol{X}$. 我们也可通过只作初等行变换将

$$(\boldsymbol{A}\ \boldsymbol{B})\to(\boldsymbol{E}\ \boldsymbol{A}^{-1}\boldsymbol{B})$$

来得到方程的具体解 $\boldsymbol{X}=\boldsymbol{A}^{-1}\boldsymbol{B}$.

类似地, 对矩阵方程 $\boldsymbol{XA}=\boldsymbol{B}$ 的解 $\boldsymbol{X}=\boldsymbol{BA}^{-1}$, 可通过只作初等列变换将

$$\begin{pmatrix}\boldsymbol{A}\\\boldsymbol{B}\end{pmatrix}\longrightarrow\begin{pmatrix}\boldsymbol{E}\\\boldsymbol{BA}^{-1}\end{pmatrix}$$

来得到.

例 2.6.11　已知矩阵 $\boldsymbol{A}=\begin{pmatrix}3&0&1\\1&1&0\\0&1&4\end{pmatrix}$ 且满足 $\boldsymbol{AX}=\boldsymbol{A}+2\boldsymbol{X}$, 求矩阵 $\boldsymbol{X}$.

解　这是一个矩阵方程求解问题. 将矩阵方程变形为 $(\boldsymbol{A}-2\boldsymbol{E})\boldsymbol{X}=\boldsymbol{A}$. 因为

$$|\boldsymbol{A}-2\boldsymbol{E}|=\begin{vmatrix}1&0&1\\1&-1&0\\0&1&2\end{vmatrix}=-1\neq 0.$$

所以 $\boldsymbol{A}-2\boldsymbol{E}$ 可逆. 采用行变换

$$(\boldsymbol{A}-2\boldsymbol{E}\ \boldsymbol{A})$$

$$=\begin{pmatrix}1&0&1&3&0&1\\1&-1&0&1&1&0\\0&1&2&0&1&4\end{pmatrix}\xrightarrow{r_2+(-1)r_1}\begin{pmatrix}1&0&1&3&0&1\\0&-1&-1&-2&1&-1\\0&1&2&0&1&4\end{pmatrix}$$

$$\xrightarrow{r_3+r_2}\begin{pmatrix}1&0&1&3&0&1\\0&-1&-1&-2&1&-1\\0&0&1&-2&2&3\end{pmatrix}\xrightarrow[r_2+r_3]{r_1+(-1)r_3}\begin{pmatrix}1&0&0&5&-2&-2\\0&-1&0&-4&3&2\\0&0&1&-2&2&3\end{pmatrix}$$

$$\xrightarrow{r_2\times(-1)}\begin{pmatrix}1&0&0&5&-2&-2\\0&1&0&4&-3&-2\\0&0&1&-2&2&3\end{pmatrix},$$

于是

$$\boldsymbol{X}=(\boldsymbol{A}-2\boldsymbol{E})^{-1}\boldsymbol{A}=\begin{pmatrix}5&-2&-2\\4&-3&-2\\-2&2&3\end{pmatrix}.$$

□

最后, 我们给出可逆矩阵在矩阵乘法中与秩有关的一个性质.

定理 2.6.6　设 $\boldsymbol{A}$ 是 $m\times n$ 矩阵, $\boldsymbol{P},\boldsymbol{Q}$ 分别是 m 阶和 n 阶可逆矩阵, 则

$$\mathrm{r}\,(\boldsymbol{A})=\mathrm{r}\,(\boldsymbol{PA})=\mathrm{r}\,(\boldsymbol{AQ})=\mathrm{r}(\boldsymbol{PAQ}).$$

证明　由于可逆矩阵 $\boldsymbol{P},\boldsymbol{Q}$ 可以表示为有限个初等矩阵的乘积, 而初等变换又不改变矩阵的秩, 故结论成立. □

例 2.6.12　证明: 任一秩为 r 的 $m\times n$ 矩阵 $\boldsymbol{A}$ 总可以表示为 r 个秩为 1 的矩阵的和.

证明　因为 $\mathrm{r}(\boldsymbol{A})=r$, 由定理2.6.4，存在 m 阶和 n 阶可逆矩阵 $\boldsymbol{P}$ 和 $\boldsymbol{Q}$, 使得

$$\boldsymbol{A}=\boldsymbol{P\Lambda Q}=\boldsymbol{P}(\boldsymbol{E}_{11}+\boldsymbol{E}_{22}+\cdots+\boldsymbol{E}_{rr})\boldsymbol{Q},$$

其中，$\boldsymbol{E}_{ii}\ (i=1,2,\cdots,r)$ 是第 i 行与第 i 列交叉位置的元素为 1, 其他元素均为零的 $m\times n$ 矩阵. 由上式可得

$$\boldsymbol{A}=\boldsymbol{PE}_{11}\boldsymbol{Q}+\boldsymbol{PE}_{22}\boldsymbol{Q}+\cdots+\boldsymbol{PE}_{rr}\boldsymbol{Q}.$$

再由定理2.6.6 知 $\mathrm{r}(\boldsymbol{PE}_{ii}\boldsymbol{Q})=\mathrm{r}(\boldsymbol{E}_{ii})=1$. 故所需结论成立. □

2.7　向量组的线性相关与线性无关

本节介绍向量组的线性相关与线性无关, 极大线性无关组以及向量组的秩等概念. 它们不但在线性方程组理论中起着重要的作用, 也是代数学中十分重要的基本概念.

在本章第 3 节，我们介绍了矩阵可以按行 (列) 分块, 得到的向量分别为行 (列) 向量. 因此 n 维向量可以看作矩阵, 按矩阵的运算规则进行运算.

若干个同维数的列向量 (或同维数的行向量) 所组成的集合称为向量组. 矩阵的列向量组和行向量组都是只含有限个向量的向量组. 反之, 一个含有限个向量的向量组总可以构成一个矩阵. 例如, m 个 n 维列向量所组成的向量组 $\boldsymbol{\alpha}_1,\boldsymbol{\alpha}_2,\cdots,\boldsymbol{\alpha}_m$ 构成一个 $n\times m$ 矩阵 $\boldsymbol{A}_{n\times m}=(\boldsymbol{\alpha}_1\ \boldsymbol{\alpha}_2\ \cdots\ \boldsymbol{\alpha}_m)$. n 个 m 维行向量所组成的向量组 $\boldsymbol{\beta}_1^{\mathrm{T}},\boldsymbol{\beta}_2^{\mathrm{T}},\cdots,\boldsymbol{\beta}_n^{\mathrm{T}}$ 构成一个 $n\times m$ 矩阵

$$\boldsymbol{B}_{n\times m}=\begin{pmatrix}\boldsymbol{\beta}_1^{\mathrm{T}}\\ \boldsymbol{\beta}_2^{\mathrm{T}}\\ \vdots\\ \boldsymbol{\beta}_n^{\mathrm{T}}\end{pmatrix}.$$

综上所述, 含有限个向量的有序向量组与矩阵一一对应.

2.7.1　线性相关与线性无关

定义 2.7.1 (向量的线性组合, 线性表示)　给定 n 维向量组 $A:\boldsymbol{\alpha}_1,\ \boldsymbol{\alpha}_2,\ \cdots,\ \boldsymbol{\alpha}_m$ 和同维向量 $\boldsymbol{\beta}$, 如果存在一组数 $k_1,k_2,\cdots,k_m$, 使

$$\boldsymbol{\beta}=k_1\boldsymbol{\alpha}_1+k_2\boldsymbol{\alpha}_2+\cdots+k_m\boldsymbol{\alpha}_m,$$

则称向量 $\boldsymbol{\beta}$ 是向量组 A 的一个线性组合或称向量 $\boldsymbol{\beta}$ 可由向量组 A 线性表示.

向量 $\boldsymbol{\beta}$ 可由向量组 A 线性表示, 也就是方程组

$$x_1\boldsymbol{\alpha}_1+x_2\boldsymbol{\alpha}_2+\cdots+x_m\boldsymbol{\alpha}_m=\boldsymbol{\beta}$$

有解.

例 2.7.1　零向量是任何向量组 $\boldsymbol{\alpha}_1,\boldsymbol{\alpha}_2,\cdots,\boldsymbol{\alpha}_m$ 的线性组合. 这是因为

$$\boldsymbol{\theta}=0\cdot\boldsymbol{\alpha}_1+0\cdot\boldsymbol{\alpha}_2+\cdots+0\cdot\boldsymbol{\alpha}_m.$$

例 2.7.2　对于向量组 $\boldsymbol{\beta}=(2,-5,3,0)^{\mathrm{T}},\varepsilon_1=(1,0,0,0)^{\mathrm{T}},\varepsilon_2=(0,1,0,0)^{\mathrm{T}}$, $\varepsilon_3=(0,0,1,0)^{\mathrm{T}}$, $\varepsilon_4=(0,0,0,1)^{\mathrm{T}}$. 因为

$$\boldsymbol{\beta}=2\varepsilon_1+(-5)\varepsilon_2+3\varepsilon_3+0\cdot\varepsilon_4.$$

所以 $\boldsymbol{\beta}$ 是 $\varepsilon_1,\varepsilon_2,\varepsilon_3,\varepsilon_4$ 的线性组合. 一般地, 设

$$\boldsymbol{e}_1=(1,0,\cdots,0)^{\mathrm{T}},\quad \boldsymbol{e}_2=(0,1,0,\cdots,0)^{\mathrm{T}},\cdots,\boldsymbol{e}_n=(0,\cdots,0,1)^{\mathrm{T}},$$

那么任何 n 维向量 $\boldsymbol{\alpha}=(a_1,a_2,\cdots,a_n)^{\mathrm{T}}$ 都可表示成

$$\boldsymbol{\alpha}=a_1\boldsymbol{e}_1+a_2\boldsymbol{e}_2+\cdots+a_n\boldsymbol{e}_n.$$

即任何 n 维向量都可由 $\boldsymbol{e}_1,\boldsymbol{e}_2,\cdots,\boldsymbol{e}_n$ 线性表示. 向量组 $\boldsymbol{e}_1,\boldsymbol{e}_2,\cdots,\boldsymbol{e}_n$ 也称为 n 维**基本向量组**.

例 2.7.3　设 $\boldsymbol{\alpha}_1=(1,0,0)^{\mathrm{T}},\boldsymbol{\alpha}_2=(1,1,0)^{\mathrm{T}},\boldsymbol{\alpha}_3=(1,1,1)^{\mathrm{T}}$. 试将 $\boldsymbol{\beta}=(2,3,1)^{\mathrm{T}}$ 表示成向量组 $\boldsymbol{\alpha}_1,\boldsymbol{\alpha}_2,\boldsymbol{\alpha}_3$ 的线性组合.

解　设 $\boldsymbol{\beta}=x_1\boldsymbol{\alpha}_1+x_2\boldsymbol{\alpha}_2+x_3\boldsymbol{\alpha}_3$, 即

$$(2,3,1)^{\mathrm{T}}=(x_1,0,0)^{\mathrm{T}}+(x_2,x_2,0)^{\mathrm{T}}+(x_3,x_3,x_3)^{\mathrm{T}}=(x_1+x_2+x_3,x_2+x_3,x_3)^{\mathrm{T}}.$$

于是得到关于 x_1,x_2,x_3 的线性方程组:

$$\begin{cases}x_1+x_2+x_3=2,\\ \qquad\ x_2+x_3=3,\\ \qquad\qquad\ x_3=1,\end{cases}$$

这是一个标准的阶梯形线性方程组, 它有唯一的一组解 $x_1=-1,\ x_2=2,\ x_3=1$. 因此得

$$\boldsymbol{\beta}=-\boldsymbol{\alpha}_1+2\boldsymbol{\alpha}_2+\boldsymbol{\alpha}_3.$$

□

例 2.7.4　设 $\boldsymbol{\alpha}_1=(1,1,0)^{\mathrm{T}},\ \boldsymbol{\alpha}_2=(0,-1,1)^{\mathrm{T}},\ \boldsymbol{\alpha}_3=(1,0,1)^{\mathrm{T}},\ \boldsymbol{\beta}=(3,-3,6)^{\mathrm{T}}$. 试将 $\boldsymbol{\beta}$ 表成 $\boldsymbol{\alpha}_1,\ \boldsymbol{\alpha}_2,\ \boldsymbol{\alpha}_3$ 的线性组合.

解　设 $\boldsymbol{\beta}=x_1\boldsymbol{\alpha}_1+x_2\boldsymbol{\alpha}_2+x_3\boldsymbol{\alpha}_3$, 则得线性方程组

$$\begin{cases}x_1+x_3=3,\\ x_1-x_2=-3,\\ x_2+x_3=6.\end{cases}$$

第二个方程加上第三个方程后即得同解方程组

$$\begin{cases}x_1+x_3=3,\\ x_2+x_3=6.\end{cases}$$

让 x_3 为自由未知量. 任取 $x_3=t$, 得方程组的一般解为

$$x_1=3-t,\quad x_2=6-t,\quad x_3=t,$$

于是

$$\boldsymbol{\beta}=(3-t)\cdot\boldsymbol{\alpha}_1+(6-t)\cdot\boldsymbol{\alpha}_2+t\cdot\boldsymbol{\alpha}_3.$$

若取 $t=2$, 则得 $\boldsymbol{\beta}=\boldsymbol{\alpha}_1+4\boldsymbol{\alpha}_2+2\boldsymbol{\alpha}_3$.　□

上述例题启示我们，向量的线性表示与线性方程组求解之间有着密切的关系.

定义 2.7.2 (等价向量组)　设有两个向量组 $A:\boldsymbol{\alpha}_1,\boldsymbol{\alpha}_2,\cdots,\boldsymbol{\alpha}_m$ 及 $B:\boldsymbol{\beta}_1$, $\boldsymbol{\beta}_2,\cdots,\boldsymbol{\beta}_l$, 若 A 组中的每一个向量都可由向量组 B 线性表示, 则称向量组 A 可由向量组 B 线性表示. 若两个向量组 A, B 可以相互线性表示, 则称这两个**向量组等价**.

例如, 对于向量组 $A:\boldsymbol{\alpha}_1=(1,0,-1)^{\mathrm{T}},\boldsymbol{\alpha}_2=(1,3,2)^{\mathrm{T}}$，与向量组 $B:\boldsymbol{\beta}_1=(1,1,0)^{\mathrm{T}},\boldsymbol{\beta}_2=(0,1,1)^{\mathrm{T}},\boldsymbol{\beta}_3=(1,2,1)^{\mathrm{T}}$, 不难验证有下面关系:

$$\begin{aligned}&\boldsymbol{\alpha}_1=\boldsymbol{\beta}_1-\boldsymbol{\beta}_2,\quad \boldsymbol{\alpha}_2=\boldsymbol{\beta}_2+\boldsymbol{\beta}_3,\\&\boldsymbol{\beta}_1=\frac{2}{3}\boldsymbol{\alpha}_1+\frac{1}{3}\boldsymbol{\alpha}_2,\quad \boldsymbol{\beta}_2=-\frac{1}{3}\boldsymbol{\alpha}_1+\frac{1}{3}\boldsymbol{\alpha}_2,\quad \boldsymbol{\beta}_3=\frac{1}{3}\boldsymbol{\alpha}_1+\frac{2}{3}\boldsymbol{\alpha}_3.\end{aligned}$$

由于这两个向量组能相互线性表示, 因此向量组 A 与向量组 B 等价.

不难验证向量组之间的等价具有通常等价关系的以下 3 个性质:

(1) 自反性: 任一向量组与它自身等价;

(2) 对称性: 若向量组 A 与 B 等价, 则向量组 B 也与 A 等价;

(3) 传递性: 若向量组 A 与 B 等价, 且向量组 B 与 C 等价, 则向量组 A 与 C 也等价.

定义 2.7.3 (线性相关与线性无关)　给一向量组 $A:\boldsymbol{\alpha}_1,\boldsymbol{\alpha}_2,\cdots,\boldsymbol{\alpha}_m$, 如果存在不全为零的数 $k_1,k_2,\cdots,k_m$, 使

$$k_1\boldsymbol{\alpha}_1+k_2\boldsymbol{\alpha}_2+\cdots+k_m\boldsymbol{\alpha}_m=\boldsymbol{\theta},$$

则称向量组 A 是**线性相关**的. 如果只有当 $k_1=k_2=\cdots=k_m=0$ 时, 上述等式才成立, 则称这组向量是**线性无关**的.

注　由定义可知，向量组 A 或线性相关，或线性无关，两者必居其一. 而向量组的线性相关与否跟这些向量的次序无关，也跟这个向量组是行向量组还是列向量组都没有关系.

设有向量组 $A:\boldsymbol{\alpha}_1,\boldsymbol{\alpha}_2,\cdots,\boldsymbol{\alpha}_m$，其构成矩阵 $\boldsymbol{A}=(\boldsymbol{\alpha}_1\ \boldsymbol{\alpha}_2\ \cdots\ \boldsymbol{\alpha}_m)$, 则向量组 A 线性相关的充要条件是，齐次线性方程组 $x_1\boldsymbol{\alpha}_1+x_2\boldsymbol{\alpha}_2+\cdots+x_m\boldsymbol{\alpha}_m=\boldsymbol{\theta}$ (即 $\boldsymbol{Ax}=\boldsymbol{\theta}$) 有非零解.

例如, 对于 $\boldsymbol{\alpha}_1=(1,2,-1,1)^{\mathrm{T}}$, $\boldsymbol{\alpha}_2=(2,-1,3,-1)^{\mathrm{T}}$, $\boldsymbol{\alpha}_3=(1,-3,4,-2)^{\mathrm{T}}$, 存在一组数 $(1,-1,1)$ 使 $\boldsymbol{\alpha}_1-\boldsymbol{\alpha}_2+\boldsymbol{\alpha}_3=\boldsymbol{\theta}$. 所以 $\boldsymbol{\alpha}_1$, $\boldsymbol{\alpha}_2$, $\boldsymbol{\alpha}_3$ 线性相关.

关于线性相关与线性无关，还有下列最基本的结论:

(1) 一个向量线性相关的充要条件是 $\boldsymbol{\alpha}=\boldsymbol{\theta}$.

证明　若 $\boldsymbol{\alpha}=\boldsymbol{\theta}$, 可任取 $k\neq 0$, 使 $k\boldsymbol{\alpha}=\boldsymbol{\theta}$; 反之, 若 $k\neq 0,\boldsymbol{\alpha}\neq\boldsymbol{\theta}$, 则 $k\boldsymbol{\alpha}\neq\boldsymbol{\theta}$, 故要存在 $k\neq 0$, 使 $k\boldsymbol{\alpha}=\boldsymbol{\theta}$, 则必有 $\boldsymbol{\alpha}=\boldsymbol{\theta}$. □

所证明的事实也可以说明: 一个向量 $\boldsymbol{\alpha}$ 线性无关的充要条件是 $\boldsymbol{\alpha}\neq\boldsymbol{\theta}$.

(2) 包含零向量的向量组必是线性相关的.

证明　不失一般性, 考虑向量组 $\boldsymbol{\alpha}_1,\boldsymbol{\alpha}_2,\cdots,\boldsymbol{\alpha}_m,\boldsymbol{\theta}$, 取 $k_1=k_2=\cdots=k_m=0,k_{m+1}=1$, 则

$$k_1\boldsymbol{\alpha}_1+k_2\boldsymbol{\alpha}_2+\cdots+k_m\boldsymbol{\alpha}_m+k_{m+1}\boldsymbol{\theta}=\boldsymbol{\theta}.$$

即 $\boldsymbol{\alpha}_1,\boldsymbol{\alpha}_2,\cdots,\boldsymbol{\alpha}_m,\boldsymbol{\theta}$ 线性相关. □

(3) 如果一向量组的部分向量组线性相关, 则该向量组也线性相关.

证明　设向量组 $\boldsymbol{\alpha}_1,\boldsymbol{\alpha}_2,\cdots,\boldsymbol{\alpha}_s$ 中有 r 个 $(r\leqslant s)$ 向量线性相关, 不妨设 $\boldsymbol{\alpha}_1,\boldsymbol{\alpha}_2,\cdots,\boldsymbol{\alpha}_r$ 线性相关, 即存在一组不全为零的实数 $k_1,k_2,\cdots,k_r$ 使

$$k_1\boldsymbol{\alpha}_1+k_2\boldsymbol{\alpha}_2+\cdots+k_r\boldsymbol{\alpha}_r=\boldsymbol{\theta}.$$

从而

$$k_1\boldsymbol{\alpha}_1+k_2\boldsymbol{\alpha}_2+\cdots+k_r\boldsymbol{\alpha}_r+0\cdot\boldsymbol{\alpha}_{r+1}+\cdots+0\cdot\boldsymbol{\alpha}_s=\boldsymbol{\theta},$$

且 $k_1,k_2\cdots,k_r,0,\cdots,0$ 这 s 个数不全为零, 因此向量组 $\boldsymbol{\alpha}_1,\boldsymbol{\alpha}_2,\cdots,\boldsymbol{\alpha}_s$ 线性相关. □

注 这个结论的等价说法是:

(4) 如果一个向量组线性无关, 则其中任一个部分向量组也线性无关.

我们通常会说, 对于一个向量组而言, 如果部分相关, 则整体相关; 如果整体无关, 则部分无关. □

例 2.7.5 证明: n 维基本向量组 $\boldsymbol{e}_1,\boldsymbol{e}_2,\cdots,\boldsymbol{e}_n$ 是线性无关的.

证明 设有 $k_1,k_2,\cdots,k_n$ 使 $k_1\boldsymbol{e}_1+k_2\boldsymbol{e}_2+\cdots k_n\boldsymbol{e}_n=\boldsymbol{\theta}$. 即

$$k_1(1,0,\cdots,0)+k_2(0,1,\cdots,0)+\cdots+k_n(0,0,\cdots,1)=(0,0,\cdots,0),$$

从而

$$(k_1,k_2,\cdots,k_n)=(0,0,\cdots,0).$$

这仅当 $k_1=k_2=\cdots=k_n=0$ 时才成立, 所以 $\boldsymbol{e}_1,\boldsymbol{e}_2,\cdots,\boldsymbol{e}_n$ 线性无关. □

例 2.7.6 设向量组 $\boldsymbol{\alpha}_1,\boldsymbol{\alpha}_2,\boldsymbol{\alpha}_3$ 线性无关, 试证向量组

$$\boldsymbol{\beta}_1=\boldsymbol{\alpha}_1+\boldsymbol{\alpha}_2,\quad \boldsymbol{\beta}_2=\boldsymbol{\alpha}_2+\boldsymbol{\alpha}_3,\quad \boldsymbol{\beta}_3=\boldsymbol{\alpha}_3+\boldsymbol{\alpha}_1$$

也线性无关.

证明 设有常数 k_1,k_2,k_3 使 $k_1\boldsymbol{\beta}_1+k_2\boldsymbol{\beta}_2+k_3\boldsymbol{\beta}_3=\boldsymbol{\theta}$, 即

$$k_1(\boldsymbol{\alpha}_1+\boldsymbol{\alpha}_2)+k_2(\boldsymbol{\alpha}_2+\boldsymbol{\alpha}_3)+k_3(\boldsymbol{\alpha}_3+\boldsymbol{\alpha}_1)=\boldsymbol{\theta}.$$

将此式重新整理得

$$(k_1+k_3)\boldsymbol{\alpha}_1+(k_1+k_2)\boldsymbol{\alpha}_2+(k_2+k_3)\boldsymbol{\alpha}_3=\boldsymbol{\theta}.$$

因为已知 $\boldsymbol{\alpha}_1,\boldsymbol{\alpha}_2,\boldsymbol{\alpha}_3$ 线性无关, 要上式成立, 必须

$$\begin{cases}k_1+k_3=0,\\ k_1+k_2=0,\\ k_2+k_3=0.\end{cases}$$

解之得 $k_1=k_2=k_3=0$. 故向量组 $\boldsymbol{\beta}_1,\boldsymbol{\beta}_2,\boldsymbol{\beta}_3$ 线性无关. □

例 2.7.7 设向量组 $\boldsymbol{\alpha}_1,\boldsymbol{\alpha}_2,\boldsymbol{\alpha}_3$ 线性无关, 又设

$$\boldsymbol{\beta}_1=\boldsymbol{\alpha}_1+\boldsymbol{\alpha}_2+2\boldsymbol{\alpha}_3,\ \boldsymbol{\beta}_2=\boldsymbol{\alpha}_1-\boldsymbol{\alpha}_2,\ \boldsymbol{\beta}_3=\boldsymbol{\alpha}_1+\boldsymbol{\alpha}_3,$$

证明 $\boldsymbol{\beta}_1,\boldsymbol{\beta}_2,\boldsymbol{\beta}_3$ 线性相关.

证明 设有常数 k_1,k_2,k_3 使 $k_1\boldsymbol{\beta}_1+k_2\boldsymbol{\beta}_2+k_3\boldsymbol{\beta}_3=\boldsymbol{\theta}$, 即

$$k_1(\boldsymbol{\alpha}_1+\boldsymbol{\alpha}_2+2\boldsymbol{\alpha}_3)+k_2(\boldsymbol{\alpha}_1-\boldsymbol{\alpha}_2)+k_3(\boldsymbol{\alpha}_1+\boldsymbol{\alpha}_3)=\boldsymbol{\theta}$$

将此式重新整理得

$$(k_1+k_2+k_3)\boldsymbol{\alpha}_1+(k_1-k_2)\boldsymbol{\alpha}_2+(2k_1+k_3)\boldsymbol{\alpha}_3=\boldsymbol{\theta}.$$

因为已知 $\boldsymbol{\alpha}_1,\boldsymbol{\alpha}_2,\boldsymbol{\alpha}_3$ 线性无关, 上式成立的充要条件是

$$\begin{cases} k_1+k_2+k_3=0, \\ k_1-k_2=0, \\ 2k_1+k_3=0. \end{cases}$$

此方程组有无穷多非零解，例如 $k_1=1,k_2=1,k_3=-2$ 就是一组非零解. 从而有 $1\cdot\boldsymbol{\beta}_1+1\cdot\boldsymbol{\beta}_2-2\cdot\boldsymbol{\beta}_3=\boldsymbol{\theta}$. 故向量组 $\boldsymbol{\beta}_1,\boldsymbol{\beta}_2,\boldsymbol{\beta}_3$ 线性相关. □

利用定义判别一个向量组是线性相关还是线性无关, 这显然是最基本的方法. 下面我们讨论, 对于线性相关与线性无关这两种类型的向量组, 其中的向量之间呈现的不同关系. 利用这些关系去判别向量组的线性相关或线性无关也是非常有效的方法.

定理 2.7.1　向量组 $A:\boldsymbol{\alpha}_1,\ \boldsymbol{\alpha}_2,\ \cdots,\boldsymbol{\alpha}_m(m\geqslant 2)$ 线性相关的充要条件是, 向量组 A 中至少有一个向量可由其余 $m-1$ 个向量线性表示.

证明　必要性. 设向量组 $A:\boldsymbol{\alpha}_1,\ \boldsymbol{\alpha}_2,\ \cdots,\ \boldsymbol{\alpha}_m$ 线性相关, 则必有一组不全为 0 的数 $k_1,k_2,\cdots,k_m$(不妨设 $k_1\neq 0$), 使

$$k_1\boldsymbol{\alpha}_1+k_2\boldsymbol{\alpha}_2+\cdots+k_m\boldsymbol{\alpha}_m=\boldsymbol{\theta}.$$

从而

$$\boldsymbol{\alpha}_1=-\frac{k_2}{k_1}\boldsymbol{\alpha}_2-\cdots-\frac{k_m}{k_1}\boldsymbol{\alpha}_m,$$

即 $\boldsymbol{\alpha}_1$ 可由 $\boldsymbol{\alpha}_2,\cdots,\boldsymbol{\alpha}_m$ 线性表示.

充分性. 设向量组 A 中有某个向量可由其余 $m-1$ 个向量线性表示, 不妨设 $\boldsymbol{\alpha}_m$ 可由 $\boldsymbol{\alpha}_1,\boldsymbol{\alpha}_2,\cdots,\boldsymbol{\alpha}_{m-1}$ 线性表示, 即有 $\lambda_1,\lambda_2,\cdots,\lambda_{m-1}$, 使

$$\boldsymbol{\alpha}_m=\lambda_1\boldsymbol{\alpha}_1+\lambda_2\boldsymbol{\alpha}_2+\cdots+\lambda_{m-1}\boldsymbol{\alpha}_{m-1}.$$

于是

$$\lambda_1\boldsymbol{\alpha}_1+\lambda_2\boldsymbol{\alpha}_2+\cdots+\lambda_{m-1}\boldsymbol{\alpha}_{m-1}+(-1)\boldsymbol{\alpha}_m=\boldsymbol{\theta}.$$

因为 $\lambda_1,\lambda_2,\cdots,\lambda_{m-1},-1$ 这 m 个数不全为 0, 所以向量组 $\boldsymbol{A}$ 线性相关. □

注　在此定理中, 若 $m=2$, 即向量组 $\boldsymbol{\alpha}_1,\boldsymbol{\alpha}_2$ 线性相关的充要条件是这两个向量的分量成比例. 从几何上看, 即两个 2 维或 3 维向量构成的向量组线性相关, 表示这两个向量共线.

需要注意的是, 该定理不是要求 $\boldsymbol{\alpha}_1,\boldsymbol{\alpha}_2,\cdots,\boldsymbol{\alpha}_m$ 中每一个向量都可由其余向量线性表示, 而是只要有一个就可以了.

例如, 设 $\boldsymbol{\alpha}_1=(1,2,3)$, $\boldsymbol{\alpha}_2=(2,4,6)$, $\boldsymbol{\alpha}_3=(3,4,5)$, 显然有 $2\boldsymbol{\alpha}_1-\boldsymbol{\alpha}_2+0\cdot\boldsymbol{\alpha}_3=\boldsymbol{\theta}$. 所以 $\boldsymbol{\alpha}_1,\ \boldsymbol{\alpha}_2,\ \boldsymbol{\alpha}_3$ 线性相关, 并易见 $\boldsymbol{\alpha}_1$ 和 $\boldsymbol{\alpha}_2$ 都可由其余向量线性表示. 但 $\boldsymbol{\alpha}_3$ 却不能由 $\boldsymbol{\alpha}_1,\boldsymbol{\alpha}_2$ 来线性表示.

该定理的逆否命题是: 向量组 $\boldsymbol{\alpha}_1,\boldsymbol{\alpha}_2,\cdots,\boldsymbol{\alpha}_m\ (m\geqslant 2)$ 线性无关的充分必要条件是其中任何一个向量都不能由其余向量线性表示.

定理 2.7.2　设向量组 $A:\boldsymbol{\alpha}_1,\boldsymbol{\alpha}_2,\cdots,\boldsymbol{\alpha}_r$ 线性无关, 而向量组 $B:\boldsymbol{\alpha}_1,\boldsymbol{\alpha}_2,\cdots,\boldsymbol{\alpha}_r,\boldsymbol{\beta}$ 线性相关, 则向量 $\boldsymbol{\beta}$ 必可由向量组 A 线性表示, 并且表示式是唯一的.

证明　由于向量组 $B:\boldsymbol{\alpha}_1,\boldsymbol{\alpha}_2,\cdots,\boldsymbol{\alpha}_r,\beta$ 线性相关, 所以存在不全为零的 $r+1$ 个数 $k_1,k_2,\cdots,k_r,k$, 使

$$k_1\boldsymbol{\alpha}_1+k_2\boldsymbol{\alpha}_2+\cdots+k_r\boldsymbol{\alpha}_r+k\boldsymbol{\beta}=\boldsymbol{\theta}.$$

如果 $k=0$, 则 $k_1,k_2,\cdots,k_r$ 必不全为零. 于是

$$k_1\boldsymbol{\alpha}_1+k_2\boldsymbol{\alpha}_2+\cdots+k_r\boldsymbol{\alpha}_r=\boldsymbol{\theta}.$$

这与向量组 $A:\boldsymbol{\alpha}_1,\boldsymbol{\alpha}_2,\cdots,\boldsymbol{\alpha}_r$ 线性无关矛盾, 所以 $k\neq 0$. 于是有

$$\boldsymbol{\beta}=-\frac{k_1}{k}\boldsymbol{\alpha}_1-\frac{k_2}{k}\boldsymbol{\alpha}_2-\cdots-\frac{k_r}{k}\boldsymbol{\alpha}_r.$$

即 $\boldsymbol{\beta}$ 可由向量组 A 线性表示.

下面再证唯一性. 设 β 的两种表示式为

$$\boldsymbol{\beta}=\lambda_1\boldsymbol{\alpha}_1+\lambda_2\boldsymbol{\alpha}_2+\cdots+\lambda_r\boldsymbol{\alpha}_r,$$
$$\boldsymbol{\beta}=\mu_1\boldsymbol{\alpha}_1+\mu_2\boldsymbol{\alpha}+\cdots+\mu_r\boldsymbol{\alpha}_r.$$

两式相减得

$$(\lambda_1-\mu_1)\boldsymbol{\alpha}_1+(\lambda_2-\mu_2)\boldsymbol{\alpha}_2+\cdots+(\lambda_r-\mu_r)\boldsymbol{\alpha}_r=\boldsymbol{\theta}.$$

由向量组 $A:\boldsymbol{\alpha}_1,\ \boldsymbol{\alpha}_2,\ \cdots,\ \boldsymbol{\alpha}_r$ 线性无关知: $\lambda_i-\mu_i=0\ (i=1,2,\cdots,r)$, 即 $\lambda_i=\mu_i$. 所以向量 $\boldsymbol{\beta}$ 的表示式唯一. □

例 2.7.8　设 $\boldsymbol{\alpha}_1,\boldsymbol{\alpha}_2,\cdots,\boldsymbol{\alpha}_r$ 线性无关, 则 $\boldsymbol{\alpha}_1,\boldsymbol{\alpha}_2,\cdots,\boldsymbol{\alpha}_r,\boldsymbol{\beta}$ 线性无关的充分必要条件是 $\boldsymbol{\beta}$ 不可能由 $\boldsymbol{\alpha}_1,\boldsymbol{\alpha}_2,\cdots,\boldsymbol{\alpha}_r$ 线性表示.

证明　由定理 2.7.1 与定理 2.7.2 立即得到所述结论. □

例 2.7.9　设 $\boldsymbol{\alpha}_1,\boldsymbol{\alpha}_2,\cdots,\boldsymbol{\alpha}_{m-1}\ (m\geqslant 2)$ 线性相关, 而 $\boldsymbol{\alpha}_2,\cdots,\boldsymbol{\alpha}_{m-1},\boldsymbol{\alpha}_m$ 线性无关, 则

(1) $\boldsymbol{\alpha}_1$ 可由 $\boldsymbol{\alpha}_2,\cdots,\boldsymbol{\alpha}_{m-1}$ 线性表示.

(2) $\boldsymbol{\alpha}_m$ 不能由 $\boldsymbol{\alpha}_1,\cdots,\boldsymbol{\alpha}_{m-1}$ 线性表示.

证明　(1) 因为 $\boldsymbol{\alpha}_2,\cdots,\boldsymbol{\alpha}_m$ 线性无关, 所以部分向量组 $\boldsymbol{\alpha}_2,\cdots,\boldsymbol{\alpha}_{m-1}$ 也线性无关. 又已知 $\boldsymbol{\alpha}_1,\boldsymbol{\alpha}_2,\cdots,\boldsymbol{\alpha}_{m-1}$ 线性相关, 所以由定理 2.7.2 知，$\boldsymbol{\alpha}_1$ 可由 $\boldsymbol{\alpha}_2,\cdots,\boldsymbol{\alpha}_{m-1}$ 线性表示.

(2) 假设 $\boldsymbol{\alpha}_m$ 能由 $\boldsymbol{\alpha}_1,\boldsymbol{\alpha}_2,\cdots,\boldsymbol{\alpha}_{m-1}$ 线性表示，由 (1) 的结果，$\boldsymbol{\alpha}_1$ 可由 $\boldsymbol{\alpha}_2,\cdots,\boldsymbol{\alpha}_{m-1}$ 线性表示，于是得到 $\boldsymbol{\alpha}_m$ 能由 $\boldsymbol{\alpha}_2,\cdots,\boldsymbol{\alpha}_{m-1}$ 线性表示，与假设矛盾. 从而结论成立. □

2.7.2　向量的线性相关性与矩阵秩的关系

下面的定理使我们得以通过矩阵的初等变换, 利用矩阵的秩来判定向量组线性相关与线性无关性.

定理 2.7.3　n 维列向量组 $A:\boldsymbol{\alpha}_1,\boldsymbol{\alpha}_2,\cdots,\boldsymbol{\alpha}_r$ 线性相关的充要条件是 $\mathrm{r}(\boldsymbol{A})<r$, 其中矩阵 $\boldsymbol{A}=(\boldsymbol{\alpha}_1\ \boldsymbol{\alpha}_2\ \cdots\ \boldsymbol{\alpha}_r)$. 换言之, 该向量组 $A:\boldsymbol{\alpha}_1,\boldsymbol{\alpha}_2,\cdots,\boldsymbol{\alpha}_r$ 线性无关的充要条件是 $\mathrm{r}(\boldsymbol{A})=r$.

证明　必要性. 设向量组 $A:\boldsymbol{\alpha}_1,\ \boldsymbol{\alpha}_2,\ \cdots,\ \boldsymbol{\alpha}_r$ 线性相关, 则存在不全为零的 r 个数 $k_1,k_2,\cdots,k_r$ (不妨设 $k_r\neq 0$), 使

$$k_1\boldsymbol{\alpha}_1+k_2\boldsymbol{\alpha}_2+\cdots+k_r\boldsymbol{\alpha}_r=\boldsymbol{\theta}.$$

于是

$$\boldsymbol{\alpha}_r=-\frac{k_1}{k_r}\boldsymbol{\alpha}_1-\frac{k_2}{k_r}\boldsymbol{\alpha}_2-\cdots-\frac{k_{r-1}}{k_r}\boldsymbol{\alpha}_{r-1}.$$

对 $\boldsymbol{A}=(\boldsymbol{\alpha}_1\ \boldsymbol{\alpha}_2\ \cdots\ \boldsymbol{\alpha}_r)$ 施行初等列变换

$$c_r+\frac{k_1}{k_r}c_1+\frac{k_2}{k_r}c_2+\cdots+\frac{k_{r-1}}{k_r}c_{r-1}$$

可将 $\boldsymbol{A}$ 的第 r 列变成 $\boldsymbol{\theta}$, 故 $\boldsymbol{A}\xrightarrow{c}(\boldsymbol{\alpha}_1\ \boldsymbol{\alpha}_2\ \cdots\ \boldsymbol{\alpha}_{r-1}\ \boldsymbol{\theta})$, 所以

$$\mathrm{r}(\boldsymbol{A})=\mathrm{r}(\boldsymbol{\alpha}_1\ \boldsymbol{\alpha}_2\ \cdots\ \boldsymbol{\alpha}_{r-1})<r.$$

充分性. 设 $\mathrm{r}(\boldsymbol{A})=s<r$, 可用初等列变换将 $\boldsymbol{A}$ 化为列梯形矩阵, 即存在可逆矩阵 $\boldsymbol{Q}=(q_{ij})_{r\times r}$, 使得 $\boldsymbol{AQ}=(\boldsymbol{C}_{n\times s}\ \boldsymbol{O}_{n\times(r-s)})$. 这时至少可得 $q_{1r}\boldsymbol{\alpha}_1+q_{2r}\boldsymbol{\alpha}_2+\cdots+q_{rr}\boldsymbol{\alpha}_r=\boldsymbol{\theta}$, 而 $q_{1r},q_{2r},\cdots,q_{rr}$ 不全为零, 所以矩阵 $\boldsymbol{A}$ 的列向量组 $\boldsymbol{\alpha}_1,\boldsymbol{\alpha}_2,\cdots,\boldsymbol{\alpha}_r$ 线性相关. □

推论 2.7.4　向量的个数 m 大于其维数 n, 则向量组线性相关.

证明　因为 $\mathrm{r}(\boldsymbol{A})\leqslant\min(m,n)<m$, 所以由定理 2.7.3 立即得到此推论. □

推论 2.7.5　n 个 n 维向量线性无关的充要条件是其行列式不为零.

证明　因为一个方阵为满秩矩阵的充要条件是其行列式不为零, 于是由定理 2.7.3 立得此推论. □

例 2.7.10　设 n 维列向量组 $A:\boldsymbol{\alpha}_1,\boldsymbol{\alpha}_2,\cdots,\boldsymbol{\alpha}_n$ 线性无关, $\boldsymbol{B}$ 为 n 阶方阵. 试证向量组 $\boldsymbol{B\alpha}_1,\boldsymbol{B\alpha}_2,\cdots,\boldsymbol{B\alpha}_n$ 线性无关的充分必要条件是 $\boldsymbol{B}$ 为可逆矩阵.

证明　必要性. 设$\boldsymbol{B\alpha}_1,\boldsymbol{B\alpha}_2,\cdots,\boldsymbol{B\alpha}_n$线性无关, 则由推论 2.7.5 知 $\boldsymbol{B\alpha}_1,\boldsymbol{B\alpha}_2,\cdots,\boldsymbol{B\alpha}_n$ 构成的行列式不等于零. $\boldsymbol{A}=(\boldsymbol{\alpha}_1\ \boldsymbol{\alpha}_2\ \cdots\ \boldsymbol{\alpha}_n)$, 则按分块矩阵的乘法得

$$(\boldsymbol{B\alpha}_1\ \boldsymbol{B\alpha}_2\ \cdots\ \boldsymbol{B\alpha}_n)=\boldsymbol{B}(\boldsymbol{\alpha}_1\ \boldsymbol{\alpha}_2\ \cdots\ \boldsymbol{\alpha}_n)=\boldsymbol{BA}.$$

因此有 $|\boldsymbol{BA}|\neq 0$. 从而 $|\boldsymbol{B}|\neq 0$, 故 $\boldsymbol{B}$ 是可逆矩阵.

充分性. 设 $\boldsymbol{B}$ 是可逆矩阵. 令

$$k_1\boldsymbol{B\alpha}_1+k_2\boldsymbol{B\alpha}_2+\cdots+k_n\boldsymbol{B\alpha}_n=\boldsymbol{\theta},$$

用 $\boldsymbol{B}^{-1}$ 左乘两端, 得

$$k_1\boldsymbol{\alpha}_1+k_2\boldsymbol{\alpha}_2+\cdots+k_n\boldsymbol{\alpha}_n=\boldsymbol{\theta}.$$

由 $\boldsymbol{\alpha}_1,\boldsymbol{\alpha}_2,\cdots\boldsymbol{\alpha}_n$ 线性无关知: $k_1=k_2=\cdots=k_n=0$. 故 $\boldsymbol{B\alpha}_1,\boldsymbol{B\alpha}_2,\cdots,\boldsymbol{B\alpha}_n$ 线性无关. □

推论 2.7.6　设 $\boldsymbol{A}=(a_{ij})_{n\times m}$ 的秩 $\mathrm{r}(A)=r\leqslant m$, 且 $\boldsymbol{A}$ 的某 r 列 (行) 所组成的矩阵含有不等于零的 r 阶子式, 则此 r 个列 (行) 向量线性无关.

证明　不妨设 $\boldsymbol{A}$ 的前 r 列 $\boldsymbol{\alpha}_1,\boldsymbol{\alpha}_2,\cdots,\boldsymbol{\alpha}_r$ 所成的矩阵含有非零的 r 阶子式, 则

$$(\boldsymbol{\alpha}_1\ \boldsymbol{\alpha}_2\ \cdots\ \boldsymbol{\alpha}_r)=\begin{pmatrix} a_{11} & a_{12} & \cdots & a_{1r} \\ a_{21} & a_{22} & \cdots & a_{2r} \\ \vdots & \vdots & & \vdots \\ a_{n1} & a_{n2} & \cdots & a_{nr} \end{pmatrix}$$

的秩为 r, 等于向量组 $\boldsymbol{\alpha}_1,\boldsymbol{\alpha}_2,\cdots,\boldsymbol{\alpha}_r$ 所含向量的个数. 由定理 2.7.3 知这个向量组线性无关. □

例 2.7.11　判断下列向量组:

(1) $\boldsymbol{\alpha}_1=(1,-1,-1,1)$, $\boldsymbol{\alpha}_2=(1,-1,1,-3)$, $\boldsymbol{\alpha}_3=(1,-1,-2,3)$;

(2) $\boldsymbol{\alpha}_1=(1,2,3,4)$, $\boldsymbol{\alpha}_2=(0,2,3,4)$, $\boldsymbol{\alpha}_3=(0,0,3,4)$

各自的线性相关性.

解　(1) 作矩阵 $\boldsymbol{A}$ 并进行初等行变换

$$\boldsymbol{A}=\begin{pmatrix} \boldsymbol{\alpha}_1 \\ \boldsymbol{\alpha}_2 \\ \boldsymbol{\alpha}_3 \end{pmatrix}=\begin{pmatrix} 1 & -1 & -1 & 1 \\ 1 & -1 & 1 & -3 \\ 1 & -1 & -2 & 3 \end{pmatrix}\xrightarrow[r_3+(-1)r_1]{r_2+(-1)r_1}\begin{pmatrix} 1 & -1 & -1 & 1 \\ 0 & 0 & 2 & -4 \\ 0 & 0 & -1 & 2 \end{pmatrix}$$
$$\xrightarrow{r_3+(\frac{1}{2})r_2}\begin{pmatrix} 1 & -1 & -1 & 1 \\ 0 & 0 & 2 & -4 \\ 0 & 0 & 0 & 0 \end{pmatrix}.$$

最后的梯形矩阵有两个非零行, 故 $\mathrm{r}(\boldsymbol{A})=2$, 矩阵的秩小于向量的个数 3. 因而 $\boldsymbol{\alpha}_1,\boldsymbol{\alpha}_2,\boldsymbol{\alpha}_3$ 线性相关.

(2) 法一: 作矩阵

$$\boldsymbol{A}=\begin{pmatrix} \boldsymbol{\alpha}_1 \\ \boldsymbol{\alpha}_2 \\ \boldsymbol{\alpha}_3 \end{pmatrix}=\begin{pmatrix} 1 & 2 & 3 & 4 \\ 0 & 2 & 3 & 4 \\ 0 & 0 & 3 & 4 \end{pmatrix},$$

易知, $\mathrm{r}(\boldsymbol{A})=3$, 所以 $\boldsymbol{\alpha}_1,\boldsymbol{\alpha}_2,\boldsymbol{\alpha}_3$ 线性无关.

法二: 因为 $\begin{vmatrix} 1 & 2 & 3 \\ 0 & 2 & 3 \\ 0 & 0 & 3 \end{vmatrix}\neq 0$, 由推论 2.7.6 知向量组 $\boldsymbol{\alpha}_1,\boldsymbol{\alpha}_2,\boldsymbol{\alpha}_3$ 线性无关. □

2.7.3　极大无关组与向量组的秩

定义 2.7.4 (极大无关组)　设 $\boldsymbol{\alpha}_1,\boldsymbol{\alpha}_2,\cdots,\boldsymbol{\alpha}_r$ 是某一向量组的部分组，满足

(1) $\boldsymbol{\alpha}_1,\boldsymbol{\alpha}_2,\cdots,\boldsymbol{\alpha}_r$ 线性无关;

(2) 在原向量组中任取向量 $\boldsymbol{\alpha}$, 向量组 $\boldsymbol{\alpha}_1,\boldsymbol{\alpha}_2,\cdots,\boldsymbol{\alpha}_r,\boldsymbol{\alpha}$ 都线性相关, 则称向量组 $\boldsymbol{\alpha}_1$, $\boldsymbol{\alpha}_2,\cdots,\boldsymbol{\alpha}_r$ 是原向量组的一个极大线性无关组, 简称**极大无关组**.

由定义可知, 仅含有零向量的向量组没有极大线性无关组, 而一个线性无关的向量组的极大无关组即是其本身.

定理 2.7.7　设 $\boldsymbol{\alpha}_{i_1},\boldsymbol{\alpha}_{i_2},\cdots,\boldsymbol{\alpha}_{i_r}$ 是向量组 $\boldsymbol{\alpha}_1,\boldsymbol{\alpha}_2,\cdots,\boldsymbol{\alpha}_m$ 的一个极大线性无关组, 则向量组 $\boldsymbol{\alpha}_1,\boldsymbol{\alpha}_2,\cdots,\boldsymbol{\alpha}_m$ 中任一向量均可由 $\boldsymbol{\alpha}_{i_1},\boldsymbol{\alpha}_{i_2},\cdots,\boldsymbol{\alpha}_{i_r}$ 线性表示, 且表示法唯一.

推论 2.7.8　向量组与它的任意一个极大线性无关组等价.

推论 2.7.9　一个向量组的各个极大无关组之间是等价的.

推论 2.7.10　两个向量组等价的充要条件是一组的一个极大无关组与另一组的一个极大无关组等价.

证明　由定理 2.7.2 立即证得定理 2.7.7 . 三个推论也只是定义和以上结论的直接应用. □

例 2.7.12　求向量组 $\boldsymbol{\alpha}_1,\boldsymbol{\alpha}_2,\boldsymbol{\alpha}_3$ 的极大线性无关组, 其中

$$\boldsymbol{\alpha}_1=(1,1,0),\ \boldsymbol{\alpha}_2=(1,0,0),\ \boldsymbol{\alpha}_3=(0,1,0).$$

解　显然 $\boldsymbol{\alpha}_1=\boldsymbol{\alpha}_2+\boldsymbol{\alpha}_3$, 所以 $\boldsymbol{\alpha}_1,\boldsymbol{\alpha}_2,\boldsymbol{\alpha}_3$ 线性相关, 又易见 $\boldsymbol{\alpha}_1$ 与 $\boldsymbol{\alpha}_2$ 线性无关. 故 $\boldsymbol{\alpha}_1,\boldsymbol{\alpha}_2$ 是一个极大无关组, 同理可知 $\boldsymbol{\alpha}_1,\boldsymbol{\alpha}_3$; $\boldsymbol{\alpha}_2,\boldsymbol{\alpha}_3$ 也都是极大无关组. □

在实际计算时, 对列向量组所成的矩阵施行初等行变换得到行梯形矩阵后，可立即给出其极大无关组，并容易将其余向量表示成该极大无关组中向量的线性组合.

例 2.7.13　设

$$\boldsymbol{\alpha}_1=\begin{pmatrix}1\\0\\0\\2\end{pmatrix},\quad \boldsymbol{\alpha}_2=\begin{pmatrix}0\\1\\0\\-1\end{pmatrix},\quad \boldsymbol{\alpha}_3=\begin{pmatrix}0\\0\\1\\3\end{pmatrix},\quad \boldsymbol{\alpha}_4=\begin{pmatrix}1\\-1\\-1\\0\end{pmatrix},$$

试求该向量组 $\boldsymbol{\alpha}_1,\boldsymbol{\alpha}_2,\boldsymbol{\alpha}_3,\boldsymbol{\alpha}_4$ 的一个极大线性无关组，并用此极大无关组表示其余向量

解　用初等行变换将矩阵 $(\boldsymbol{\alpha}_1\ \boldsymbol{\alpha}_2\ \boldsymbol{\alpha}_3\ \boldsymbol{\alpha}_4)$ 化为行梯形矩阵

$$\boldsymbol{A}=(\boldsymbol{\alpha}_1\ \boldsymbol{\alpha}_2\ \boldsymbol{\alpha}_3\ \boldsymbol{\alpha}_4)=\begin{pmatrix}1&0&0&1\\0&1&0&-1\\0&0&1&-1\\2&-1&3&0\end{pmatrix}\to\begin{pmatrix}1&0&0&1\\0&1&0&-1\\0&0&1&-1\\0&0&0&0\end{pmatrix}$$
$$\xlongequal{\text{记为}}(\boldsymbol{\beta}_1\ \boldsymbol{\beta}_2\ \boldsymbol{\beta}_3\ \boldsymbol{\beta}_4)=\boldsymbol{B}.$$

与此同时有

$$(\boldsymbol{\alpha}_1\ \boldsymbol{\alpha}_2\ \boldsymbol{\alpha}_3)\to(\boldsymbol{\beta}_1\ \boldsymbol{\beta}_2\ \boldsymbol{\beta}_3),$$
$$(\boldsymbol{\alpha}_1\ \boldsymbol{\alpha}_2\ \boldsymbol{\alpha}_4)\to(\boldsymbol{\beta}_1\ \boldsymbol{\beta}_2\ \boldsymbol{\beta}_4).$$

由这些阶梯形可知:

矩阵 $(\boldsymbol{\alpha}_1\ \boldsymbol{\alpha}_2\ \boldsymbol{\alpha}_3\ \boldsymbol{\alpha}_4)$ 的秩为 3, 故 $\boldsymbol{\alpha}_1,\boldsymbol{\alpha}_2,\boldsymbol{\alpha}_3,\boldsymbol{\alpha}_4$ 线性相关.

矩阵 $(\boldsymbol{\alpha}_1\ \boldsymbol{\alpha}_2\ \boldsymbol{\alpha}_3)$ 的秩为 3, 故 $\boldsymbol{\alpha}_1,\boldsymbol{\alpha}_2,\boldsymbol{\alpha}_3$ 线性无关.

矩阵 $(\boldsymbol{\alpha}_1\ \boldsymbol{\alpha}_2\ \boldsymbol{\alpha}_4)$ 的秩为 3, 故 $\boldsymbol{\alpha}_1,\boldsymbol{\alpha}_2,\boldsymbol{\alpha}_4$ 线性无关.

于是由定义 2.7.4 知, 部分组 $\boldsymbol{\alpha}_1$, $\boldsymbol{\alpha}_2$, $\boldsymbol{\alpha}_3$ 以及部分组 $\boldsymbol{\alpha}_1$, $\boldsymbol{\alpha}_2$, $\boldsymbol{\alpha}_4$ 都是向量组 $\boldsymbol{\alpha}_1,\boldsymbol{\alpha}_2,\boldsymbol{\alpha}_3,\boldsymbol{\alpha}_4$ 的极大无关组.

不仅如此, 由于矩阵 $(\boldsymbol{\beta}_2\ \boldsymbol{\beta}_3\ \boldsymbol{\beta}_4)$ 有非零 3 阶子式 $\begin{vmatrix} 0 & 0 & 1 \\ 1 & 0 & -1 \\ 0 & 1 & -1 \end{vmatrix}$, 知其秩为 3, 因而矩阵 $(\boldsymbol{\alpha}_2\ \boldsymbol{\alpha}_3\ \boldsymbol{\alpha}_4)$ 的秩为 3(定理 2.5.1). 从而 $\boldsymbol{\alpha}_2,\boldsymbol{\alpha}_3,\boldsymbol{\alpha}_4$ 也是一个极大无关组. 同理可知, $\boldsymbol{\alpha}_1,\boldsymbol{\alpha}_3,\boldsymbol{\alpha}_4$ 也是一个极大无关组. 所以可任取一个为本例中向量组的极大无关组. 以极大无关组 $\boldsymbol{\alpha}_1$, $\boldsymbol{\alpha}_2$, $\boldsymbol{\alpha}_3$ 为例, $\boldsymbol{\alpha}_4$ 可以表示为 $\boldsymbol{\alpha}_4=\boldsymbol{\alpha}_1-\boldsymbol{\alpha}_2-\boldsymbol{\alpha}_3$. □

以上两个例子都告诉我们: 一个向量组的极大无关组可能不是唯一的, 但同一向量组不同的极大无关组所含的向量的个数是相同的. 这并不是偶然的, 其实我们有

定理 2.7.11　一个向量组的各个极大无关组所含向量的个数相同.

证明　设向量组 $A:\boldsymbol{\alpha}_1,\boldsymbol{\alpha}_2,\cdots,\boldsymbol{\alpha}_r$ 及向量组 $B:\boldsymbol{\beta}_1,\boldsymbol{\beta}_2,\cdots,\boldsymbol{\beta}_s$ 都是某一个向量组的极大无关组, 不妨设都是列向量组, 并记 $\boldsymbol{A}=(\boldsymbol{\alpha}_1\ \boldsymbol{\alpha}_2\ \cdots\ \boldsymbol{\alpha}_r)$, $\boldsymbol{B}=(\boldsymbol{\beta}_1\ \boldsymbol{\beta}_2\ \cdots\ \boldsymbol{\beta}_s)$. 按定理 2.7.7, A 组可以由 B 组线性表示, 写为

$$\begin{cases} \boldsymbol{\alpha}_1=k_{11}\boldsymbol{\beta}_1+k_{21}\boldsymbol{\beta}_2+\cdots+k_{s1}\boldsymbol{\beta}_s, \\ \boldsymbol{\alpha}_2=k_{12}\boldsymbol{\beta}_1+k_{22}\boldsymbol{\beta}_2+\cdots+k_{s2}\boldsymbol{\beta}_s, \\ \qquad\cdots\cdots \\ \boldsymbol{\alpha}_r=k_{1r}\boldsymbol{\beta}_1+k_{2r}\boldsymbol{\beta}_2+\cdots+k_{sr}\boldsymbol{\beta}_s, \end{cases}$$

用矩阵表示为 $\boldsymbol{A}=\boldsymbol{BK}$, 其中

$$\boldsymbol{K}=(k_{ij})_{s\times r}=(\boldsymbol{k}_1\ \boldsymbol{k}_2\ \cdots\ \boldsymbol{k}_r),\quad 其中\ \boldsymbol{k}_j=(k_{1j},k_{2j},\cdots,k_{sj})^{\mathrm{T}}.$$

我们先证 $r\leqslant s$. 用反证法. 假设 $r>s$, 则由于矩阵 $\boldsymbol{K}$ 的秩小于 r, 从而矩阵 $\boldsymbol{K}$ 中的 r 个 s 维向量 $\boldsymbol{k}_1,\boldsymbol{k}_2,\cdots,\boldsymbol{k}_r$ 线性相关. 于是有不全为零的数 l_1, $l_2,\cdots,l_r$ 使得

$$l_1\boldsymbol{k}_1+l_2\boldsymbol{k}_2+\cdots+l_r\boldsymbol{k}_r=\boldsymbol{\theta},$$

即

$$\boldsymbol{K}(l_1,l_2,\cdots,l_r)^{\mathrm{T}}=\boldsymbol{\theta}.$$

从而

$$\boldsymbol{A}(l_1,l_2,\cdots,l_r)^{\mathrm{T}}=\boldsymbol{BK}(l_1,l_2,\cdots,l_r)^{\mathrm{T}}=\boldsymbol{\theta}.$$

即

$$l_1\boldsymbol{\alpha}_1+l_2\boldsymbol{\alpha}_2+\cdots+l_r\boldsymbol{\alpha}_r=\boldsymbol{\theta},$$

这与 $A:\boldsymbol{\alpha}_1,\boldsymbol{\alpha}_2,\cdots,\boldsymbol{\alpha}_r$ 为极大无关组矛盾. 所以有 $r\leqslant s$.

同理, 按定理 2.7.7 , B 组向量可以由 A 组向量线性表示, 又得到 $s\leqslant r$. 所以得 $r=s$. □

定义 2.7.5 (向量组的秩)　向量组 $A:\boldsymbol{\alpha}_1,\boldsymbol{\alpha}_2,\cdots,\boldsymbol{\alpha}_m$ 的一个极大无关组所含向量的个数定义为该**向量组的秩**, 记为 $\mathrm{r}\{\boldsymbol{\alpha}_1,\boldsymbol{\alpha}_2,\cdots,\boldsymbol{\alpha}_m\}$. 规定仅含零向量的向量组的秩为 0.

例 2.7.14 设

$$\boldsymbol{\alpha}_1=\begin{pmatrix}1\\4\\0\\2\end{pmatrix},\quad \boldsymbol{\alpha}_2=\begin{pmatrix}2\\7\\1\\3\end{pmatrix},\quad \boldsymbol{\alpha}_3=\begin{pmatrix}0\\1\\-1\\a\end{pmatrix},\quad \boldsymbol{\alpha}_4=\begin{pmatrix}3\\10\\b\\4\end{pmatrix}.$$

按 a,b 的不同取值, 指出向量组 $\boldsymbol{\alpha}_1,\boldsymbol{\alpha}_2,\boldsymbol{\alpha}_3,\boldsymbol{\alpha}_4$ 一个极大线性无关组以及其秩 r.

解

$$\begin{pmatrix}1&2&0&3\\4&7&1&10\\0&1&-1&b\\2&3&a&4\end{pmatrix}\xrightarrow{\text{初等行变换}}\begin{pmatrix}1&2&0&3\\0&-1&1&-2\\0&0&a-1&0\\0&0&0&b-2\end{pmatrix}.$$

1) $a\neq 1,b\neq 2$ 时, 极大无关组为该向量组本身, $r=4$.

2) $a\neq 1,b=2$ 时, 一个极大无关组为 $\boldsymbol{\alpha}_1,\boldsymbol{\alpha}_2,\boldsymbol{\alpha}_3$, $r=3$.

$a=1,b\neq 2$ 时, 一个极大无关组为 $\boldsymbol{\alpha}_1,\boldsymbol{\alpha}_2,\boldsymbol{\alpha}_4$, $r=3$.

3) $a=1$ 且 $b=2$ 时, 一个极大无关组为 $\boldsymbol{\alpha}_1,\boldsymbol{\alpha}_2$, $r=2$. □

定理 2.7.12 设 $A:\boldsymbol{\alpha}_1,\boldsymbol{\alpha}_2,\cdots,\boldsymbol{\alpha}_m$; $B:\boldsymbol{\beta}_1,\boldsymbol{\beta}_2,\cdots,\boldsymbol{\beta}_n$ 是两个同维数的向量组, 若向量组 A 可以由向量组 B 线性表示, 则必有 $\mathrm{r}\{\boldsymbol{\alpha}_1,\boldsymbol{\alpha}_2,\cdots,\boldsymbol{\alpha}_m\}\leqslant \mathrm{r}\{\boldsymbol{\beta}_1,\boldsymbol{\beta}_2,\cdots,\boldsymbol{\beta}_n\}$. 进一步有: 等价的向量组必有相同的秩.

证明 记 $r=\mathrm{r}\{\boldsymbol{\alpha}_1,\boldsymbol{\alpha}_2,\cdots,\boldsymbol{\alpha}_m\}$, $s=\mathrm{r}\{\boldsymbol{\beta}_1,\boldsymbol{\beta}_2,\cdots,\boldsymbol{\beta}_n\}$. 不妨设向量组 A 的一个极大无关组为 $\boldsymbol{\alpha}_1,\boldsymbol{\alpha}_2,\cdots,\boldsymbol{\alpha}_r$, 向量组 B 的一个极大无关组为 $\boldsymbol{\beta}_1,\boldsymbol{\beta}_2,\cdots,\boldsymbol{\beta}_s$. 由于 $\boldsymbol{\alpha}_1,\boldsymbol{\alpha}_2,\cdots,\boldsymbol{\alpha}_r$ 可以由 $\boldsymbol{\beta}_1,\boldsymbol{\beta}_2,\cdots,\boldsymbol{\beta}_n$ 线性表示，而据定理 2.7.7 $\boldsymbol{\beta}_1,\boldsymbol{\beta}_2,\cdots,\boldsymbol{\beta}_n$ 可以由 $\boldsymbol{\beta}_1,\boldsymbol{\beta}_2,\cdots,\boldsymbol{\beta}_s$ 线性表示，从而 $\boldsymbol{\alpha}_1,\boldsymbol{\alpha}_2,\cdots,\boldsymbol{\alpha}_r$ 可以由 $\boldsymbol{\beta}_1,\boldsymbol{\beta}_2,\cdots,\boldsymbol{\beta}_s$ 线性表示. 于是仿照定理 2.7.11 的证明即可证得 $r\leqslant s$.

进一步，若向量组 A 与向量组 B 等价，则 B 也可以由向量组 A 线性表示. 则由上面所证结果得 $s\leqslant r$. 于是证得 $r=s$. □

例 2.7.15 设 n 个 n 维向量 $\boldsymbol{\alpha}_1,\boldsymbol{\alpha}_2,\cdots,\boldsymbol{\alpha}_n$ 线性无关，$\boldsymbol{\alpha}_{n+1}=k_1\boldsymbol{\alpha}_1+k_2\boldsymbol{\alpha}_2+\cdots+k_n\boldsymbol{\alpha}_n$, $k_1,k_2,\cdots,k_n$ 全不为零. 证明: $\boldsymbol{\alpha}_1,\boldsymbol{\alpha}_2,\cdots,\boldsymbol{\alpha}_n,\boldsymbol{\alpha}_{n+1}$ 中任意 n 个向量都线性无关.

证明 对 $n=1$, 由题设易知，$\boldsymbol{\alpha}_1$, $\boldsymbol{\alpha}_2=k_1\boldsymbol{\alpha}_1$ 均是非零向量，显然其中的任何一个向量都是线性无关的. 下面都是对 $n\geqslant 2$ 的情况给予证明.

法一: 设 $\boldsymbol{\alpha}_1,\cdots,\boldsymbol{\alpha}_{i-1},\boldsymbol{\alpha}_{i+1},\cdots,\boldsymbol{\alpha}_{n+1}$ 为 $\boldsymbol{\alpha}_1,\boldsymbol{\alpha}_2,\cdots,\boldsymbol{\alpha}_n,\boldsymbol{\alpha}_{n+1}$ 中的 n 个向量，其中 $1\leqslant i\leqslant n+1$. 令

$$l_1\boldsymbol{\alpha}_1+\cdots+l_{i-1}\boldsymbol{\alpha}_{i-1}+l_{i+1}\boldsymbol{\alpha}_{i+1}+\cdots+l_{n+1}\boldsymbol{\alpha}_{n+1}=\boldsymbol{\theta}.$$

将 $\boldsymbol{\alpha}_{n+1}=k_1\boldsymbol{\alpha}_1+k_2\boldsymbol{\alpha}_2+\cdots+k_n\boldsymbol{\alpha}_n$ 代入上式整理得

$$\begin{aligned}&(l_1+l_{n+1}k_1)\boldsymbol{\alpha}_1+\cdots+(l_{i-1}+l_{n+1}k_{i-1})\boldsymbol{\alpha}_{i-1}+l_{n+1}k_i\boldsymbol{\alpha}_i\\&+(l_{i+1}+l_{n+1}k_{i+1})\boldsymbol{\alpha}_{i+1}+\cdots+(l_n+l_{n+1}k_n)\boldsymbol{\alpha}_n=\boldsymbol{\theta}.\end{aligned}$$

因为 $\boldsymbol{\alpha}_1,\boldsymbol{\alpha}_2,\cdots,\boldsymbol{\alpha}_n$ 线性无关，所以有

$$l_1+l_{n+1}k_1=0,\cdots,l_{i-1}+l_{n+1}k_{i-1}=0,l_{n+1}k_i=0,\\ l_{i+1}+l_{n+1}k_{i+1}=0,\cdots,l_n+l_{n+1}k_n=0.$$

因为 $l_{n+1}k_i=0$ 且 $k_i\neq 0$, 所以 $l_{n+1}=0$. 从而

$$l_1=\cdots=l_{i-1}=l_{i+1}=\cdots=l_n=0.$$

所以，$\boldsymbol{\alpha}_1,\cdots,\boldsymbol{\alpha}_{i-1},\boldsymbol{\alpha}_{i+1},\cdots,\boldsymbol{\alpha}_{n+1}$ 线性无关. 这就得到了所需结论.

法二: 设 $\boldsymbol{\alpha}_1,\cdots,\boldsymbol{\alpha}_{i-1},\boldsymbol{\alpha}_{i+1},\cdots,\boldsymbol{\alpha}_{n+1}$ 为 $\boldsymbol{\alpha}_1,\boldsymbol{\alpha}_2,\cdots,\boldsymbol{\alpha}_n,\boldsymbol{\alpha}_{n+1}$ 中的 n 个向量，其中 $1\leqslant i\leqslant n+1$. 令 $\boldsymbol{A}=(\boldsymbol{\alpha}_1\ \cdots\ \boldsymbol{\alpha}_{i-1}\ \boldsymbol{\alpha}_{i+1}\ \cdots,\ \boldsymbol{\alpha}_{n+1})$, 则有

$$\begin{aligned}\boldsymbol{A}&=(\boldsymbol{\alpha}_1\ \boldsymbol{\alpha}_2\ \cdots\ \boldsymbol{\alpha}_n)\begin{pmatrix}1&0&\cdots&0&0&\cdots&0&k_1\\0&1&\cdots&0&0&\cdots&0&k_2\\\vdots&\vdots&&\vdots&\vdots&&\vdots&\vdots\\0&0&\cdots&1&0&\cdots&0&k_{i-1}\\0&0&\cdots&0&0&\cdots&0&k_i\\0&0&\cdots&0&1&\cdots&0&k_{i+1}\\\vdots&\vdots&&\vdots&\vdots&&\vdots&\vdots\\0&0&\cdots&0&0&\cdots&1&k_n\end{pmatrix}\\&=(\boldsymbol{\alpha}_1\ \boldsymbol{\alpha}_2\ \cdots\ \boldsymbol{\alpha}_n)\boldsymbol{B}.\end{aligned}$$

由于 $k_i\neq 0$, 容易计算得 $|\boldsymbol{B}|=(-1)^{n+i}k_i\neq 0$. 又由于 $\boldsymbol{\alpha}_1,\boldsymbol{\alpha}_2,\cdots,\boldsymbol{\alpha}_n$ 线性无关，由定理 2.7.3 知 $\mathrm{r}(\boldsymbol{\alpha}_1\ \boldsymbol{\alpha}_2\ \cdots\ \boldsymbol{\alpha}_n)=n$, 从而 $|(\boldsymbol{\alpha}_1\ \boldsymbol{\alpha}_2\ \cdots\ \boldsymbol{\alpha}_n)|\neq 0$. 由例 2.2.7 得 $|\boldsymbol{A}|\neq 0$, 即 $\mathrm{r}(\boldsymbol{A})=n$. 再由定理 2.7.3 知 $\boldsymbol{\alpha}_1,\cdots,\boldsymbol{\alpha}_{i-1},\boldsymbol{\alpha}_{i+1},\cdots,\boldsymbol{\alpha}_{n+1}$ 线性无关. 这就证得了所需结论.

法三: 设向量组 $A:\boldsymbol{\alpha}_1,\cdots,\boldsymbol{\alpha}_{i-1},\boldsymbol{\alpha}_{i+1},\cdots,\boldsymbol{\alpha}_{n+1}$, 向量组 $B:\boldsymbol{\alpha}_1,\boldsymbol{\alpha}_2,\cdots,\boldsymbol{\alpha}_n$. 由已知条件可知 A 能被 B 线性表示. 反之，B 中的 $n-1$ 个与 A 中相同的向量 $\boldsymbol{\alpha}_1,\cdots,\boldsymbol{\alpha}_{i-1},\boldsymbol{\alpha}_{i+1},\cdots,\boldsymbol{\alpha}_n$ 显然能由 A 线性表示，而另一个向量 $\boldsymbol{\alpha}_i$ 也能被 A 中相同的向量表示为

$$\boldsymbol{\alpha}_i=\frac{1}{k_i}(\boldsymbol{\alpha}_{n+1}-k_1\boldsymbol{\alpha}_1-\cdots-k_{i-1}\boldsymbol{\alpha}_{i-1}-k_{i+1}\boldsymbol{\alpha}_{i+1}-\cdots-k_n\boldsymbol{\alpha}_n).$$

从而 B 也能被 A 线性表示. 故 A 与 B 是等价向量组，由定理 2.7.12 知它们有相同的秩. 于是 $\mathrm{r}(\boldsymbol{A})=\mathrm{r}(\boldsymbol{B})=n$, 所以向量组 A 线性无关，上述结论对任一 $i\ (1\leqslant i\leqslant n+1)$ 均成立. 这就得到所需结论. □

例中的方法一是利用线性相关性的定义，方法二是利用矩阵的秩与向量组线性无关的关系，方法三是利用等价向量组有相同秩的结论，再由向量组的线性无关与秩的关系而导出结论. 下面还要讨论向量组的秩与矩阵的秩之间的关系.

矩阵 $\boldsymbol{A}=(a_{ij})_{m\times n}$ 的行向量组 $\boldsymbol{\alpha}_1,\boldsymbol{\alpha}_2,\cdots,\boldsymbol{\alpha}_m$ 的秩称为矩阵 $\boldsymbol{A}$ 的**行秩**；$\boldsymbol{A}$ 的列向量组 $\boldsymbol{\beta}_1,\boldsymbol{\beta}_2,\cdots,\boldsymbol{\beta}_n$ 的秩称为矩阵 $\boldsymbol{A}$ 的**列秩**.

例如, 对于矩阵

$$A=\begin{pmatrix}1&2&3&4\\0&1&-1&0\\0&0&0&0\end{pmatrix},$$

$\boldsymbol{A}$ 的行向量组为 $\boldsymbol{\alpha}_1=(1,2,3,4)$, $\boldsymbol{\alpha}_2=(0,1,-1,0)$, $\boldsymbol{\alpha}_3=(0,0,0,0)$, 其行秩显然为 2. 这是由于部分组 $\boldsymbol{\alpha}_1$, $\boldsymbol{\alpha}_2$ 为 $\boldsymbol{A}$ 的行向量的唯一一个极大线性无关组.

$\boldsymbol{A}$ 的列向量组为 $\boldsymbol{\beta}_1=(1,0,0)^{\mathrm{T}},\boldsymbol{\beta}_2=(2,1,0)^{\mathrm{T}},\boldsymbol{\beta}_3=(3,-1,0)^{\mathrm{T}},\boldsymbol{\beta}_4=(4,0,0)^{\mathrm{T}}$, 可以验证部分组 $\boldsymbol{\beta}_1,\boldsymbol{\beta}_2$ 为列向量组的一个极大无关组, 所以 $\boldsymbol{A}$ 的列向量组的秩也为 2. 矩阵 $\boldsymbol{A}$ 的秩显然也是 2. 从这个例子我们可以看到, 矩阵 $\boldsymbol{A}$ 的行秩、列秩和矩阵 $\boldsymbol{A}$ 的秩都相等. 这一现象并不是特例，而是对任意一个矩阵都成立的结论.

定理 2.7.13　任一矩阵的秩与其列秩、行秩均相等.

证明　设 $\boldsymbol{A}=(\boldsymbol{\alpha}_1\ \boldsymbol{\alpha}_2\ \cdots\ \boldsymbol{\alpha}_m)$, $\mathrm{r}(\boldsymbol{A})=r$, 并设 r 阶子式 $D_r\neq 0$, 根据定理 2.7.3, 由 $D_r\neq 0$ 知 D_r 所在的 r 个列向量线性无关, 又由 $\boldsymbol{A}$ 中所有 $r+1$ 阶子式全为零, 知 $\boldsymbol{A}$ 中任意 $r+1$ 个列向量都线性相关. 因此 D_r 所在的 r 个列向量是 $\boldsymbol{A}$ 的列向量组的一个极大无关组，所以列向量组的秩等于 r.

类似可证矩阵 $\boldsymbol{A}$ 的行向量组的秩等于 r. □

注　设向量组 $A:\boldsymbol{\alpha}_1,\boldsymbol{\alpha}_2,\cdots,\boldsymbol{\alpha}_m$ 构成的矩阵 $\boldsymbol{A}=(\boldsymbol{\alpha}_1\ \boldsymbol{\alpha}_2\ \cdots\ \boldsymbol{\alpha}_m)$, 根据向量组的秩的定义及定理 2.7.13, 有

$$\mathrm{r}\{\boldsymbol{\alpha}_1,\boldsymbol{\alpha}_2,\cdots,\boldsymbol{\alpha}_m\}=\mathrm{r}(\boldsymbol{A}).$$

因此 $\mathrm{r}\{\boldsymbol{\alpha}_1,\boldsymbol{\alpha}_2,\cdots,\boldsymbol{\alpha}_m\}$ 既可理解为矩阵的秩, 也可理解为该矩阵的行向量组或列向量组的秩.

易知 n 维向量空间 $\mathbf{R}^n$ 的基本向量组 $E:\boldsymbol{e}_1,\boldsymbol{e}_2,\cdots,\boldsymbol{e}_n$ 是一个极大无关组, 其秩为 n.

作为本章结尾，我们给出关于矩阵和、矩阵乘积的秩的几个重要结果.

定理 2.7.14　(1) $\mathrm{r}(\boldsymbol{A}+\boldsymbol{B})\leqslant\mathrm{r}(\boldsymbol{A})+\mathrm{r}(\boldsymbol{B})$;

(2) $\mathrm{r}(\boldsymbol{AB})\leqslant\min\{\mathrm{r}(\boldsymbol{A}),\mathrm{r}(\boldsymbol{B})\}$;

(3) 若 $\boldsymbol{A},\boldsymbol{B}$ 均为 n 阶方阵, 则 $\mathrm{r}(\boldsymbol{AB})\geqslant\mathrm{r}(\boldsymbol{A})+\mathrm{r}(\boldsymbol{B})-n$.

证明　(1) 作矩阵 $(\boldsymbol{A}+\boldsymbol{B}\ \boldsymbol{B})$, 应用初等列变换可得 $(\boldsymbol{A}+\boldsymbol{B}\ \boldsymbol{B})\xrightarrow{c}(\boldsymbol{A}\ \boldsymbol{B})$, 于是有

$$\mathrm{r}(\boldsymbol{A}+\boldsymbol{B})\leqslant\mathrm{r}(\boldsymbol{A}+\boldsymbol{B}\ \boldsymbol{B})=\mathrm{r}(\boldsymbol{A}\ \boldsymbol{B})\leqslant\mathrm{r}(\boldsymbol{A})+\mathrm{r}(\boldsymbol{B}).$$

(2) 设 $\mathrm{r}(\boldsymbol{A})=r_1$, $\mathrm{r}(\boldsymbol{B})=r_2$, 又设 $\boldsymbol{A}$ 的行梯形矩阵为 $\boldsymbol{A}_0$, $\boldsymbol{B}$ 的列梯形矩阵为 $\boldsymbol{B}_0$, 则存在可逆矩阵 $\boldsymbol{P}$ 和 $\boldsymbol{Q}$ 使 $\boldsymbol{A}=\boldsymbol{P}\boldsymbol{A}_0,\boldsymbol{B}=\boldsymbol{B}_0\boldsymbol{Q}$, 因为 $\boldsymbol{AB}=\boldsymbol{P}\boldsymbol{A}_0\boldsymbol{B}_0\boldsymbol{Q}$, 所以 $\mathrm{r}(\boldsymbol{AB})=\mathrm{r}(\boldsymbol{A}_0\boldsymbol{B}_0)$. 由于 $\boldsymbol{A}_0$ 只有 r_1 个非零行, $\boldsymbol{B}_0$ 只有 r_2 个非零列, 所以 $\boldsymbol{A}_0\boldsymbol{B}_0$ 至多有 r_1 个非零行和 r_2 个非零列，故

$$\mathrm{r}(\boldsymbol{A}_0\boldsymbol{B}_0)\leqslant\min\{r_1,r_2\}=\min\{\mathrm{r}(\boldsymbol{A}),\mathrm{r}(\boldsymbol{B})\}.$$

即得

$$\mathrm{r}(\boldsymbol{AB})\leqslant\min\{\mathrm{r}(\boldsymbol{A}),\mathrm{r}(\boldsymbol{B})\}.$$

(3) 应用初等行变换可得 $\begin{pmatrix} \boldsymbol{B} & \boldsymbol{E} \\ \boldsymbol{O} & \boldsymbol{A} \end{pmatrix} \xrightarrow{r} \begin{pmatrix} \boldsymbol{B} & \boldsymbol{E} \\ -\boldsymbol{AB} & \boldsymbol{O} \end{pmatrix}$, 于是有

$$\begin{aligned} \mathrm{r}(\boldsymbol{A})+\mathrm{r}(\boldsymbol{B}) &= \mathrm{r}\begin{pmatrix} \boldsymbol{B} & \boldsymbol{O} \\ \boldsymbol{O} & \boldsymbol{A} \end{pmatrix} \leqslant \mathrm{r}\begin{pmatrix} \boldsymbol{B} & \boldsymbol{E} \\ \boldsymbol{O} & \boldsymbol{A} \end{pmatrix} \\ &= \mathrm{r}\begin{pmatrix} \boldsymbol{B} & \boldsymbol{E} \\ -\boldsymbol{AB} & \boldsymbol{O} \end{pmatrix} \leqslant \mathrm{r}(\boldsymbol{AB})+n. \end{aligned}$$

□

对于上述结果中的不等式 (1) 与 (2)，还可以应用向量的线性表示而不用矩阵的初等变换给予证明，演算如下：

(1) 设 $\boldsymbol{A},\boldsymbol{B}$ 均是 $m\times n$ 矩阵, $\mathrm{r}(\boldsymbol{A})=r_1$, $\mathrm{r}(\boldsymbol{B})=r_2$, 将 $\boldsymbol{A},\boldsymbol{B}$ 按列分块为

$$\boldsymbol{A}=(\boldsymbol{\alpha}_1\ \boldsymbol{\alpha}_2\ \cdots\ \boldsymbol{\alpha}_n), \qquad \boldsymbol{B}=(\boldsymbol{\beta}_1\ \boldsymbol{\beta}_2\ \cdots\ \boldsymbol{\beta}_n).$$

于是

$$\boldsymbol{A}+\boldsymbol{B}=(\boldsymbol{\alpha}_1+\boldsymbol{\beta}_1,\boldsymbol{\alpha}_2+\boldsymbol{\beta}_2,\cdots,\boldsymbol{\alpha}_n+\boldsymbol{\beta}_n).$$

不妨设 $\boldsymbol{A}$ 和 $\boldsymbol{B}$ 的列向量组的极大无关组分别是 $\boldsymbol{\alpha}_1,\boldsymbol{\alpha}_2,\cdots,\boldsymbol{\alpha}_{r_1}$ 和 $\boldsymbol{\beta}_1,\boldsymbol{\beta}_2,\cdots,\boldsymbol{\beta}_{r_2}$, 则 $\boldsymbol{A}+\boldsymbol{B}$ 的列向量组可以由向量组 $\boldsymbol{\alpha}_1,\boldsymbol{\alpha}_2,\cdots,\boldsymbol{\alpha}_{r_1}$, $\boldsymbol{\beta}_1,\boldsymbol{\beta}_2,\cdots,\boldsymbol{\beta}_{r_2}$ 线性表示, 从而 $\boldsymbol{A}+\boldsymbol{B}$ 的列向量组的极大无关组可以由向量组 $\boldsymbol{\alpha}_1,\boldsymbol{\alpha}_2,\cdots,\boldsymbol{\alpha}_{r_1}$, $\boldsymbol{\beta}_1,\boldsymbol{\beta}_2,\cdots,\boldsymbol{\beta}_{r_2}$ 的极大无关组线性表示, 于是应用定理 2.7.13 与定理 2.7.12 可得

$$\begin{aligned} \mathrm{r}(\boldsymbol{A}+\boldsymbol{B}) &= \mathrm{r}\{\boldsymbol{\alpha}_1+\boldsymbol{\beta}_1,\boldsymbol{\alpha}_2+\boldsymbol{\beta}_2,\cdots,\boldsymbol{\alpha}_n+\boldsymbol{\beta}_n\} \\ &\leqslant \mathrm{r}\{\boldsymbol{\alpha}_1,\cdots,\boldsymbol{\alpha}_{r_1},\boldsymbol{\beta}_1,\boldsymbol{\beta}_2,\cdots,\boldsymbol{\beta}_{r_2}\} \\ &= \mathrm{r}(\boldsymbol{\alpha}_1\ \cdots\ \boldsymbol{\alpha}_{r_1}\ \boldsymbol{\beta}_1\ \boldsymbol{\beta}_2\ \cdots\ \boldsymbol{\beta}_{r_2}) \leqslant r_1+r_2=\mathrm{r}(\boldsymbol{A})+\mathrm{r}(\boldsymbol{B}). \end{aligned}$$

(2) 设 $\boldsymbol{A},\boldsymbol{B}$ 分别是 $m\times n, n\times s$ 矩阵. 将 $\boldsymbol{A}$ 按列分块, 则

$$\boldsymbol{AB}=(\boldsymbol{\alpha}_1\ \boldsymbol{\alpha}_2\ \cdots\ \boldsymbol{\alpha}_n)\begin{pmatrix} b_{11} & b_{12} & \cdots & b_{1s} \\ b_{21} & b_{22} & \cdots & b_{2s} \\ \vdots & \vdots & & \vdots \\ b_{n1} & b_{n2} & \cdots & b_{ns} \end{pmatrix}.$$

所以, $\boldsymbol{AB}$ 的列向量组可由 $\boldsymbol{A}$ 的列向量组 $\boldsymbol{\alpha}_1,\boldsymbol{\alpha}_2,\cdots,\boldsymbol{\alpha}_n$ 线性表示. 从而 $\mathrm{r}(\boldsymbol{AB})=(\boldsymbol{AB})$ 的列秩 $\leqslant \mathrm{r}(\boldsymbol{\alpha}_1\ \boldsymbol{\alpha}_2\ \cdots\ \boldsymbol{\alpha}_n)=\mathrm{r}(\boldsymbol{A})$. 类似地, 将 $\boldsymbol{B}$ 按行分块, 可得 $\mathrm{r}(\boldsymbol{AB})\leqslant \mathrm{r}(\boldsymbol{B})$.

综合上述证得 $\mathrm{r}(\boldsymbol{AB})\leqslant \min\{\mathrm{r}(\boldsymbol{A}),\mathrm{r}(\boldsymbol{B})\}$. □

习　题　二

1. 设 $\boldsymbol{A}=\begin{pmatrix} 1 & 2 & 1 \\ 2 & 1 & 2 \end{pmatrix}$, $\boldsymbol{B}=\begin{pmatrix} 4 & 3 & 2 \\ -2 & 1 & -2 \end{pmatrix}$,

(1) 求 $3\boldsymbol{A}-\boldsymbol{B}, \boldsymbol{A}\boldsymbol{B}^{\mathrm{T}}, \boldsymbol{A}^{\mathrm{T}}\boldsymbol{A}$;

(2) 若 $\boldsymbol{X}$ 满足 $\boldsymbol{A}^{\mathrm{T}}+\boldsymbol{X}^{\mathrm{T}}=\boldsymbol{B}^{\mathrm{T}}$, 求 $\boldsymbol{X}$.

2. 计算下列矩阵的乘积:

(1) $\begin{pmatrix} 4 & 3 & 1 \\ 1 & -2 & 3 \\ 5 & 7 & 0 \end{pmatrix}\begin{pmatrix} 7 \\ 2 \\ 1 \end{pmatrix}$;　　(2) $\begin{pmatrix} 1 & 2 & 3 \\ -2 & 1 & 2 \end{pmatrix}\begin{pmatrix} 1 & 2 & 0 \\ 0 & 1 & 1 \\ 3 & 0 & -1 \end{pmatrix}$;

(3) $(1\ 2\ 3)\begin{pmatrix} 3 \\ 1 \\ 2 \end{pmatrix}$;　　(4) $\begin{pmatrix} 2 \\ 1 \\ 3 \end{pmatrix}(-1\ 2)$;

(5) $\begin{pmatrix} b_1 & & & \\ & b_2 & & \\ & & \ddots & \\ & & & b_m \end{pmatrix}\begin{pmatrix} a_{11} & a_{12} & \cdots & a_{1n} \\ a_{21} & a_{22} & \cdots & a_{2n} \\ \vdots & \vdots & & \vdots \\ a_{m1} & a_{m2} & \cdots & a_{mn} \end{pmatrix}$;

(6) $(x_1\ x_2\ x_3)\begin{pmatrix} a_{11} & a_{12} & a_{13} \\ a_{12} & a_{22} & a_{23} \\ a_{13} & a_{23} & a_{33} \end{pmatrix}\begin{pmatrix} x_1 \\ x_2 \\ x_3 \end{pmatrix}$.

3. 设 $\boldsymbol{A}=(1\ 2\ 3)$, $\boldsymbol{B}=\begin{pmatrix} -1 \\ 1 \\ 0 \end{pmatrix}$,

(1) 求 $\boldsymbol{AB}$ 和 $\boldsymbol{BA}$;

(2) 设 $\boldsymbol{C}=\boldsymbol{BA}$, 求 $\boldsymbol{C}^n$ (n 为正整数).

4. 已知 $\boldsymbol{A}=\begin{pmatrix} 1 & 0 & 0 \\ 0 & 1 & 0 \end{pmatrix}$, $\boldsymbol{B}=\begin{pmatrix} 1 & 0 \\ 0 & 1 \\ 0 & 0 \end{pmatrix}$, $\boldsymbol{C}=\begin{pmatrix} 1 & 0 \\ 0 & 1 \\ 1 & 0 \end{pmatrix}$,

(1) 求 $\boldsymbol{AB}, \boldsymbol{BA}, \boldsymbol{AC}$, 问 $\boldsymbol{AB}=\boldsymbol{BA}, \boldsymbol{AB}=\boldsymbol{AC}$ 是否成立?

(2) 计算 $\boldsymbol{B}^{\mathrm{T}}\boldsymbol{A}^{\mathrm{T}}$, 以此验证 $\boldsymbol{B}^{\mathrm{T}}\boldsymbol{A}^{\mathrm{T}}=(\boldsymbol{AB})^{\mathrm{T}}$.

5. 举例说明下列命题是错误的:

(1) 若 $\boldsymbol{A}^2=\boldsymbol{A}$, 则 $\boldsymbol{A}=\boldsymbol{E}$ 或 $\boldsymbol{A}=\boldsymbol{O}$;

(2) 若 $\boldsymbol{AX}=\boldsymbol{AY}$, 则 $\boldsymbol{X}=\boldsymbol{Y}$.

6. 设 $\boldsymbol{A}=\begin{pmatrix} 1 & 1 & 0 \\ 0 & 1 & 1 \\ 0 & 0 & 1 \end{pmatrix}$, $\boldsymbol{B}=\begin{pmatrix} 1 \\ 2 \\ 3 \end{pmatrix}(-3\ 2\ 1)$, 计算 $\boldsymbol{A}^n$, $\boldsymbol{B}^n$ ($n\in\mathbf{N}$).

7. 设矩阵 $\boldsymbol{A}_{4\times 4}=(\boldsymbol{\alpha}_1\ \boldsymbol{\alpha}_2\ \boldsymbol{\alpha}_3\ \boldsymbol{\alpha}_4)$, $\boldsymbol{B}_{4\times 4}=(\boldsymbol{\alpha}_3\ \boldsymbol{\alpha}_2\ \boldsymbol{\alpha}_4\ \boldsymbol{\alpha}_1)$, 其中 $\boldsymbol{\alpha}_1, \boldsymbol{\alpha}_2, \boldsymbol{\alpha}_3, \boldsymbol{\alpha}_4$ 均为 4 维列向量, 且已知行列式 $|\boldsymbol{A}|=2$, 求行列式 $|\boldsymbol{A}+\boldsymbol{B}|$.

8. 已知实矩阵 $\boldsymbol{A}=(a_{ij})_{3\times 3}$ 满足条件: (1) $a_{ij}=\boldsymbol{A}_{ij}$, $\boldsymbol{A}_{ij}$ 是 a_{ij} 代数余子式 $(i,j=$

1, 2, 3); (2) $a_{11} \neq 0$. 计算行列式 $|\boldsymbol{A}|$.

9. 设多项式 $f(x) = 3x^2 - 2x + 5$, 矩阵 $\boldsymbol{A} = \begin{pmatrix} 1 & -2 & 3 \\ 2 & -4 & 1 \\ 3 & -5 & 2 \end{pmatrix}$, 求 $f(\boldsymbol{A})$.

10. 设 $\boldsymbol{A}, \boldsymbol{B}$ 为同阶方阵, 试问关系式:

(1) $(\boldsymbol{A}+\boldsymbol{B})^2 = \boldsymbol{A}^2 + 2\boldsymbol{AB} + \boldsymbol{B}^2$;

(2) $(\boldsymbol{A}+\boldsymbol{B})(\boldsymbol{A}-\boldsymbol{B}) = \boldsymbol{A}^2 - \boldsymbol{B}^2$

是否成立? 何时成立?

11. 若矩阵 $\boldsymbol{A}, \boldsymbol{B}$ 满足条件 $\boldsymbol{AB} = \boldsymbol{BA}$, 则称 $\boldsymbol{A}$ 与 $\boldsymbol{B}$ 可交换. 证明:

(1) 如果 $\boldsymbol{B}_1, \boldsymbol{B}_2$ 都与 $\boldsymbol{A}$ 可交换, 那么 $\boldsymbol{B}_1 + \boldsymbol{B}_2$, $\boldsymbol{B}_1\boldsymbol{B}_2$ 也与 $\boldsymbol{A}$ 可交换;

(2) 如果 $\boldsymbol{B}$ 与 $\boldsymbol{A}$ 可交换, 那么 $\boldsymbol{B}$ 的 $k(k > 0)$ 次幂 $\boldsymbol{B}^k$ 也与 $\boldsymbol{A}$ 可交换.

12. 求所有与矩阵 $\boldsymbol{A} = \begin{pmatrix} 1 & 0 & 0 \\ 0 & 1 & 2 \\ 0 & 1 & -2 \end{pmatrix}$ 可交换的三阶矩阵.

13. 设 $\boldsymbol{A}, \boldsymbol{B}$ 分别是 n 阶对称阵和 n 阶反对称阵, 证明:

(1) $\boldsymbol{AB} - \boldsymbol{BA}$ 是对称矩阵, $\boldsymbol{AB} + \boldsymbol{BA}$ 是反对称矩阵;

(2) $\boldsymbol{AB}$ 是反对称矩阵的充分必要条件是 $\boldsymbol{AB} = \boldsymbol{BA}$.

14. 利用分块的方法, 求下列矩阵的乘积:

(1) $\begin{pmatrix} 1 & -2 & 0 \\ 0 & 1 & 1 \\ 1 & 0 & 2 \end{pmatrix}\begin{pmatrix} 0 & 1 \\ 1 & 0 \\ 0 & 1 \end{pmatrix}$; (2) $\begin{pmatrix} a & 0 & 0 & 0 \\ 0 & a & 0 & 0 \\ 1 & 0 & b & 0 \\ 0 & 1 & 0 & b \end{pmatrix}\begin{pmatrix} 1 & 0 & c & 0 \\ 0 & 1 & 0 & c \\ 0 & 0 & d & 0 \\ 0 & 0 & 0 & d \end{pmatrix}$.

15. 设矩阵 $\boldsymbol{A} = \begin{pmatrix} 2 & 1 \\ -1 & 2 \end{pmatrix}$, $\boldsymbol{E}$ 为 2 阶单位矩阵, 矩阵 $\boldsymbol{B}$ 满足 $\boldsymbol{BA} = \boldsymbol{B} + 2\boldsymbol{E}$, 求 $|\boldsymbol{B}|$.

16. 设 $\boldsymbol{A}$ 为 n 阶矩阵, 满足 $\boldsymbol{AA}^{\mathrm{T}} = \boldsymbol{E}$, $|\boldsymbol{A}| < 0$, 求 $|\boldsymbol{A} + \boldsymbol{E}|$.

17. 将矩阵 $\boldsymbol{A} = \begin{pmatrix} 1 & -1 & 2 \\ 3 & 2 & 1 \\ 1 & -2 & 0 \end{pmatrix}$, $\boldsymbol{B} = \begin{pmatrix} 1 & -1 & 2 \\ 3 & -3 & 1 \end{pmatrix}$ 化为标准形.

18. 设 $\boldsymbol{A} = \begin{pmatrix} 2 & -1 & 3 & 1 \\ 4 & 2 & 5 & 4 \\ 2 & 0 & 2 & 6 \end{pmatrix}$, 用行初等变换将 $\boldsymbol{A}$ 化为行简化梯形矩阵 $\boldsymbol{B}$.

19. 用初等变换把矩阵 $\boldsymbol{A} = \begin{pmatrix} 0 & 1 & 7 & 8 \\ 1 & 3 & 3 & 8 \\ -2 & -5 & 1 & -8 \end{pmatrix}$ 化为行简化梯形矩阵 $\boldsymbol{B}$, 并求初等矩阵 $\boldsymbol{P}_1, \boldsymbol{P}_2, \boldsymbol{P}_3, \boldsymbol{P}_4$ 使 $\boldsymbol{B} = \boldsymbol{P}_4\boldsymbol{P}_3\boldsymbol{P}_2\boldsymbol{P}_1\boldsymbol{A}$.

20. 设 $\boldsymbol{A}=\begin{pmatrix}-5 & 3 & 1\\ 2 & -1 & 1\end{pmatrix}$.

(1) 求可逆矩阵 $\boldsymbol{P}$, 使 $\boldsymbol{PA}$ 为行简化梯形矩阵;

(2) 求一个可逆矩阵 $\boldsymbol{Q}$, 使 $\boldsymbol{QA}^{\mathrm{T}}$ 为行简化梯形矩阵.

21. 求下列矩阵的秩:

$$\boldsymbol{A}=\begin{pmatrix}1 & 0 & 0 & 1 & 4\\ 0 & 1 & 0 & 2 & 5\\ 0 & 0 & 1 & 3 & 6\\ 1 & 2 & 3 & 14 & 32\end{pmatrix},\ \boldsymbol{B}=\begin{pmatrix}1 & 0 & 1 & 1\\ 0 & 1 & 1 & -1\\ 2 & 1 & 3 & 1\\ a & b & a+b & a-b\\ c & d & c+d & c-d\end{pmatrix},\ \boldsymbol{C}=\begin{pmatrix}x & y & y & y\\ y & x & y & y\\ y & y & x & y\\ y & y & y & x\end{pmatrix}.$$

22. 试问下列矩阵是否可逆? 如果可逆, 求出其逆矩阵:

$$\boldsymbol{A}=\begin{pmatrix}a & b\\ c & d\end{pmatrix},\ \boldsymbol{B}=\begin{pmatrix}1 & 1 & 2\\ 3 & -2 & -4\\ -1 & 0 & 0\end{pmatrix},\ \boldsymbol{C}=\begin{pmatrix}a_1 & & \\ & \ddots & \\ & & a_n\end{pmatrix}\ (a_i\in\mathbf{R}).$$

23. 已知矩阵 $\begin{pmatrix}1 & 0 & 0\\ 0 & \frac{1}{2} & 0\\ -1 & 0 & 1\end{pmatrix}$ 是 $\begin{pmatrix}x & 0 & 0\\ 0 & 2 & 0\\ y & 0 & 1\end{pmatrix}$ 的逆矩阵, 求实数 x 和 y.

24. 设 $\boldsymbol{A}=\begin{pmatrix}1 & 2 & 2\\ 2 & -2 & 1\\ -2 & -1 & 2\end{pmatrix}$, 试计算 $\boldsymbol{A}^{\mathrm{T}}\boldsymbol{A}$, 由此给出 $\boldsymbol{A}$ 的逆矩阵 $\boldsymbol{A}^{-1}$.

25. 设 $\boldsymbol{A}$ 为 n 阶方阵且满足 $\boldsymbol{A}^2+\boldsymbol{A}-6\boldsymbol{E}=\boldsymbol{O}$, 求

(1) $\boldsymbol{A}^{-1},(\boldsymbol{A}+\boldsymbol{E})^{-1}$;

(2) $(\boldsymbol{A}+4\boldsymbol{E})^{-1}$.

26. 设矩阵 $\boldsymbol{A}$ 与 $\boldsymbol{B}$ 满足 $\boldsymbol{AB}=\boldsymbol{A}+2\boldsymbol{B}$, 其中 $\boldsymbol{A}=\begin{pmatrix}4 & 2 & 3\\ 1 & 1 & 0\\ -1 & 2 & 3\end{pmatrix}$, 求矩阵 $\boldsymbol{B}$.

27. 设矩阵 $\boldsymbol{A},\boldsymbol{B}$ 满足 $\boldsymbol{A}^*\boldsymbol{BA}=2\boldsymbol{BA}-8\boldsymbol{E}$, 其中 $\boldsymbol{A}=\begin{pmatrix}1 & 0 & 0\\ 0 & -2 & 0\\ 0 & 0 & 1\end{pmatrix}$, 求矩阵 $\boldsymbol{B}$.

28. 设 n 阶矩阵 $\boldsymbol{A}$ 与 $\boldsymbol{B}$ 满足 $\boldsymbol{A}+\boldsymbol{B}=\boldsymbol{AB}$:

(1) 证明 $\boldsymbol{A}-\boldsymbol{E}$ 为可逆矩阵;

(2) 已知 $\boldsymbol{B}=\begin{pmatrix}1 & -3 & 0\\ 2 & 1 & 0\\ 0 & 0 & 2\end{pmatrix}$, 求矩阵 $\boldsymbol{A}$.

29. 设矩阵 $\boldsymbol{A}=\begin{pmatrix}1&0&0\\-1&2&0\\1&4&3\end{pmatrix}$, 求 $\boldsymbol{A}^{-1}$, $(\boldsymbol{A}^*)^{-1}$, $|(4\boldsymbol{E}-\boldsymbol{A})^{\mathrm{T}}(4\boldsymbol{E}-\boldsymbol{A})|$.

30. 设矩阵 $\boldsymbol{A}$与 $\boldsymbol{B}$ 均为可逆阵, 试给出 $\boldsymbol{X}=\begin{pmatrix}\boldsymbol{A}&\boldsymbol{O}\\\boldsymbol{O}&\boldsymbol{B}\end{pmatrix}$, $\boldsymbol{Y}=\begin{pmatrix}\boldsymbol{O}&\boldsymbol{A}\\\boldsymbol{B}&\boldsymbol{O}\end{pmatrix}$, $\boldsymbol{Z}=\begin{pmatrix}\boldsymbol{O}&\boldsymbol{A}\\\boldsymbol{B}&\boldsymbol{C}\end{pmatrix}$ 的逆阵, 其中 $\boldsymbol{C}$ 为任意矩阵. 由此求矩阵 $\boldsymbol{G}=\begin{pmatrix}1&3&0&0\\0&2&0&0\\0&0&-1&3\\0&0&2&0\end{pmatrix}$ 的逆矩阵.

31. 试利用矩阵的初等变换, 求下列方阵的逆阵:

(1) $\begin{pmatrix}3&2&1\\3&1&5\\3&2&3\end{pmatrix}$; (2) $\begin{pmatrix}3&-2&0&-1\\0&2&2&1\\1&-2&-3&-2\\0&1&2&1\end{pmatrix}$.

32. (1) 设 $\boldsymbol{A}=\begin{pmatrix}4&1&-2\\2&2&1\\3&1&-1\end{pmatrix}$, $\boldsymbol{B}=\begin{pmatrix}1&-3\\2&2\\3&-1\end{pmatrix}$, 求 $\boldsymbol{X}$ 使 $\boldsymbol{AX}=\boldsymbol{B}$;

(2) 设 $\boldsymbol{A}=\begin{pmatrix}0&2&1\\2&-1&3\\-3&3&-4\end{pmatrix}$, $\boldsymbol{B}=\begin{pmatrix}1&2&3\\2&-3&1\end{pmatrix}$, 求 $\boldsymbol{X}$ 使 $\boldsymbol{XA}=\boldsymbol{B}$.

33. 设 $\boldsymbol{A}=\begin{pmatrix}1&-1&0\\0&1&-1\\-1&0&1\end{pmatrix}$, $\boldsymbol{AX}=2\boldsymbol{X}+\boldsymbol{A}$, 求 $\boldsymbol{X}$.

34. 已知 $\boldsymbol{ABA}=\boldsymbol{C}$, 其中 $\boldsymbol{A}=\begin{pmatrix}1&0&0\\1&1&3\\0&1&-1\end{pmatrix}$, $\boldsymbol{C}=\begin{pmatrix}1&0&1\\0&1&0\\0&0&1\end{pmatrix}$, 求 $\boldsymbol{B}^*$.

35. 设矩阵 $\boldsymbol{A}=(a_{ij})_{3\times3}$ 满足 $\boldsymbol{A}^*=\boldsymbol{A}^{\mathrm{T}}$, 若 a_{11},a_{12},a_{13} 为三个相等正数, 求 a_{11}.

36. 已知 $\boldsymbol{A}$ 的逆矩阵 $\boldsymbol{A}^{-1}=\begin{pmatrix}0&2&-1\\1&1&2\\-1&-1&-1\end{pmatrix}$, 试用初等变换法求 $\boldsymbol{A}^*$ 的逆矩阵.

37. 设 n 阶方阵 $\boldsymbol{A},\boldsymbol{B},\boldsymbol{A}+\boldsymbol{B}$ 均可逆. 证明 $\boldsymbol{A}^{-1}+\boldsymbol{B}^{-1}$ 也可逆, 并求其逆阵.

38. 设矩阵 $\boldsymbol{A}=\begin{pmatrix}\boldsymbol{B}\\\boldsymbol{C}\end{pmatrix}$, $\boldsymbol{B}$ 和 $\boldsymbol{C}$ 为同阶矩阵, $\boldsymbol{BC}^{\mathrm{T}}=\boldsymbol{O}$, 试用分块矩阵方法证明: $|\boldsymbol{AA}^{\mathrm{T}}|=|\boldsymbol{BB}^{\mathrm{T}}||\boldsymbol{CC}^{\mathrm{T}}|$.

39. 设 $\boldsymbol{A}$ 和 $\boldsymbol{B}$ 分别是 $m\times n$ 和 $n\times m$ 矩阵, 若 $\boldsymbol{AB}=\boldsymbol{E}_m$, $\boldsymbol{BA}=\boldsymbol{E}_n$, 求证 $m=n$ 且

$\boldsymbol{B}=\boldsymbol{A}^{-1}$.

40. 设 $\boldsymbol{A}=\boldsymbol{E}-\boldsymbol{\alpha}\boldsymbol{\alpha}^{\mathrm{T}}$, 其中 $\boldsymbol{E}$ 是 n 阶单位矩阵, $\boldsymbol{\alpha}$ 是 n 维非零列向量, 证明:

(1) $\boldsymbol{A}^2=\boldsymbol{A}$ 的充要条件是 $\boldsymbol{\alpha}^{\mathrm{T}}\boldsymbol{\alpha}=1$;

(2) 当 $\boldsymbol{\alpha}^{\mathrm{T}}\boldsymbol{\alpha}=1$ 时, $\boldsymbol{A}$ 是不可逆矩阵.

41. 设 $\boldsymbol{A}=\boldsymbol{E}-2\boldsymbol{\alpha}\boldsymbol{\alpha}^{\mathrm{T}}$, 其中 $\boldsymbol{E}$ 是 n 阶单位矩阵, $\boldsymbol{\alpha}$ 是 n 维非零列向量, 且 $\boldsymbol{\alpha}^{\mathrm{T}}\boldsymbol{\alpha}=1$. 证明:

(1) $\boldsymbol{A}$ 是对称矩阵;

(2) $\boldsymbol{A}$ 是幂幺阵 (即 $\boldsymbol{A}^2=\boldsymbol{E}$).

42. 设矩阵 $\boldsymbol{A}$ 可逆, 证明其伴随矩阵 $\boldsymbol{A}^*$ 也可逆, 且 $(\boldsymbol{A}^*)^{-1}=(\boldsymbol{A}^{-1})^*$.

43. 设 $\boldsymbol{A}$ 是 n 阶可逆矩阵，证明 $(\boldsymbol{A}^*)^*=|\boldsymbol{A}|^{n-2}\boldsymbol{A}$, 并求 $|(\boldsymbol{A}^*)^*|$.

44. 证明: $\mathrm{r}(\boldsymbol{A}_{m\times n})=r$ 充要条件是存在两个矩阵 $\boldsymbol{P}_{m\times r},\boldsymbol{Q}_{r\times n}$ 满足 $\boldsymbol{A}=\boldsymbol{P}\boldsymbol{Q}$, 其中 $\mathrm{r}(\boldsymbol{P}_{m\times r})=\mathrm{r}(\boldsymbol{Q}_{r\times n})=r$.

45. 设 $\boldsymbol{\beta}=(2,2,6)$, 用 $\boldsymbol{\alpha}_1=(1,2,3),\boldsymbol{\alpha}_2=(0,2,3),\boldsymbol{\alpha}_3=(0,0,3)$ 线性表示 $\boldsymbol{\beta}$.

46. 设 $\boldsymbol{\alpha}_1=(1,1,1),\boldsymbol{\alpha}_2=(1,2,3),\boldsymbol{\alpha}_3=(1,3,t)$.

(1) 问当 t 为何值时, 向量组 $\boldsymbol{\alpha}_1,\boldsymbol{\alpha}_2,\boldsymbol{\alpha}_3$ 线性无关?

(2) 问当 t 为何值时, 向量组 $\boldsymbol{\alpha}_1,\boldsymbol{\alpha}_2,\boldsymbol{\alpha}_3$ 线性相关?

(3) 当 $\boldsymbol{\alpha}_1,\boldsymbol{\alpha}_2,\boldsymbol{\alpha}_3$ 线性相关时, 将 $\boldsymbol{\alpha}_3$ 表示为 $\boldsymbol{\alpha}_1$ 和 $\boldsymbol{\alpha}_2$ 的线性组合.

47. 设 $\boldsymbol{\alpha}_1,\boldsymbol{\alpha}_2,\boldsymbol{\alpha}_3$ 线性无关, 若 $\boldsymbol{\beta}_1=p\boldsymbol{\alpha}_1+\boldsymbol{\alpha}_2+\boldsymbol{\alpha}_3$, $\boldsymbol{\beta}_2=\boldsymbol{\alpha}_1+t\boldsymbol{\alpha}_2+2t\boldsymbol{\alpha}_3$, $\boldsymbol{\beta}_3=\boldsymbol{\alpha}_1+\boldsymbol{\alpha}_2+\boldsymbol{\alpha}_3$, 问 p,t 为何值时, $\boldsymbol{\beta}_1,\boldsymbol{\beta}_2,\boldsymbol{\beta}_3$ 线性相关? 线性无关?

48. 证明 n 维列向量 $\boldsymbol{\alpha}_1,\boldsymbol{\alpha}_2,\cdots,\boldsymbol{\alpha}_n$ 线性无关的充分必要条件是

$$\boldsymbol{D}=\begin{vmatrix}\boldsymbol{\alpha}_1^{\mathrm{T}}\boldsymbol{\alpha}_1 & \boldsymbol{\alpha}_1^{\mathrm{T}}\boldsymbol{\alpha}_2 & \cdots & \boldsymbol{\alpha}_1^{\mathrm{T}}\boldsymbol{\alpha}_n\\ \boldsymbol{\alpha}_2^{\mathrm{T}}\boldsymbol{\alpha}_1 & \boldsymbol{\alpha}_2^{\mathrm{T}}\boldsymbol{\alpha}_2 & \cdots & \boldsymbol{\alpha}_2^{\mathrm{T}}\boldsymbol{\alpha}_n\\ \vdots & \vdots & & \vdots\\ \boldsymbol{\alpha}_n^{\mathrm{T}}\boldsymbol{\alpha}_1 & \boldsymbol{\alpha}_n^{\mathrm{T}}\boldsymbol{\alpha}_n & \cdots & \boldsymbol{\alpha}_n^{\mathrm{T}}\boldsymbol{\alpha}_n\end{vmatrix}\neq 0.$$

49. 设 $\boldsymbol{A}$ 是 $n\times m$ 矩阵, $\boldsymbol{B}$ 是 $m\times n$ 矩阵, 其中 $n<m,\boldsymbol{E}$ 是 n 阶单位矩阵, 若 $\boldsymbol{A}\boldsymbol{B}=\boldsymbol{E}$, 证明 $\boldsymbol{B}$ 的列向量线性无关.

50. 设 $\boldsymbol{\alpha}_1,\boldsymbol{\alpha}_2,\cdots,\boldsymbol{\alpha}_n$ 为 n 维的线性无关列向量, 证明: 任意 n 维列向量必可由 $\boldsymbol{\alpha}_1,\boldsymbol{\alpha}_2,\cdots,\boldsymbol{\alpha}_n$ 唯一地线性表示.

51. 设向量 $\boldsymbol{\alpha}_1,\boldsymbol{\alpha}_2,\cdots,\boldsymbol{\alpha}_s$ 线性无关, $\boldsymbol{\alpha}_1,\boldsymbol{\alpha}_2,\cdots,\boldsymbol{\alpha}_s,\boldsymbol{\beta},\boldsymbol{\gamma}$ 线性相关, 且 $\boldsymbol{\beta}$ 与 $\boldsymbol{\gamma}$ 都不能由 $\boldsymbol{\alpha}_1,\boldsymbol{\alpha}_2,\cdots,\boldsymbol{\alpha}_s$ 线性表示. 证明: $\boldsymbol{\alpha}_1,\boldsymbol{\alpha}_2,\cdots,\boldsymbol{\alpha}_s,\boldsymbol{\beta}$ 与 $\boldsymbol{\alpha}_1,\boldsymbol{\alpha}_2,\cdots,\boldsymbol{\alpha}_s,\boldsymbol{\gamma}$ 等价.

52. 已知 n 维向量组 $\boldsymbol{\alpha}_1,\boldsymbol{\alpha}_2,\cdots,\boldsymbol{\alpha}_s$ $(s\leqslant n)$ 线性无关, $\boldsymbol{\beta}$ 是任意 n 维向量, 证明: 向量组 $\boldsymbol{\beta},\boldsymbol{\alpha}_1,\cdots,\boldsymbol{\alpha}_s$ 中至多有一个向量能由其前面的向量线性表示.

53. 求下列向量组的秩和一个极大线性无关组:

(1) $\boldsymbol{\alpha}_1=(2,3)^{\mathrm{T}},\boldsymbol{\alpha}_2=(1,-1)^{\mathrm{T}},\boldsymbol{\alpha}_3=(0,4)^{\mathrm{T}}$;

(2) $\boldsymbol{\alpha}_1=(1,2,2),\boldsymbol{\alpha}_2=(2,0,1)^{\mathrm{T}},\boldsymbol{\alpha}_3=(1,1,1)^{\mathrm{T}}$;

(3) $\boldsymbol{\alpha}_1=(1,3,-1,2)^{\mathrm{T}},\boldsymbol{\alpha}_2=(3,5,-3,-1)^{\mathrm{T}},\boldsymbol{\alpha}_3=(5,7,-5,-4)^{\mathrm{T}},\ \boldsymbol{\alpha}_4=(2,2,-2,-3)^{\mathrm{T}}$.

54. 设向量组 $\boldsymbol{\alpha}_1=(1,1,2,3)^{\mathrm{T}},\boldsymbol{\alpha}_2=(1,-1,1,1)^{\mathrm{T}},\boldsymbol{\alpha}_3=(1,3,3,5)^{\mathrm{T}},\ \boldsymbol{\alpha}_4=(4,-2,5,6)^{\mathrm{T}}$, $\boldsymbol{\alpha}_5=(-3,-1,-5,-7)^{\mathrm{T}}$. 求该向量组的一个极大线性无关组, 并用以表示其余的向量.

55. 已知向量组 $\boldsymbol{\beta}_1=(0,1,-1)^{\mathrm{T}},\boldsymbol{\beta}_2=(a,2,1)^{\mathrm{T}},\boldsymbol{\beta}_3=(b,1,0)^{\mathrm{T}}$ 与向量组 $\boldsymbol{\alpha}_1=(1,2,-3)^{\mathrm{T}}$, $\boldsymbol{\alpha}_2=(3,0,1)^{\mathrm{T}},\boldsymbol{\alpha}_3=(9,6,-7)^{\mathrm{T}}$ 具有相同的秩, 且 $\boldsymbol{\beta}_3$ 可由 $\boldsymbol{\alpha}_1,\boldsymbol{\alpha}_2,\boldsymbol{\alpha}_3$ 线性表示. 求 a,b 的值.

56. 设有向量组 $A:\boldsymbol{\alpha}_1=(1,0,2)^{\mathrm{T}},\ \boldsymbol{\alpha}_2=(1,1,3)^{\mathrm{T}},\ \boldsymbol{\alpha}_3=(1,-1,a+2)^{\mathrm{T}}$ 和向量组 $B:\boldsymbol{\beta}_1=(1,2,a+3)^{\mathrm{T}},\ \boldsymbol{\beta}_2=(2,1,a+6)^{\mathrm{T}},\ \boldsymbol{\beta}_3=(2,1,a+4)^{\mathrm{T}}$, 试问:

(1) 当 a 为何值时, 向量组 $\boldsymbol{A}$ 与 $\boldsymbol{B}$ 等价?

(2) 当 a 为何值时, 向量组 $\boldsymbol{A}$ 与 $\boldsymbol{B}$ 不等价?

57. 设 $\boldsymbol{\beta}_1=\boldsymbol{\alpha}_1,\ \boldsymbol{\beta}_2=\boldsymbol{\alpha}_1+\boldsymbol{\alpha}_2,\ \cdots,\boldsymbol{\beta}_n=\boldsymbol{\alpha}_1+\boldsymbol{\alpha}_2+\cdots+\boldsymbol{\alpha}_n$, 证明: 向量组 $\boldsymbol{\beta}_1,\boldsymbol{\beta}_2,\cdots,\boldsymbol{\beta}_n$ 与向量组 $\boldsymbol{\alpha}_1,\boldsymbol{\alpha}_2,\cdots,\boldsymbol{\alpha}_n$ 有相同的秩.

58. 已知 $\boldsymbol{\alpha}_1,\boldsymbol{\alpha}_2,\cdots,\boldsymbol{\alpha}_r$ 与 $\boldsymbol{\alpha}_1,\boldsymbol{\alpha}_2,\cdots,\boldsymbol{\alpha}_r,\boldsymbol{\beta}$ 有相同的秩, 证明: 向量组 $\boldsymbol{\alpha}_1,\boldsymbol{\alpha}_2,\cdots,\boldsymbol{\alpha}_r$ 与向量组 $\boldsymbol{\alpha}_1,\boldsymbol{\alpha}_2,\cdots,\boldsymbol{\alpha}_r,\boldsymbol{\beta}$ 等价.

59. 设 $\boldsymbol{\alpha}_1,\boldsymbol{\alpha}_2,\cdots,\boldsymbol{\alpha}_s,\boldsymbol{\beta}_1,\boldsymbol{\beta}_2,\cdots,\boldsymbol{\beta}_t$ 为同维向量, 且 $\mathrm{r}\{\boldsymbol{\alpha}_1,\boldsymbol{\alpha}_2,\cdots,\boldsymbol{\alpha}_s\}=r_1$, $\mathrm{r}\{\boldsymbol{\beta}_1,\boldsymbol{\beta}_2,\cdots,\boldsymbol{\beta}_t\}=r_2$, $\mathrm{r}\{\boldsymbol{\alpha}_1,\boldsymbol{\alpha}_2,\cdots,\boldsymbol{\alpha}_s,\boldsymbol{\beta}_1,\boldsymbol{\beta}_2,\cdots,\boldsymbol{\beta}_t\}=r_3$, 证明: $\max\{r_1,r_2\}\leqslant r_3\leqslant r_1+r_2$.

60. 设向量组 A 与向量组 B 的秩相等, 且 A 组能由 B 组线性表示. 证明: A 组与 B 组等价.

61. 设 $\boldsymbol{A},\boldsymbol{B}$ 都是 $m\times n$ 阶矩阵, 证明 $\boldsymbol{A}$ 与 $\boldsymbol{B}$ 等价的充分必要条件是 $\mathrm{r}(\boldsymbol{A})=\mathrm{r}(\boldsymbol{B})$.

62. 设 $\boldsymbol{A}$ 为 $m\times n$ 矩阵, $\boldsymbol{B}$ 为 $n\times m$ 矩阵, 且 $m>n$, 证明: $\mathrm{r}(\boldsymbol{AB})<m$.

第 3 章　线性方程组解的结构

第 1 章的 1.2.4 节讨论了 n 元 n 个方程构成的线性方程组的解，我们知道由克莱姆法则 (定理 1.2.10) 可知线性方程组当系数行列式非零时有唯一解的结论，并给出了解的表达式. 但该法则具有很大的局限性：首先，若未知量的个数 n 与方程组中方程个数 m 不同时，该法则就不能适用；其次，n 元 n 个方程构成的方程组的系数行列式非零时，当 n 较大时，用行列式求解的计算量非常大，此时该法则很不实用. 我们在这一章将用求矩阵的秩时用过的初等变换法讨论由 n 元 m 个方程构成的更一般的方程组是否有解、解的结构和求解方法.

3.1　高斯消元法与矩阵的行变换

一般的线性方程组表示为

$$\begin{cases} a_{11}x_1 + a_{12}x_2 + \cdots + a_{1n}x_n = b_1, \\ a_{21}x_1 + a_{22}x_2 + \cdots + a_{2n}x_n = b_2, \\ \cdots\cdots \\ a_{m1}x_1 + a_{m2}x_2 + \cdots + a_{mn}x_n = b_m. \end{cases} \tag{3.1}$$

由第 2 章矩阵和向量的知识，线性方程组 (3.1) 也可表示成

$$x_1\boldsymbol{\alpha}_1 + x_2\boldsymbol{\alpha}_2 + \cdots + x_n\boldsymbol{\alpha}_n = \boldsymbol{b}, \tag{3.2}$$

其中向量

$$\boldsymbol{\alpha}_1 = \begin{pmatrix} a_{11} \\ a_{21} \\ \vdots \\ a_{m1} \end{pmatrix}, \quad \boldsymbol{\alpha}_2 = \begin{pmatrix} a_{12} \\ a_{22} \\ \vdots \\ a_{m2} \end{pmatrix}, \quad \cdots, \quad \boldsymbol{\alpha}_n = \begin{pmatrix} a_{1n} \\ a_{2n} \\ \vdots \\ a_{mn} \end{pmatrix}, \quad \boldsymbol{b} = \begin{pmatrix} b_1 \\ b_2 \\ \vdots \\ b_m \end{pmatrix}, \tag{3.3}$$

求解方程组 (3.1) 即为求解式 (3.2)，也就是求 $\boldsymbol{b}$ 表示为 $\boldsymbol{\alpha}_1, \cdots, \boldsymbol{\alpha}_n$ 的线性组合.

线性方程组 (3.1) 还可表示成矩阵的形式

$$\boldsymbol{A}\boldsymbol{x} = \boldsymbol{b}, \tag{3.4}$$

其中

$$\boldsymbol{A} = \begin{pmatrix} a_{11} & a_{12} & \cdots & a_{1n} \\ a_{21} & a_{22} & \cdots & a_{2n} \\ \vdots & \vdots & & \vdots \\ a_{m1} & a_{m2} & \cdots & a_{mn} \end{pmatrix}, \quad \boldsymbol{x} = \begin{pmatrix} x_1 \\ x_2 \\ \vdots \\ x_n \end{pmatrix}, \quad \boldsymbol{b} = \begin{pmatrix} b_1 \\ b_2 \\ \vdots \\ b_m \end{pmatrix}.$$

称 $\boldsymbol{A}$ 为方程组 (3.1) 的**系数矩阵**, $\boldsymbol{x}$ 为**未知向量**, $\boldsymbol{b}$ 为**右端向量**. 使方程组 (3.4) 成立的已知向量称为该方程组的**解向量**. 将系数矩阵与右端向量合在一起构成的矩阵 $\boldsymbol{B}=(\boldsymbol{A}\quad \boldsymbol{b})$, 称为该方程组的**增广矩阵**，也可用增广矩阵来表示线性方程组.

现考虑方程组 (3.1) 的解. 若用一个由 n 个数组成的有序数组 $(s_1,s_2,\cdots,s_n)$ 代替变量 $x_1,x_2,\cdots,x_n$ 后，方程组 (3.1) 的所有方程都成立，则称 $x_1=s_1,x_2=s_2,\cdots,x_n=s_n$ 为方程组 (3.1) 的一个**解**. 该解写成向量形式 $(s_1,s_2,\cdots,s_n)$ 或 $(s_1,s_2,\cdots,s_n)^{\mathrm{T}}$, 就称为方程组 (3.1) 的**解向量**. 方程组 (3.1) 的所有解或所有解向量所成的集合称为方程组 (3.1) 的**解集**. 为了求出方程组的解集，我们要想办法让方程组的解集保持不变，而让方程组越来越简单，直至能容易地得出它们的解集. 为此，我们引入同解方程组的概念.

定义 3.1.1 (同解方程组)　具有相同解集的两个方程组称为**同解方程组**.

我们不仅要让方程组保持解集不变，还要让方程组向简单的方向进行变化. 我们知道：交换方程组中的两个方程；某个方程乘以一个非零的数；一个方程减去另一个方程，这些方程组的变换依然保持方程组的解集. 显然方程组的这些变换等价于对增广矩阵 $\boldsymbol{B}$ 施行相应的行初等变换. 当通过一系列的行初等变换将原增广矩阵 $\boldsymbol{B}$ 变换成行简化梯形矩阵时，方程组的解也就得到了, 这就是解线性方程组的**高斯 (Gauss) 消元法**.

例 3.1.1　解方程组

$$\begin{cases} 2x_1+x_2+3x_3=-5,\\ 3x_1+x_2+2x_3=-1,\\ 4x_1+3x_2+8x_3=-14. \end{cases}$$

解　此方程组的系数矩阵、未知向量、右端向量分别为

$$\boldsymbol{A}=\begin{pmatrix} 2&1&3\\ 3&1&2\\ 4&3&8 \end{pmatrix},\quad \boldsymbol{x}=\begin{pmatrix} x_1\\ x_2\\ x_3 \end{pmatrix},\quad \boldsymbol{b}=\begin{pmatrix} -5\\ -1\\ -14 \end{pmatrix}.$$

对其增广矩阵作行初等变换:

$$\begin{aligned}\boldsymbol{B}\ &=\begin{pmatrix} 2&1&3&-5\\ 3&1&2&-1\\ 4&3&8&-14 \end{pmatrix}\xrightarrow{r_2+(-1)r_1}\begin{pmatrix} 2&1&3&-5\\ 1&0&-1&4\\ 4&3&8&-14 \end{pmatrix}\\ &\xrightarrow{r_3+(-2)r_1}\begin{pmatrix} 2&1&3&-5\\ 1&0&-1&4\\ 0&1&2&-4 \end{pmatrix}\xrightarrow{r_1\leftrightarrow r_2}\begin{pmatrix} 1&0&-1&4\\ 2&1&3&-5\\ 0&1&2&-4 \end{pmatrix}\\ &\xrightarrow{r_2+(-2)r_1}\begin{pmatrix} 1&0&-1&4\\ 0&1&5&-13\\ 0&1&2&-4 \end{pmatrix}\xrightarrow{r_3+(-1)r_2}\begin{pmatrix} 1&0&-1&4\\ 0&1&5&-13\\ 0&0&-3&9 \end{pmatrix}\end{aligned}$$

$$\xrightarrow{-\frac{1}{3}r_3}\begin{pmatrix}1&0&-1&4\\0&1&5&-13\\0&0&1&-3\end{pmatrix}\xrightarrow{r_1+r_3}\begin{pmatrix}1&0&0&1\\0&1&5&-13\\0&0&1&-3\end{pmatrix}$$

$$\xrightarrow{r_2+(-5)r_3}\begin{pmatrix}1&0&0&1\\0&1&0&2\\0&0&1&-3\end{pmatrix},$$

最后得到方程组

$$\begin{cases}x_1=1,\\x_2=2,\\x_3=-3.\end{cases}$$

即得方程组的解为 $x_1=1,x_2=2,x_3=-3$. □

在用行初等变换将增广矩阵简化为行简化梯形矩阵时，既可像上述例子的行初等变换那样，逐列简化，也可先化为行梯形矩阵，再化为行简化梯形矩阵，见下例.

例 3.1.2　解方程组

$$\begin{cases}x_1+x_2-x_3+x_4=2,\\x_1-x_2+x_3+x_4=2,\\x_1-x_2-x_3-x_4=0.\end{cases}$$

解　对此方程组的增广矩阵作行初等变换:

$$\boldsymbol{B}=\begin{pmatrix}1&1&-1&1&2\\1&-1&1&1&2\\1&-1&-1&-1&0\end{pmatrix}\xrightarrow[r_3+(-1)r_1]{r_2+(-1)r_1}\begin{pmatrix}1&1&-1&1&2\\0&-2&2&0&0\\0&-2&0&-2&-2\end{pmatrix}$$

$$\xrightarrow{r_3+(-1)r_2}\begin{pmatrix}1&1&-1&1&2\\0&-2&2&0&0\\0&0&-2&-2&-2\end{pmatrix}\xrightarrow[(-\frac{1}{2})r_3]{(-\frac{1}{2})r_2}\begin{pmatrix}1&1&-1&1&2\\0&1&-1&0&0\\0&0&1&1&1\end{pmatrix}$$

$$\xrightarrow{r_1+(-1)r_2}\begin{pmatrix}1&0&0&1&2\\0&1&-1&0&0\\0&0&1&1&1\end{pmatrix}\xrightarrow{r_2+r_3}\begin{pmatrix}1&0&0&1&2\\0&1&0&1&1\\0&0&1&1&1\end{pmatrix},$$

最后得到方程组

$$\begin{cases}x_1+x_4=2,\\x_2+x_4=1,\\x_3+x_4=1,\end{cases}$$

即

$$\begin{cases}x_1=2-x_4,\\x_2=1-x_4,\\x_3=1-x_4.\end{cases}$$

令 $x_4=t$ 为任意实数，则方程组有无穷多组解，该方程组的解为 $x_1=2-t, x_2=1-t, x_3=1-t, x_4=t(t\in\mathbf{R})$. □

例 3.1.3　解方程组

$$\begin{cases} 2x_1+5x_2-8x_3=8,\\ 4x_1+3x_2-9x_3=9,\\ 2x_1+3x_2-5x_3=7,\\ x_1+8x_2-7x_3=10. \end{cases}$$

解　对此方程组的增广矩阵作行初等变换：

$$\boldsymbol{B}=\begin{pmatrix} 2 & 5 & -8 & 8\\ 4 & 3 & -9 & 9\\ 2 & 3 & -5 & 7\\ 1 & 8 & -7 & 10 \end{pmatrix} \xrightarrow{r_1+(-1)r_4} \begin{pmatrix} 1 & -3 & -1 & -2\\ 4 & 3 & -9 & 9\\ 2 & 3 & -5 & 7\\ 1 & 8 & -7 & 10 \end{pmatrix}$$

$$\xrightarrow{r_2+(-2)r_3} \begin{pmatrix} 1 & -3 & -1 & -2\\ 0 & -3 & 1 & -5\\ 2 & 3 & -5 & 7\\ 1 & 8 & -7 & 10 \end{pmatrix} \xrightarrow[r_4+(-1)r_1]{r_3+(-2)r_1} \begin{pmatrix} 1 & -3 & -1 & -2\\ 0 & -3 & 1 & -5\\ 0 & 9 & -3 & 11\\ 0 & 11 & -6 & 12 \end{pmatrix}$$

$$\xrightarrow[r_4+4r_2]{r_3+3r_2} \begin{pmatrix} 1 & -3 & -1 & -2\\ 0 & -3 & 1 & -5\\ 0 & 0 & 0 & -4\\ 0 & -1 & -2 & -8 \end{pmatrix} \xrightarrow{r_2+(-3)r_4} \begin{pmatrix} 1 & -3 & -1 & -2\\ 0 & 0 & 7 & 19\\ 0 & 0 & 0 & -4\\ 0 & -1 & -2 & -8 \end{pmatrix}$$

$$\xrightarrow[r_2\leftrightarrow r_3]{r_3\leftrightarrow r_4} \begin{pmatrix} 1 & -3 & -1 & -2\\ 0 & -1 & -2 & -8\\ 0 & 0 & 7 & 19\\ 0 & 0 & 0 & -4 \end{pmatrix},$$

最后得到方程组为

$$\begin{cases} x_1-3x_2-x_3=-2,\\ -x_2-2x_3=-8,\\ 7x_3=19,\\ 0=-4. \end{cases}$$

此为矛盾方程组，故该方程组无解. □

3.2* 高斯消元法的矩阵表示

解线性方程组的高斯消元法也可以只对增广矩阵的行初等变换过程进行到行梯形矩阵，然后直接对相应方程组用代入方法求得方程组的解，见下述例子.

例 3.2.1　解下列方程组

$$\begin{cases} 2x_1+x_2+3x_3=3, \\ 2x_1+3x_2+2x_3=-2, \\ 4x_1+6x_2+8x_3=0. \end{cases}$$

解　对此方程组的增广矩阵作行初等变换:

$$\boldsymbol{B}=\begin{pmatrix} 2 & 1 & 3 & 3 \\ 2 & 3 & 2 & -2 \\ 4 & 6 & 8 & 0 \end{pmatrix} \xrightarrow[r_3+(-2)r_1]{r_2+(-1)r_1} \begin{pmatrix} 2 & 1 & 3 & 3 \\ 0 & 2 & -1 & -5 \\ 0 & 4 & 2 & -6 \end{pmatrix} \xrightarrow{r_3+(-2)r_2} \begin{pmatrix} 2 & 1 & 3 & 3 \\ 0 & 2 & -1 & -5 \\ 0 & 0 & 4 & 4 \end{pmatrix},$$

最后得到方程组为

$$\begin{cases} 2x_1+x_2+3x_3=3, \\ 2x_2-x_3=-5, \\ 4x_3=4. \end{cases}$$

用代入方法容易解得此方程组的解为 $x_1=1, x_2=-2, x_3=1$.　□

线性方程组也可以用另外一种方法求解：将系数矩阵分解为一个下三角矩阵和一个上三角矩阵的乘积，然后分两步求得方程组的解.

例 3.2.2　解下列方程组

$$\begin{cases} 2x_1+x_2+3x_3=3, \\ 2x_1+3x_2+2x_3=-2, \\ 4x_1+6x_2+8x_3=0. \end{cases}$$

解　考虑系数矩阵

$$\begin{aligned} \boldsymbol{A}&=\begin{pmatrix} 2 & 1 & 3 \\ 2 & 3 & 2 \\ 4 & 6 & 8 \end{pmatrix} \\ &=\begin{pmatrix} 1 & & \\ * & 1 & \\ * & * & 1 \end{pmatrix} \times \begin{pmatrix} * & * & * \\ & * & * \\ & & * \end{pmatrix} = \begin{pmatrix} 1 & & \\ * & 1 & \\ * & * & 1 \end{pmatrix} \times \begin{pmatrix} 2 & 1 & 3 \\ & * & * \\ & & * \end{pmatrix} \\ &=\begin{pmatrix} 1 & & \\ 1 & 1 & \\ 2 & * & 1 \end{pmatrix} \times \begin{pmatrix} 2 & 1 & 3 \\ & * & * \\ & & * \end{pmatrix} = \begin{pmatrix} 1 & & \\ 1 & 1 & \\ 2 & * & 1 \end{pmatrix} \times \begin{pmatrix} 2 & 1 & 3 \\ & 2 & -1 \\ & & * \end{pmatrix} \\ &=\begin{pmatrix} 1 & & \\ 1 & 1 & \\ 2 & 2 & 1 \end{pmatrix} \times \begin{pmatrix} 2 & 1 & 3 \\ & 2 & -1 \\ & & * \end{pmatrix} = \begin{pmatrix} 1 & & \\ 1 & 1 & \\ 2 & 2 & 1 \end{pmatrix} \times \begin{pmatrix} 2 & 1 & 3 \\ & 2 & -1 \\ & & 4 \end{pmatrix}. \end{aligned}$$

所以有

$$\boldsymbol{A}=\begin{pmatrix} 2 & 1 & 3 \\ 2 & 3 & 2 \\ 4 & 6 & 8 \end{pmatrix} = \begin{pmatrix} 1 & 0 & 0 \\ 1 & 1 & 0 \\ 2 & 2 & 1 \end{pmatrix} \times \begin{pmatrix} 2 & 1 & 3 \\ 0 & 2 & -1 \\ 0 & 0 & 4 \end{pmatrix} = \boldsymbol{LU}.$$

下面分两步用代入法求解该方程组，第一步求解方程组：$\boldsymbol{Ly}=\boldsymbol{b}$，即

$$\begin{cases} y_1 & =3,\\ y_1+y_2 & =-2,\\ 2y_1+2y_2+y_3 & =0,\end{cases}$$

易得解为：$y_1=3, y_2=-5, y_3=4$.

第二步求解方程组：$\boldsymbol{Ux}=\boldsymbol{y}$，即

$$\begin{cases} 2x_1+x_2+3x_3=3,\\ \qquad 2x_2-x_3=-5,\\ \qquad\qquad 4x_3=4,\end{cases}$$

易得解为：$x_1=1, x_2=-2, x_3=1$. 此即为原方程组的解. □

上述例子说明了对于方程组 $\boldsymbol{Ax}=\boldsymbol{b}$, 若有 $\boldsymbol{A}=\boldsymbol{LU}$, 其中 $\boldsymbol{L}$ 和 $\boldsymbol{U}$ 分别是下三角矩阵和上三角矩阵，则令 $\boldsymbol{Ux}=\boldsymbol{y}$，原方程组的求解可通过先解方程组

$$\boldsymbol{Ly}=\boldsymbol{b},$$

再解方程组

$$\boldsymbol{Ux}=\boldsymbol{y},$$

从而得到方程组的解.

上述两种解方程组的方法，看似两种完全不同的方法，但当我们对于第一种解法过程中的行初等变换用初等矩阵来表示时，这两种方法其实就是一种方法. 具体说明如下.

设方程组为 $\boldsymbol{Ax}=\boldsymbol{b}$, 其中

$$\boldsymbol{A}=\begin{pmatrix} a_{11} & a_{12} & \cdots & a_{1n}\\ a_{21} & a_{22} & \cdots & a_{2n}\\ \vdots & \vdots & & \vdots\\ a_{n1} & a_{n2} & \cdots & a_{nn}\end{pmatrix},\quad \boldsymbol{b}=\begin{pmatrix} b_1\\ b_2\\ \vdots\\ b_n\end{pmatrix},$$

且 $\boldsymbol{A}$ 可逆.

对增广矩阵 $\boldsymbol{B}=(\boldsymbol{A}\ \ \boldsymbol{b})$ 进行行初等变换化为行梯形矩阵的过程，可用左乘等价初等矩阵表示. 为说明方便起见，假设简化过程中不需要进行任何行交换 (保证每次的主对角元素非零). 下面描述左乘初等矩阵化行梯形矩阵的过程.

第一步，将第一列主对角线下面的元素消为零. 左乘初等矩阵如下：

$$\boldsymbol{B}_2=\boldsymbol{E}\left(n,1\left(-\frac{a_{n1}}{a_{11}}\right)\right)\boldsymbol{E}\left(n-1,1\left(-\frac{a_{n-1,1}}{a_{11}}\right)\right)\cdots\boldsymbol{E}\left(2,1\left(-\frac{a_{21}}{a_{11}}\right)\right)\boldsymbol{B}.$$

令 $\boldsymbol{P}_1=\boldsymbol{E}\left(n,1\left(-\frac{a_{n1}}{a_{11}}\right)\right)\boldsymbol{E}\left(n-1,1\left(-\frac{a_{n-1,1}}{a_{11}}\right)\right)\cdots\boldsymbol{E}\left(2,1\left(-\frac{a_{21}}{a_{11}}\right)\right)$, 则有

$$\boldsymbol{P}_1=\begin{pmatrix} 1 & 0 & \cdots & 0\\ -\frac{a_{21}}{a_{11}} & 1 & \cdots & 0\\ \vdots & \vdots & & \vdots\\ -\frac{a_{n1}}{a_{11}} & 0 & \cdots & 1\end{pmatrix}=\begin{pmatrix} 1 & 0 & \cdots & 0\\ * & 1 & \cdots & 0\\ \vdots & \vdots & & \vdots\\ * & 0 & \cdots & 1\end{pmatrix}.$$

第二步，将第二列主对角元素下的元素消为零. 左乘初等矩阵如下

$$\boldsymbol{B}_3=\boldsymbol{E}\left(n,2\left(-\frac{a'_{n2}}{a'_{22}}\right)\right)\boldsymbol{E}\left(n-1,2\left(-\frac{a'_{n-1,2}}{a'_{22}}\right)\right)\cdots\boldsymbol{E}\left(3,2\left(-\frac{a'_{32}}{a'_{22}}\right)\right)\boldsymbol{B}_2.$$

令 $\boldsymbol{P}_2=\boldsymbol{E}\left(n,2\left(-\frac{a'_{n2}}{a'_{22}}\right)\right)\boldsymbol{E}\left(n-1,2\left(-\frac{a'_{n-1,2}}{a'_{22}}\right)\right)\cdots\boldsymbol{E}\left(3,2\left(-\frac{a'_{32}}{a'_{22}}\right)\right)$, 则有

$$\boldsymbol{P}_2=\begin{pmatrix}1&0&0&\cdots&0\\0&1&0&\cdots&0\\0&*&1&\cdots&0\\\vdots&\vdots&\vdots&&\vdots\\0&*&0&\cdots&1\end{pmatrix}.$$

依次执行左乘初等矩阵将各列主对角元素下面的元素消去为零. 最后一步对矩阵 $\boldsymbol{B}_{n-1}$ 消去第 $n-1$ 列主对角元素下面的元素，即左乘初等矩阵如下

$$\boldsymbol{B}_n=\boldsymbol{E}\left(n,n-1\left(-\frac{a''_{n,n-1}}{a''_{n-1,n-1}}\right)\right)\boldsymbol{B}_{n-1}=\boldsymbol{P}_{n-1}\boldsymbol{B}_{n-1}=\begin{pmatrix}1&\cdots&0&0\\\vdots&&\vdots&\vdots\\0&\cdots&1&0\\0&\cdots&*&1\end{pmatrix}\boldsymbol{B}_{n-1}.$$

将所有步骤合起来，就有

$$\boldsymbol{P}_{n-1}\boldsymbol{P}_{n-2}\cdots\boldsymbol{P}_2\boldsymbol{P}_1\boldsymbol{B}=\boldsymbol{P}(\boldsymbol{A}\ \ \boldsymbol{b})=(\boldsymbol{U}\ \ \boldsymbol{b}')=\left(\begin{array}{cccc|c}*&*&\cdots&*&*\\0&*&\cdots&*&*\\\vdots&\vdots&&\vdots&\vdots\\0&0&\cdots&*&*\end{array}\right),$$

于是 $\boldsymbol{PA}=\boldsymbol{U}$, 故

$$\boldsymbol{A}=\boldsymbol{P}^{-1}\boldsymbol{U}=(\boldsymbol{P}_1^{-1}\boldsymbol{P}_2^{-1}\cdots\boldsymbol{P}_{n-1}^{-1})\boldsymbol{U}=\boldsymbol{LU},$$

其中

$$\boldsymbol{L}=\begin{pmatrix}1&0&\cdots&0\\*&1&\cdots&0\\\vdots&\vdots&&\vdots\\*&0&\cdots&1\end{pmatrix}\begin{pmatrix}1&0&\cdots&0\\0&1&\cdots&0\\\vdots&\vdots&&\vdots\\0&*&\cdots&1\end{pmatrix}\cdots\begin{pmatrix}1&\cdots&0&0\\\vdots&&\vdots&\vdots\\0&\cdots&1&0\\0&\cdots&*&1\end{pmatrix}=\begin{pmatrix}1&0&\cdots&0\\*&1&\cdots&0\\\vdots&\vdots&&\vdots\\*&*&\cdots&1\end{pmatrix},$$

$$\boldsymbol{A}=\boldsymbol{LU}=\begin{pmatrix}1&0&\cdots&0\\*&1&\cdots&0\\\vdots&\vdots&&\vdots\\*&*&\cdots&1\end{pmatrix}\times\begin{pmatrix}*&*&\cdots&*\\0&*&\cdots&*\\\vdots&\vdots&&\vdots\\0&0&\cdots&*\end{pmatrix}.$$

从而有 $\boldsymbol{Ax}=\boldsymbol{b}$ 即为 $\boldsymbol{Ux}=\boldsymbol{b}'=\boldsymbol{L}^{-1}\boldsymbol{b}$.

设 $\boldsymbol{Ux}=\boldsymbol{y}$, 则 $\boldsymbol{y}=\boldsymbol{L}^{-1}\boldsymbol{b}$, 即 $\boldsymbol{Ly}=\boldsymbol{b}$. 此即为先求解 $\boldsymbol{Ly}=\boldsymbol{b}$ 再求解 $\boldsymbol{Ux}=\boldsymbol{y}$ 的方法.

3.3 线性方程组的可解性

本节讨论线性方程组是否有解，是否有无穷多解的判定条件，归结为下面的定理.

定理 3.3.1 线性方程组 (3.1) 有解的充要条件是系数矩阵的秩等于增广矩阵的秩. 且当 $\mathrm{r}(\boldsymbol{A})=\mathrm{r}(\boldsymbol{B})=n$ 时，方程组有唯一解；而当 $\mathrm{r}(\boldsymbol{A})=\mathrm{r}(\boldsymbol{B})<n$ 时，方程组有无穷多组解.

证明 线性方程组 (3.1) 的系数矩阵 $\boldsymbol{A}$ 和增广矩阵 $\boldsymbol{B}$ 为

$$\boldsymbol{A}=\begin{pmatrix} a_{11} & a_{12} & \cdots & a_{1n} \\ a_{21} & a_{22} & \cdots & a_{2n} \\ \vdots & \vdots & & \vdots \\ a_{m1} & a_{m2} & \cdots & a_{mn} \end{pmatrix},\quad \boldsymbol{B}=(\boldsymbol{A}\ \boldsymbol{b})=\left(\begin{array}{cccc|c} a_{11} & a_{12} & \cdots & a_{1n} & b_1 \\ a_{21} & a_{22} & \cdots & a_{2n} & b_2 \\ \vdots & \vdots & & \vdots & \vdots \\ a_{m1} & a_{m2} & \cdots & a_{mn} & b_m \end{array}\right).$$

经过适当的系数矩阵部分的列交换, 并进行一系列高斯消元法的行初等变换，最后可以化为行梯形矩阵：

$$\left(\begin{array}{ccccccc|c} c_{11} & c_{12} & \cdots & c_{1r} & c_{1,r+1} & \cdots & c_{1n} & d_1 \\ 0 & c_{22} & \cdots & c_{2r} & c_{2,r+1} & \cdots & c_{2n} & d_2 \\ \vdots & \vdots & & \vdots & \vdots & & \vdots & \vdots \\ 0 & 0 & \cdots & c_{rr} & c_{r,r+1} & \cdots & c_{rn} & d_r \\ 0 & 0 & \cdots & 0 & 0 & \cdots & 0 & d_{r+1} \\ 0 & 0 & \cdots & 0 & 0 & \cdots & 0 & 0 \\ \vdots & \vdots & & \vdots & \vdots & & \vdots & \vdots \\ 0 & 0 & \cdots & 0 & 0 & \cdots & 0 & 0 \end{array}\right)=(\boldsymbol{C}\ \boldsymbol{d})=\widetilde{\boldsymbol{C}},$$

其中 $c_{11},c_{22},\cdots,c_{rr}$ 均不等于 0.

为便于描述，我们假设整个简化过程未进行任何列交换. 由于 $\boldsymbol{A}$ 经过初等变换化为 $\boldsymbol{C}$，$\boldsymbol{B}$ 经过初等变换化为 $\widetilde{\boldsymbol{C}}$，故有 $\mathrm{r}(\boldsymbol{A})=\mathrm{r}(\boldsymbol{C})=r$，$\mathrm{r}(\boldsymbol{B})=\mathrm{r}(\widetilde{\boldsymbol{C}})$. 当 $d_{r+1}\neq 0$ 时，$\mathrm{r}(\boldsymbol{B})=\mathrm{r}(\widetilde{\boldsymbol{C}})=r+1$；当 $d_{r+1}=0$ 时，$\mathrm{r}(\boldsymbol{B})=\mathrm{r}(\widetilde{\boldsymbol{C}})=r$.

当 $d_{r+1}\neq 0$ 时，即 $\mathrm{r}(\boldsymbol{B})>\mathrm{r}(\boldsymbol{A})$，原方程组经过高斯消元过程，化为同解方程组

$$\begin{cases} c_{11}x_1+c_{12}x_2+\cdots+c_{1r}x_r+\cdots+c_{1n}x_n=d_1, \\ \qquad\qquad c_{22}x_2+\cdots+c_{2r}x_r+\cdots+c_{2n}x_n=d_2, \\ \qquad\qquad\qquad\qquad\qquad\qquad\cdots\cdots \\ \qquad\qquad\qquad\qquad c_{rr}x_r+\cdots+c_{rn}x_n=d_r, \\ \qquad\qquad\qquad\qquad\qquad\qquad 0=d_{r+1}\neq 0. \end{cases}$$

最后一个方程显然矛盾，故原方程组无解.

当 $d_{r+1}=0$ 时，即 $\mathrm{r}(\boldsymbol{B})=\mathrm{r}(\boldsymbol{A})$，则原方程组化为

$$\begin{cases} c_{11}x_1+c_{12}x_2+\cdots+c_{1r}x_r+\cdots+c_{1n}x_n=d_1, \\ \qquad c_{22}x_2+\cdots+c_{2r}x_r+\cdots+c_{2n}x_n=d_2, \\ \qquad\qquad\cdots\cdots \\ \qquad\qquad c_{rr}x_r+\cdots+c_{rn}x_n=d_r. \end{cases} \tag{3.5}$$

令 $x_{r+1}=0,\cdots,x_n=0$, 解得

$$\begin{cases} x_r=d_r/c_{rr}, \\ x_{r-1}=(d_{r-1}-c_{r-1,r}x_r)/c_{r-1,r-1}, \\ \cdots\cdots \\ x_1=(d_1-c_{12}x_2-c_{13}x_3-\cdots-c_{1r}x_r)/c_{11}, \end{cases}$$

则 $(x_1,x_2,\cdots,x_n)^{\mathrm{T}}$ 显然是方程组 (3.5) 的解向量，也是原方程组 (3.1) 的一个解.

若 $\mathrm{r}(\boldsymbol{A})=\mathrm{r}(\boldsymbol{B})=r$，当 $r=n$ 时，方程组 (3.5) 再化为如下形式：

$$\begin{cases} x_n=d_n/c_{nn}, \\ x_{n-1}=(d_{n-1}-c_{nn}x_n)/c_{n-1,n-1}, \\ \cdots\cdots \\ x_2=(d_2-c_{23}x_3-\cdots-c_{2n}x_n)/c_{22}, \\ x_1=(d_1-c_{12}x_2-\cdots-c_{1n}x_n)/c_{11}, \end{cases}$$

则易知方程组 (3.5) 的解唯一确定，从而同解方程组 (3.1) 有唯一解.

若 $\mathrm{r}(\boldsymbol{A})=\mathrm{r}(\boldsymbol{B})=r<n$ 时，易知对任一 $t\in\mathbf{R}$, 令 $x_{r+1}=0,\cdots,x_{n-1}=0,x_n=t$，解得

$$\begin{cases} x_r=d_r/c_{rr}-c_{rn}t/c_{rr}, \\ x_{r-1}=(d_{r-1}-c_{r-1,r}x_r)/c_{r-1,r-1}-c_{r-1,n}t/c_{r-1,r-1}, \\ \cdots\cdots \\ x_1=(d_1-c_{12}x_2-c_{13}x_3-\cdots-c_{1r}x_r)/c_{11}-c_{1n}t/c_{11}, \end{cases}$$

则 $(x_1,x_2,\cdots,x_n)^{\mathrm{T}}$ 满足方程组 (3.5), 于是方程组 (3.5) 有无穷多解，从而原方程组 (3.1) 有无穷多解. □

若将方程组 (3.1) 的系数矩阵 $\boldsymbol{A}$ 按列分块为 $\boldsymbol{A}=(\boldsymbol{\alpha}_1\ \cdots\ \boldsymbol{\alpha}_n)$，则方程组 (3.1) 与方程组 (3.2)、方程组 (3.4) 等价. 下面我们从向量相关性的角度出发来看上述定理的意义.

现在考虑方程组 (3.2)，即

$$x_1\boldsymbol{\alpha}_1+x_2\boldsymbol{\alpha}_2+\cdots+x_n\boldsymbol{\alpha}_n=\boldsymbol{b}$$

的有解性.

方程组 (3.2) 有解表示 $\boldsymbol{b}$ 可由 $\boldsymbol{\alpha}_1,\boldsymbol{\alpha}_2,\cdots,\boldsymbol{\alpha}_n$ 线性表示，从而两个向量组 $\{\boldsymbol{\alpha}_1,\cdots,\boldsymbol{\alpha}_n\}$ 和 $\{\boldsymbol{\alpha}_1,\cdots,\boldsymbol{\alpha}_n,\boldsymbol{b}\}$ 等价，这与两向量组有相同的秩

$$\mathrm{r}(\boldsymbol{A})=\mathrm{r}\{\boldsymbol{\alpha}_1,\cdots,\boldsymbol{\alpha}_n\}=\mathrm{r}\{\boldsymbol{\alpha}_1,\cdots,\boldsymbol{\alpha}_n,\boldsymbol{b}\}=\mathrm{r}(\boldsymbol{B})$$

是一回事.

另外，考虑 $\mathrm{r}(\boldsymbol{A})=\mathrm{r}(\boldsymbol{B})$ 时 $\boldsymbol{b}$ 由 $\boldsymbol{\alpha}_1,\boldsymbol{\alpha}_2,\cdots,\boldsymbol{\alpha}_n$ 线性表示的形式.

当 $\mathrm{r}(\boldsymbol{A})=\mathrm{r}(\boldsymbol{B})=n$ 时，向量组 $\{\boldsymbol{\alpha}_1,\cdots,\boldsymbol{\alpha}_n\}$ 线性无关，故表示形式唯一，即方程组 (3.2) 有唯一解.

当 $\mathrm{r}(\boldsymbol{A})=\mathrm{r}(\boldsymbol{B})<n$ 时，向量组 $\{\boldsymbol{\alpha}_1,\cdots,\boldsymbol{\alpha}_n\}$ 线性相关，故表示形式不唯一，有无穷多种表示形式，即方程组 (3.2) 有无穷多解.

对于前面解方程组的例 3.1.1、例 3.1.2、例 3.1.3，用系数矩阵和增广矩阵秩的关系可以很容易判别解的存在性和唯一性. 下面我们再来看一个方程组有解性判别的例子.

例 3.3.1　解方程组

$$\begin{cases}3x_1+\lambda x_2+x_3=4,\\ x_1+2x_2-4x_3=\mu,\\ x_1-x_2+9x_3=19.\end{cases}$$

解

$$\boldsymbol{B}=\begin{pmatrix}3&\lambda&1&4\\1&2&-4&\mu\\1&-1&9&19\end{pmatrix}\xrightarrow{r_1\leftrightarrow r_3}\begin{pmatrix}1&-1&9&19\\1&2&-4&\mu\\3&\lambda&1&4\end{pmatrix}$$

$$\xrightarrow[r_3+(-3)r_1]{r_2+(-1)r_1}\begin{pmatrix}1&-1&9&19\\0&3&-13&\mu-19\\0&\lambda+3&-26&-53\end{pmatrix}\xrightarrow{r_3+(-2)r_2}\begin{pmatrix}1&-1&9&19\\0&3&-13&\mu-19\\0&\lambda-3&0&-2\mu-15\end{pmatrix}=\boldsymbol{B}_1.$$

当 $\lambda\neq 3$ 时，$\mathrm{r}(\boldsymbol{A})=\mathrm{r}(\boldsymbol{B})=3$，方程组有唯一解. 进一步化简 $\boldsymbol{B}$,

$$\boldsymbol{B}_1\xrightarrow[(\frac{1}{\lambda-3})r_3]{\substack{r_1+\frac{9}{13}r_2\\(-\frac{1}{13})r_2}}\begin{pmatrix}1&\dfrac{14}{13}&0&19+\dfrac{9}{13}(\mu-19)\\0&-\dfrac{3}{13}&1&-\dfrac{1}{13}(\mu-19)\\0&1&0&-\dfrac{2\mu+15}{\lambda-3}\end{pmatrix}$$

$$\xrightarrow[r_2\leftrightarrow r_3]{\substack{r_1-\frac{14}{13}r_3\\r_2+\frac{3}{13}r_3}}\begin{pmatrix}1&0&0&\dfrac{9\mu+76}{13}+\dfrac{14}{13}\times\dfrac{2\mu+15}{\lambda-3}\\0&1&0&-\dfrac{2\mu+15}{\lambda-3}\\0&0&1&-\dfrac{\mu-19}{13}-\dfrac{3}{13}\times\dfrac{2\mu+15}{\lambda-3}\end{pmatrix},$$

得方程组的唯一解为

$$x_1=\frac{9\mu+76}{13}+\frac{14}{13}\times\frac{2\mu+15}{\lambda-3},x_2=-\frac{2\mu+15}{\lambda-3},x_3=-\frac{\mu-19}{13}-\frac{3}{13}\times\frac{2\mu+15}{\lambda-3}.$$

当 $\lambda=3,\mu=-\dfrac{15}{2}$ 时，$\mathrm{r}(\boldsymbol{A})=\mathrm{r}(\boldsymbol{B})=2$，方程组有无穷多解. 进一步化简 $\boldsymbol{B}$,

$$\boldsymbol{B}_1=\begin{pmatrix}1&-1&9&19\\0&3&-13&-\dfrac{53}{2}\\0&0&0&0\end{pmatrix}\xrightarrow[\frac{1}{3}r_2]{r_1+\frac{1}{3}r_2}\begin{pmatrix}1&0&\dfrac{14}{3}&\dfrac{61}{6}\\0&1&-\dfrac{13}{3}&-\dfrac{53}{6}\\0&0&0&0\end{pmatrix},$$

得方程组的解为：$x_1=\dfrac{61}{6}-14t, x_2=-\dfrac{53}{6}+13t, x_3=3t, t\in\mathbf{R}$.

当 $\lambda=3,\mu\neq-\dfrac{15}{2}$ 时，$2=\mathrm{r}(\boldsymbol{A})<\mathrm{r}(\boldsymbol{B})=3$，方程组无解. □

3.4　线性方程组解的性质与结构

本节我们讨论各种线性方程组的解集的形式和特点. 我们先考虑较简单的右端向量为 $\boldsymbol{\theta}$ 的所谓齐次线性方程组的解集，再讨论右端非零的方程组的解集.

3.4.1　齐次方程组解的结构

考虑方程组 $\boldsymbol{Ax}=\boldsymbol{\theta}$，它的解有如下的特点.

定理 3.4.1　若 $\boldsymbol{\alpha}_1,\boldsymbol{\alpha}_2$ 是方程组 $\boldsymbol{Ax}=\boldsymbol{\theta}$ 的解，则其线性组合 $k_1\boldsymbol{\alpha}_1+k_2\boldsymbol{\alpha}_2$ 也是该方程组的解.

证明　直接验证：$\boldsymbol{A}(k_1\boldsymbol{\alpha}_1+k_2\boldsymbol{\alpha}_2)=k_1\boldsymbol{A\alpha}_1+k_2\boldsymbol{A\alpha}_2=k_1\boldsymbol{\theta}+k_2\boldsymbol{\theta}=\boldsymbol{\theta}$. □

定义 3.4.1(齐次线性方程组、基础解系)　右端为零的线性方程组称为**齐次线性方程组**；能线性表示出齐次方程组所有解的极大无关向量组称为该齐次线性方程组的**基础解系**.

定义 3.4.2(方程组的特解、通解)　方程组的某一个解称为方程组的**特解**；方程组所有的解的集合称为方程组的**通解**.

对于齐次线性方程组，$\boldsymbol{x}=\boldsymbol{\theta}$ 显然是它的解，但齐次线性方程组是否有非零解？如果有，又如何求出所有可能的非零解？是我们特别要关心的问题. 下面我们就讨论齐次线性方程组有非零解的条件及所有非零解的表示.

定理 3.4.2　设 $\boldsymbol{A}\in\mathbf{R}^{m\times n}$，若 $\mathrm{r}(\boldsymbol{A})=n$，则 $\boldsymbol{Ax}=\boldsymbol{\theta}$ 只有零解；若 $\mathrm{r}(\boldsymbol{A})<n$，则 $\boldsymbol{Ax}=\boldsymbol{\theta}$ 有非零解.

证明　由定理3.3.1 知，当 $\mathrm{r}(\boldsymbol{A})=n$ 时，$\boldsymbol{Ax}=\boldsymbol{\theta}$ 只有唯一解 $\boldsymbol{x}=\boldsymbol{\theta}$，即零解. 当 $\mathrm{r}(\boldsymbol{A})<n$ 时，$\boldsymbol{Ax}=\boldsymbol{\theta}$ 有无穷多解，故除零解外还有非零解. □

例 3.4.1　判别下列齐次方程组

$$\begin{cases} x_1+x_2=0,\\ 2x_1+x_2+x_3=0,\\ x_1+x_3=0,\\ -x_1+2x_2+x_3=0 \end{cases}$$

是否有非零解.

解　对系数矩阵作行初等变换

$$\begin{pmatrix}1&1&0\\2&1&1\\1&0&1\\-1&2&1\end{pmatrix}\xrightarrow[r_4+r_1]{\substack{r_2+(-2)r_1\\r_3+(-1)r_1}}\begin{pmatrix}1&1&0\\0&-1&1\\0&-1&1\\0&3&1\end{pmatrix}\xrightarrow[r_4+3r_2]{r_3+(-1)r_2}\begin{pmatrix}1&1&0\\0&-1&1\\0&0&0\\0&0&4\end{pmatrix}\xrightarrow{r_3\leftrightarrow r_4}\begin{pmatrix}1&1&0\\0&-1&1\\0&0&4\\0&0&0\end{pmatrix},$$

其秩为 3，所以方程组只有零解 (列向量线性无关). □

推论 3.4.3 方程组 $\boldsymbol{A}\boldsymbol{x}=\boldsymbol{\theta}, \boldsymbol{A}\in\mathbf{R}^{n\times n}$ 有非零解的充要条件是 $|\boldsymbol{A}|=0$.

证明 由定理3.4.2，

$$\boldsymbol{A}\boldsymbol{x}=\boldsymbol{\theta}\text{有非零解} \iff \mathrm{r}(\boldsymbol{A})<n \iff |\boldsymbol{A}|=0.$$ □

推论 3.4.4 若 $\boldsymbol{A}\in\mathbf{R}^{m\times n}$，且 $m<n$，则 $\boldsymbol{A}\boldsymbol{x}=\boldsymbol{\theta}$ 有非零解.

证明 由定理3.4.2 直接可得方程组有非零解. □

例 3.4.2 讨论含参的 3 元方程组

$$\begin{cases} x_1+x_2+\lambda x_3=0, \\ 2x_1+x_2+x_3=0, \\ x_1+x_3=0 \end{cases}$$

有非零解的条件.

解 计算系数行列式

$$\begin{vmatrix} 1 & 1 & \lambda \\ 2 & 1 & 1 \\ 1 & 0 & 1 \end{vmatrix} \overset{c_3+(-1)c_1}{=} \begin{vmatrix} 1 & 1 & \lambda-1 \\ 2 & 1 & -1 \\ 1 & 0 & 0 \end{vmatrix} = \begin{vmatrix} 1 & \lambda-1 \\ 1 & -1 \end{vmatrix} = -\lambda.$$

易知当 $\lambda=0$ 时方程组有非零解，当 $\lambda\neq 0$ 时，方程组只有零解. □

当一个齐次线性方程组有非零解时，我们如何去求得方程组的包括零解和非零解的所有解，即方程组的通解. 先看下面的例子.

例 3.4.3 求解下列齐次方程组

$$\begin{cases} x_1-x_2 \qquad\quad +x_4=0, \\ x_1-x_2+x_3-x_4=0, \\ x_1-x_2-x_3+3x_4=0, \\ x_1-x_2+2x_3-3x_4=0. \end{cases}$$

解 将系数矩阵 $\boldsymbol{A}$ 化为行简化梯形矩阵

$$\boldsymbol{A}=\begin{pmatrix} 1 & -1 & 0 & 1 \\ 1 & -1 & 1 & -1 \\ 1 & -1 & -1 & 3 \\ 1 & -1 & 2 & -3 \end{pmatrix} \xrightarrow[r_4+(-1)r_1]{\substack{r_2+(-1)r_1 \\ r_3+(-1)r_1}} \begin{pmatrix} 1 & -1 & 0 & 1 \\ 0 & 0 & 1 & -2 \\ 0 & 0 & -1 & 2 \\ 0 & 0 & 2 & -4 \end{pmatrix}$$

$$\xrightarrow[r_4+(-2)r_2]{r_3+r_2} \begin{pmatrix} 1 & -1 & 0 & 1 \\ 0 & 0 & 1 & -2 \\ 0 & 0 & 0 & 0 \\ 0 & 0 & 0 & 0 \end{pmatrix}.$$

于是我们得到简化的同解方程组

$$\begin{cases} x_1-x_2+x_4=0, \\ x_3-2x_4=0. \end{cases}$$

再改写上述方程组为 (将行简化梯形矩阵每行最左边的 1 所在列以外的列对应的变量移到方程组右边)

$$\begin{cases} x_1 = x_2 - x_4, \\ x_3 = 2x_4. \end{cases}$$

分别令 x_2, x_4 为 $x_2 = s, x_4 = t, s, t \in \mathbf{R}$，则可得方程组的解为

$$\begin{cases} x_1 = s - t, \\ x_2 = s, \\ x_3 = 2t, \\ x_4 = t, \end{cases} \quad s, t \in \mathbf{R}.$$

□

上述例子中，简化的同解方程组中有些变量需要移到方程组的右边，并设为自由参数，而有些变量则保留在左边. 这些保留在左边的变量正好是行简化梯形矩阵每一行最左边的 1 对应的变量，称为**非自由变量**；那些移到右边的变量则是行简化梯形矩阵最左边的 1 以外的列对应的变量，可以任意取值，称为**自由变量**.

下面我们通过一个定理给出一般齐次线性方程组的通解形式.

定理 3.4.5　$\boldsymbol{A}$ 经过适当的行初等变换可以化为如下形式的行简化梯形矩阵:

$$\begin{pmatrix} 1 & d_{12} & \cdots & 0 & d_{1i_2+1} & \cdots & 0 & d_{1i_r+1} & \cdots & d_{1n} \\ 0 & 0 & \cdots & 1 & d_{2i_2+1} & \cdots & 0 & d_{2i_r+1} & \cdots & d_{2n} \\ \vdots & \vdots & & \vdots & \vdots & & \vdots & \vdots & & \vdots \\ 0 & 0 & \cdots & 0 & 0 & \cdots & 1 & d_{ri_r+1} & \cdots & d_{rn} \\ 0 & 0 & \cdots & 0 & 0 & \cdots & 0 & 0 & \cdots & 0 \\ \vdots & \vdots & & \vdots & \vdots & & \vdots & \vdots & & \vdots \\ 0 & 0 & \cdots & 0 & 0 & \cdots & 0 & 0 & \cdots & 0 \end{pmatrix}, \tag{3.6}$$
$$\begin{matrix} 1 & 2 & \cdots & i_2 & i_2+1 & \cdots & i_r & i_r+1 & \cdots & n \end{matrix}$$

其中最后一行是矩阵所在列的列标号. 对 $n-r$ 个自由变量 $x_2, \cdots, x_{i_2-1}, x_{i_2+1}, \cdots, x_{i_r-1}, x_{i_r+1}, \cdots, x_n$ 分别取 $n-r$ 组数据 $(1, 0, \cdots, 0), (0, 1, 0, \cdots, 0), \cdots, (0, \cdots, 0, 1)$，则可得 $n-r$ 组非自由变量 $x_1, x_{i_2}, \cdots, x_{i_r}$ 的值，从而构成 $n-r$ 组方程组的解，设该 $n-r$ 组解的解向量为: $\boldsymbol{\alpha}_1, \boldsymbol{\alpha}_2, \cdots, \boldsymbol{\alpha}_{n-r}$，则它们就是方程组的一个基础解系. 方程组的通解为:

$$k_1\boldsymbol{\alpha}_1 + \cdots + k_{n-r}\boldsymbol{\alpha}_{n-r}，其中 k_1, \cdots, k_{n-r} \in \mathbf{R} 为任意常数.$$

证明　由定理 2.4.2 可知系数矩阵 $\boldsymbol{A}$ 可通过行初等变换简化成行简化梯形矩阵 (3.6)，该矩阵对应的方程组为

$$\begin{cases} x_1 + d_{12}x_2 + \cdots + d_{1i_2+1}x_{i_2+1} + \cdots + d_{1i_r+1}x_{i_r+1} + \cdots + d_{1n}x_n = 0, \\ x_{i_2} + d_{2i_2+1}x_{i_2+1} + \cdots + d_{2i_r+1}x_{i_r+1} + \cdots + d_{2n}x_n = 0, \\ x_{i_3} + d_{3i_3+1}x_{i_3+1} + \cdots + d_{3i_r+1}x_{i_r+1} + \cdots + d_{3n}x_n = 0, \\ \cdots\cdots \\ x_{i_r} + d_{ri_r+1}x_{i_r+1} + \cdots + d_{rn}x_n = 0. \end{cases}$$

进一步，将自由变量移到方程组的右边，得如下方程组

$$\begin{cases} x_1 = -d_{12}x_2 - \cdots - d_{1i_2+1}x_{i_2+1} - \cdots - d_{1i_r+1}x_{i_r+1} - \cdots - d_{1n}x_n, \\ x_{i_2} = -d_{2i_2+1}x_{i_2+1} - \cdots - d_{2i_r+1}x_{i_r+1} - \cdots - d_{2n}x_n, \\ x_{i_3} = -d_{3i_3+1}x_{i_3+1} - \cdots - d_{3i_r+1}x_{i_r+1} - \cdots - d_{3n}x_n, \\ \cdots\cdots \\ x_{i_r} = -d_{ri_r+1}x_{i_r+1} - \cdots - d_{rn}x_n. \end{cases} \tag{3.7}$$

对 $n-r$ 个自由变量 $x_2, \cdots, x_{i_2-1}, x_{i_2+1}, \cdots, x_{i_r-1}, x_{i_r+1}, \cdots, x_n$ 分别取 $n-r$ 组数据 $(1,0,\cdots,0),(0,1,0,\cdots,0),\cdots,(0,\cdots,0,1)$ 代入方程组 (3.7)，则可得 $n-r$ 组非自由变量 $x_1, x_{i_2}, \cdots, x_{i_r}$ 的值，从而构成 $n-r$ 组方程组的解，其解向量为：$\boldsymbol{\alpha}_1, \boldsymbol{\alpha}_2, \cdots, \boldsymbol{\alpha}_{n-r}$. 下面证明它们就是方程组的一个基础解系.

由

$$k_1\boldsymbol{\alpha}_1 + \cdots + k_{n-r}\boldsymbol{\alpha}_{n-r} = \boldsymbol{\theta}$$

可知对应于 $n-r$ 个自由变量的分量分别是 $k_1, k_2, \cdots, k_{n-r}$，由上式这些分量都应该为零，故 $\boldsymbol{\alpha}_1, \cdots, \boldsymbol{\alpha}_{n-r}$ 线性无关.

再看方程组的任意一个解向量：$\boldsymbol{\beta} = (s_1, s_2, \cdots, s_n)^{\mathrm{T}}$，它也是方程组 (3.7) 的解. 令

$$\boldsymbol{\gamma} = k_1\boldsymbol{\alpha}_1 + \cdots + k_{n-r}\boldsymbol{\alpha}_{n-r},$$

其中 $k_1, k_2, \cdots, k_{n-r}$ 分别取自由变量 $x_2, \cdots, x_{i_2-1}, x_{i_2+1}, \cdots, x_{i_r-1}, x_{i_r+1}, \cdots, x_n$ 对应的分量 $s_2, \cdots, s_{i_2-1}, s_{i_2+1}, \cdots, s_{i_r-1}, s_{i_r+1}, \cdots, s_n$，则 $\boldsymbol{\gamma}$ 是方程组的解向量，并且其自由变量的值分别为解向量 $\boldsymbol{\beta}$ 的值. 由方程组 (3.7) 可知方程组的解由自由变量的值唯一确定，故

$$\boldsymbol{\beta} = \boldsymbol{\gamma} = k_1\boldsymbol{\alpha}_1 + \cdots + k_{n-r}\boldsymbol{\alpha}_{n-r},$$

即任意解向量都可表示为 $\boldsymbol{\alpha}_1, \cdots, \boldsymbol{\alpha}_{n-r}$ 的线性组合. 从而它们构成了方程组的一个基础解系. 方程组的通解形式是显然的. □

注 1　若系数矩阵简化后的行简化梯形矩阵为

$$\begin{pmatrix} 1 & 0 & \cdots & 0 & d_{1,r+1} & \cdots & d_{1n} \\ 0 & 1 & \cdots & 0 & d_{2,r+1} & \cdots & d_{2n} \\ \vdots & \vdots & & \vdots & \vdots & & \vdots \\ 0 & 0 & \cdots & 1 & d_{r,r+1} & \cdots & d_{rn} \\ 0 & 0 & \cdots & 0 & 0 & \cdots & 0 \\ \vdots & \vdots & & \vdots & \vdots & & \vdots \\ 0 & 0 & \cdots & 0 & 0 & \cdots & 0 \end{pmatrix},$$

则

$$\boldsymbol{\alpha}_1=\begin{pmatrix}-d_{1,r+1}\\ \vdots\\ -d_{r,r+1}\\ 1\\ 0\\ \vdots\\ 0\end{pmatrix},\ \boldsymbol{\alpha}_2=\begin{pmatrix}-d_{1,r+2}\\ \vdots\\ -d_{r,r+2}\\ 0\\ 1\\ \vdots\\ 0\end{pmatrix},\ \cdots,\ \boldsymbol{\alpha}_{n-r}=\begin{pmatrix}-d_{1n}\\ \vdots\\ -d_{rn}\\ 0\\ \vdots\\ 0\\ 1\end{pmatrix},$$

是齐次方程组的一个基础解系.

注 2　若齐次方程组有非零解，则该方程组的基础解系并不唯一.

事实上，若齐次方程组 $\boldsymbol{A}\boldsymbol{x}=\boldsymbol{\theta}$ 有基础解系 $\boldsymbol{\alpha}_1,\cdots,\boldsymbol{\alpha}_{n-r}$，则 $2\boldsymbol{\alpha}_1,\cdots,2\boldsymbol{\alpha}_{n-r}$ 和 $\boldsymbol{\alpha}_1,\boldsymbol{\alpha}_1+\boldsymbol{\alpha}_2,\cdots,\boldsymbol{\alpha}_1+\boldsymbol{\alpha}_2+\cdots+\boldsymbol{\alpha}_{n-r}$ 均为原齐次方程组的基础解系.

由上述定理可知，若齐次方程组的系数矩阵 $\boldsymbol{A}$ 的秩为 r，则其基础解系的向量个数为 $n-r$. 故有如下推论.

推论 3.4.6　若 $\boldsymbol{A}\in\mathbf{R}^{m\times n}$，则 $\mathrm{r}(\boldsymbol{A})+\mathrm{r}(N(\boldsymbol{A}))=n$，其中 $N(\boldsymbol{A})$ 表示 $\boldsymbol{A}\boldsymbol{x}=\boldsymbol{\theta}$ 的基础解系为列构成的矩阵.

例 3.4.4　求齐次方程组

$$\begin{cases}x_1+2x_2+x_3=0,\\ x_1+x_2=0,\\ 2x_1+x_2-x_3=0\end{cases}$$

的基础解系及通解.

解　对系数矩阵作初等行变换

$$\begin{pmatrix}1&2&1\\1&1&0\\2&1&-1\end{pmatrix}\xrightarrow[r_3+(-2)r_1]{r_2+(-1)r_1}\begin{pmatrix}1&2&1\\0&-1&-1\\0&-3&-3\end{pmatrix}$$

$$\xrightarrow[r_3+(-3)r_2]{r_1+2r_2}\begin{pmatrix}1&0&-1\\0&-1&-1\\0&0&0\end{pmatrix}\xrightarrow{(-1)r_2}\begin{pmatrix}1&0&-1\\0&1&1\\0&0&0\end{pmatrix},$$

得一个基础解系为

$$\boldsymbol{\alpha}=\begin{pmatrix}1\\-1\\1\end{pmatrix}.$$

于是所求通解为 $\boldsymbol{x}=k\boldsymbol{\alpha},\ k\in\mathbf{R}$. □

例 3.4.5 求齐次方程组

$$\begin{cases} x_1+2x_2-x_3+x_4=0, \\ 2x_1+2x_2+x_3=0, \\ x_1+4x_2-4x_3+3x_4=0, \\ 4x_1+6x_2-x_3+2x_4=0, \\ 2x_1-2x_2+7x_3-4x_4=0 \end{cases}$$

的基础解系.

解 对系数矩阵作初等行变换

$$\begin{pmatrix} 1 & 2 & -1 & 1 \\ 2 & 2 & 1 & 0 \\ 1 & 4 & -4 & 3 \\ 4 & 6 & -1 & 2 \\ 2 & -2 & 7 & -4 \end{pmatrix} \xrightarrow[\substack{r_4+(-4)r_1 \\ r_5+(-2)r_1}]{\substack{r_2+(-2)r_1 \\ r_3+(-1)r_1}} \begin{pmatrix} 1 & 2 & -1 & 1 \\ 0 & -2 & 3 & -2 \\ 0 & 2 & -3 & 2 \\ 0 & -2 & 3 & -2 \\ 0 & -6 & 9 & -6 \end{pmatrix}$$

$$\xrightarrow[\substack{r_4+(-1)r_2 \\ r_5+(-3)r_2 \\ (-\frac{1}{2})r_2}]{\substack{r_1+r_2 \\ r_3+r_2}} \begin{pmatrix} 1 & 0 & 2 & -1 \\ 0 & 1 & -3/2 & 1 \\ 0 & 0 & 0 & 0 \\ 0 & 0 & 0 & 0 \\ 0 & 0 & 0 & 0 \end{pmatrix},$$

容易求得一个基础解系为

$$\boldsymbol{\alpha}_1=\begin{pmatrix} -2 \\ 3/2 \\ 1 \\ 0 \end{pmatrix}, \ \boldsymbol{\alpha}_2=\begin{pmatrix} 1 \\ -1 \\ 0 \\ 1 \end{pmatrix}.$$

□

例 3.4.6 求齐次方程组

$$\begin{cases} 2x_1-4x_2+2x_3+7x_4=0, \\ 3x_1-6x_2+4x_3+4x_4=0, \\ 4x_1-8x_2+4x_3+15x_4=0 \end{cases}$$

的基础解系.

解 对系数矩阵作初等行变换

$$\begin{pmatrix} 2 & -4 & 2 & 7 \\ 3 & -6 & 4 & 4 \\ 4 & -8 & 4 & 15 \end{pmatrix} \xrightarrow{\substack{(\frac{1}{2})r_1 \\ r_2+(-3)r_1 \\ r_3+(-4)r_1}} \begin{pmatrix} 1 & -2 & 1 & 3.5 \\ 0 & 0 & 1 & -6.5 \\ 0 & 0 & 0 & 1 \end{pmatrix} \xrightarrow{\substack{r_1+(-1)r_2 \\ r_1+(-10)r_3 \\ r_2+6.5r_3}} \begin{pmatrix} 1 & -2 & 0 & 0 \\ 0 & 0 & 1 & 0 \\ 0 & 0 & 0 & 1 \end{pmatrix},$$

取自由变量 x_2 为 1，解得基础解系为 $\boldsymbol{\alpha}=(2,1,0,0)^{\mathrm{T}}$. □

例 3.4.7　证明: 若 $\boldsymbol{A}\in\mathbf{R}^{n\times n}$，则

$$\mathrm{r}(\boldsymbol{A}^*)=\begin{cases} n, & 若\ \mathrm{r}(\boldsymbol{A})=n,\\ 1, & 若\ \mathrm{r}(\boldsymbol{A})=n-1,\\ 0, & 若\ \mathrm{r}(\boldsymbol{A})\leqslant n-2.\end{cases}$$

证明　当 $\mathrm{r}(\boldsymbol{A})\leqslant n-2$ 时，有 $\boldsymbol{A}^*=\boldsymbol{O}$, 故 $\mathrm{r}(\boldsymbol{A}^*)=0$.

当 $\mathrm{r}(\boldsymbol{A})=n$ 时，有 $|\boldsymbol{A}|\neq 0$，再由 $\boldsymbol{A}\boldsymbol{A}^*=|\boldsymbol{A}|\boldsymbol{E}$ 可得 $|\boldsymbol{A}^*|=|\boldsymbol{A}|^{n-1}\neq 0$，从而有 $\mathrm{r}(\boldsymbol{A}^*)=n$.

当 $\mathrm{r}(\boldsymbol{A})=n-1$ 时，有 $\boldsymbol{A}^*\neq\boldsymbol{O}$, 且 $\boldsymbol{A}\boldsymbol{x}=\boldsymbol{\theta}$ 的基础解系向量个数为 1. 再由 $\boldsymbol{A}\boldsymbol{A}^*=|\boldsymbol{A}|\boldsymbol{E}=\boldsymbol{O}$ 可知 $\mathrm{r}(\boldsymbol{A}^*)=1$. □

例 3.4.8　已知向量 $\boldsymbol{\alpha}_1,\boldsymbol{\alpha}_2,\boldsymbol{\alpha}_3\in\mathbf{R}^n$ 线性无关，且 $\boldsymbol{\alpha}_1,\boldsymbol{\alpha}_2$ 为方程组 $\boldsymbol{A}^{\mathrm{T}}\boldsymbol{x}=\boldsymbol{\theta}$ 的基础解系, $\boldsymbol{\alpha}_2,\boldsymbol{\alpha}_3$ 为方程组 $\boldsymbol{B}^{\mathrm{T}}\boldsymbol{x}=\boldsymbol{\theta}$ 的基础解系, 其中 $\boldsymbol{A}\in\mathbf{R}^{n\times m},\boldsymbol{B}\in\mathbf{R}^{n\times p}$，求 $\mathrm{r}((\boldsymbol{A}\,\boldsymbol{B}))$.

解　显然 $\boldsymbol{A}^{\mathrm{T}}\boldsymbol{x}=\boldsymbol{\theta}$ 的通解为 $\boldsymbol{x}=k_1\boldsymbol{\alpha}_1+k_2\boldsymbol{\alpha}_2$, 而 $\boldsymbol{B}^{\mathrm{T}}\boldsymbol{x}=\boldsymbol{\theta}$ 的通解为 $\boldsymbol{x}=t_1\boldsymbol{\alpha}_2+t_2\boldsymbol{\alpha}_3$，其中 k_1,k_2,t_1,t_2 为任意实数.

现在考虑方程组

$$\begin{pmatrix}\boldsymbol{A}^{\mathrm{T}}\\ \boldsymbol{B}^{\mathrm{T}}\end{pmatrix}\boldsymbol{x}=\boldsymbol{\theta}. \tag{1}$$

则该方程组的通解是方程组 $\boldsymbol{A}^{\mathrm{T}}\boldsymbol{x}=\boldsymbol{\theta}$ 的通解和方程组 $\boldsymbol{B}^{\mathrm{T}}\boldsymbol{x}=\boldsymbol{\theta}$ 的通解的交集. 即满足

$$k_1\boldsymbol{\alpha}_1+k_2\boldsymbol{\alpha}_2=t_1\boldsymbol{\alpha}_2+t_2\boldsymbol{\alpha}_3$$

的所有的组合. 改写上述式子如下

$$k_1\boldsymbol{\alpha}_1+(k_2-t_1)\boldsymbol{\alpha}_2-t_2\boldsymbol{\alpha}_3=\boldsymbol{\theta},$$

则由向量 $\boldsymbol{\alpha}_1,\boldsymbol{\alpha}_2,\boldsymbol{\alpha}_3$ 的线性无关性，必有 $k_1=t_2=0,k_2=t_1$，故方程组 (*) 的通解为 $k_2\boldsymbol{\alpha}_2$，基础解系为 $\boldsymbol{\alpha}_2$，由推论 3.4.6 可知方程组 (1) 的系数矩阵秩为 $n-1$.

现在我们有

$$\mathrm{r}((\boldsymbol{A}\ \ \boldsymbol{B}))=\mathrm{r}((\boldsymbol{A}\ \ \boldsymbol{B})^{\mathrm{T}})=\mathrm{r}\begin{pmatrix}\boldsymbol{A}^{\mathrm{T}}\\ \boldsymbol{B}^{\mathrm{T}}\end{pmatrix}=n-1.$$ □

3.4.2　非齐次方程组解的结构

例 3.4.9　找出方程组

$$\begin{cases} x_1+2x_2+3x_3=0,\\ 2x_1+x_2+9x_3=-6,\\ x_1+5x_2=6\end{cases}$$

的两个特解并讨论它们的差的性质.

解　容易验证 $\boldsymbol{\eta}_1=(1,1,-1)^{\mathrm{T}}$ 和 $\boldsymbol{\eta}_2=(-4,2,0)^{\mathrm{T}}$ 是原方程组的两个特解，两特解的差为 $\boldsymbol{\eta}=(5,-1,-1)^{\mathrm{T}}$, 也容易验证它是对应齐次方程组

$$\begin{cases} x_1+2x_2+3x_3=0, \\ 2x_1+x_2+9x_3=0, \\ x_1+5x_2=0 \end{cases}$$

的解. □

定理 3.4.7　*若 $\boldsymbol{A\eta}=\boldsymbol{b}$ $(\boldsymbol{b}\neq\boldsymbol{\theta})$, 则 $\boldsymbol{Ax}=\boldsymbol{b}$ 的通解可以表示为*

$$\boldsymbol{\eta}+\boldsymbol{\alpha},$$

其中 $\boldsymbol{\alpha}$ 为 $\boldsymbol{Ax}=\boldsymbol{\theta}$ 的解. 若 $\boldsymbol{Ax}=\boldsymbol{\theta}$ 的基础解系为 $\boldsymbol{\alpha}_1,\cdots,\boldsymbol{\alpha}_r$, 则 $\boldsymbol{Ax}=\boldsymbol{b}$ 的通解为: $\boldsymbol{\eta}+k_1\boldsymbol{\alpha}_1+\cdots+k_r\boldsymbol{\alpha}_r$, 其中 $k_1,\cdots,k_r\in\mathbf{R}$ 为任意实数.

证明　由 $\boldsymbol{A}(\boldsymbol{\eta}+\boldsymbol{\alpha})=\boldsymbol{A\eta}+\boldsymbol{A\alpha}=\boldsymbol{b}+\boldsymbol{\theta}=\boldsymbol{b}$, 故 $\boldsymbol{\eta}+\boldsymbol{\alpha}$ 为 $\boldsymbol{Ax}=\boldsymbol{b}$ 的解.

设 $\boldsymbol{\beta}$ 为方程组 $\boldsymbol{Ax}=\boldsymbol{b}$ 的任意一个解，则 $\boldsymbol{A}(\boldsymbol{\beta}-\boldsymbol{\eta})=\boldsymbol{A\beta}-\boldsymbol{A\eta}=\boldsymbol{b}-\boldsymbol{b}=\boldsymbol{\theta}$, 即 $\boldsymbol{\beta}-\boldsymbol{\eta}$ 为 $\boldsymbol{Ax}=\boldsymbol{\theta}$ 的一个解，设为 $\boldsymbol{\alpha}$, 则有 $\boldsymbol{\alpha}=\boldsymbol{\beta}-\boldsymbol{\eta}$, 即 $\boldsymbol{\beta}=\boldsymbol{\eta}+\boldsymbol{\alpha}$.

综合上述，可知 $\boldsymbol{Ax}=\boldsymbol{b}$ 的通解可以表示为: $\boldsymbol{\eta}+\boldsymbol{\alpha}$. 易知若 $\boldsymbol{Ax}=\boldsymbol{\theta}$ 的基础解系为 $\boldsymbol{\alpha}_1,\cdots,\boldsymbol{\alpha}_r$, 则 $\boldsymbol{Ax}=\boldsymbol{b}$ 的通解为: $\boldsymbol{\eta}+k_1\boldsymbol{\alpha}_1+\cdots+k_r\boldsymbol{\alpha}_r$, 其中 $k_1,\cdots,k_r\in\mathbf{R}$.

□

例 3.4.10　求非齐次方程组

$$\begin{cases} x_1+2x_2-x_3+x_4=6, \\ 2x_1+2x_2+x_3=6, \\ x_1+4x_2-4x_3+3x_4=12, \\ 4x_1+6x_2-x_3+2x_4=18 \end{cases}$$

的通解.

解　对增广矩阵做行初等变换

$$\begin{pmatrix} 1 & 2 & -1 & 1 & 6 \\ 2 & 2 & 1 & 0 & 6 \\ 1 & 4 & -4 & 3 & 12 \\ 4 & 6 & -1 & 2 & 18 \end{pmatrix} \xrightarrow[r_4-4r_1]{\substack{r_2-2r_1\\ r_3-r_1}} \begin{pmatrix} 1 & 2 & -1 & 1 & 6 \\ 0 & -2 & 3 & -2 & -6 \\ 0 & 2 & -3 & 2 & 6 \\ 0 & -2 & 3 & -2 & -6 \end{pmatrix}$$

$$\xrightarrow[-\frac{1}{2}r_2]{\substack{r_3+r_2\\ r_4-r_2}} \begin{pmatrix} 1 & 0 & 2 & -1 & 0 \\ 0 & 1 & -3/2 & 1 & 3 \\ 0 & 0 & 0 & 0 & 0 \\ 0 & 0 & 0 & 0 & 0 \end{pmatrix},$$

令 $x_3=x_4=0$, 得方程组的一个特解: $\boldsymbol{\eta}=(0,3,0,0)^{\mathrm{T}}$. 对应齐次方程组的一个基础解系为

$$\boldsymbol{\alpha}_1=(-2,3/2,1,0)^{\mathrm{T}},\boldsymbol{\alpha}_2=(1,-1,0,1)^{\mathrm{T}}.$$

于是所求通解为: $\boldsymbol{x}=\boldsymbol{\eta}+k_1\boldsymbol{\alpha}_1+k_2\boldsymbol{\alpha}_2$. □

例 3.4.11　将向量 $\boldsymbol{\beta}$ 表示为向量组 $\{\boldsymbol{\alpha}_1,\boldsymbol{\alpha}_2,\boldsymbol{\alpha}_3\}$ 的线性组合，其中

$$\boldsymbol{\beta}=\begin{pmatrix}2\\0\\-1\end{pmatrix},\quad \boldsymbol{\alpha}_1=\begin{pmatrix}\lambda\\2\\1\end{pmatrix},\quad \boldsymbol{\alpha}_2=\begin{pmatrix}-2\\3\\1\end{pmatrix},\quad \boldsymbol{\alpha}_3=\begin{pmatrix}1\\\mu\\2\end{pmatrix}.$$

解　此即求解

$$\boldsymbol{\beta}=x_1\boldsymbol{\alpha}_1+x_2\boldsymbol{\alpha}_2+x_3\boldsymbol{\alpha}_3,$$

或等价地求解方程组

$$\begin{cases}\lambda x_1-2x_2+x_3=2,\\ 2x_1+3x_2+\mu x_3=0,\\ x_1+x_2+2x_3=-1.\end{cases}$$

对方程组的增广矩阵进行行初等变换

$$\boldsymbol{B}=\begin{pmatrix}\lambda&-2&1&2\\2&3&\mu&0\\1&1&2&-1\end{pmatrix}\xrightarrow{r_1\leftrightarrow r_3}\begin{pmatrix}1&1&2&-1\\2&3&\mu&0\\\lambda&-2&1&2\end{pmatrix}$$

$$\xrightarrow[r_3+(-\lambda)r_1]{r_2+(-2)r_1}\begin{pmatrix}1&1&2&-1\\0&1&\mu-4&2\\0&-2-\lambda&1-2\lambda&2+\lambda\end{pmatrix}$$

$$\xrightarrow[r_3+(\lambda+2)r_2]{r_1+(-1)r_2}\begin{pmatrix}1&0&6-\mu&-3\\0&1&\mu-4&2\\0&0&(\mu-6)(\lambda+2)+5&3(\lambda+2)\end{pmatrix}=\boldsymbol{B}_1$$

当 $(\mu-6)(\lambda+2)+5=0$ 时，显然有 $\lambda\neq-2$，故有 $2=\mathrm{r}(\boldsymbol{A})<\mathrm{r}(\boldsymbol{B})=3$，所以此时无解.
当 $(\mu-6)(\lambda+2)+5\neq0$ 时，或者 $\lambda=-2$ 或者 $\lambda\neq-2,\mu\neq6-\dfrac{5}{\lambda+2}$，均有

$$\boldsymbol{B}_1\xrightarrow{\left(\frac{1}{(\lambda+2)(\mu-6)+5}\right)r_3}\begin{pmatrix}1&0&6-\mu&-3\\0&1&\mu-4&2\\0&0&1&\dfrac{3(\lambda+2)}{(\lambda+2)(\mu-6)+5}\end{pmatrix}$$

$$\xrightarrow[r_2+(4-\mu)r_3]{r_1+(\mu-6)r_3}\begin{pmatrix}1&0&0&-\dfrac{15}{(\lambda+2)(\mu-6)+5}\\0&1&0&-1-\dfrac{3(2\lambda-1)}{(\lambda+2)(\mu-6)+5}\\0&0&1&\dfrac{3(\lambda+2)}{(\lambda+2)(\mu-6)+5}\end{pmatrix}.$$

即方程组的唯一解为

$$\begin{cases}x_1=-\dfrac{15}{(\lambda+2)(\mu-6)+5},\\ x_2=-1-\dfrac{3(2\lambda-1)}{(\lambda+2)(\mu-6)+5},\\ x_3=\dfrac{3(\lambda+2)}{(\lambda+2)(\mu-6)+5}.\end{cases}$$

故当且仅当 $\lambda=-2$ 或 $\lambda\neq-2,\mu\neq 6-\dfrac{5}{\lambda+2}$ 时，$\boldsymbol{\beta}$ 可由 $\boldsymbol{\alpha}_1,\boldsymbol{\alpha}_2,\boldsymbol{\alpha}_3$ 线性表示，且线性组合

$$\boldsymbol{\beta}=-\frac{15}{(\lambda+2)(\mu-6)+5}\boldsymbol{\alpha}_1-\left(1+\frac{3(2\lambda-1)}{(\lambda+2)(\mu-6)+5}\right)\boldsymbol{\alpha}_2+\frac{3(\lambda+2)}{(\lambda+2)(\mu-6)+5}\boldsymbol{\alpha}_3$$

是唯一的. □

3.5* 线性最小二乘法

最小二乘法最初是由高斯在解决法国政府进行的私人土地边界的测量数据优化的过程中提出的，在统计数据处理、曲线拟合等许多方面有重要的应用.

如有一组测量的数据

$$(t_1,b_1),(t_2,b_2),\cdots,(t_m,b_m),$$

要找出最吻合的三次多项式 $p(t)=a_3t^3+a_2t^2+a_1t+a_0$，也就是我们要找这样的多项式系数 a_3,a_2,a_1,a_0，使得

$$\sum_{i=1}^{m}(p(t_i)-b_i)^2=\boldsymbol{z}^{\mathrm{T}}\boldsymbol{z}$$

最小，其中

$$\boldsymbol{z}=\boldsymbol{A}\boldsymbol{x}-\boldsymbol{b},\ \ \boldsymbol{A}=\begin{pmatrix} t_1^3 & t_1^2 & t_1 & 1\\ t_2^3 & t_2^2 & t_2 & 1\\ \vdots & \vdots & \vdots & \vdots\\ t_m^3 & t_m^2 & t_m & 1\end{pmatrix},\boldsymbol{x}=\begin{pmatrix} a_3\\ a_2\\ a_1\\ a_0\end{pmatrix},\boldsymbol{b}=\begin{pmatrix} b_1\\ b_2\\ \vdots\\ b_m\end{pmatrix}.$$

本质上，求解矛盾线性方程组 $\boldsymbol{A}\boldsymbol{x}=\boldsymbol{b}$ 也可以通过求 $(\boldsymbol{A}\boldsymbol{x}-\boldsymbol{b})^{\mathrm{T}}(\boldsymbol{A}\boldsymbol{x}-\boldsymbol{b})$ 的最小值点 $\boldsymbol{x}$ 来实现.

若有线性方程组

$$\boldsymbol{A}\boldsymbol{x}=\boldsymbol{b},\ \ \boldsymbol{A}\in\mathbf{R}^{m\times n},\boldsymbol{x}\in\mathbf{R}^n,\boldsymbol{b}\in\mathbf{R}^m, \tag{3.8}$$

称使得 $(\boldsymbol{A}\boldsymbol{x}-\boldsymbol{b})^{\mathrm{T}}(\boldsymbol{A}\boldsymbol{x}-\boldsymbol{b})$ 最小的 $\boldsymbol{x}$ 为线性方程组 (3.8) 的**最小二乘解**. 求解最小二乘解的方法称为**最小二乘法**.

最小二乘法有多种方法，下面我们介绍**法方程法**. 称线性方程组

$$\boldsymbol{A}^{\mathrm{T}}\boldsymbol{A}\boldsymbol{x}=\boldsymbol{A}^{\mathrm{T}}\boldsymbol{b}, \tag{3.9}$$

为线性方程组 (3.8) 的**法方程**. 法方程法就是通过求法方程的解得到原方程组的最小二乘解的方法，该方法以下列定理为基础.

定理 3.5.1 线性方程组 (3.8) 的法方程 (3.9) 总有解. 当 $\boldsymbol{A}$ 列满秩时，法方程有唯一解，否则有无穷多组解.

证明 易知

$$\mathrm{r}(\boldsymbol{A}^{\mathrm{T}}\boldsymbol{A})\leqslant\mathrm{r}(\boldsymbol{A}^{\mathrm{T}}\boldsymbol{A}\ \ \boldsymbol{A}^{\mathrm{T}}\boldsymbol{b})=\mathrm{r}(\boldsymbol{A}^{\mathrm{T}}(\boldsymbol{A}\ \ \boldsymbol{b}))\leqslant\mathrm{r}(\boldsymbol{A}^{\mathrm{T}})=\mathrm{r}(\boldsymbol{A}).$$

又由 $\boldsymbol{Ax}=\boldsymbol{\theta}$ 可得 $\boldsymbol{A}^{\mathrm{T}}\boldsymbol{Ax}=\boldsymbol{\theta}$，而 $\boldsymbol{A}^{\mathrm{T}}\boldsymbol{Ax}=\boldsymbol{\theta}$ 可得 $\boldsymbol{x}^{\mathrm{T}}\boldsymbol{A}^{\mathrm{T}}\boldsymbol{Ax}=(\boldsymbol{Ax})^{\mathrm{T}}(\boldsymbol{Ax})=0$，从而 $\boldsymbol{Ax}=\boldsymbol{\theta}$. 即 $\boldsymbol{Ax}=\boldsymbol{\theta}$ 与 $\boldsymbol{A}^{\mathrm{T}}\boldsymbol{Ax}=\boldsymbol{\theta}$ 同解，故有 $\mathrm{r}(N(\boldsymbol{A}))=\mathrm{r}(N(\boldsymbol{A}^{\mathrm{T}}\boldsymbol{A})$，从而也有 $\mathrm{r}(\boldsymbol{A})=\mathrm{r}(\boldsymbol{A}^{\mathrm{T}}\boldsymbol{A})$. 最后可得

$$\mathrm{r}(\boldsymbol{A}^{\mathrm{T}}\boldsymbol{A})\leqslant\mathrm{r}(\boldsymbol{A}^{\mathrm{T}}\boldsymbol{A}\ \ \boldsymbol{A}^{\mathrm{T}}\boldsymbol{b})\leqslant\mathrm{r}(\boldsymbol{A})=\mathrm{r}(\boldsymbol{A}^{\mathrm{T}}\boldsymbol{A}),$$

故 $\mathrm{r}(\boldsymbol{A}^{\mathrm{T}}\boldsymbol{A})=\mathrm{r}(\boldsymbol{A}^{\mathrm{T}}\boldsymbol{A}\ \ \boldsymbol{A}^{\mathrm{T}}\boldsymbol{b})$，即法方程 (3.9) 有解.

进一步，由 $\mathrm{r}(\boldsymbol{A}^{\mathrm{T}}\boldsymbol{A})=\mathrm{r}(\boldsymbol{A})$ 可知 $\boldsymbol{A}$ 列满秩时，$\boldsymbol{A}^{\mathrm{T}}\boldsymbol{A}$ 是满秩的方阵，故法方程有唯一解，否则有无穷多组解. □

定理 3.5.2　$\boldsymbol{x}$ 是线性方程组 (3.8) 的最小二乘解的充要条件是 $\boldsymbol{x}$ 是法方程 (3.9) 的解.

证明 设 $\boldsymbol{z}=\boldsymbol{Ax}-\boldsymbol{b},\boldsymbol{y}=\boldsymbol{x}+t\boldsymbol{d}$，其中 $\boldsymbol{x},\boldsymbol{y},\boldsymbol{d}$ 为向量，t 为参数. 则有

$$f(t)=(\boldsymbol{Ay}-\boldsymbol{b})^{\mathrm{T}}(\boldsymbol{Ay}-\boldsymbol{b})=(\boldsymbol{z}+t\boldsymbol{Ad})^{\mathrm{T}}(\boldsymbol{z}+t\boldsymbol{Ad})=\boldsymbol{z}^{\mathrm{T}}\boldsymbol{z}+2\boldsymbol{d}^{\mathrm{T}}\boldsymbol{A}^{\mathrm{T}}\boldsymbol{z}t+\boldsymbol{d}^{\mathrm{T}}\boldsymbol{A}^{\mathrm{T}}\boldsymbol{Ad}t^2,$$

对 t 求导数得

$$f'(t)=2\boldsymbol{d}^{\mathrm{T}}\boldsymbol{A}^{\mathrm{T}}\boldsymbol{z}+2\boldsymbol{d}^{\mathrm{T}}\boldsymbol{A}^{\mathrm{T}}\boldsymbol{Ad}t=2\boldsymbol{d}^{\mathrm{T}}\boldsymbol{A}^{\mathrm{T}}(\boldsymbol{z}+t\boldsymbol{Ad}).$$

若 $\boldsymbol{x}$ 是方程组 (3.8) 的最小二乘解，则对任意的向量 $\boldsymbol{d}$，$f(t)$ 的最小值点在 $t=0$ 处，即有 $f'(0)=2\boldsymbol{d}^{\mathrm{T}}\boldsymbol{A}^{\mathrm{T}}\boldsymbol{z}=0$. 因为 $\boldsymbol{d}$ 是任意向量，可取 $\boldsymbol{e}_1,\boldsymbol{e}_2,\cdots,\boldsymbol{e}_n$，则有 $\boldsymbol{EA}^{\mathrm{T}}\boldsymbol{z}=\boldsymbol{A}^{\mathrm{T}}\boldsymbol{z}=\boldsymbol{A}^{\mathrm{T}}(\boldsymbol{Ax}-\boldsymbol{b})=\boldsymbol{\theta}$，即 $\boldsymbol{A}^{\mathrm{T}}\boldsymbol{Ax}=\boldsymbol{A}^{\mathrm{T}}\boldsymbol{b}$.

若有 $\boldsymbol{A}^{\mathrm{T}}\boldsymbol{Ax}=\boldsymbol{A}^{\mathrm{T}}\boldsymbol{b}$，则 $\boldsymbol{A}^{\mathrm{T}}\boldsymbol{z}=\boldsymbol{\theta}$，故有

$$f(t)=\boldsymbol{z}^{\mathrm{T}}\boldsymbol{z}+\boldsymbol{z}^{\mathrm{T}}\boldsymbol{A}^{\mathrm{T}}\boldsymbol{Ad}t^2\geqslant\boldsymbol{z}^{\mathrm{T}}\boldsymbol{z}.$$

即对任意的 $\boldsymbol{d}$，$t=0$ 为最小值点，即 $\boldsymbol{x}$ 为 $(\boldsymbol{Ay}-\boldsymbol{b})^{\mathrm{T}}(\boldsymbol{Ay}-\boldsymbol{b})$ 的最小值点，故 $\boldsymbol{x}$ 是 (3.8) 的最小二乘解. □

当线性方程组有解时，方程组的最小二乘解就是方程组的解. 当最小二乘解有多个时，我们还需要考虑如何选择最简单的解，本节简单介绍只有一个最小二乘解的情况，即方程组系数矩阵为列满秩的情况. 下面我们来看一个求线性最小二乘解的例子.

例 3.5.1　求方程组

$$\begin{cases}x_1+2x_2+x_3=6,\\2x_1-x_2+x_3=6,\\2x_1-x_2-x_3=12,\\x_1-3x_2-2x_3=-6\end{cases}$$

的最小二乘解.

解　将方程组写成矩阵形式：

$$\boldsymbol{Ax}=\boldsymbol{b},$$

其中

$$\boldsymbol{A}=\begin{pmatrix}1&2&1\\2&-1&1\\2&-1&-1\\1&-3&-2\end{pmatrix},\quad\boldsymbol{b}=\begin{pmatrix}6\\6\\12\\-6\end{pmatrix}.$$

其法方程为：$\boldsymbol{A}^{\mathrm{T}}\boldsymbol{A}\boldsymbol{x}=\boldsymbol{A}^{\mathrm{T}}\boldsymbol{b}$. 求解法方程

$$(\boldsymbol{A}^{\mathrm{T}}\boldsymbol{A}\ \boldsymbol{A}^{\mathrm{T}}\boldsymbol{b})=\begin{pmatrix}10&-5&-1&36\\-5&15&8&12\\-1&8&7&12\end{pmatrix}\longrightarrow\begin{pmatrix}1&0&0&5\\0&1&0&3\\0&0&1&-1\end{pmatrix}$$

故方程组的最小二乘解为：$\boldsymbol{x}=(5,3,-1)^{\mathrm{T}}$. □

习 题 三

1. 解下列方程组：

(1) $\begin{cases}3x+2y-z=6,\\x+y=3,\\2x+y+3z=7;\end{cases}$ (2) $\begin{cases}4x+3y+3z=19,\\-3x+4y+7z=26,\\6x-y-4z=-8;\end{cases}$

(3) $\begin{cases}x+2z=6,\\-3x+5y=-11,\\3y+4z=5;\end{cases}$ (4) $\begin{cases}x_1+2x_2+x_3-x_4=4,\\2x_1+3x_2-x_3+x_4=-1,\\3x_1+3x_2+7x_3+2x_4=6,\\4x_1+5x_2+x_3+3x_4=-1;\end{cases}$

(5) $\begin{cases}3x_1+7x_2+2x_4=2,\\7x_1+15x_2-3x_3+5x_4=7,\\3x_1+9x_2-2x_3=2,\\2x_1+5x_2+2x_3+x_4=-1;\end{cases}$ (6) $\begin{cases}2x_1+x_2=0,\\x_1+2x_2+x_3=0,\\x_2+2x_3+x_4=5,\\x_3+2x_4+x_5=2,\\x_4+2x_5=-5;\end{cases}$

(7) $\begin{cases}x_1+2x_2=3,\\2x_1+5x_2=5,\\2x_3+x_4+x_5=2,\\x_3+2x_4+x_5=-1,\\x_3+x_4+2x_5=-1.\end{cases}$

2. 设 $\boldsymbol{\alpha}_1,\cdots,\boldsymbol{\alpha}_s\in\mathbf{R}^n$ 是非齐次方程组 $\boldsymbol{A}\boldsymbol{x}=\boldsymbol{b}$，$\boldsymbol{b}\neq\boldsymbol{\theta}$ 的解，证明 $\boldsymbol{\beta}=k_1\boldsymbol{\alpha}_1+\cdots+k_s\boldsymbol{\alpha}_s$ 是齐次方程组 $\boldsymbol{A}\boldsymbol{x}=\boldsymbol{\theta}$ 的解的充要条件是 $k_1+\cdots+k_s=0$, 其中 $\boldsymbol{A}\in\mathbf{R}^{m\times n}$.

3. 证明 $\boldsymbol{A}\boldsymbol{x}=\boldsymbol{\theta}$ 与 $\boldsymbol{A}^{\mathrm{T}}\boldsymbol{A}\boldsymbol{x}=\boldsymbol{\theta}$ 是同解方程组, 其中 $\boldsymbol{A}\in\mathbf{R}^{m\times n}$.

4. 判断下列方程组是否有解，若有解，求出方程组的解:

(1) $\begin{cases}2x+y-2z=1,\\3x+y+5z=9,\\x+y+3z=5;\end{cases}$ (2) $\begin{cases}2x+y-2z=2,\\3x+3y+5z=14,\\x-y-9z=10;\end{cases}$

(3) $\begin{cases}2x-y+2z=-4,\\3x-2y+5z=-5,\\x-y+3z=-1;\end{cases}$ (4) $\begin{cases}3x+y-4z=1,\\7x-2y+9z=12,\\5x-5y+7z=2,\\3x+3y-5z=4;\end{cases}$

(5) $\begin{cases} x+2y-3z=-6, \\ 7x+3y+6z=4, \\ -5x+3y+8z=10, \\ x+y+6z=4; \end{cases}$　(6) $\begin{cases} x+2y-3z=3, \\ 3x+2y-z=5, \\ -2x+3y-8z=1, \\ 2x+y=3; \end{cases}$

(7) $\begin{cases} x_1-2x_2+x_3+7x_4+2x_5=13, \\ 3x_1+7x_2-x_3+2x_4+x_5=20, \\ 2x_1-17x_2+6x_3+33x_4+9x_5=39; \end{cases}$

(8) $\begin{cases} 2x_1-3x_2+x_3+x_4-x_5=-5, \\ -x_1+3x_2+4x_3-2x_4+2x_5=1, \\ 4x_1-9x_2-10x_3+5x_4-2x_5=-4. \end{cases}$

5. 求下列带参方程组的解 (何时有解, 何时无解, 何时有无穷多解):

(1) $\begin{cases} 2x+y=4, \\ 3x+\lambda y+2z=13, \\ 2x-2y+3z=7; \end{cases}$

(2) $\begin{cases} x_1+2x_2+x_3-x_4=1, \\ x_1+3x_2+2x_3+3x_4=1, \\ 3x_1+2x_2+x_3-11x_4=a, \\ 2x_1+3x_2+3x_3+bx_4=-6. \end{cases}$

6. 证明线性方程组

$$\begin{cases} x_1-2x_2+x_3=b_1, \\ x_2-2x_3+x_4=b_2, \\ \qquad\cdots\cdots \\ x_{n-2}-2x_{n-1}+x_n=b_{n-2}, \\ x_1+x_{n-1}-2x_n=b_{n-1}, \\ -2x_1+x_2+x_n=b_n \end{cases}$$

有解的充要条件为 $\sum\limits_{i=1}^{n} b_i=0$.

7. 求下列齐次方程组的基础解系和通解:

(1) $\begin{cases} 2x+y+7z=0, \\ 3x+3y+5z=0, \\ 7x+2y+30z=0; \end{cases}$　(2) $\begin{cases} x_1+2x_2-x_3+x_4=0, \\ 2x_1+x_2+4x_3-x_4=0, \\ x_1-2x_2+7x_3-3x_4=0; \end{cases}$

(3) $\begin{cases} 3x-y+5z=0, \\ 2x+y+5z=0, \\ x+3y+5z=0, \\ x+2y+4z=0; \end{cases}$　(4) $\begin{cases} 2x_1-4x_2+x_3+2x_4=0, \\ -x_1+2x_2+x_3+5x_4=0, \\ 3x_1-6x_2+3x_3+9x_4=0, \\ 2x_1-4x_2+2x_3+6x_4=0. \end{cases}$

8. 设 $\begin{vmatrix} a_{01} & \cdots & a_{0n} & b_0 \\ a_{11} & \cdots & a_{1n} & b_1 \\ \vdots & \ddots & \vdots & \vdots \\ a_{n1} & \cdots & a_{nn} & b_n \end{vmatrix} \neq 0$, 证明 $\begin{cases} a_{01}x_1 + \cdots + a_{0n}x_n = b_0, \\ a_{11}x_1 + \cdots + a_{1n}x_n = b_1, \\ \cdots\cdots \\ a_{n1}x_1 + \cdots + a_{nn}x_n = b_n \end{cases}$ 无解.

9. 证明: 方程组 $\begin{pmatrix} \boldsymbol{A} \\ \boldsymbol{b}^{\mathrm{T}} \end{pmatrix} \boldsymbol{x} = \boldsymbol{\theta}$ 与方程组 $\boldsymbol{A}\boldsymbol{x} = \boldsymbol{\theta}$ 是同解方程组的充要条件是 $\boldsymbol{A}^{\mathrm{T}}\boldsymbol{y} = \boldsymbol{b}$ 有解, 其中 $\boldsymbol{A} \in \mathbf{R}^{m\times n}$.

10. 已知 $\boldsymbol{A}\boldsymbol{x} = \boldsymbol{\theta}$ 的一个基础解系是 $\boldsymbol{\alpha}_1, \cdots, \boldsymbol{\alpha}_r$, 求 $(\boldsymbol{A}\ \ \boldsymbol{A})\begin{pmatrix} \boldsymbol{x} \\ \boldsymbol{y} \end{pmatrix} = \boldsymbol{\theta}$ 的一个基础解系, 其中 $\boldsymbol{A} \in \mathbf{R}^{m\times n}$.

11. 已知齐次方程组 $\boldsymbol{A}\boldsymbol{x} = \boldsymbol{\theta}$ 的系数矩阵 $\boldsymbol{A} \in \mathbf{R}^{n\times n}$ 有 $A_{11} \neq 0$ 且 $|\boldsymbol{A}| = 0$, 证明 $(A_{11}, \cdots, A_{1n})^{\mathrm{T}}$ 是 $\boldsymbol{A}\boldsymbol{x} = \boldsymbol{\theta}$ 的一个基础解系, 其中 $A_{11}, \cdots, A_{1n}$ 是行列式 $|\boldsymbol{A}|$ 第一行元素的代数余子式.

12. 设 $\boldsymbol{A} \in \mathbf{R}^{r\times n}, \boldsymbol{B} \in \mathbf{R}^{(n-r)\times n}$ 都是行满秩矩阵, 且有关系 $\boldsymbol{A}\boldsymbol{B}^{\mathrm{T}} = \boldsymbol{O}$, 证明 $\boldsymbol{B}^{\mathrm{T}}$ 的列构成 $\boldsymbol{A}\boldsymbol{x} = \boldsymbol{\theta}$ 的一个基础解系, $\boldsymbol{A}^{\mathrm{T}}$ 的列构成 $\boldsymbol{B}\boldsymbol{y} = \boldsymbol{\theta}$ 的一个基础解系.

13. 证明: 若 $\boldsymbol{A}\boldsymbol{x} = \boldsymbol{\theta}$ 的解一定是 $\boldsymbol{B}\boldsymbol{x} = \boldsymbol{\theta}$ 的解, 则 $\boldsymbol{B}$ 的行向量都能表示成 $\boldsymbol{A}$ 的行向量的线性组合, 其中 $\boldsymbol{A} \in \mathbf{R}^{m\times n}, \boldsymbol{B} \in \mathbf{R}^{p\times n}$.

14. 证明: 若 $\boldsymbol{\alpha}_1, \boldsymbol{\alpha}_2, \boldsymbol{\alpha}_3 \in \mathbf{R}^n$ 是 $\boldsymbol{A}\boldsymbol{x} = \boldsymbol{\theta}$ 的一个基础解系, 则 $\boldsymbol{\beta}_1 = 2\boldsymbol{\alpha}_1 + \boldsymbol{\alpha}_2 + \boldsymbol{\alpha}_3, \boldsymbol{\beta}_2 = \boldsymbol{\alpha}_1 + 2\boldsymbol{\alpha}_2 + \boldsymbol{\alpha}_3, \boldsymbol{\beta}_3 = \boldsymbol{\alpha}_1 + \boldsymbol{\alpha}_2 + 2\boldsymbol{\alpha}_3$ 也是 $\boldsymbol{A}\boldsymbol{x} = \boldsymbol{\theta}$ 的一个基础解系, 其中 $\boldsymbol{A} \in \mathbf{R}^{m\times n}$.

15. 设线性方程组

$$\begin{cases} a_{11}x_1 + \cdots + a_{1n}x_n = 0, \\ a_{21}x_1 + \cdots + a_{2n}x_n = 0, \\ \cdots\cdots \\ a_{n-1,1}x_1 + \cdots + a_{n-1,n}x_n = 0 \end{cases}$$

的系数矩阵

$$\boldsymbol{A} = \begin{pmatrix} a_{11} & \cdots & a_{1n} \\ a_{21} & \cdots & a_{2n} \\ \vdots & & \vdots \\ a_{n-1,1} & \cdots & a_{n-1,n} \end{pmatrix}$$

为行满秩, M_i 为 $\boldsymbol{A}$ 中划去第 i 列后剩下的 $(n-1)\times(n-1)$ 阶矩阵的行列式, 证明 $(M_1, -M_2, \cdots, (-1)^{n-1}M_n)^{\mathrm{T}}$ 为方程组的一个基础解系.

16. 设 $\boldsymbol{A}\boldsymbol{x} = \boldsymbol{\theta}$ 的一个基础解系为 $\boldsymbol{\alpha}_1 = (0,0,1,1)^{\mathrm{T}}, \boldsymbol{\alpha}_2 = (1,2,0,-1)^{\mathrm{T}}$, $\boldsymbol{B}\boldsymbol{x} = \boldsymbol{\theta}$ 的一个基础解系为 $\boldsymbol{\beta}_1 = (1,-1,1,1)^{\mathrm{T}}, \boldsymbol{\beta}_2 = (2,1,1,0)^{\mathrm{T}}$, 其中 $\boldsymbol{A} \in \mathbf{R}^{m\times 4}$, $\boldsymbol{B} \in \mathbf{R}^{p\times 4}$, 求

$$\begin{pmatrix} \boldsymbol{A} \\ \boldsymbol{B} \end{pmatrix} \boldsymbol{x} = \boldsymbol{\theta}$$

的一个基础解系.

17. 设方程组

$$\begin{cases} x_1 - x_2 + x_3 = 0, \\ -2x_1 + x_2 + x_4 = 0 \end{cases}$$

与方程组

$$\begin{cases} 2x_1 - x_2 + ax_3 + bx_4 = 0, \\ x_1 - ax_2 + bx_3 - x_4 = 0 \end{cases}$$

有相同的解集，求 a, b 的值.

18. 求下列非齐次方程组的通解：

(1) $\begin{cases} 3x + 2y + 2z = -3, \\ 2x + 3y + 8z = 3, \\ 4x + 3y + 4z = -3; \end{cases}$　(2) $\begin{cases} 2x_1 + x_2 + 7x_3 + 3x_4 = 5, \\ 5x_1 + 16x_2 + 31x_3 - 6x_4 = 26, \\ x_1 - x_2 + 2x_3 + 3x_4 = 1. \end{cases}$

19. 将向量 $\boldsymbol{\beta}$ 表示为向量组 $\{\boldsymbol{\alpha}_1, \boldsymbol{\alpha}_2, \boldsymbol{\alpha}_3\}$ 的线性组合，其中

$$\boldsymbol{\beta} = \begin{pmatrix} 1 \\ 2 \\ -1 \end{pmatrix}, \quad \boldsymbol{\alpha}_1 = \begin{pmatrix} -1 \\ 1 \\ -5 \end{pmatrix}, \quad \boldsymbol{\alpha}_2 = \begin{pmatrix} \lambda \\ -1 \\ 5 \end{pmatrix}, \quad \boldsymbol{\alpha}_3 = \begin{pmatrix} 2 \\ \lambda \\ 4 \end{pmatrix}.$$

20. 设 $\boldsymbol{\alpha}_1, \cdots, \boldsymbol{\alpha}_r \in \mathbf{R}^n$ 是 $\boldsymbol{Ax} = \boldsymbol{\theta}$ 的一个基础解系, 其中 $\boldsymbol{A} \in \mathbf{R}^{m\times n}$，$\boldsymbol{\eta} \in \mathbf{R}^n$ 是 $\boldsymbol{Ax} = \boldsymbol{b}, \boldsymbol{b} \neq \boldsymbol{\theta}$ 的一个特解，又设 $\boldsymbol{\beta}_0 = \boldsymbol{\eta}, \boldsymbol{\beta}_1 = \boldsymbol{\eta} + \boldsymbol{\alpha}_1, \cdots, \boldsymbol{\beta}_r = \boldsymbol{\eta} + \boldsymbol{\alpha}_r$，证明：

(1) $\boldsymbol{\beta}_0, \cdots, \boldsymbol{\beta}_r$ 线性无关;

(2) $\boldsymbol{Ax} = \boldsymbol{b}$ 的任意解 β 都能表示成 $\boldsymbol{\beta}_0, \cdots, \boldsymbol{\beta}_r$ 的线性组合，即 $\beta = k_0\boldsymbol{\beta}_0 + k_1\boldsymbol{\beta}_1 + \cdots + k_r\boldsymbol{\beta}_r$，其中 $k_0 + k_1 + \cdots + k_r = 1$.

21*. 求下列方程组的最小二乘解

$$\begin{cases} 3x_1 + x_2 - 2x_3 = -5, \\ x_1 + 3x_2 - 3x_3 = -5, \\ 2x_1 - 7x_3 = -3, \\ x_1 - x_2 + 3x_3 = 11. \end{cases}$$

第 4 章 矩阵的特征值与特征向量

矩阵的特征值与特征向量可以用来计算在 $\boldsymbol{P}^{-1}\boldsymbol{A}\boldsymbol{P}$ 意义下的最简矩阵, 而 $\boldsymbol{A}$ 与 $\boldsymbol{P}^{-1}\boldsymbol{A}\boldsymbol{P}$ 表示在不同坐标系下的同一个线性变换.

4.1 相似矩阵

矩阵分解经常能解决很多问题，我们要考虑一种特殊的矩阵分解：$\boldsymbol{A}=\boldsymbol{P}\boldsymbol{\Lambda}\boldsymbol{P}^{-1}$，其中 $\boldsymbol{\Lambda}=\operatorname{diag}(\lambda_1,\cdots,\lambda_n)$. 这种分解非常有用，问题是对一般方阵，这种分解是否存在？在存在这种分解的情况下，又怎样去求出其中的 $\boldsymbol{P}$ 和 $\boldsymbol{\Lambda}$？下面就要讨论这些问题.

定义 4.1.1 (相似矩阵) 对于同阶方阵 $\boldsymbol{A}$ 与 $\boldsymbol{B}$, 如果存在可逆矩阵 $\boldsymbol{P}$, 使得

$$\boldsymbol{B}=\boldsymbol{P}^{-1}\boldsymbol{A}\boldsymbol{P},$$

则称 $\boldsymbol{A}$ **相似**于 $\boldsymbol{B}$, 记为 $\boldsymbol{A}\sim\boldsymbol{B}$. 称 $\boldsymbol{B}$ 为 $\boldsymbol{A}$ 的**相似矩阵**, 而称 $\boldsymbol{P}$ 为 $\boldsymbol{A}$ 到 $\boldsymbol{B}$ 的**相似变换矩阵**.

容易证明，相似矩阵满足等价关系的三个性质：

(1) **自反性**: 对任意矩阵 $\boldsymbol{A}$，都成立 $\boldsymbol{A}\sim\boldsymbol{A}$;

(2) **对称性**: 若 $\boldsymbol{A}\sim\boldsymbol{B}$，则 $\boldsymbol{B}\sim\boldsymbol{A}$;

(3) **传递性**: 若 $\boldsymbol{A}\sim\boldsymbol{B},\boldsymbol{B}\sim\boldsymbol{C}$, 则 $\boldsymbol{A}\sim\boldsymbol{C}$.

此外, 相似矩阵之间也有许多共同的性质:

性质 1 若 $\boldsymbol{A}\sim\boldsymbol{B}$, 则 $|\boldsymbol{A}|=|\boldsymbol{B}|$, 从而 $\boldsymbol{A}$ 与 $\boldsymbol{B}$ 可逆性相同.

证明 由 $\boldsymbol{B}=\boldsymbol{P}^{-1}\boldsymbol{A}\boldsymbol{P}$ 得 $|\boldsymbol{B}|=|\boldsymbol{P}^{-1}||\boldsymbol{A}||\boldsymbol{P}|=|\boldsymbol{P}|^{-1}|\boldsymbol{A}||\boldsymbol{P}|=|\boldsymbol{A}|$. □

性质 2 若 $\boldsymbol{A}\sim\boldsymbol{B}$, 且 $\boldsymbol{A}$ 或 $\boldsymbol{B}$ 可逆, 则 $\boldsymbol{A}^{-1}\sim\boldsymbol{B}^{-1}$.

证明 若 $\boldsymbol{A}\sim\boldsymbol{B}$, 则由性质 1 知 $\boldsymbol{A}$ 与 $\boldsymbol{B}$ 同为不可逆或同为可逆. 在 $\boldsymbol{A}$ 或 $\boldsymbol{B}$ 为可逆的情形, 对等式 $\boldsymbol{B}=\boldsymbol{P}^{-1}\boldsymbol{A}\boldsymbol{P}$ 两边取逆矩阵得 $\boldsymbol{B}^{-1}=\boldsymbol{P}^{-1}\boldsymbol{A}^{-1}\boldsymbol{P}$, 故 $\boldsymbol{A}^{-1}\sim\boldsymbol{B}^{-1}$. □

性质 3 若 $\boldsymbol{A}\sim\boldsymbol{B}$, 则 $\boldsymbol{A}^n\sim\boldsymbol{B}^n,k\boldsymbol{A}\sim k\boldsymbol{B}$，其中 n 为自然数，k 为任意实数.

证明 因为 $\boldsymbol{A}\sim\boldsymbol{B}$, 所以存在可逆矩阵 $\boldsymbol{P}$ 使 $\boldsymbol{P}^{-1}\boldsymbol{A}\boldsymbol{P}=\boldsymbol{B}$, 于是对任何正整数 n, 有

$$\begin{aligned}\boldsymbol{B}^n&=\underbrace{(\boldsymbol{P}^{-1}\boldsymbol{A}\boldsymbol{P})(\boldsymbol{P}^{-1}\boldsymbol{A}\boldsymbol{P})\cdots(\boldsymbol{P}^{-1}\boldsymbol{A}\boldsymbol{P})}_{n\text{ 个括弧}}\\&=\boldsymbol{P}^{-1}\boldsymbol{A}(\boldsymbol{P}\boldsymbol{P}^{-1})\boldsymbol{A}(\boldsymbol{P}\boldsymbol{P}^{-1})\boldsymbol{A}\cdots(\boldsymbol{P}\boldsymbol{P}^{-1})\boldsymbol{A}\boldsymbol{P}=\boldsymbol{P}^{-1}\boldsymbol{A}^n\boldsymbol{P},\end{aligned}$$

即 $\boldsymbol{A}^n\sim\boldsymbol{B}^n$. 另外易知 $k\boldsymbol{B}=\boldsymbol{P}^{-1}(k\boldsymbol{A})\boldsymbol{P}$. □

性质 3 在求矩阵的正整数幂时非常有用, 且看下面的例子.

例 4.1.1　若 $\boldsymbol{P}^{-1}\boldsymbol{AP}$ 为对角矩阵, 其中

$$\boldsymbol{P}=\begin{pmatrix}4&1\\-1&-1\end{pmatrix},\quad \boldsymbol{A}=\begin{pmatrix}3&4\\-1&-2\end{pmatrix},$$

试求 $\boldsymbol{A}^n$(n 为正整数).

解　容易求得 $\boldsymbol{P}^{-1}=\dfrac{1}{3}\begin{pmatrix}1&1\\-1&-4\end{pmatrix}$, 于是

$$\boldsymbol{B}=\boldsymbol{P}^{-1}\boldsymbol{AP}=\frac{1}{3}\begin{pmatrix}1&1\\-1&-4\end{pmatrix}\begin{pmatrix}3&4\\-1&-2\end{pmatrix}\begin{pmatrix}4&1\\-1&-1\end{pmatrix}=\begin{pmatrix}2&0\\0&-1\end{pmatrix}.$$

由 $\boldsymbol{P}^{-1}\boldsymbol{AP}=\boldsymbol{B}$ 得 $\boldsymbol{A}=\boldsymbol{PBP}^{-1}$, 于是

$$\begin{aligned}\boldsymbol{A}^n&=(\boldsymbol{PBP}^{-1})^n=\boldsymbol{PB}^n\boldsymbol{P}^{-1}=\begin{pmatrix}4&1\\-1&-1\end{pmatrix}\begin{pmatrix}2&0\\0&-1\end{pmatrix}^n\frac{1}{3}\begin{pmatrix}1&1\\-1&-4\end{pmatrix}\\&=\frac{1}{3}\begin{pmatrix}4&1\\-1&-1\end{pmatrix}\begin{pmatrix}2^n&0\\0&(-1)^n\end{pmatrix}\begin{pmatrix}1&1\\-1&-4\end{pmatrix}\\&=\frac{1}{3}\begin{pmatrix}2^{n+2}+(-1)^{n+1}&4(2^n+(-1)^{n+1})\\-2^n+(-1)^n&-2^n+4(-1)^n\end{pmatrix}.\end{aligned}$$

□

性质 4　若 $\boldsymbol{A}\sim\boldsymbol{B}$, 则 $f(\boldsymbol{A})\sim f(\boldsymbol{B})$，其中 $f(x)=a_nx^n+a_{n-1}x^{n-1}+\cdots+a_1x+a_0$ 为任意多项式.

证明　由 $\boldsymbol{B}=\boldsymbol{P}^{-1}\boldsymbol{AP}$ 可得

$$\begin{aligned}f(\boldsymbol{B})&=a_n\boldsymbol{B}^n+\cdots+a_1\boldsymbol{B}+a_0\boldsymbol{E}\\&=a_n\underbrace{(\boldsymbol{P}^{-1}\boldsymbol{AP})(\boldsymbol{P}^{-1}\boldsymbol{AP})\cdots(\boldsymbol{P}^{-1}\boldsymbol{AP})}_{n\text{ 个括弧}}+\cdots+a_1\boldsymbol{P}^{-1}\boldsymbol{AP}+a_0\boldsymbol{E}\\&=a_n\boldsymbol{P}^{-1}\boldsymbol{A}^n\boldsymbol{P}+\cdots+a_1\boldsymbol{P}^{-1}\boldsymbol{AP}+a_0\boldsymbol{P}^{-1}\boldsymbol{EP}\\&=\boldsymbol{P}^{-1}(a_n\boldsymbol{A}^n+\cdots+a_1\boldsymbol{A}+a_0\boldsymbol{E})\boldsymbol{P}=\boldsymbol{P}^{-1}f(\boldsymbol{A})\boldsymbol{P},\end{aligned}$$

即 $f(\boldsymbol{A})\sim f(\boldsymbol{B})$.　□

相似矩阵有其几何意义，在第六章将看到相似矩阵是同一个线性变换在不同坐标系下的表示 (定理 6.4.6).

4.2　特征值与特征向量

这一节我们扩大到复数范围进行讨论.

对于一个 n 阶方阵 $\boldsymbol{A}$，如果有 $\boldsymbol{P}=(\boldsymbol{\xi_1},\boldsymbol{\xi_2},\cdots,\boldsymbol{\xi_n}),\boldsymbol{\Lambda}=\mathrm{diag}\,(\lambda_1,\cdots,\lambda_n)$ 使得 $\boldsymbol{A}=\boldsymbol{P\Lambda P}^{-1}$，则 $\boldsymbol{AP}=\boldsymbol{P\Lambda}$，所以有

$$\boldsymbol{A\xi}_i=\lambda_i\boldsymbol{\xi}_i,\ i=1,2,\cdots,n.$$

下面就从 $\boldsymbol{A\xi}_i=\lambda_i\boldsymbol{\xi}_i$ 入手讨论上面提到的问题.

定义 4.2.1 (特征值、特征向量)　设 $\boldsymbol{A}$ 是实数域 $\mathbf{R}$ 或复数域 $\mathbf{C}$ 上的一个方阵, $\lambda \in \mathbf{C}$, 若存在非零向量 $\boldsymbol{\xi}$ 使得 $\boldsymbol{A\xi} = \lambda\boldsymbol{\xi}$, 则称 λ 为矩阵 $\boldsymbol{A}$ 的**特征值**, $\boldsymbol{\xi}$ 称为 $\boldsymbol{A}$ 的属于特征值 λ 的**特征向量**.

对于特征向量而言，有如下性质:

定理 4.2.1　*设方阵 $\boldsymbol{A}$ 有特征值 λ, $\boldsymbol{\xi}_1, \boldsymbol{\xi}_2$ 为属于 λ 的特征向量, 则它们的任意不等于零向量的线性组合 $\boldsymbol{\eta} = k_1\boldsymbol{\xi}_1 + k_2\boldsymbol{\xi}_2 (k_1, k_2 \in \mathbf{R})$ 仍是属于 λ 的特征向量.*

证明　直接验证如下

$$\boldsymbol{A\eta} = \boldsymbol{A}(k_1\boldsymbol{\xi}_1 + k_2\boldsymbol{\xi}_2) = k_1\boldsymbol{A\xi}_1 + k_2\boldsymbol{A\xi}_2 = k_1\lambda\boldsymbol{\xi}_1 + k_2\lambda\boldsymbol{\xi}_2 = \lambda(k_1\boldsymbol{\xi}_1 + k_2\boldsymbol{\xi}_2) = \lambda\boldsymbol{\eta}.$$

□

由定理 4.2.1 可知若 $\boldsymbol{\xi}$ 是属于 λ 的一个特征向量, 则 $k \neq 0$ 时 $k\boldsymbol{\xi}$ 也是属于 λ 的特征向量. 于是有: 如果 λ 是 $\boldsymbol{A}$ 的特征值, 则属于 λ 的特征向量有无穷多个.

现在我们讨论如何求出 $\boldsymbol{A}$ 的全部特征值和全部特征向量. 因为方程 $\boldsymbol{A\xi} = \lambda\boldsymbol{\xi}$ 等价于齐次线性方程组 $(\lambda\boldsymbol{E} - \boldsymbol{A})\boldsymbol{\xi} = \boldsymbol{\theta}$，故求特征值、特征向量即是求 $(\lambda\boldsymbol{E} - \boldsymbol{A})\boldsymbol{x} = \boldsymbol{\theta}$ 非零解的问题. 由于此齐次线性方程组有非零解的充要条件是系数行列式为零，即 $|\lambda\boldsymbol{E} - \boldsymbol{A}| = 0$，由此可求得特征值 λ，进一步可求得 $(\lambda\boldsymbol{E} - \boldsymbol{A})\boldsymbol{x} = \boldsymbol{\theta}$ 的非零解，此即属于特征值 λ 的特征向量.

定义 4.2.2 (特征多项式、特征方程、特征矩阵)　$|\lambda\boldsymbol{E} - \boldsymbol{A}|$ 称为 $\boldsymbol{A}$ 的**特征多项式**; 方程 $|\lambda\boldsymbol{E} - \boldsymbol{A}| = 0$ 称为 $\boldsymbol{A}$ 的**特征方程**. 方程 $|\lambda\boldsymbol{E} - \boldsymbol{A}| = 0$ 的解也称为 $\boldsymbol{A}$ 的**特征根**. 而 $\lambda\boldsymbol{E} - \boldsymbol{A}$ 称为 $\boldsymbol{A}$ 的**特征矩阵**.

由上面的定义和讨论知，$\boldsymbol{A}$ 的特征根与 $\boldsymbol{A}$ 的特征值是相同的. 对 n 阶方阵 $\boldsymbol{A}$, $\boldsymbol{A}$ 的特征多项式是 n 次多项式，由代数学基本定理知, $\boldsymbol{A}$ 有 n 个特征值 (包括重数). 对于实数矩阵 $\boldsymbol{A}$，若 λ 是它的实特征值，则 $(\lambda\boldsymbol{E} - \boldsymbol{A})\boldsymbol{x} = \boldsymbol{\theta}$ 必有实非零解. 于是对于实数矩阵的实特征值，我们只考虑属于它的实特征向量. 而对于实数矩阵的复特征值，我们必须考虑属于它的复特征向量. 综合上面的讨论，我们给出求矩阵 $\boldsymbol{A}$ 的全部特征值和特征向量的计算步骤如下：

(1) 计算行列式 $|\lambda\boldsymbol{E} - \boldsymbol{A}|$, 并求出 $|\lambda\boldsymbol{E} - \boldsymbol{A}| = 0$ 的全部根, 即 $\boldsymbol{A}$ 的特征值;

(2) 对于每个特征值 λ_i, 求齐次线性方程组

$$(\lambda_i\boldsymbol{E} - \boldsymbol{A})\boldsymbol{x} = \boldsymbol{\theta}$$

的一个基础解系 $\boldsymbol{\alpha}_1, \boldsymbol{\alpha}_2, \cdots, \boldsymbol{\alpha}_{s_i}$;

(3) 写出 $\boldsymbol{A}$ 属于 λ_i 的全部特征向量为

$$k_1\boldsymbol{\alpha}_1 + k_2\boldsymbol{\alpha}_2 + \cdots + k_{s_i}\boldsymbol{\alpha}_{s_i},$$

其中 $k_1, k_2, \cdots, k_{s_i}$ 为不全为零的任意常数. 而所求得的所有特征值的所有特征向量, 就是 $\boldsymbol{A}$ 的全部特征向量.

注　在下一节我们将会看到，对于重特征值 λ，虽然有多个属于 λ 的线性无关的特征向量，但其个数不会超过 λ 的重数. 对于单特征值，有且只有一个线性无关的特征向量.

下面我们给出一些求矩阵特征值和特征向量的例子.

例 4.2.1　求矩阵

$$\boldsymbol{A}=\begin{pmatrix}5&-2&1\\0&4&0\\1&-2&5\end{pmatrix}$$

的全部特征值和特征向量.

解　由

$$|\lambda\boldsymbol{E}-\boldsymbol{A}|=\begin{vmatrix}\lambda-5&2&-1\\0&\lambda-4&0\\-1&2&\lambda-5\end{vmatrix}=\begin{vmatrix}\lambda-6&2&-1\\0&\lambda-4&0\\\lambda-6&2&\lambda-5\end{vmatrix}=(\lambda-6)(\lambda-4)^2$$

得 $\boldsymbol{A}$ 的两个特征值为：$\lambda=6,4$(二重).

对于 $\lambda=6$，解齐次方程组 $(6\boldsymbol{E}-\boldsymbol{A})\boldsymbol{x}=\boldsymbol{\theta}$, 由

$$\begin{pmatrix}1&2&-1\\0&2&0\\-1&2&1\end{pmatrix}\xrightarrow[r_3-2r_2]{r_3+r_1}\begin{pmatrix}1&2&-1\\0&2&0\\0&0&0\end{pmatrix}\xrightarrow[\frac{1}{2}r_2]{r_1-r_2}\begin{pmatrix}1&0&-1\\0&1&0\\0&0&0\end{pmatrix}$$

求得该齐次方程组的一个基础解系为：$\boldsymbol{\alpha}_1=(1,0,1)^{\mathrm{T}}$. 故属于特征值 6 的全部特征向量为：$k_1\boldsymbol{\alpha}_1$, 其中 k_1 为任意非零常数.

对于 $\lambda=4$，解齐次方程组 $(4\boldsymbol{E}-\boldsymbol{A})\boldsymbol{x}=\boldsymbol{\theta}$, 由

$$\begin{pmatrix}-1&2&-1\\0&0&0\\-1&2&-1\end{pmatrix}\to\begin{pmatrix}1&-2&1\\0&0&0\\0&0&0\end{pmatrix}$$

求得该齐次方程组的一个基础解系为

$$\boldsymbol{\alpha}_2=\begin{pmatrix}2\\1\\0\end{pmatrix},\quad\boldsymbol{\alpha}_3=\begin{pmatrix}-1\\0\\1\end{pmatrix}.$$

故属于特征值 4 的全部特征向量为：$k_2\boldsymbol{\alpha}_2+k_3\boldsymbol{\alpha}_3$, 其中 k_2,k_3 为不全为零的任意常数. □

例 4.2.2　求矩阵

$$\boldsymbol{A}=\begin{pmatrix}3&0&1\\2&0&2\\3&-4&5\end{pmatrix}$$

的全部特征值和特征向量.

解　由

$$|\lambda\boldsymbol{E}-\boldsymbol{A}|=\begin{vmatrix}\lambda-3&0&-1\\-2&\lambda&-2\\-3&4&\lambda-5\end{vmatrix}=\begin{vmatrix}\lambda-4&0&-1\\\lambda-4&\lambda&-2\\\lambda-4&4&\lambda-5\end{vmatrix}=(\lambda-4)(\lambda-2)^2$$

得 $\boldsymbol{A}$ 的两个特征值为: $\lambda=4,2$(二重)

对于 $\lambda=4$，解齐次方程组 $(4\boldsymbol{E}-\boldsymbol{A})\boldsymbol{x}=\boldsymbol{\theta}$, 由

$$\begin{pmatrix} 1 & 0 & -1 \\ -2 & 4 & -2 \\ -3 & 4 & -1 \end{pmatrix} \to \begin{pmatrix} 1 & 0 & -1 \\ 0 & 1 & -1 \\ 0 & 0 & 0 \end{pmatrix}$$

求得该齐次方程组的一个基础解系为：$\boldsymbol{\alpha}_1=(1,1,1)^{\mathrm{T}}$. 故属于特征值 4 的全部特征向量为: $k_1\boldsymbol{\alpha}_1$, 其中 k_1 为任意非零常数.

对于 $\lambda=2$，解齐次方程组 $(2\boldsymbol{E}-\boldsymbol{A})\boldsymbol{x}=\boldsymbol{\theta}$, 由

$$\begin{pmatrix} -1 & 0 & -1 \\ -2 & 2 & -2 \\ -3 & 4 & -3 \end{pmatrix} \to \begin{pmatrix} 1 & 0 & 1 \\ 0 & 1 & 0 \\ 0 & 0 & 0 \end{pmatrix}$$

求得该齐次方程组的一个基础解系为：$\boldsymbol{\alpha}_2=(-1,0,1)^{\mathrm{T}}$. 故属于特征值 2 的全部特征向量为: $k_2\boldsymbol{\alpha}_2$, 其中 k_2 为任意非零常数. □

例 4.2.3　求矩阵

$$\boldsymbol{A}=\begin{pmatrix} 2 & -1 & 1 \\ 1 & 1 & 1 \\ 1 & -1 & 2 \end{pmatrix}$$

的全部特征值和特征向量.

解　由

$$|\lambda\boldsymbol{E}-\boldsymbol{A}|=\begin{vmatrix} \lambda-2 & 1 & -1 \\ -1 & \lambda-1 & -1 \\ -1 & 1 & \lambda-2 \end{vmatrix}=(\lambda-1)(\lambda^2-4\lambda+5)$$

得 $\boldsymbol{A}$ 的特征值为: $\lambda=1,2\pm i$.

对于 $\lambda=1$，解齐次方程组 $(\boldsymbol{E}-\boldsymbol{A})\boldsymbol{x}=\boldsymbol{\theta}$, 由

$$\begin{pmatrix} -1 & 1 & -1 \\ -1 & 0 & -1 \\ -1 & 1 & -1 \end{pmatrix} \to \begin{pmatrix} 1 & 0 & 1 \\ 0 & 1 & 0 \\ 0 & 0 & 0 \end{pmatrix}$$

求得该齐次方程组的一个基础解系为：$\boldsymbol{\alpha}_1=(-1,0,1)^{\mathrm{T}}$. 故属于特征值 1 的全部特征向量为: $k_1\boldsymbol{\alpha}_1$, 其中 k_1 为任意非零实常数.

对于 $\lambda=2+i$，解齐次方程组 $((2+i)\boldsymbol{E}-\boldsymbol{A})\boldsymbol{x}=\boldsymbol{\theta}$, 由

$$\begin{pmatrix} i & 1 & -1 \\ -1 & 1+i & -1 \\ -1 & 1 & i \end{pmatrix} \xrightarrow[(-i)r_1]{\substack{r_2-ir_1 \\ r_3-ir_1}} \begin{pmatrix} 1 & -i & i \\ 0 & 1 & -1+i \\ 0 & 1-i & 2i \end{pmatrix} \xrightarrow{\substack{r_1+ir_2 \\ r_3-(1-i)r_2}} \begin{pmatrix} 1 & 0 & -1 \\ 0 & 1 & -1+i \\ 0 & 0 & 0 \end{pmatrix}$$

求得该齐次方程组的一个基础解系为: $\boldsymbol{\alpha}_2=(1,1-i,1)^{\mathrm{T}}$. 故属于特征值 $2+i$ 的全部特征向量为: $k_2\boldsymbol{\alpha}_2$, 其中 k_2 为任意非零复常数.

对于 $\lambda=2-i$, 对刚得到的结果 $((2+i)\boldsymbol{E}-\boldsymbol{A})\boldsymbol{\alpha}_2=\boldsymbol{\theta}$ 两边取共轭得 $((2-i)\boldsymbol{E}-\boldsymbol{A})\overline{\boldsymbol{\alpha}}_2=\boldsymbol{\theta}$. 故 $\overline{\boldsymbol{\alpha}}_2=(1,1+i,1)^{\mathrm{T}}$ 是 $((2-i)\boldsymbol{E}-\boldsymbol{A})\boldsymbol{x}=\boldsymbol{\theta}$ 的一个非零解.

又易知 $\mathrm{r}\,((2-i)\boldsymbol{E}-\boldsymbol{A})=2$, 于是 $((2-i)\boldsymbol{E}-\boldsymbol{A})\boldsymbol{x}=\boldsymbol{\theta}$ 的基础解系只有一个解, 故 $\overline{\boldsymbol{\alpha}}_2=(1,1+i,1)^{\mathrm{T}}$ 是 $((2-i)\boldsymbol{E}-\boldsymbol{A})\boldsymbol{x}=\boldsymbol{\theta}$ 的一个基础解系. 从而属于特征值 $2-i$ 的全部特征向量为: $k_3\overline{\boldsymbol{\alpha}}_2$, 其中 k_3 为任意非零复常数. □

我们有时候需要利用矩阵的运算来求特征值和特征向量，如下例.

例 4.2.4　求 $\boldsymbol{E}+\boldsymbol{x}\boldsymbol{y}^{\mathrm{T}}$ 的特征值与特征向量, 其中 $\boldsymbol{E}$ 为 n 阶单位矩阵, $\boldsymbol{x}=(x_1,\cdots,x_n)^{\mathrm{T}}$, $\boldsymbol{y}=(y_1,\cdots,y_n)^{\mathrm{T}}$.

解　当 $\boldsymbol{x}=\boldsymbol{\theta}$ 或 $\boldsymbol{y}=\boldsymbol{\theta}$ 时, $\boldsymbol{E}+\boldsymbol{x}\boldsymbol{y}^{\mathrm{T}}=\boldsymbol{E}$，故特征值为 $\lambda=1$ (n 重)，属于该特征值的特征向量为 $k_1\boldsymbol{e}_1+\cdots+k_n\boldsymbol{e}_n$，$k_1,\cdots,k_n$ 不全为零.

当 $\boldsymbol{x}\neq\boldsymbol{\theta},\boldsymbol{y}\neq\boldsymbol{\theta}$ 时，要分情况讨论. 由于 $(\boldsymbol{x}\boldsymbol{y}^{\mathrm{T}})\boldsymbol{\xi}=\lambda\boldsymbol{\xi}$ 时必有 $(\boldsymbol{E}+\boldsymbol{x}\boldsymbol{y}^{\mathrm{T}})\boldsymbol{\xi}=(1+\lambda)\boldsymbol{\xi}$，所以，只要求得 $\boldsymbol{x}\boldsymbol{y}^{\mathrm{T}}$ 的特征值与特征向量，就立即可得到 $\boldsymbol{E}+\boldsymbol{x}\boldsymbol{y}^{\mathrm{T}}$ 的特征值与特征向量. 于是我们先考虑矩阵 $\boldsymbol{x}\boldsymbol{y}^{\mathrm{T}}$ 的特征值与特征向量.

设 $\boldsymbol{A}=\boldsymbol{x}\boldsymbol{y}^{\mathrm{T}}$ 的特征值为 λ，$\boldsymbol{A}$ 的属于 λ 的特征向量为 $\boldsymbol{\xi}$，即有 $\boldsymbol{x}\boldsymbol{y}^{\mathrm{T}}\boldsymbol{\xi}=\lambda\boldsymbol{\xi},\boldsymbol{\xi}\neq\boldsymbol{\theta}$. 由于 $\boldsymbol{y}^{\mathrm{T}}\boldsymbol{\xi}$ 是一个数，应用矩阵乘法的结合律得

$$\boldsymbol{x}\boldsymbol{y}^{\mathrm{T}}\boldsymbol{\xi}=(\boldsymbol{y}^{\mathrm{T}}\boldsymbol{\xi})\boldsymbol{x}=\lambda\boldsymbol{\xi},\ \ \boldsymbol{\xi}\neq\boldsymbol{\theta}. \tag{1}$$

下面要确定 λ 与 $\boldsymbol{\xi}$.

先考虑 $\lambda\neq0$ 的情况，这时的特征向量 $\boldsymbol{\xi}$ 可表示为 $\boldsymbol{x}$ 的倍数，即有

$$\boldsymbol{\xi}=\frac{\boldsymbol{y}^{\mathrm{T}}\boldsymbol{\xi}}{\lambda}\boldsymbol{x}=k\boldsymbol{x},\quad k\neq0, \tag{2}$$

代入 (1) 并消去 k 得 $(\boldsymbol{y}^{\mathrm{T}}\boldsymbol{x})\boldsymbol{x}=\lambda\boldsymbol{x}$，从而 $\lambda\neq0\Longleftrightarrow\boldsymbol{y}^{\mathrm{T}}\boldsymbol{x}\neq0$.

当 $\boldsymbol{y}^{\mathrm{T}}\boldsymbol{x}\neq0$ 时, 在 (2) 两边左乘 $\boldsymbol{x}\boldsymbol{y}^{\mathrm{T}}$, 再应用矩阵乘法的结合律得 $(\boldsymbol{x}\boldsymbol{y}^{\mathrm{T}})\boldsymbol{\xi}=k(\boldsymbol{x}\boldsymbol{y}^{\mathrm{T}})\boldsymbol{x}=(\boldsymbol{y}^{\mathrm{T}}\boldsymbol{x})(k\boldsymbol{x})=(\boldsymbol{y}^{\mathrm{T}}\boldsymbol{x})\boldsymbol{\xi}$，即 $\boldsymbol{A}\boldsymbol{\xi}=(\boldsymbol{y}^{\mathrm{T}}\boldsymbol{x})\boldsymbol{\xi}$. 从而求得 $\lambda=\boldsymbol{y}^{\mathrm{T}}\boldsymbol{x}\neq0$ 为 $\boldsymbol{A}$ 的一个非零特征值，相应的特征向量为 $k\boldsymbol{x}$，$k\neq0$.

而当 $\boldsymbol{y}^{\mathrm{T}}\boldsymbol{x}=0$ 时，矩阵 $\boldsymbol{A}$ 没有非零特征值，只有零特征值，可并入下面考虑.

现在考虑 $\lambda=0$ 的情况, 这时 (1) 变为 $\boldsymbol{x}\boldsymbol{y}^{\mathrm{T}}\boldsymbol{\xi}=\boldsymbol{\theta}$. 由矩阵秩的性质易知 $\mathrm{r}(\boldsymbol{A})=\mathrm{r}(\boldsymbol{x}\boldsymbol{y}^{\mathrm{T}})=1$. 从而立即看出 $(\boldsymbol{x}\boldsymbol{y}^{\mathrm{T}})\boldsymbol{\xi}=\boldsymbol{\theta}$ 的基础解系 $\boldsymbol{\xi}_1,\cdots,\boldsymbol{\xi}_{n-1}$ 为 $\boldsymbol{A}$ 的属于特征值 $\lambda=0$ 的 $n-1$ 个线性无关的特征向量.

关于特征值的重数，借用下一节定理4.3.5 的结论知：$\boldsymbol{A}$ 的零特征值 λ 的重数 $\geqslant n-1$. 再结合上面的讨论，若 $\boldsymbol{y}^{\mathrm{T}}\boldsymbol{x}\neq0$，则 $\boldsymbol{A}$ 有非零特征值 $\lambda=\boldsymbol{y}^{\mathrm{T}}\boldsymbol{x}$，这时，$\lambda=\boldsymbol{y}^{\mathrm{T}}\boldsymbol{x}$ 为 $\boldsymbol{A}$ 的单特征值，$\lambda=0$ 为 $\boldsymbol{A}$ 的 $n-1$ 重特征值.

若 $\boldsymbol{y}^{\mathrm{T}}\boldsymbol{x}=0$(注：这时必须 $n\geqslant2$)，则 $\boldsymbol{A}$ 没有非零特征值，所有 $\boldsymbol{A}$ 有 n 重零特征值.

综上可得，$\boldsymbol{E}+\boldsymbol{x}\boldsymbol{y}^{\mathrm{T}}=\boldsymbol{E}+\boldsymbol{A}$ 的特征值与特征向量为:

当 $\boldsymbol{x}=\boldsymbol{\theta}$ 或 $\boldsymbol{y}=\boldsymbol{\theta}$ 时，特征值为 $\lambda=1$ (n 重)，属于该特征值的特征向量为 $k_1\boldsymbol{e}_1+\cdots+k_n\boldsymbol{e}_n$，$k_1,\cdots,k_n$ 不全为零.

当 $\boldsymbol{x}\neq\boldsymbol{\theta},\boldsymbol{y}\neq\boldsymbol{\theta}$ 且 $\boldsymbol{y}^{\mathrm{T}}\boldsymbol{x}\neq 0$ 时，特征值为 $\lambda=1+\boldsymbol{y}^{\mathrm{T}}\boldsymbol{x}$(单重) 和 $\lambda=1$ ($n-1$ 重)，其中属于 $\lambda=1+\boldsymbol{y}^{\mathrm{T}}\boldsymbol{x}$ 的特征向量为 $k\boldsymbol{x}$, $k\neq 0$，而属于 $\lambda=1$ 的特征向量为 $k_1\boldsymbol{\xi}_1+\cdots+k_{n-1}\boldsymbol{\xi}_{n-1}$，其中 $\boldsymbol{\xi}_1,\cdots,\boldsymbol{\xi}_{n-1}$ 为 $\boldsymbol{x}\boldsymbol{y}^{\mathrm{T}}\boldsymbol{\xi}=\boldsymbol{\theta}$ 的基础解系，$k_1,\cdots,k_{n-1}$ 不全为零. 当 $\boldsymbol{x}\neq\boldsymbol{\theta},\boldsymbol{y}\neq\boldsymbol{\theta}$ 且 $\boldsymbol{y}^{\mathrm{T}}\boldsymbol{x}=0$ 时，特征值为 $\lambda=1$ (n 重)，对应的特征向量为 $k_1\boldsymbol{\xi}_1+\cdots+k_{n-1}\boldsymbol{\xi}_{n-1}$，$k_1,\cdots,k_{n-1}$ 不全为零. □

下面我们来看一看当两个矩阵之间有某种关系时，它们的特征值和特征向量有什么关系.

例 4.2.5　设矩阵

$$\boldsymbol{A}=\begin{pmatrix}1&1&1\\-2&1&2\\2&1&0\end{pmatrix}.$$

求 $\boldsymbol{A}$ 的全部特征值和 $\boldsymbol{B}=5\boldsymbol{A}$ 的全部特征值.

解　由

$$|\lambda\boldsymbol{E}-\boldsymbol{A}|=\begin{vmatrix}\lambda-1&-1&-1\\2&\lambda-1&-2\\-2&-1&\lambda\end{vmatrix}=\begin{vmatrix}\lambda-2&-1&-1\\0&\lambda-1&-2\\\lambda-2&-1&\lambda\end{vmatrix}=(\lambda^2-1)(\lambda-2)$$

得 $\boldsymbol{A}$ 的特征值为 $1,-1,2$.

$$\boldsymbol{B}=5\boldsymbol{A}=\begin{pmatrix}5&5&5\\-10&5&10\\10&5&0\end{pmatrix}，由$$

$$|\lambda\boldsymbol{E}-\boldsymbol{B}|=\begin{vmatrix}\lambda-5&-5&-5\\10&\lambda-5&-10\\-10&-5&\lambda\end{vmatrix}=\begin{vmatrix}\lambda-5&-5&-5\\0&\lambda-10&\lambda-10\\-10&-5&\lambda\end{vmatrix}=(\lambda^2-25)(\lambda-10)$$

得 $\boldsymbol{B}$ 的特征值为 $5,-5,10$. □

我们看到，上述例子中 $\boldsymbol{B}$ 的特征值与 $\boldsymbol{A}$ 的特征值的运算关系，正好是矩阵的运算关系. 这种关系不是偶然的，请看下面的定理.

定理 4.2.2　*若 $f(x)$ 为 x 的多项式，矩阵 $\boldsymbol{A}$ 有特征值 λ，则 $f(\boldsymbol{A})$ 有特征值 $f(\lambda)$.*

证明　设 $f(x)=a_mx^m+a_{m-1}x^{m-1}+\cdots+a_1x+a_0$，$\boldsymbol{\xi}$ 为 $\boldsymbol{A}$ 的属于特征值 λ 的特征向量，则有 $\boldsymbol{A}\boldsymbol{\xi}=\lambda\boldsymbol{\xi}$，于是有

$$\begin{aligned}f(\boldsymbol{A})\boldsymbol{\xi}&=(a_m\boldsymbol{A}^m+a_{m-1}\boldsymbol{A}^{m-1}+\cdots+a_1\boldsymbol{A}+a_0\boldsymbol{E})\boldsymbol{\xi}\\&=a_m\boldsymbol{A}^m\boldsymbol{\xi}+a_{m-1}\boldsymbol{A}^{m-1}\boldsymbol{\xi}+\cdots+a_1\boldsymbol{A}\boldsymbol{\xi}+a_0\boldsymbol{\xi}\\&=a_m\lambda^m\boldsymbol{\xi}+a_{m-1}\lambda^{m-1}\boldsymbol{\xi}+\cdots+a_1\lambda\boldsymbol{\xi}+a_0\boldsymbol{\xi}\\&=(a_m\lambda^m+a_{m-1}\lambda^{m-1}+\cdots+a_1\lambda+a_0)\boldsymbol{\xi}\\&=f(\lambda)\boldsymbol{\xi}.\end{aligned}$$

故 $f(\lambda)$ 为 $f(\boldsymbol{A})$ 的特征值，且 $\boldsymbol{\xi}$ 也是 $f(\boldsymbol{A})$ 的属于 $f(\lambda)$ 的特征向量. □

注 1　若定理 4.2.2 中矩阵 $\boldsymbol{A}$ 的所有特征值为 $\lambda_1,\cdots,\lambda_n$ (包括相同的特征值)，则 $f(\boldsymbol{A})$ 的所有特征值为 $f(\lambda_1),\cdots,f(\lambda_n)$. 结论的证明参见后面若尔当标准形和奇异值分解一节.

注 2　若 n 阶可逆方阵 $\boldsymbol{A}$ 的所有特征值为 $\lambda_1,\cdots,\lambda_n$ (包括相同的特征值)，则 $\lambda_i\neq 0,\ i=1,2,\cdots,n$，且矩阵 $\boldsymbol{A}^{-1}$ 的所有特征值为 $\lambda_1^{-1},\cdots,\lambda_n^{-1}$.

事实上，若设 $\boldsymbol{\xi}_i$ 为 $\boldsymbol{A}$ 的属于特征值 λ_i 的特征向量，则有

$$\boldsymbol{A}\boldsymbol{\xi}_i=\lambda_i\boldsymbol{\xi}_i,\quad i=1,2,\cdots,n.$$

因为 $\boldsymbol{A}$ 可逆，其特征向量 $\boldsymbol{\xi}_i\neq\boldsymbol{\theta}$，$i=1,2,\cdots,n$，故有 $\boldsymbol{\xi}_i=\lambda_i\boldsymbol{A}^{-1}\boldsymbol{\xi}_i$，从而 $\lambda_i\neq 0$ 且 $\boldsymbol{A}^{-1}\boldsymbol{\xi}_i=\lambda_i^{-1}\boldsymbol{\xi}_i$，此即 $\boldsymbol{A}^{-1}$ 的特征值为 λ_i^{-1}.

注 3　不可逆方阵 $\boldsymbol{A}$ 必有 0 特征值.

例 4.2.6　已知矩阵

$$\boldsymbol{A}=\begin{pmatrix}1&1&1\\-2&1&2\\2&1&0\end{pmatrix}$$

的特征值为 $1,-1,2$, 求 $\boldsymbol{B}=\boldsymbol{A}^2+2\boldsymbol{A}+\boldsymbol{E}$ 和 $\boldsymbol{C}=\boldsymbol{A}^2$ 的全部特征值.

解　显然 $1,-1,2$ 是 $\boldsymbol{A}$ 的全部特征值，由定理 4.2.2 知，$\boldsymbol{B}=f(\boldsymbol{A})=\boldsymbol{A}^2+2\boldsymbol{A}+\boldsymbol{E}$ 有特征值 $f(\lambda)=\lambda^2+2\lambda+1$，因为 $f(1)=4,f(-1)=0,f(2)=9$，故 $4,0,9$ 为 $\boldsymbol{B}$ 的特征值, 且是 $\boldsymbol{B}$ 的全部特征值.

同样，$1^2,(-1)^2,2^2$，即 1(二重) 和 4 也是 $\boldsymbol{C}$ 的全部特征值.　□

利用矩阵之间的关系和其中一个矩阵的特征值去计算另一个矩阵的特征值是计算矩阵特征值的又一个重要方法. 为此，要继续讨论矩阵特征值的一些共有性质.

定理 4.2.3　*相似矩阵具有相同的特征多项式，从而它们具有相同的特征值.*

证明　若 $\boldsymbol{A}\sim\boldsymbol{B}$, 则存在可逆矩阵 $\boldsymbol{P}$, 使 $\boldsymbol{P}^{-1}\boldsymbol{A}\boldsymbol{P}=\boldsymbol{B}$, 于是

$$\begin{aligned}|\lambda\boldsymbol{E}-\boldsymbol{B}|&=|\lambda\boldsymbol{P}^{-1}\boldsymbol{P}-\boldsymbol{P}^{-1}\boldsymbol{A}\boldsymbol{P}|\\&=|\boldsymbol{P}^{-1}(\lambda\boldsymbol{E}-\boldsymbol{A})\boldsymbol{P}|=|\boldsymbol{P}^{-1}||\lambda\boldsymbol{E}-\boldsymbol{A}||\boldsymbol{P}|\\&=|\boldsymbol{P}|^{-1}|\lambda\boldsymbol{E}-\boldsymbol{A}||\boldsymbol{P}|=|\lambda\boldsymbol{E}-\boldsymbol{A}|.\end{aligned}$$

即 $\boldsymbol{B}$ 与 $\boldsymbol{A}$ 有相同的特征多项式，它们当然有相同的特征值.　□

注意, 特征多项式相同的矩阵未必相似, 例如,

$$\boldsymbol{E}=\begin{pmatrix}1&0\\0&1\end{pmatrix},\qquad \boldsymbol{B}=\begin{pmatrix}1&1\\0&1\end{pmatrix},$$

两者的特征多项式都是 $(\lambda-1)^2$, 但对于任何二阶可逆矩阵 $\boldsymbol{P}$, 都成立 $\boldsymbol{P}^{-1}\boldsymbol{E}\boldsymbol{P}=\boldsymbol{E}\neq\boldsymbol{B}$, 可知 $\boldsymbol{E}$ 与 $\boldsymbol{B}$ 并不相似.

定义 4.2.3 (迹)　定义

$$\operatorname{tr}(\boldsymbol{A})=\sum_{i=1}^{n}a_{ii}$$

为矩阵 $\boldsymbol{A}=(a_{ij})_{n\times n}$ 的**迹**.

定理 4.2.4 若 n 阶矩阵 $\boldsymbol{A}$ 的特征值为 $\lambda_1,\cdots,\lambda_n$，则有

$$\operatorname{tr}(\boldsymbol{A})=\sum_{i=1}^{n}\lambda_i,\qquad |\boldsymbol{A}|=\prod_{i=1}^{n}\lambda_i.$$

证明 因为

$$\begin{aligned}|\lambda\boldsymbol{E}-\boldsymbol{A}|&=(\lambda-\lambda_1)(\lambda-\lambda_2)\cdots(\lambda-\lambda_n)\\&=\lambda^n-(\lambda_1+\lambda_2+\cdots+\lambda_n)\lambda^{n-1}+\cdots+(-1)^n\prod_{i=1}^{n}\lambda_i,\end{aligned}$$

取 $\lambda=0$ 可得 $|-\boldsymbol{A}|=(-1)^n\prod\limits_{i=1}^{n}\lambda_i$，即 $|\boldsymbol{A}|=\prod\limits_{i=1}^{n}\lambda_i$.

进一步比较上式两边 λ 的 $n-1$ 次项系数，由于

$$|\lambda\boldsymbol{E}-\boldsymbol{A}|=\begin{vmatrix}\lambda-a_{11}&-a_{12}&\cdots&-a_{1n}\\-a_{21}&\lambda-a_{22}&\cdots&-a_{2n}\\\vdots&\vdots&\ddots&\vdots\\-a_{n1}&-a_{n2}&\cdots&\lambda-a_{nn}\end{vmatrix},$$

将行列式按第一行展开，可知只有第一项

$$(\lambda-a_{11})\begin{vmatrix}\lambda-a_{22}&-a_{23}&\cdots&-a_{2n}\\-a_{32}&\lambda-a_{33}&\cdots&-a_{3n}\\\vdots&\vdots&\ddots&\vdots\\-a_{n2}&-a_{n3}&\cdots&\lambda-a_{nn}\end{vmatrix}$$

含 λ^{n-1} 的项. 继续展开可得只有 $(\lambda-a_{11})(\lambda-a_{22})\cdots(\lambda-a_{nn})$ 才含 λ^{n-1} 的项，故知 $|\lambda\boldsymbol{E}-\boldsymbol{A}|=\lambda^n-(a_{11}+a_{22}+\cdots+a_{nn})\lambda^{n-1}+\cdots$，比较 λ^{n-1} 的系数可得 $\operatorname{tr}(\boldsymbol{A})=\sum\limits_{i=1}^{n}a_{ii}=\sum\limits_{i=1}^{n}\lambda_i$. □

推论 4.2.5 相似矩阵有相同的迹和相同的行列式.

证明 由定理4.2.3 知相似矩阵有相同的特征值，设为 $\lambda_1,\cdots,\lambda_n$，再由定理4.2.4 知它们的迹和行列式分别为 $\sum\limits_{i=1}^{n}\lambda_i$ 和 $\prod\limits_{i=1}^{n}\lambda_i$. □

下面再看一些例子.

例 4.2.7 设 $\begin{pmatrix}3&2&2\\2&a&-1\\b&3&1\end{pmatrix}$ 与 $\begin{pmatrix}-2&-8&6\\10&12&-3\\5&10&-5\end{pmatrix}$ 相似，求 a,b 的值.

解 由于相似矩阵有相同的迹和行列式，故由 $3+a+1=-2+12+(-5)$ 可得 $a=1$. 将 $a=1$ 代入矩阵, 再由行列式相等，得

$$\begin{vmatrix}3&2&2\\2&1&-1\\b&3&1\end{vmatrix}=\begin{vmatrix}-2&-8&6\\10&12&-3\\5&10&-5\end{vmatrix}=20,$$

即有 $4(5-b)=20$，解得 $b=0$. 故有 $a=1,b=0$. □

例 4.2.8　设 $\boldsymbol{A}^*$ 为 3 阶矩阵 $\boldsymbol{A}$ 的伴随矩阵，$\boldsymbol{A}^*$ 的特征值为 $-1,2,-2$，求 $\boldsymbol{A}+\boldsymbol{E}$ 的特征值.

解　设 $\boldsymbol{A}^*$ 的特征值为 $\lambda_1=-1,\lambda_2=2,\lambda_3=-2$，由

$$\boldsymbol{A}^*\boldsymbol{A}=\boldsymbol{A}\boldsymbol{A}^*=|\boldsymbol{A}|\boldsymbol{E}$$

可知 $|\boldsymbol{A}^*|\times|\boldsymbol{A}|=||\boldsymbol{A}|\boldsymbol{E}|=|\boldsymbol{A}|^3$，故有 $|\boldsymbol{A}^*|=|\boldsymbol{A}|^2=\lambda_1\lambda_2\lambda_3=4$，从而 $|\boldsymbol{A}|=\pm2$.

设 $\boldsymbol{\xi}_1,\boldsymbol{\xi}_2,\boldsymbol{\xi}_3$ 分别为 $\boldsymbol{A}^*$ 的属于 $\lambda_1,\lambda_2,\lambda_3$ 的特征向量，则有

$$\boldsymbol{A}^*\boldsymbol{\xi}_i=\lambda_i\boldsymbol{\xi}_i,\ \ i=1,2,3,$$

左乘 $\boldsymbol{A}$ 得 $|\boldsymbol{A}|\boldsymbol{\xi}_i=\lambda_i\boldsymbol{A}\boldsymbol{\xi}_i$，即 $\boldsymbol{A}\boldsymbol{\xi}_i=\dfrac{|\boldsymbol{A}|}{\lambda_i}\boldsymbol{\xi}_i$，故

$$(\boldsymbol{A}+\boldsymbol{E})\boldsymbol{\xi}_i=\frac{|\boldsymbol{A}|}{\lambda_i}\boldsymbol{\xi}_i+\boldsymbol{\xi}_i=\left(1+\frac{|\boldsymbol{A}|}{\lambda_i}\right)\boldsymbol{\xi}_i,\ \ i=1,2,3,$$

从而 $\boldsymbol{A}+\boldsymbol{E}$ 的特征值为 $-1,2,0$ 或 $3,0,2$. □

例 4.2.9　设 $\boldsymbol{A}$ 为 3 阶矩阵，$\boldsymbol{\xi}_1,\boldsymbol{\xi}_2,\boldsymbol{\xi}_3$ 为 3 个线性无关的向量，且有关系：$\boldsymbol{A}\boldsymbol{\xi}_1=-3\boldsymbol{\xi}_1+2\boldsymbol{\xi}_2-\boldsymbol{\xi}_3$，$\boldsymbol{A}\boldsymbol{\xi}_2=6\boldsymbol{\xi}_1+\boldsymbol{\xi}_2+2\boldsymbol{\xi}_3$，$\boldsymbol{A}\boldsymbol{\xi}_3=\boldsymbol{\xi}_1+\boldsymbol{\xi}_2+3\boldsymbol{\xi}_3$，求矩阵 $\boldsymbol{A}$ 的特征值与特征向量.

解　设 $\boldsymbol{P}=(\boldsymbol{\xi}_1\ \ \boldsymbol{\xi}_2\ \ \boldsymbol{\xi}_3)$，则有

$$\begin{aligned}\boldsymbol{A}\boldsymbol{P}&=(-3\boldsymbol{\xi}_1+2\boldsymbol{\xi}_2-\boldsymbol{\xi}_3\ \ 6\boldsymbol{\xi}_1+\boldsymbol{\xi}_2+2\boldsymbol{\xi}_3\ \ \boldsymbol{\xi}_1+\boldsymbol{\xi}_2+3\boldsymbol{\xi}_3)\\&=(\boldsymbol{\xi}_1\ \ \boldsymbol{\xi}_2\ \ \boldsymbol{\xi}_3)\begin{pmatrix}-3&6&1\\2&1&1\\-1&2&3\end{pmatrix}=\boldsymbol{P}\boldsymbol{B}.\end{aligned}$$

又因为 $\boldsymbol{\xi}_1,\boldsymbol{\xi}_2,\boldsymbol{\xi}_3$ 线性无关，故 $\boldsymbol{P}$ 可逆，于是有 $\boldsymbol{P}^{-1}\boldsymbol{A}\boldsymbol{P}=\boldsymbol{B}$，即 $\boldsymbol{A}\sim\boldsymbol{B}$.

现在求 $\boldsymbol{B}$ 的特征值和特征向量. 由

$$\begin{aligned}|\lambda\boldsymbol{E}-\boldsymbol{B}|&=\begin{vmatrix}\lambda+3&-6&-1\\-2&\lambda-1&-1\\1&-2&\lambda-3\end{vmatrix}=\begin{vmatrix}\lambda+3&-6&-1\\-\lambda-5&\lambda+5&0\\1&-2&\lambda-3\end{vmatrix}\\&=(\lambda+5)(\lambda-2)(\lambda-4)=0\end{aligned}$$

解得特征值为：$\lambda=-5,2,4$.

对 $\lambda=-5$，由 $\begin{pmatrix}-2&-6&-1\\-2&-6&-1\\1&-2&-8\end{pmatrix}\to\begin{pmatrix}1&0&-4.6\\0&1&1.7\\0&0&0\end{pmatrix}$ 得特征向量 $\boldsymbol{\alpha}_1=\begin{pmatrix}46\\-17\\10\end{pmatrix}$.

对 $\lambda=2$，由 $\begin{pmatrix}5&-6&-1\\-2&1&-1\\1&-2&-1\end{pmatrix}\to\begin{pmatrix}1&0&1\\0&1&1\\0&0&0\end{pmatrix}$ 得特征向量 $\boldsymbol{\alpha}_2=\begin{pmatrix}-1\\-1\\1\end{pmatrix}$.

对 $\lambda=4$，由 $\begin{pmatrix}7&-6&-1\\-2&3&-1\\1&-2&1\end{pmatrix}\to\begin{pmatrix}1&0&-1\\0&1&-1\\0&0&0\end{pmatrix}$ 得特征向量 $\boldsymbol{\alpha}_3=\begin{pmatrix}1\\1\\1\end{pmatrix}$.

因为由 $\boldsymbol{B\alpha}=\lambda\boldsymbol{\alpha}$ 可得 $\boldsymbol{AP\alpha}=\boldsymbol{PB\alpha}=\lambda\boldsymbol{P\alpha}$，故 $\boldsymbol{A}$ 有特征值 $\lambda=-5,2,4$，对应的特征向量为 $\boldsymbol{P\alpha}_1,\boldsymbol{P\alpha}_2,\boldsymbol{P\alpha}_3$. □

下面从分块矩阵的角度来考虑，也可得到一些有用的结论.

定理 4.2.6 设 $\boldsymbol{A}$ 是一个块对角矩阵

$$\boldsymbol{A}=\begin{pmatrix}\boldsymbol{A}_1 & & & \\ & \boldsymbol{A}_2 & & \\ & & \ddots & \\ & & & \boldsymbol{A}_m\end{pmatrix}$$

则 $\boldsymbol{A}$ 的特征多项式是 $\boldsymbol{A}_1,\boldsymbol{A}_2,\cdots,\boldsymbol{A}_m$ 的特征多项式的乘积, 于是 $\boldsymbol{A}_1,\boldsymbol{A}_2,\cdots,\boldsymbol{A}_m$ 的所有特征值就是 $\boldsymbol{A}$ 的所有特征值.

证明 将单位矩阵 $\boldsymbol{E}$ 按分块形式写成

$$\boldsymbol{E}=\begin{pmatrix}\boldsymbol{E}_1 & & & \\ & \boldsymbol{E}_2 & & \\ & & \ddots & \\ & & & \boldsymbol{E}_m\end{pmatrix}$$

则

$$\lambda\boldsymbol{E}-\boldsymbol{A}=\begin{pmatrix}\lambda\boldsymbol{E}_1-\boldsymbol{A}_1 & & & \\ & \lambda\boldsymbol{E}_2-\boldsymbol{A}_2 & & \\ & & \ddots & \\ & & & \lambda\boldsymbol{E}_m-\boldsymbol{A}_m\end{pmatrix}$$

因此

$$|\lambda\boldsymbol{E}-\boldsymbol{A}|=|\lambda\boldsymbol{E}_1-\boldsymbol{A}_1||\lambda\boldsymbol{E}_2-\boldsymbol{A}_2|\cdots|\lambda\boldsymbol{E}_m-\boldsymbol{A}_m|.$$

□

例 4.2.10 设 $\boldsymbol{A}\in\mathbf{R}^{m\times n},\boldsymbol{B}\in\mathbf{R}^{n\times m}$, 证明

$$\lambda^n|\lambda\boldsymbol{E}_m-\boldsymbol{AB}|=\lambda^m|\lambda\boldsymbol{E}_n-\boldsymbol{BA}|.$$

证明 容易验证

$$\begin{pmatrix}\boldsymbol{E}_m & -\boldsymbol{A}\\ \boldsymbol{O} & \boldsymbol{E}_n\end{pmatrix}\begin{pmatrix}\boldsymbol{AB} & \boldsymbol{O}\\ \boldsymbol{B} & \boldsymbol{O}\end{pmatrix}=\begin{pmatrix}\boldsymbol{O} & \boldsymbol{O}\\ \boldsymbol{B} & \boldsymbol{BA}\end{pmatrix}\begin{pmatrix}\boldsymbol{E}_m & -\boldsymbol{A}\\ \boldsymbol{O} & \boldsymbol{E}_n\end{pmatrix}.$$

因 $\begin{pmatrix}\boldsymbol{E}_m & \boldsymbol{A}\\ \boldsymbol{O} & \boldsymbol{E}_n\end{pmatrix}$ 可逆, 由上式可知 $\begin{pmatrix}\boldsymbol{AB} & \boldsymbol{O}\\ \boldsymbol{B} & \boldsymbol{O}\end{pmatrix}$ 和 $\begin{pmatrix}\boldsymbol{O} & \boldsymbol{O}\\ \boldsymbol{B} & \boldsymbol{BA}\end{pmatrix}$ 是相似的, 从而有

$$\left|\lambda\boldsymbol{E}_{m+n}-\begin{pmatrix}\boldsymbol{AB} & \boldsymbol{O}\\ \boldsymbol{B} & \boldsymbol{O}\end{pmatrix}\right|=\left|\lambda\boldsymbol{E}_{m+n}-\begin{pmatrix}\boldsymbol{O} & \boldsymbol{O}\\ \boldsymbol{B} & \boldsymbol{BA}\end{pmatrix}\right|,$$

即

$$\left|\begin{pmatrix} \lambda \boldsymbol{E}_m - \boldsymbol{AB} & \boldsymbol{O} \\ -\boldsymbol{B} & \lambda \boldsymbol{E}_n \end{pmatrix}\right| = \left|\begin{pmatrix} \lambda \boldsymbol{E}_m & \boldsymbol{O} \\ -\boldsymbol{B} & \lambda \boldsymbol{E}_n - \boldsymbol{BA} \end{pmatrix}\right|.$$

故

$$\lambda^n|\lambda \boldsymbol{E}_m - \boldsymbol{AB}| = \lambda^m|\lambda \boldsymbol{E}_n - \boldsymbol{BA}|. \qquad \square$$

由例 4.2.10 可知, m 阶方阵 $\boldsymbol{AB}$ 与 n 阶方阵 $\boldsymbol{BA}$ 有相同的非零特征值, 且 $\mathrm{tr}(\boldsymbol{AB}) = \mathrm{tr}(\boldsymbol{BA})$.

4.3　矩阵可对角化的条件

下面进一步讨论什么样的矩阵可以相似于和怎样相似于对角矩阵的问题.

定义 4.3.1 (可对角化)　若方阵 $\boldsymbol{A}$ 相似于一个对角矩阵，则称 $\boldsymbol{A}$ **可对角化**.

并非所有方阵都是可对角化，请看下面的例子.

例 4.3.1　说明矩阵

$$\boldsymbol{A} = \begin{pmatrix} 1 & 2 \\ 0 & 1 \end{pmatrix}$$

不可对角化.

解　由

$$|\lambda \boldsymbol{E} - \boldsymbol{A}| = \begin{vmatrix} \lambda - 1 & -2 \\ 0 & \lambda - 1 \end{vmatrix} = 0$$

可得特征值 $\lambda = 1$(二重)，再假设矩阵 $\boldsymbol{A}$ 可对角化，即存在可逆矩阵 $\boldsymbol{P}$，有 $\boldsymbol{P}^{-1}\boldsymbol{AP} = \mathrm{diag}\,(s_1, s_2)$，或者 $\boldsymbol{AP} = \boldsymbol{P}\cdot \mathrm{diag}\,(s_1, s_2)$. 因为相似矩阵有相同的特征值以及$\mathrm{diag}\,(s_1, s_2)$ 的特征值为 s_1, s_2, 所以 $s_1 = s_2 = 1$，于是 $\boldsymbol{P}^{-1}\boldsymbol{AP} = \boldsymbol{E}$. 从而得 $\boldsymbol{A} = \boldsymbol{E}$，与假设矛盾. 故 $\boldsymbol{A}$ 不可对角化. $\square$

既然有不可对角化的矩阵，那么到底什么样的矩阵是可对角化的? 下面的定理给出了矩阵可对角化的一个充要条件，以及相应的相似变换矩阵和对角矩阵的构成特点.

定理 4.3.1　n 阶矩阵可对角化的充要条件是有 n 个线性无关的特征向量；且对角矩阵的主对角线由特征值 (可按任意次序) 构成，相似变换矩阵由属于相应特征值的特征向量构成.

证明　设 n 阶矩阵为 $\boldsymbol{A}$，先证明必要性:

若 $\boldsymbol{A}$ 可对角化，则存在可逆矩阵 $\boldsymbol{P} = (\boldsymbol{\xi}_1\boldsymbol{\xi}_2\cdots\boldsymbol{\xi}_n)$ 使得

$$\boldsymbol{P}^{-1}\boldsymbol{AP} = \mathrm{diag}\,(s_1, s_2, \cdots, s_n),$$

此即

$$\boldsymbol{AP} = \boldsymbol{P}\cdot \mathrm{diag}\,(s_1, s_2, \cdots, s_n),$$

或者

$$(\boldsymbol{A\xi}_1\ \boldsymbol{A\xi}_2 \cdots \boldsymbol{A\xi}_n) = (s_1\boldsymbol{\xi}_1\ s_2\boldsymbol{\xi}_2 \cdots s_n\boldsymbol{\xi}_n).$$

显然 $s_1, s_2, \cdots, s_n$ 为 $\boldsymbol{A}$ 的特征值，$\boldsymbol{\xi}_1, \boldsymbol{\xi}_2, \cdots, \boldsymbol{\xi}_n$ 为属于 $s_1, \cdots, s_n$ 的特征向量，由 $\boldsymbol{P}$ 可逆可得 n 个特征向量 $\boldsymbol{\xi}_1, \boldsymbol{\xi}_2, \cdots, \boldsymbol{\xi}_n$ 线性无关.

再证充分性: 设 $\boldsymbol{\xi}_1, \boldsymbol{\xi}_2, \cdots, \boldsymbol{\xi}_n$ 为 n 个线性无关的特征向量, 对应的特征值为 $s_1, s_2, \cdots, s_n$. 则 $\boldsymbol{P} = (\boldsymbol{\xi}_1\ \boldsymbol{\xi}_2 \cdots \boldsymbol{\xi}_n)$ 的秩为 n，即 $\boldsymbol{P}$ 可逆. 且

$$\boldsymbol{AP} = (\boldsymbol{A\xi}_1\ \boldsymbol{A\xi}_2 \cdots \boldsymbol{A\xi}_n) = (s_1\boldsymbol{\xi}_1\ s_2\boldsymbol{\xi}_2 \cdots s_n\boldsymbol{\xi}_n) = \boldsymbol{P} \cdot \mathrm{diag}\,(s_1, s_2, \cdots, s_n),$$

故有 $\boldsymbol{P}^{-1}\boldsymbol{AP} = \mathrm{diag}\,(s_1, s_2, \cdots, s_n)$，即矩阵可对角化.

进一步令 $\boldsymbol{C} = (\boldsymbol{e}_{i_1}\ \boldsymbol{e}_{i_2} \cdots \boldsymbol{e}_{i_n}), \boldsymbol{D} = \boldsymbol{PC}$，其中 $(i_1, \cdots, i_n)$ 为 $(1, \cdots, n)$ 的一个排列，则 $\boldsymbol{C}^{\mathrm{T}}\boldsymbol{C} = \boldsymbol{E}$，故 $\boldsymbol{C}^{\mathrm{T}} = \boldsymbol{C}^{-1}$，于是

$$\boldsymbol{D}^{-1}\boldsymbol{AD} = \boldsymbol{C}^{-1}\boldsymbol{P}^{-1}\boldsymbol{APC} = \boldsymbol{C}^{\mathrm{T}}\mathrm{diag}\,(s_1, s_2, \cdots, s_n)\boldsymbol{C} = \mathrm{diag}\,(s_{i_1}, s_{i_2}, \cdots, s_{i_n})$$

即对角线的特征值可按任意次序排列. □

定理 4.3.2　属于不同特征值的特征向量线性无关.

证明　设 $\boldsymbol{A}$ 有互不相同的特征值 $\lambda_1, \lambda_2, \cdots, \lambda_r$ 及对应的特征向量 $\boldsymbol{\xi}_1, \boldsymbol{\xi}_2, \cdots, \boldsymbol{\xi}_r$. 现在用数学归纳法证明 $\boldsymbol{\xi}_1, \boldsymbol{\xi}_2, \cdots, \boldsymbol{\xi}_r$ 线性无关.

当 $r = 2$ 时，设有 $k_1\boldsymbol{\xi}_1 + k_2\boldsymbol{\xi}_2 = \boldsymbol{\theta}$，左乘 $\boldsymbol{A}$ 得 $k_1\lambda_1\boldsymbol{\xi}_1 + k_2\lambda_2\boldsymbol{\xi}_2 = \boldsymbol{\theta}$，即

$$\begin{cases} k_1\boldsymbol{\xi}_1 + k_2\boldsymbol{\xi}_2 = \boldsymbol{\theta} \\ k_1\lambda_1\boldsymbol{\xi}_1 + k_2\lambda_2\boldsymbol{\xi}_2 = \boldsymbol{\theta}. \end{cases}$$

上述第一式乘以 λ_2 再减去第二式得到: $k_1(\lambda_2 - \lambda_1)\boldsymbol{\xi}_1 = \boldsymbol{\theta}$，因为 $\boldsymbol{\xi}_1 \neq \boldsymbol{\theta}, \lambda_1 \neq \lambda_2$，故得到 $k_1 = 0$，从而也有 $k_2 = 0$，故 $\boldsymbol{\xi}_1, \boldsymbol{\xi}_2$ 线性无关.

假设 $r = m - 1$ 时，结论成立，当 $r = m$ 时，设 $\boldsymbol{y} = k_1\boldsymbol{\xi}_1 + k_2\boldsymbol{\xi}_2 + \cdots + k_m\boldsymbol{\xi}_m = \boldsymbol{\theta}$，则有

$$\begin{cases} \boldsymbol{y} = k_1\boldsymbol{\xi}_1 + k_2\boldsymbol{\xi}_2 + \cdots + k_m\boldsymbol{\xi}_{\boldsymbol{m}} = \boldsymbol{\theta}, \\ \boldsymbol{Ay} = k_1\lambda_1\boldsymbol{\xi}_1 + k_2\lambda_2\boldsymbol{\xi}_2 + \cdots + k_m\lambda_m\boldsymbol{\xi}_{\boldsymbol{m}} = \boldsymbol{\theta}. \end{cases}$$

第一式乘以 λ_m 再减去第二式得到:

$$k_1(\lambda_m - \lambda_1)\boldsymbol{\xi}_1 + k_2(\lambda_m - \lambda_2)\boldsymbol{\xi}_2 + \cdots + k_{m-1}(\lambda_m - \lambda_{m-1})\boldsymbol{\xi}_{m-1} = \boldsymbol{\theta}.$$

由假设知 $k_1(\lambda_m - \lambda_1) = k_2(\lambda_m - \lambda_2) = \cdots = k_{m-1}(\lambda_m - \lambda_{m-1}) = 0$，因为 $\lambda_1, \lambda_2, \cdots, \lambda_m$ 互不相同，故有 $k_1 = k_2 = \cdots = k_{m-1} = 0$，从而 $k_m = 0$，即 $\boldsymbol{\xi}_1, \boldsymbol{\xi}_2, \cdots, \boldsymbol{\xi}_m$ 线性无关. 故 $r = m$ 时结论成立. □

从上述定理我们立即可以得到一个便于使用的矩阵可对角化判别条件.

推论 4.3.3　若 n 阶矩阵有 n 个互不相同的特征值，则矩阵可对角化.

例 4.3.2　将矩阵

$$\boldsymbol{A} = \begin{pmatrix} 1 & 1 & 1 \\ -2 & 1 & 2 \\ 2 & 1 & 0 \end{pmatrix}$$

对角化.

解　在例 4.2.5 中求得 $\boldsymbol{A}$ 的特征值为: $\lambda=1,-1,2$.

对于 $\lambda=1$，解齐次方程组 $(\boldsymbol{E}-\boldsymbol{A})\boldsymbol{x}=\boldsymbol{\theta}$, 由

$$\begin{pmatrix} 0 & -1 & -1 \\ 2 & 0 & -2 \\ -2 & -1 & 1 \end{pmatrix} \xrightarrow[]{\substack{r_3+r_2 \\ \frac{1}{2}r_2}} \begin{pmatrix} 0 & -1 & -1 \\ 1 & 0 & -1 \\ 0 & -1 & -1 \end{pmatrix} \xrightarrow[]{\substack{r_3-r_1 \\ (-1)r_1 \\ r_1\leftrightarrow r_2}} \begin{pmatrix} 1 & 0 & -1 \\ 0 & 1 & 1 \\ 0 & 0 & 0 \end{pmatrix}$$

求得该齐次方程组的一个基础解系为: $\boldsymbol{\alpha}_1=(1,-1,1)^{\mathrm{T}}$.

对于 $\lambda=-1$，解齐次方程组 $(-\boldsymbol{E}-\boldsymbol{A})\boldsymbol{x}=\boldsymbol{\theta}$, 由

$$\begin{pmatrix} -2 & -1 & -1 \\ 2 & -2 & -2 \\ -2 & -1 & -1 \end{pmatrix} \xrightarrow[]{\substack{r_1+r_2 \\ r_3+r_2 \\ \frac{1}{2}r_2}} \begin{pmatrix} 0 & -3 & -3 \\ 1 & -1 & -1 \\ 0 & -3 & -3 \end{pmatrix} \xrightarrow[\substack{(-\frac{1}{3})r_1 \\ r_1\leftrightarrow r_2}]{\substack{r_3-r_1 \\ r_2-\frac{1}{3}r_1}} \begin{pmatrix} 1 & 0 & 0 \\ 0 & 1 & 1 \\ 0 & 0 & 0 \end{pmatrix}$$

求得该齐次方程组的一个基础解系为: $\boldsymbol{\alpha}_2=(0,-1,1)^{\mathrm{T}}$.

对于 $\lambda=2$，解齐次方程组 $(2\boldsymbol{E}-\boldsymbol{A})\boldsymbol{x}=\boldsymbol{\theta}$, 由

$$\begin{pmatrix} 1 & -1 & -1 \\ 2 & 1 & -2 \\ -2 & -1 & 2 \end{pmatrix} \xrightarrow[]{\substack{r_2-2r_1 \\ r_3+2r_1}} \begin{pmatrix} 1 & -1 & -1 \\ 0 & 3 & 0 \\ 0 & -3 & 0 \end{pmatrix} \xrightarrow[]{\substack{r_3+r_2 \\ r_1+\frac{1}{3}r_2 \\ \frac{1}{3}r_2}} \begin{pmatrix} 1 & 0 & -1 \\ 0 & 1 & 0 \\ 0 & 0 & 0 \end{pmatrix}$$

求得该齐次方程组的一个基础解系为: $\boldsymbol{\alpha}_3=(1,0,1)^{\mathrm{T}}$.

令 $\boldsymbol{P}=\begin{pmatrix} 1 & 0 & 1 \\ -1 & -1 & 0 \\ 1 & 1 & 1 \end{pmatrix}$, 则有 $\boldsymbol{P}^{-1}\boldsymbol{A}\boldsymbol{P}=\operatorname{diag}(1,-1,2)$. □

具有重特征值的矩阵的对角化问题要复杂一些，下面来讨论这种情况.

定理 4.3.4　*若 $\lambda_1,\lambda_2,\cdots,\lambda_m$ 是矩阵 $\boldsymbol{A}$ 的不同特征值, 而 $\boldsymbol{A}$ 的属于 λ_i 的线性无关的特征向量为 $\boldsymbol{\alpha}_{i1},\boldsymbol{\alpha}_{i2},\cdots,\boldsymbol{\alpha}_{is_i}(i=1,2,\cdots,m)$, 则向量组*

$$\boldsymbol{\alpha}_{11},\cdots,\boldsymbol{\alpha}_{1s_1},\boldsymbol{\alpha}_{21},\cdots,\boldsymbol{\alpha}_{2s_2},\cdots,\boldsymbol{\alpha}_{m1},\cdots,\boldsymbol{\alpha}_{ms_m}$$

线性无关.

证明　考虑如下式子

$$k_{11}\boldsymbol{\alpha}_{11}+\cdots+k_{1s_1}\boldsymbol{\alpha}_{1s_1}+k_{21}\boldsymbol{\alpha}_{21}+\cdots+k_{2s_2}\boldsymbol{\alpha}_{2s_2}+\cdots+k_{m1}\boldsymbol{\alpha}_{m1}+\cdots+k_{ms_m}\boldsymbol{\alpha}_{ms_m}=\boldsymbol{\theta}.$$

设

$$\begin{cases} \boldsymbol{\beta}_1=k_{11}\boldsymbol{\alpha}_{11}+\cdots+k_{1s_1}\boldsymbol{\alpha}_{1s_1}, \\ \boldsymbol{\beta}_2=k_{21}\boldsymbol{\alpha}_{21}+\cdots+k_{2s_2}\boldsymbol{\alpha}_{2s_2}, \\ \quad\cdots\cdots \\ \boldsymbol{\beta}_m=k_{m1}\boldsymbol{\alpha}_{m1}+\cdots+k_{ms_m}\boldsymbol{\alpha}_{ms_m}, \end{cases}$$

则有

$$\boldsymbol{\beta}_1+\boldsymbol{\beta}_2+\cdots+\boldsymbol{\beta}_m=\boldsymbol{\theta},$$

且由定理 4.2.1 知

$$\boldsymbol{A}\boldsymbol{\beta}_1=\lambda_1\boldsymbol{\beta}_1,\ \boldsymbol{A}\boldsymbol{\beta}_2=\lambda_2\boldsymbol{\beta}_2,\ \cdots,\ \boldsymbol{A}\boldsymbol{\beta}_m=\lambda_m\boldsymbol{\beta}_m.$$

若 $\boldsymbol{\beta}_{i_1},\cdots,\boldsymbol{\beta}_{i_r}$ 为非零向量，其余为零向量，则有

$$\boldsymbol{\beta}_{i_1}+\cdots+\boldsymbol{\beta}_{i_r}=\boldsymbol{\theta},$$

即这些向量线性相关. 但由定理 4.3.2 可知 $\boldsymbol{\beta}_{i_1},\cdots,\boldsymbol{\beta}_{i_r}$ 线性无关，产生矛盾. 故必有 $\boldsymbol{\beta}_1=\boldsymbol{\beta}_2=\cdots=\boldsymbol{\beta}_m=\boldsymbol{\theta}$.

对每个 $i\in\{1,2,\cdots,m\}$，由于 $\boldsymbol{\alpha}_{i1},\boldsymbol{\alpha}_{i2},\cdots,\boldsymbol{\alpha}_{is_i}$ 是线性无关的特征向量，有

$$\boldsymbol{\beta}_i=k_{i1}\boldsymbol{\alpha}_{i1}+\cdots+k_{is_i}\boldsymbol{\alpha}_{is_i}=\boldsymbol{\theta},$$

可得

$$k_{i1}=k_{i2}=\cdots=k_{is_i}=0,\ \ i=1,2,\cdots,m.$$

这就证得向量组 $\boldsymbol{\alpha}_{11},\cdots,\boldsymbol{\alpha}_{1s_1},\boldsymbol{\alpha}_{21},\cdots,\boldsymbol{\alpha}_{2s_2},\cdots,\boldsymbol{\alpha}_{m1},\cdots,\boldsymbol{\alpha}_{ms_m}$ 线性无关. □

定理 4.3.5 设 λ_0 是 n 阶方阵 $\boldsymbol{A}$ 的 k 重特征值，则 $\boldsymbol{A}$ 的属于特征值 λ_0 的线性无关的特征向量个数不超过 k.

证明 设有 $\boldsymbol{A}$ 的属于 λ_0 的特征向量的极大无关组 $\boldsymbol{\xi}_1,\boldsymbol{\xi}_2,\cdots,\boldsymbol{\xi}_s$. 将向量 $\boldsymbol{e}_1,\boldsymbol{e}_2,\cdots,\boldsymbol{e}_n$ 依次添加到向量组 $\boldsymbol{\xi}_1,\boldsymbol{\xi}_2,\cdots,\boldsymbol{\xi}_s$ 中，当添加的向量使得添加后的向量组线性相关时，删去该添加的向量. 最后可得扩充的线性无关组 $\boldsymbol{\xi}_1,\boldsymbol{\xi}_2,\cdots,\boldsymbol{\xi}_n$. 令 $\boldsymbol{P}=(\boldsymbol{\xi}_1\ \boldsymbol{\xi}_2\ \cdots\ \boldsymbol{\xi}_n)$，则 $\mathrm{r}(\boldsymbol{P})=n$，于是 $\boldsymbol{P}$ 可逆. 因为 $\boldsymbol{P}\boldsymbol{e}_i=\boldsymbol{\xi}_i$，所以有 $\boldsymbol{P}^{-1}\boldsymbol{\xi}_i=\boldsymbol{e}_i,(i=1,2,\cdots,n)$.

令 $\boldsymbol{B}=\boldsymbol{P}^{-1}\boldsymbol{A}\boldsymbol{P}$，则

$$\begin{aligned}\boldsymbol{B}&=\boldsymbol{P}^{-1}(\lambda_0\boldsymbol{\xi}_1\ \cdots\ \lambda_0\boldsymbol{\xi}_s\ \boldsymbol{\alpha}_{s+1}\ \cdots\ \boldsymbol{\alpha}_n)\\&=(\lambda_0\boldsymbol{e}_1\ \cdots\ \lambda_0\boldsymbol{e}_s\ \boldsymbol{\beta}_{s+1}\ \cdots\ \boldsymbol{\beta}_n)\\&=\begin{pmatrix}\lambda_0\boldsymbol{E}_s & *\\ \boldsymbol{0} & *\end{pmatrix}.\end{aligned}$$

于是据定理 4.2.3,

$$|\lambda\boldsymbol{E}-\boldsymbol{A}|=|\lambda\boldsymbol{E}-\boldsymbol{B}|=(\lambda-\lambda_0)^s g(\lambda).$$

其中 $g(\lambda)$ 是 λ 的多项式. 上式说明特征值 λ_0 的重数 $k\geqslant s$. 由 λ_0 的任意性，可知线性无关的特征向量个数不超过对应特征值的重数. □

定理 4.3.6 n 阶方阵 $\boldsymbol{A}$ 可对角化的充要条件是每个 k_i 重特征值 λ_i 对应的特征矩阵 $\lambda_i\boldsymbol{E}-\boldsymbol{A}$ 的秩为 $n-k_i$.

证明 设 $\lambda_1,\lambda_2,\cdots,\lambda_s$ 为 $\boldsymbol{A}$ 的全部不同特征值，注意到 $(\lambda_i\boldsymbol{E}-\boldsymbol{A})\boldsymbol{x}=\boldsymbol{\theta}$ 的基础解系包含 $n-(n-k_i)$, 即 k_i 个线性无关的特征向量, 而 k_i 之和是 n, 由定理 4.3.4 可知, $\boldsymbol{A}$ 有 n 个线性无关的特征向量, 则 $\boldsymbol{A}$ 与对角矩阵相似. 反之, 若 $\boldsymbol{A}$ 相似于对角矩阵，则 $\boldsymbol{A}$ 有 n 个线性无关的特征向量，而 $k_i\geqslant 1$ 且 $\sum\limits_{i=1}^{s}k_i=n$, 由定理 4.3.5, $\boldsymbol{A}$ 的属于 λ_i 的特征向量的极

大无关组恰好有 k_i 个特征向量. 这个极大无关组又是 $(\lambda_i \boldsymbol{E}-\boldsymbol{A})\boldsymbol{x}=\boldsymbol{\theta}$ 的基础解系，从而 $\lambda_i \boldsymbol{E}-\boldsymbol{A}$ 的秩为 $n-k_i$. □

由此, 我们得到在 $\boldsymbol{A}$ 有重特征值时 $\boldsymbol{A}$ 可否对角化的判定方法:

对每个重特征值 λ_i, 求矩阵 $\lambda_i \boldsymbol{E}-\boldsymbol{A}$ 的秩 r_i, 若对每个重特征值 $\lambda_i, n-r_i$ 都等于 λ_i 的重数, 则 $\boldsymbol{A}$ 可以对角化; 否则 $\boldsymbol{A}$ 不可对角化.

我们将矩阵 $\boldsymbol{A}$ 对角化的过程按步骤描述如下.

(1) 解特征方程 $|\lambda \boldsymbol{E}-\boldsymbol{A}|=0$ 得特征值 $\lambda=\lambda_1(s_1$ 重$),\cdots,\lambda_m(s_m$ 重$)$;

(2) 对每个特征值 $\lambda_i, i=1,2,\cdots,m$, 解齐次方程组

$$(\lambda_i \boldsymbol{E}-\boldsymbol{A})\boldsymbol{x}=\boldsymbol{\theta},$$

得一个基础解系 $\boldsymbol{\alpha}_{i1},\cdots,\boldsymbol{\alpha}_{ir_i}$.

若有某个 i 使得 $r_i<s_i$, 则矩阵 $\boldsymbol{A}$ 不可对角化;

(3) 当所有的 $r_i=s_i, i=1,2,\cdots,m$，则令

$$\boldsymbol{P}=(\boldsymbol{\alpha}_{11}\ \cdots\ \boldsymbol{\alpha}_{1s_1}\ \boldsymbol{\alpha}_{21}\ \cdots\ \boldsymbol{\alpha}_{2s_2}\ \cdots\ \boldsymbol{\alpha}_{m1}\ \cdots\ \boldsymbol{\alpha}_{ms_m}),$$

即得　$$\boldsymbol{P}^{-1}\boldsymbol{AP}=\boldsymbol{\Lambda}=\mathrm{diag}(\underbrace{\lambda_1,\cdots,\lambda_1}_{s_1\text{ 个}},\underbrace{\lambda_2,\cdots,\lambda_2}_{s_2\text{ 个}},\cdots,\underbrace{\lambda_m,\cdots,\lambda_m}_{s_m\text{ 个}}).$$

由于每个齐次线性方程组的基础解系都不是唯一的, 因而 $\boldsymbol{P}$ 的取法也不是唯一的. 但是, 由于 $\boldsymbol{P}^{-1}\boldsymbol{AP}$ 的主对角线上的元素是 $\boldsymbol{A}$ 的全体特征值, 因此除了主对角线上元素的次序不同外, $\boldsymbol{P}^{-1}\boldsymbol{AP}$ 是唯一确定的.

例 4.3.3　问

$$\boldsymbol{A}=\begin{pmatrix} 2 & -1 & 2 \\ 5 & -3 & 3 \\ -1 & 0 & -2 \end{pmatrix}$$

是否可对角化, 为什么?

解　由

$$|\lambda \boldsymbol{E}-\boldsymbol{A}|=\begin{vmatrix} \lambda-2 & 1 & -2 \\ -5 & \lambda+3 & -3 \\ 1 & 0 & \lambda+2 \end{vmatrix}=(\lambda+1)^3=0$$

得三重特征值 $\lambda=-1$, 显然 $-\boldsymbol{E}-\boldsymbol{A}\neq \boldsymbol{O}$, 因而其秩 $r\geqslant 1$,

$$n-r=3-r\leqslant 2<3,$$

故 $\boldsymbol{A}$ 不可能与对角矩阵相似. □

例 4.3.4　将上节例 4.2.1 的矩阵

$$\boldsymbol{A}=\begin{pmatrix} 5 & -2 & 1 \\ 0 & 4 & 0 \\ 1 & -2 & 5 \end{pmatrix}$$

对角化.

解 在上节例 4.2.1 已求得 $\boldsymbol{A}$ 的特征值为: $\lambda=6,4$ (二重); 对 $\lambda=6$，已求得一个特征向量为: $\boldsymbol{\alpha}_1=(1,0,1)^{\mathrm{T}}$; 对 $\lambda=4$，已求得二个线性无关的特征向量为: $\boldsymbol{\alpha}_2=(2,1,0)^{\mathrm{T}},\boldsymbol{\alpha}_3=(-1,0,1)^{\mathrm{T}}$.

令 $\boldsymbol{P}=(\boldsymbol{\alpha}_1\ \boldsymbol{\alpha}_2\ \boldsymbol{\alpha}_3)=\begin{pmatrix}1&2&-1\\0&1&0\\1&0&1\end{pmatrix}$，则有 $\boldsymbol{P}^{-1}\boldsymbol{A}\boldsymbol{P}=\mathrm{diag}\,(6,4,4)$. □

例 4.3.5 证明: 若方阵 $\boldsymbol{A}$ 满足关系 $\boldsymbol{A}^2=\boldsymbol{E}$，则 $\boldsymbol{A}$ 可对角化.

证明 设 $\boldsymbol{A}\in\mathbf{R}^{n\times n}$, 由 $\boldsymbol{A}^2=\boldsymbol{E}$ 可得

$$(\boldsymbol{E}-\boldsymbol{A})(-\boldsymbol{E}-\boldsymbol{A})=(-\boldsymbol{E}-\boldsymbol{A})(\boldsymbol{E}-\boldsymbol{A})=\boldsymbol{O}.$$

由于 $-\boldsymbol{E}-\boldsymbol{A}$ 的非零列是 $(\boldsymbol{E}-\boldsymbol{A})\boldsymbol{x}=\boldsymbol{\theta}$ 的非零解，所以 $\boldsymbol{A}$ 至少有 $\mathrm{r}(-\boldsymbol{E}-\boldsymbol{A})$ 个属于特征值 $\lambda=1$ 的线性无关特征向量，同理 $\boldsymbol{A}$ 有 $\mathrm{r}(\boldsymbol{E}-\boldsymbol{A})$ 个属于特征值 $\lambda=-1$ 的线性无关特征向量. 又由

$$\mathrm{r}(\boldsymbol{E}-\boldsymbol{A})+\mathrm{r}(-\boldsymbol{E}-\boldsymbol{A})=\mathrm{r}(\boldsymbol{E}-\boldsymbol{A})+\mathrm{r}(\boldsymbol{E}+\boldsymbol{A})\geqslant\mathrm{r}((\boldsymbol{E}-\boldsymbol{A})+(\boldsymbol{E}+\boldsymbol{A}))=\mathrm{r}(2\boldsymbol{E})=n$$

可得 $\boldsymbol{A}$ 有 n 个线性无关的特征向量，可以对角化. □

4.4 正交矩阵与施密特正交化方法

为了进一步讨论矩阵对角化和矩阵的分解以及后续内容的需要，我们要引入正交矩阵，首先引入向量的内积与正交的有关概念. 本节内容除了定理 4.4.4 外，其余均在实数范围内考虑.

定义 4.4.1 (向量内积) 设 $\boldsymbol{\alpha}$、$\boldsymbol{\beta}$ 为 n 维向量，用列向量表示为 $\boldsymbol{\alpha}=(a_1,a_2,\cdots,a_n)^{\mathrm{T}}$, $\boldsymbol{\beta}=(b_1,b_2,\cdots,b_n)^{\mathrm{T}}$. 若 $\boldsymbol{\alpha}$、$\boldsymbol{\beta}$ 为实向量，则称 $a_1b_1+a_2b_2+\cdots+a_nb_n$ 为 $\boldsymbol{\alpha}$、$\boldsymbol{\beta}$ 的**实内积**; 若 $\boldsymbol{\alpha}$、$\boldsymbol{\beta}$ 为复向量，则称 $a_1\bar{b}_1+a_2\bar{b}_2+\cdots+a_n\bar{b}_n$ 为 $\boldsymbol{\alpha}$、$\boldsymbol{\beta}$ 的**复内积**. 统称为**向量的内积**，记为 $(\boldsymbol{\alpha},\boldsymbol{\beta})$，并称 $\|\boldsymbol{\alpha}\|=\sqrt{(\boldsymbol{\alpha},\boldsymbol{\alpha})}$ 为向量 $\boldsymbol{\alpha}$ 的**长度**或**模**; 称模为 1 的向量为**单位向量**.

显然, n 维实向量的内积和长度就是 3 维向量的点乘和长度的推广. 借用矩阵的乘法，实向量 $\boldsymbol{\alpha}$ 与 $\boldsymbol{\beta}$ 的内积还可以表示为 $(\boldsymbol{\alpha},\boldsymbol{\beta})=\boldsymbol{\alpha}^{\mathrm{T}}\boldsymbol{\beta}$. 复向量 $\boldsymbol{\alpha}$ 与 $\boldsymbol{\beta}$ 的内积还可以表示为 $(\boldsymbol{\alpha},\boldsymbol{\beta})=\boldsymbol{\alpha}^{\mathrm{T}}\,\overline{\boldsymbol{\beta}}$.

由定义 4.4.1 容易得到实内积的如下性质:

(1) $(\boldsymbol{\alpha},\boldsymbol{\beta})=(\boldsymbol{\beta},\boldsymbol{\alpha})$;

(2) $(k\boldsymbol{\alpha},\boldsymbol{\beta})=k(\boldsymbol{\alpha},\boldsymbol{\beta})$;

(3) $(\boldsymbol{\alpha}+\boldsymbol{\gamma},\boldsymbol{\beta})=(\boldsymbol{\alpha},\boldsymbol{\beta})+(\boldsymbol{\gamma},\boldsymbol{\beta})$;

(4) $(\boldsymbol{\alpha},\boldsymbol{\alpha})\geqslant 0$; $(\boldsymbol{\alpha},\boldsymbol{\alpha})=0$ 当且仅当 $\boldsymbol{\alpha}=\boldsymbol{\theta}$.

定义 4.4.2 (向量夹角、向量正交) 若 $(\boldsymbol{\alpha},\boldsymbol{\beta})=0$, 则称 $\boldsymbol{\alpha}$ 和 $\boldsymbol{\beta}$ **正交**或**垂直**. 若 $\boldsymbol{\alpha}$、$\boldsymbol{\beta}$ 均为非零实向量，则称 $\arccos\left(\dfrac{(\boldsymbol{\alpha},\boldsymbol{\beta})}{\|\boldsymbol{\alpha}\|\cdot\|\boldsymbol{\beta}\|}\right)$ 为向量 $\boldsymbol{\alpha}$ 和 $\boldsymbol{\beta}$ 的**夹角**.

显然，零向量 $\boldsymbol{\theta}$ 与任意同维向量正交. 另外由

$$\left\|\frac{\boldsymbol{\alpha}}{\|\boldsymbol{\alpha}\|}\pm\frac{\boldsymbol{\beta}}{\|\boldsymbol{\beta}\|}\right\|^2=\left(\frac{\boldsymbol{\alpha}}{\|\boldsymbol{\alpha}\|}\pm\frac{\boldsymbol{\beta}}{\|\boldsymbol{\beta}\|},\frac{\boldsymbol{\alpha}}{\|\boldsymbol{\alpha}\|}\pm\frac{\boldsymbol{\beta}}{\|\boldsymbol{\beta}\|}\right)\geqslant 0$$

可得 $\left|\dfrac{(\boldsymbol{\alpha},\boldsymbol{\beta})}{\|\boldsymbol{\alpha}\|\cdot\|\boldsymbol{\beta}\|}\right|\leqslant 1$，于是向量夹角的定义是合理的.

例 4.4.1　若有两个不同的实向量 $\boldsymbol{\alpha}_1,\boldsymbol{\alpha}_2$ 满足 $\|\boldsymbol{\alpha}_1\|=\|\boldsymbol{\alpha}_2\|>0$，试证明 $\boldsymbol{\alpha}_1+\boldsymbol{\alpha}_2$ 与 $\boldsymbol{\alpha}_1-\boldsymbol{\alpha}_2$ 正交.

证明　由 $\|\boldsymbol{\alpha}_1\|=\|\boldsymbol{\alpha}_2\|>0$ 可知 $(\boldsymbol{\alpha}_1,\boldsymbol{\alpha}_1)=(\boldsymbol{\alpha}_2,\boldsymbol{\alpha}_2)>0$，故有

$$\begin{aligned}(\boldsymbol{\alpha}_1+\boldsymbol{\alpha}_2,\boldsymbol{\alpha}_1-\boldsymbol{\alpha}_2)&=(\boldsymbol{\alpha}_1,\boldsymbol{\alpha}_1)+(\boldsymbol{\alpha}_2,\boldsymbol{\alpha}_1)-(\boldsymbol{\alpha}_1,\boldsymbol{\alpha}_2)-(\boldsymbol{\alpha}_2,\boldsymbol{\alpha}_2)\\&=(\boldsymbol{\alpha}_2,\boldsymbol{\alpha}_1)-(\boldsymbol{\alpha}_1,\boldsymbol{\alpha}_2)=0,\end{aligned}$$

即 $\boldsymbol{\alpha}_1+\boldsymbol{\alpha}_2$ 与 $\boldsymbol{\alpha}_1-\boldsymbol{\alpha}_2$ 正交. □

例 4.4.2　方程组 $\boldsymbol{Ax}=\boldsymbol{\theta}$ 的解集即为与 $\boldsymbol{A}$ 的所有行向量正交的向量的集合.

解　将矩阵 $\boldsymbol{A}$ 写成按行分块形式，

$$\boldsymbol{A}=\begin{pmatrix}\boldsymbol{\alpha}_1^{\mathrm{T}}\\\vdots\\\boldsymbol{\alpha}_n^{\mathrm{T}}\end{pmatrix},$$

则 $\boldsymbol{Ax}=\boldsymbol{\theta}$ 即为

$$\boldsymbol{Ax}=\begin{pmatrix}\boldsymbol{\alpha}_1^{\mathrm{T}}\\\vdots\\\boldsymbol{\alpha}_n^{\mathrm{T}}\end{pmatrix}\boldsymbol{x}=\begin{pmatrix}\boldsymbol{\alpha}_1^{\mathrm{T}}\boldsymbol{x}\\\vdots\\\boldsymbol{\alpha}_n^{\mathrm{T}}\boldsymbol{x}\end{pmatrix}=\begin{pmatrix}0\\\vdots\\0\end{pmatrix},$$

即 $(\boldsymbol{\alpha}_i,\boldsymbol{x})=\boldsymbol{\alpha}_i^{\mathrm{T}}\boldsymbol{x}=0,\ i=1,2,\cdots,n.$ □

定义 4.4.3(正交向量组、法正交组)　若一个不含零向量的向量组中的向量两两正交，则称该向量组为**正交向量组**；若一个正交向量组中的向量均为单位向量，则该向量组称为**标准正交向量组**，简称**法正交组**.

例 4.4.3　易验证 $\mathbf{R}^n$ 中的基本向量组 $\boldsymbol{e}_1,\boldsymbol{e}_2,\cdots,\boldsymbol{e}_n$ 是法正交组. □

定理 4.4.1　*正交向量组必线性无关.*

证明　设正交向量组为 $\boldsymbol{\alpha}_1,\boldsymbol{\alpha}_2,\cdots,\boldsymbol{\alpha}_m$，并设

$$k_1\boldsymbol{\alpha}_1+k_2\boldsymbol{\alpha}_2+\cdots+k_m\boldsymbol{\alpha}_m=\boldsymbol{\theta}.$$

则对每个 i 有 $(k_1\boldsymbol{\alpha}_1+\cdots+k_m\boldsymbol{\alpha}_m,\boldsymbol{\alpha}_i)=(\boldsymbol{\theta},\boldsymbol{\alpha}_i)=0$, $(k_1\boldsymbol{\alpha}_1+\cdots+k_m\boldsymbol{\alpha}_m,\boldsymbol{\alpha}_i)=k_1(\boldsymbol{\alpha}_1,\boldsymbol{\alpha}_i)+\cdots+k_m(\boldsymbol{\alpha}_m,\boldsymbol{\alpha}_i)=k_i(\boldsymbol{\alpha}_i,\boldsymbol{\alpha}_i)$. 于是 $k_i(\boldsymbol{\alpha}_i,\boldsymbol{\alpha}_i)=k_i\|\boldsymbol{\alpha}_i\|^2=0,i=1,2,\cdots,m$. 因为 $\boldsymbol{\alpha}_i\neq\boldsymbol{\theta},i=1,2,\cdots,m$，所以 $k_i=0,i=1,2,\cdots,m$. 即 $\boldsymbol{\alpha}_1,\boldsymbol{\alpha}_2,\cdots,\boldsymbol{\alpha}_m$ 线性无关. □

一个极大无关组可以表示其所在向量组的全部向量，但需要解一个方程组. 如果一个极大无关组还是一个正交向量组，则用它来表示其所在向量组的其他向量就相当简单，只要用内积就可以计算出表示式中的系数. 那么能否由一个线性无关向量组构造出一个与之等价的正交向量组呢? 下面的定理给出了肯定的回答，并给出了构造的方法.

定理 4.4.2 (施密特 (Schmidt) 正交化)　由线性无关向量组 $\boldsymbol{\alpha}_1,\boldsymbol{\alpha}_2,\cdots,\boldsymbol{\alpha}_n$ 可构造出与之等价的正交向量组 $\boldsymbol{\xi}_1,\boldsymbol{\xi}_2,\cdots,\boldsymbol{\xi}_n$. 并且 $\boldsymbol{\xi}_i$ 可以表示成 $\boldsymbol{\alpha}_1,\cdots,\boldsymbol{\alpha}_i, i=1,\cdots,n$ 的线性组合.

证明　下面我们用构造的方法证明. 我们设法用 $\boldsymbol{\alpha}_1,\boldsymbol{\alpha}_2,\cdots,\boldsymbol{\alpha}_n$ 构造出正交向量组 $\boldsymbol{\xi}_1,\boldsymbol{\xi}_2,\cdots,\boldsymbol{\xi}_n$，构造过程如下.

第一步，取 $\boldsymbol{\xi}_1=\boldsymbol{\alpha}_1\neq\boldsymbol{\theta}$.

第二步，取 $\boldsymbol{\xi}_2=\boldsymbol{\alpha}_2-k_{21}\boldsymbol{\xi}_1$, 其中 $k_{21}=\dfrac{(\boldsymbol{\alpha}_2,\boldsymbol{\xi}_1)}{\|\boldsymbol{\xi}_1\|^2}$，则首先 $\boldsymbol{\xi}_2\neq\boldsymbol{\theta}$，因为 $\boldsymbol{\alpha}_2-k_{21}\boldsymbol{\xi}_1=\boldsymbol{\theta}$ 可得 $\boldsymbol{\alpha}_2$ 与 $\boldsymbol{\xi}_1=\boldsymbol{\alpha}_1$ 线性相关，与假设矛盾.

其次通过简单的验算可得 $(\boldsymbol{\xi}_1,\boldsymbol{\xi}_2)=0$. 从而我们可知 $\{\boldsymbol{\xi}_1,\boldsymbol{\xi}_2\}$ 是正交向量组且 $\boldsymbol{\xi}_2$ 是 $\boldsymbol{\alpha}_1,\boldsymbol{\alpha}_2$ 的线性组合.

依次下去直到第 i 步，取

$$\boldsymbol{\xi}_i=\boldsymbol{\alpha}_i-k_{i1}\boldsymbol{\xi}_1-k_{i2}\boldsymbol{\xi}_2-\cdots-k_{i,i-1}\boldsymbol{\xi}_{i-1},$$

其中

$$k_{i1}=\frac{(\boldsymbol{\alpha}_i,\boldsymbol{\xi}_1)}{\|\boldsymbol{\xi}_1\|^2},k_{i2}=\frac{(\boldsymbol{\alpha}_i,\boldsymbol{\xi}_2)}{\|\boldsymbol{\xi}_2\|^2},\cdots,k_{i,i-1}=\frac{(\boldsymbol{\alpha}_i,\boldsymbol{\xi}_{i-1})}{\|\boldsymbol{\xi}_{i-1}\|^2}.$$

且 $\boldsymbol{\xi}_1,\boldsymbol{\xi}_2,\cdots,\boldsymbol{\xi}_{i-1}$ 正交.

这时必有 $\boldsymbol{\xi}_i\neq\boldsymbol{\theta}$，因为否则的话就有

$$\boldsymbol{\alpha}_i-k_{i1}\boldsymbol{\xi}_1-k_{i2}\boldsymbol{\xi}_2-\cdots-k_{i,i-1}\boldsymbol{\xi}_{i-1}=\boldsymbol{\theta},\tag{1}$$

而前面 $i-1$ 个向量 $\boldsymbol{\xi}_1,\cdots,\boldsymbol{\xi}_{i-1}$ 正交，且都是 $\boldsymbol{\alpha}_1,\cdots,\boldsymbol{\alpha}_{i-1}$ 的线性组合，式 (1) 就可改写成如下式子

$$\boldsymbol{\alpha}_i+s_1\boldsymbol{\alpha}_1+s_2\boldsymbol{\alpha}_2+\cdots+s_{i-1}\boldsymbol{\alpha}_{i-1}=\boldsymbol{\theta},$$

该式表示 $\boldsymbol{\alpha}_1,\cdots,\boldsymbol{\alpha}_i$ 线性相关，与假设矛盾.

其次，简单的验算可知 $(\boldsymbol{\xi}_i,\boldsymbol{\xi}_j)=0, j=1,2,\cdots,i-1$. 故 $\{\boldsymbol{\xi}_1,\cdots,\boldsymbol{\xi}_i\}$ 是正交向量组且 $\boldsymbol{\xi}_i$ 是 $\boldsymbol{\alpha}_1,\cdots,\boldsymbol{\alpha}_i$ 的线性组合.

继续下去，最后得到向量组 $\{\boldsymbol{\xi}_1,\cdots,\boldsymbol{\xi}_n\}$，则该向量组是正交向量组，且 $\boldsymbol{\xi}_i, i=1,2,\cdots,n$ 是 $\boldsymbol{\alpha}_1,\cdots,\boldsymbol{\alpha}_i$ 的线性组合.

由前面的过程可知，向量组 $\{\boldsymbol{\alpha}_1,\boldsymbol{\alpha}_2,\cdots,\boldsymbol{\alpha}_n\}$ 与向量组 $\{\boldsymbol{\xi}_1,\boldsymbol{\xi}_2,\cdots,\boldsymbol{\xi}_n\}$ 可互相线性表示，故两向量组等价. □

注　由线性无关向量组 $\boldsymbol{\alpha}_1,\boldsymbol{\alpha}_2,\cdots,\boldsymbol{\alpha}_n$ 可构造出与之等价的法正交组 $\boldsymbol{\beta}_1,\boldsymbol{\beta}_2,\cdots,\boldsymbol{\beta}_n$. 并且 $\boldsymbol{\beta}_i$ 可以表示成 $\boldsymbol{\alpha}_1,\cdots,\boldsymbol{\alpha}_i, i=1,\cdots,n$ 的线性组合.

例 4.4.4　将 3 个线性无关 4 维向量组 $\{\boldsymbol{\alpha}_1,\boldsymbol{\alpha}_2,\boldsymbol{\alpha}_3\}$ 标准正交化，其中

$$\boldsymbol{\alpha}_1=\begin{pmatrix}1\\0\\0\\1\end{pmatrix},\ \boldsymbol{\alpha}_2=\begin{pmatrix}1\\1\\0\\1\end{pmatrix},\ \boldsymbol{\alpha}_3=\begin{pmatrix}1\\1\\1\\0\end{pmatrix}.$$

解　先做正交化，令

$$\boldsymbol{\xi}_1=\boldsymbol{\alpha}_1=\begin{pmatrix}1\\0\\0\\1\end{pmatrix},\quad \boldsymbol{\xi}_2=\boldsymbol{\alpha}_2-\frac{(\boldsymbol{\alpha}_2,\boldsymbol{\xi}_1)}{\|\boldsymbol{\xi}_1\|^2}\boldsymbol{\xi}_1=\begin{pmatrix}1\\1\\0\\1\end{pmatrix}-\frac{2}{2}\begin{pmatrix}1\\0\\0\\1\end{pmatrix}=\begin{pmatrix}0\\1\\0\\0\end{pmatrix},$$

$$\boldsymbol{\xi}_3=\boldsymbol{\alpha}_3-\frac{(\boldsymbol{\alpha}_3,\boldsymbol{\xi}_1)}{\|\boldsymbol{\xi}_1\|^2}\boldsymbol{\xi}_1-\frac{(\boldsymbol{\alpha}_3,\boldsymbol{\xi}_2)}{\|\boldsymbol{\xi}_2\|^2}\boldsymbol{\xi}_2=\begin{pmatrix}1\\1\\1\\0\end{pmatrix}-\frac{1}{2}\begin{pmatrix}1\\0\\0\\1\end{pmatrix}-\frac{1}{1}\begin{pmatrix}0\\1\\0\\0\end{pmatrix}=\begin{pmatrix}1/2\\0\\1\\-1/2\end{pmatrix}.$$

再做标准化，

$$\boldsymbol{\beta}_1=\frac{1}{\|\boldsymbol{\xi}_1\|}\boldsymbol{\xi}_1=\frac{1}{\sqrt{2}}\boldsymbol{\xi}_1=\begin{pmatrix}1/\sqrt{2}\\0\\0\\1/\sqrt{2}\end{pmatrix},$$

$$\boldsymbol{\beta}_2=\frac{1}{\|\boldsymbol{\xi}_2\|}\boldsymbol{\xi}_2=\boldsymbol{\xi}_2=\begin{pmatrix}0\\1\\0\\0\end{pmatrix},$$

$$\boldsymbol{\beta}_3=\frac{1}{\|\boldsymbol{\xi}_3\|}\boldsymbol{\xi}_3=\sqrt{\frac{2}{3}}\,\boldsymbol{\xi}_3=\begin{pmatrix}1/\sqrt{6}\\0\\2/\sqrt{6}\\-1/\sqrt{6}\end{pmatrix}.$$

得标准正交向量组为 $\{\boldsymbol{\beta}_1,\boldsymbol{\beta}_2,\boldsymbol{\beta}_3\}$.　□

定义 4.4.4(正交矩阵)　若实方阵 $\boldsymbol{A}$ 满足 $\boldsymbol{A}^{\mathrm{T}}\boldsymbol{A}=\boldsymbol{E}$，则称 $\boldsymbol{A}$ 为**正交矩阵**.

注　若 $\boldsymbol{A},\boldsymbol{B}$ 是同阶的正交矩阵，则 $\boldsymbol{AB}$ 也是正交矩阵.

对于单位矩阵 $\boldsymbol{E}$，显然有 $\boldsymbol{E}^{\mathrm{T}}\boldsymbol{E}=\boldsymbol{E}$，故 $\boldsymbol{E}$ 为正交矩阵.

容易验证下列矩阵

$$\begin{pmatrix}\cos\theta & \sin\theta\\ -\sin\theta & \cos\theta\end{pmatrix},\quad \begin{pmatrix}-1&0&0\\0&1&0\\0&0&-1\end{pmatrix},\quad \begin{pmatrix}\dfrac{1}{\sqrt{2}} & \dfrac{1}{\sqrt{3}} & \dfrac{1}{\sqrt{6}}\\ -\dfrac{1}{\sqrt{2}} & \dfrac{1}{\sqrt{3}} & \dfrac{1}{\sqrt{6}}\\ 0 & -\dfrac{1}{\sqrt{3}} & \dfrac{2}{\sqrt{6}}\end{pmatrix}$$

都是正交矩阵.

例 4.4.5　设 $\boldsymbol{A}=\boldsymbol{E}-2\boldsymbol{v}\boldsymbol{v}^{\mathrm{T}}\in\mathbf{R}^{n\times n}$，其中 $\boldsymbol{v}\in\mathbf{R}^n,\boldsymbol{v}^{\mathrm{T}}\boldsymbol{v}=1$. 验证 $\boldsymbol{A}$ 是对称矩阵和正交矩阵. 且当 $\|\boldsymbol{p}\|=\|\boldsymbol{q}\|,\boldsymbol{p}\neq\boldsymbol{q},\boldsymbol{p},\boldsymbol{q}\in\mathbf{R}^n,\boldsymbol{v}=\dfrac{\boldsymbol{p}-\boldsymbol{q}}{\|\boldsymbol{p}-\boldsymbol{q}\|}$ 时，有

$$\boldsymbol{Ap}=\boldsymbol{q},\qquad \boldsymbol{Aq}=\boldsymbol{p}.$$

解 因为

$$\boldsymbol{A}^{\mathrm{T}}=(\boldsymbol{E}-2\boldsymbol{v}\boldsymbol{v}^{\mathrm{T}})^{\mathrm{T}}=\boldsymbol{E}-2(\boldsymbol{v}\boldsymbol{v}^{\mathrm{T}})^{\mathrm{T}}=\boldsymbol{E}-2\boldsymbol{v}\boldsymbol{v}^{\mathrm{T}}=\boldsymbol{A},$$

$$\boldsymbol{A}^{\mathrm{T}}\boldsymbol{A}=(\boldsymbol{E}-2\boldsymbol{v}\boldsymbol{v}^{\mathrm{T}})(\boldsymbol{E}-2\boldsymbol{v}\boldsymbol{v}^{\mathrm{T}})=\boldsymbol{E}-2\boldsymbol{v}\boldsymbol{v}^{\mathrm{T}}-2\boldsymbol{v}\boldsymbol{v}^{\mathrm{T}}+4\boldsymbol{v}(\boldsymbol{v}^{\mathrm{T}}\boldsymbol{v})\boldsymbol{v}^{\mathrm{T}}=\boldsymbol{E},$$

所以 $\boldsymbol{A}$ 为对称和正交矩阵.

当 $\boldsymbol{v}=\dfrac{\boldsymbol{p}-\boldsymbol{q}}{\|\boldsymbol{p}-\boldsymbol{q}\|}$ 时，有

$$\begin{aligned}\boldsymbol{A}\boldsymbol{p}&=\left(\boldsymbol{E}-2\frac{(\boldsymbol{p}-\boldsymbol{q})(\boldsymbol{p}-\boldsymbol{q})^{\mathrm{T}}}{\|\boldsymbol{p}-\boldsymbol{q}\|^2}\right)\boldsymbol{p}\\&=\boldsymbol{p}-2\frac{(\boldsymbol{p}-\boldsymbol{q})(\boldsymbol{p}^{\mathrm{T}}\boldsymbol{p}-\boldsymbol{q}^{\mathrm{T}}\boldsymbol{p})}{(\boldsymbol{p}-\boldsymbol{q})^{\mathrm{T}}(\boldsymbol{p}-\boldsymbol{q})}\\&=\boldsymbol{p}-2\frac{(\boldsymbol{p}^{\mathrm{T}}\boldsymbol{p}-\boldsymbol{q}^{\mathrm{T}}\boldsymbol{p})(\boldsymbol{p}-\boldsymbol{q})}{2(\boldsymbol{p}^{\mathrm{T}}\boldsymbol{p}-\boldsymbol{q}^{\mathrm{T}}\boldsymbol{p})}\\&=\boldsymbol{p}-(\boldsymbol{p}-\boldsymbol{q})=\boldsymbol{q}.\end{aligned}$$

同理有 $\boldsymbol{A}\boldsymbol{q}=\boldsymbol{p}$. □

关于正交矩阵，有下面一些基本性质.

定理 4.4.3 对于方阵 $\boldsymbol{A}$，下列条件互为等价:

(1) $\boldsymbol{A}$ 为正交矩阵;

(2) $\boldsymbol{A}^{\mathrm{T}}=\boldsymbol{A}^{-1}$;

(3) $\boldsymbol{A}\boldsymbol{A}^{\mathrm{T}}=\boldsymbol{E}$;

(4) $\boldsymbol{A}$ 的列向量构成标准正交列向量组;

(5) $\boldsymbol{A}$ 的行向量构成标准正交行向量组.

证明 由 (1) 可知 $\boldsymbol{A}^{-1}=\boldsymbol{A}^{\mathrm{T}}$，故 (1)$\Longleftrightarrow$(3)，从而得到 (2)，故 (1)、(2)、(3) 相互等价.

将 $\boldsymbol{A}$ 按列分块为

$$\boldsymbol{A}=(\boldsymbol{\alpha}_1\ \boldsymbol{\alpha}_2\cdots\boldsymbol{\alpha}_n),$$

则

$$\boldsymbol{C}=\boldsymbol{A}^{\mathrm{T}}\boldsymbol{A}=(c_{ij})_{n\times n}=(\boldsymbol{\alpha}_i^{\mathrm{T}}\boldsymbol{\alpha}_j)_{n\times n}.$$

由 (1) 得 $\boldsymbol{C}=\boldsymbol{A}^{\mathrm{T}}\boldsymbol{A}=\boldsymbol{E}$，即 $c_{ij}=\boldsymbol{\alpha}_i^{\mathrm{T}}\boldsymbol{\alpha}_j=\delta_{ij},j=1,2,\cdots,n$，其中 $\delta_{ij}=\begin{cases}1, & i=j\\0, & i\neq j\end{cases}$. 故 $\boldsymbol{\alpha}_1,\boldsymbol{\alpha}_2,\cdots,\boldsymbol{\alpha}_n$ 为法正交列向量组. 反之则有 $\boldsymbol{A}^{\mathrm{T}}\boldsymbol{A}=(\boldsymbol{\alpha}_i^{\mathrm{T}}\boldsymbol{\alpha}_j)_{n\times n}=(\delta_{ij})_{n\times n}=\boldsymbol{E}$，故 (1) 成立. 从而得 (1)$\Longleftrightarrow$(4). 同理 (3)$\Longleftrightarrow$(5). 故 (1)、(2)、$\cdots$、(5) 相互等价. □

定理 4.4.4 设 $\boldsymbol{A}$ 为 n 阶正交矩阵, λ 为 $\boldsymbol{A}$ 的特征值, $\boldsymbol{\alpha}$ 为 n 维列向量，则有

(1) $|\boldsymbol{A}|^2=1$;

(2) $(\boldsymbol{A}\boldsymbol{\alpha})^{\mathrm{T}}(\overline{\boldsymbol{A}\boldsymbol{\alpha}})=\boldsymbol{\alpha}^{\mathrm{T}}\overline{\boldsymbol{\alpha}}$;

(3) $|\lambda|=1$.

证明　(1) 由正交矩阵的定义, $\boldsymbol{A}^{\mathrm{T}}\boldsymbol{A}=\boldsymbol{E}$, 得

$$|\boldsymbol{A}|^2=|\boldsymbol{A}||\boldsymbol{A}|=|\boldsymbol{A}^{\mathrm{T}}||\boldsymbol{A}|=|\boldsymbol{A}^{\mathrm{T}}\boldsymbol{A}|=|\boldsymbol{E}|=1.$$

(2) 注意到 $\overline{\boldsymbol{A}}$ 表示对 $\boldsymbol{A}$ 的每个元素取共轭, $\overline{\boldsymbol{\xi}}$ 表示对 $\boldsymbol{\xi}$ 的每个元素取共轭，由矩阵运算性质可得

$$(\boldsymbol{A}\boldsymbol{\alpha})^{\mathrm{T}}(\overline{\boldsymbol{A}\boldsymbol{\alpha}})=\boldsymbol{\alpha}^{\mathrm{T}}\boldsymbol{A}^{\mathrm{T}}(\overline{\boldsymbol{A}}\,\overline{\boldsymbol{\alpha}})=\boldsymbol{\alpha}^{\mathrm{T}}(\boldsymbol{A}^{\mathrm{T}}\boldsymbol{A})\overline{\boldsymbol{\alpha}}=\boldsymbol{\alpha}^{\mathrm{T}}\boldsymbol{E}\,\overline{\boldsymbol{\alpha}}=\boldsymbol{\alpha}^{\mathrm{T}}\overline{\boldsymbol{\alpha}}.$$

(3) 设 $\boldsymbol{\xi}$ 为 $\boldsymbol{A}$ 的属于 λ 的特征向量，则有 $\boldsymbol{A}\boldsymbol{\xi}=\lambda\boldsymbol{\xi}$, 于是

$$(\boldsymbol{A}\boldsymbol{\xi})^{\mathrm{T}}(\overline{\boldsymbol{A}\boldsymbol{\xi}})=(\lambda\boldsymbol{\xi})^{\mathrm{T}}(\overline{\lambda\boldsymbol{\xi}})=|\lambda|^2\boldsymbol{\xi}^{\mathrm{T}}\overline{\boldsymbol{\xi}}.$$

另一方面，注意到 $\boldsymbol{\xi}\neq\boldsymbol{\theta}$ 并应用 (2) 的结果得

$$(\boldsymbol{A}\boldsymbol{\xi})^{\mathrm{T}}(\overline{\boldsymbol{A}\boldsymbol{\xi}})=\boldsymbol{\xi}^{\mathrm{T}}\overline{\boldsymbol{\xi}}\neq 0.$$

所以 $|\lambda|^2\boldsymbol{\xi}^{\mathrm{T}}\overline{\boldsymbol{\xi}}=\boldsymbol{\xi}^{\mathrm{T}}\overline{\boldsymbol{\xi}}\neq 0$. 两边除以 $\boldsymbol{\xi}^{\mathrm{T}}\overline{\boldsymbol{\xi}}$ 即得 $|\lambda|=1$. □

4.5　实对称矩阵的对角化

一个实矩阵 $\boldsymbol{A}$ 具有对称性，即 $\boldsymbol{A}^{\mathrm{T}}=\boldsymbol{A}$，称它为**实对称矩阵**. 一般矩阵不一定能对角化，但实对称矩阵一定可以对角化，而且该矩阵还有许多很好的性质. 本节内容除定理 4.5.1 的证明过程考虑复数外，均在实数范围内考虑. 下面先讨论实对称矩阵的一些特有性质.

定理 4.5.1　实对称矩阵的特征值均为实数.

证明　设 $\boldsymbol{A}$ 为 n 阶实对称矩阵，则 $\overline{\boldsymbol{A}}^{\mathrm{T}}=\boldsymbol{A}$. 再设 $\boldsymbol{A}$ 有特征值 λ 和属于 λ 的特征向量 $\boldsymbol{\xi}=(\xi_1,\cdots,\xi_n)^{\mathrm{T}}\neq\boldsymbol{\theta}$，则 $\boldsymbol{A}\boldsymbol{\xi}=\lambda\boldsymbol{\xi}$，于是有 $\overline{\boldsymbol{\xi}}^{\mathrm{T}}\boldsymbol{A}\boldsymbol{\xi}=\lambda\overline{\boldsymbol{\xi}}^{\mathrm{T}}\boldsymbol{\xi}$，从而

$$\lambda\overline{\boldsymbol{\xi}}^{\mathrm{T}}\boldsymbol{\xi}=\overline{\boldsymbol{\xi}}^{\mathrm{T}}\boldsymbol{A}\boldsymbol{\xi}=\overline{\boldsymbol{\xi}}^{\mathrm{T}}\overline{\boldsymbol{A}}^{\mathrm{T}}\boldsymbol{\xi}=(\overline{\boldsymbol{A}\boldsymbol{\xi}})^{\mathrm{T}}\boldsymbol{\xi}=(\overline{\lambda\boldsymbol{\xi}})^{\mathrm{T}}\boldsymbol{\xi}=\overline{\lambda}\,\overline{\boldsymbol{\xi}}^{\mathrm{T}}\boldsymbol{\xi}.$$

由于 $\overline{\boldsymbol{\xi}}^{\mathrm{T}}\boldsymbol{\xi}=|\xi_1|^2+\cdots+|\xi_n|^2>0$，故有 $\lambda=\overline{\lambda}$，即特征值 λ 为实数. □

定理 4.5.2　实对称矩阵的属于不同特征值的特征向量相互正交.

证明　设实对称矩阵 $\boldsymbol{A}$ 有不同的特征值 λ_1,λ_2，由定理 4.5.1 知 λ_1,λ_2 为实数，故有属于 λ_1,λ_2 的实特征向量 $\boldsymbol{\xi}_1,\boldsymbol{\xi}_2$，使得

$$\boldsymbol{A}\boldsymbol{\xi}_1=\lambda_1\boldsymbol{\xi}_1,\quad \boldsymbol{A}\boldsymbol{\xi}_2=\lambda_2\boldsymbol{\xi}_2.$$

分别左乘 $\boldsymbol{\xi}_2^{\mathrm{T}},\boldsymbol{\xi}_1^{\mathrm{T}}$ 可得 $\boldsymbol{\xi}_2^{\mathrm{T}}\boldsymbol{A}\boldsymbol{\xi}_1=\lambda_1\boldsymbol{\xi}_2^{\mathrm{T}}\boldsymbol{\xi}_1,\boldsymbol{\xi}_1^{\mathrm{T}}\boldsymbol{A}\boldsymbol{\xi}_2=\lambda_2\boldsymbol{\xi}_1^{\mathrm{T}}\boldsymbol{\xi}_2$，而

$$\lambda_2\boldsymbol{\xi}_1^{\mathrm{T}}\boldsymbol{\xi}_2=\boldsymbol{\xi}_1^{\mathrm{T}}\boldsymbol{A}\boldsymbol{\xi}_2=(\boldsymbol{\xi}_1^{\mathrm{T}}\boldsymbol{A}\boldsymbol{\xi}_2)^{\mathrm{T}}=\boldsymbol{\xi}_2^{\mathrm{T}}\boldsymbol{A}^{\mathrm{T}}\boldsymbol{\xi}_1=\boldsymbol{\xi}_2^{\mathrm{T}}\boldsymbol{A}\boldsymbol{\xi}_1=\lambda_1\boldsymbol{\xi}_2^{\mathrm{T}}\boldsymbol{\xi}_1=\lambda_1\boldsymbol{\xi}_1^{\mathrm{T}}\boldsymbol{\xi}_2,$$

即 $(\lambda_2-\lambda_1)\boldsymbol{\xi}_1^{\mathrm{T}}\boldsymbol{\xi}_2=0$. 因为 $\lambda_1\neq\lambda_2$，故 $\boldsymbol{\xi}_1^{\mathrm{T}}\boldsymbol{\xi}_2=0$，即 $\boldsymbol{\xi}_1,\boldsymbol{\xi}_2$ 相互正交. □

下面讨论实对称矩阵的可对角化问题.

引理 4.5.1　设有实 n 维单位列向量 $\boldsymbol{\beta}$，则必能找到 $n-1$ 个向量与 $\boldsymbol{\beta}$ 一起构成由 n 个向量组成的标准正交向量组.

证明 易知存在 $n-1$ 个向量 $\boldsymbol{\alpha}_2,\boldsymbol{\alpha}_3,\cdots,\boldsymbol{\alpha}_n$ 与向量 $\boldsymbol{\beta}$ 构成 n 个向量的线性无关向量组.

由施密特正交化定理，可由线性无关向量组 $\boldsymbol{\beta},\boldsymbol{\alpha}_2,\boldsymbol{\alpha}_3,\cdots,\boldsymbol{\alpha}_n$ 构造出 n 个向量构成的标准正交向量组 $\boldsymbol{\beta}_1,\boldsymbol{\beta}_2,\cdots,\boldsymbol{\beta}_n$. 而由施密特正交化定理的证明过程可知，$\boldsymbol{\beta}_1=\boldsymbol{\beta}$. 从而 $\boldsymbol{\beta}_2,\cdots,\boldsymbol{\beta}_n$ 与 $\boldsymbol{\beta}$ 一起构成标准正交向量组. □

定理 4.5.3 *若 $\boldsymbol{A}$ 是实对称矩阵，则存在同阶的正交矩阵 $\boldsymbol{P}$ 使得 $\boldsymbol{P}^{\mathrm{T}}\boldsymbol{A}\boldsymbol{P}$ 是实对角矩阵，从而实对称矩阵可对角化.*

证明 用数学归纳法证明. 设实对称矩阵为 $\boldsymbol{A}\in\mathbf{R}^{n\times n}$.

当 $n=1$ 时，结论显然.

假设当 $n=m$ 时结论成立. 当 $n=m+1$ 时考虑 $\boldsymbol{A}$ 的对角化.

由定理 4.5.1 知实对称矩阵特征值均为实数. 现在设 λ_1 为 $m+1$ 阶实对称矩阵 $\boldsymbol{A}$ 的一个特征值，属于 λ_1 的单位实特征向量为 $\boldsymbol{\beta}_1$. 由引理 4.5.1 知，可以构造正交矩阵 $\boldsymbol{Q}_1=(\boldsymbol{q}_1\ \boldsymbol{q}_2\cdots\boldsymbol{q}_{m+1})$ 使得 $\boldsymbol{q}_1=\boldsymbol{\beta}_1$，故也有 $\boldsymbol{A}\boldsymbol{q}_1=\lambda_1\boldsymbol{q}_1$，于是

$$\begin{aligned}\boldsymbol{A}_1=\boldsymbol{Q}_1^{\mathrm{T}}\boldsymbol{A}\boldsymbol{Q}_1&=(\boldsymbol{q}_1\ \boldsymbol{q}_2\cdots\boldsymbol{q}_{m+1})^{\mathrm{T}}(\boldsymbol{A}\boldsymbol{q}_1\ \boldsymbol{A}\boldsymbol{q}_2\cdots\boldsymbol{A}\boldsymbol{q}_{m+1})\\&=(\boldsymbol{q}_1\ \boldsymbol{q}_2\cdots\boldsymbol{q}_{m+1})^{\mathrm{T}}(\lambda_1\boldsymbol{q}_1\ \boldsymbol{A}\boldsymbol{q}_2\cdots\boldsymbol{A}\boldsymbol{q}_{m+1})\\&=\begin{pmatrix}\lambda_1&*&\cdots&*\\0&*&\cdots&*\\\vdots&\vdots&&\vdots\\0&*&\cdots&*\end{pmatrix}=\begin{pmatrix}\lambda_1&*\\\boldsymbol{0}&\boldsymbol{B}\end{pmatrix}.\end{aligned}$$

因为 $\boldsymbol{A}^{\mathrm{T}}=\boldsymbol{A}$，故 $\boldsymbol{A}_1^{\mathrm{T}}=\boldsymbol{Q}_1^{\mathrm{T}}\boldsymbol{A}^{\mathrm{T}}\boldsymbol{Q}_1=\boldsymbol{Q}_1^{\mathrm{T}}\boldsymbol{A}\boldsymbol{Q}_1=\boldsymbol{A}_1=\begin{pmatrix}\lambda_1&\boldsymbol{0}\\\boldsymbol{0}&\boldsymbol{B}\end{pmatrix}$，且 $\boldsymbol{B}^{\mathrm{T}}=\boldsymbol{B}$.

由假设可知存在 m 阶正交矩阵 $\boldsymbol{Q}_2$ 使得 $\boldsymbol{Q}_2^{\mathrm{T}}\boldsymbol{B}\boldsymbol{Q}_2=\boldsymbol{\Lambda}$，其中 $\boldsymbol{\Lambda}$ 是 m 阶实对角矩阵 $\mathrm{diag}(\lambda_2,\cdots,\lambda_n)$. 令 $\boldsymbol{P}=\boldsymbol{Q}_1\begin{pmatrix}1&\boldsymbol{0}\\\boldsymbol{0}&\boldsymbol{Q}_2\end{pmatrix}$，则有 $\boldsymbol{P}^{\mathrm{T}}\boldsymbol{P}=\boldsymbol{E}$，且

$$\begin{aligned}\boldsymbol{P}^{\mathrm{T}}\boldsymbol{A}\boldsymbol{P}&=\begin{pmatrix}1&\boldsymbol{0}\\\boldsymbol{0}&\boldsymbol{Q}_2\end{pmatrix}^{\mathrm{T}}\boldsymbol{Q}_1^{\mathrm{T}}\boldsymbol{A}\boldsymbol{Q}_1\begin{pmatrix}1&\boldsymbol{0}\\\boldsymbol{0}&\boldsymbol{Q}_2\end{pmatrix}\\&=\begin{pmatrix}1&\boldsymbol{0}\\\boldsymbol{0}&\boldsymbol{Q}_2^{\mathrm{T}}\end{pmatrix}\begin{pmatrix}\lambda_1&\boldsymbol{0}\\\boldsymbol{0}&\boldsymbol{B}\end{pmatrix}\begin{pmatrix}1&\boldsymbol{0}\\\boldsymbol{0}&\boldsymbol{Q}_2\end{pmatrix}\\&=\begin{pmatrix}\lambda_1&\boldsymbol{0}\\0&\boldsymbol{Q}_2^{\mathrm{T}}\boldsymbol{B}\boldsymbol{Q}_2\end{pmatrix}=\begin{pmatrix}\lambda_1&\boldsymbol{0}\\0&\boldsymbol{\Lambda}\end{pmatrix},\end{aligned}$$

故 $n=m+1$ 时结论也成立.

进一步由定理 4.3.1 可知，$\lambda_1,\lambda_2,\cdots,\lambda_n$ 为 $\boldsymbol{A}$ 的特征值. □

例 4.5.1 设

$$\boldsymbol{A}=\begin{pmatrix}2&1&2\\1&3&1\\2&1&2\end{pmatrix},$$

求正交矩阵 $\boldsymbol{P}$，使 $\boldsymbol{P}^{\mathrm{T}}\boldsymbol{A}\boldsymbol{P}$ 为对角矩阵.

解　由

$$|\lambda \boldsymbol{E}-\boldsymbol{A}|=\begin{vmatrix}\lambda-2 & -1 & -2\\ -1 & \lambda-3 & -1\\ -2 & -1 & \lambda-2\end{vmatrix}=\begin{vmatrix}\lambda & 0 & -\lambda\\ -1 & \lambda-3 & -1\\ -2 & -1 & \lambda-2\end{vmatrix}=\lambda(\lambda-2)(\lambda-5),$$

解得特征值为 $\lambda=5,2,0$.

对 $\lambda=5$, 由 $\begin{pmatrix}3 & -1 & -2\\ -1 & 2 & -1\\ -2 & -1 & 3\end{pmatrix}\to\begin{pmatrix}1 & 0 & -1\\ 0 & 1 & -1\\ 0 & 0 & 0\end{pmatrix}$ 得特征向量 $\boldsymbol{\xi}_1=\begin{pmatrix}1\\1\\1\end{pmatrix}$.

对 $\lambda=2$, 由 $\begin{pmatrix}0 & -1 & -2\\ -1 & -1 & -1\\ -2 & -1 & 0\end{pmatrix}\to\begin{pmatrix}1 & 0 & -1\\ 0 & 1 & 2\\ 0 & 0 & 0\end{pmatrix}$ 得特征向量 $\boldsymbol{\xi}_2=\begin{pmatrix}1\\-2\\1\end{pmatrix}$.

对 $\lambda=0$, 由 $\begin{pmatrix}-2 & -1 & -2\\ -1 & -3 & -1\\ -2 & -1 & -2\end{pmatrix}\to\begin{pmatrix}1 & 0 & 1\\ 0 & 1 & 0\\ 0 & 0 & 0\end{pmatrix}$ 得特征向量 $\boldsymbol{\xi}_3=\begin{pmatrix}-1\\0\\1\end{pmatrix}$.

由定理 4.5.2 知, $\boldsymbol{\xi}_1,\boldsymbol{\xi}_2,\boldsymbol{\xi}_3$ 已两两正交，因此，只要将它们单位化. 取

$$\boldsymbol{\eta}_1=\frac{1}{\sqrt{\boldsymbol{\xi}_1^{\mathrm{T}}\boldsymbol{\xi}_1}}\boldsymbol{\xi}_1=\frac{1}{\sqrt{3}}\begin{pmatrix}1\\1\\1\end{pmatrix},\quad \boldsymbol{\eta}_2=\frac{1}{\sqrt{\boldsymbol{\xi}_2^{\mathrm{T}}\boldsymbol{\xi}_2}}\boldsymbol{\xi}_2=\frac{1}{\sqrt{6}}\begin{pmatrix}1\\-2\\1\end{pmatrix},$$

$$\boldsymbol{\eta}_3=\frac{1}{\sqrt{\boldsymbol{\xi}_3^{\mathrm{T}}\boldsymbol{\xi}_3}}\boldsymbol{\xi}_3=\frac{1}{\sqrt{2}}\begin{pmatrix}-1\\0\\1\end{pmatrix},$$

再令

$$\boldsymbol{P}=(\boldsymbol{\eta}_1\boldsymbol{\eta}_2\boldsymbol{\eta}_3)=\begin{pmatrix}\frac{1}{\sqrt{3}} & \frac{1}{\sqrt{6}} & -\frac{1}{\sqrt{2}}\\ \frac{1}{\sqrt{3}} & -\frac{2}{\sqrt{6}} & 0\\ \frac{1}{\sqrt{3}} & \frac{1}{\sqrt{6}} & \frac{1}{\sqrt{2}}\end{pmatrix},$$

则有 $\boldsymbol{P}^{\mathrm{T}}\boldsymbol{P}=\boldsymbol{E},\boldsymbol{P}^{\mathrm{T}}\boldsymbol{A}\boldsymbol{P}=\boldsymbol{P}^{-1}\boldsymbol{A}\boldsymbol{P}=\mathrm{diag}\,(5,2,0)$. □

例 4.5.2　设

$$\boldsymbol{A}=\begin{pmatrix}1 & -2 & 2\\ -2 & -2 & 4\\ 2 & 4 & -2\end{pmatrix},$$

求正交矩阵 $\boldsymbol{P}$，使 $\boldsymbol{P}^{\mathrm{T}}\boldsymbol{A}\boldsymbol{P}$ 为对角矩阵.

解　由

$$|\lambda \boldsymbol{E}-\boldsymbol{A}|=\begin{vmatrix}\lambda-1 & 2 & -2\\ 2 & \lambda+2 & -4\\ -2 & -4 & \lambda+2\end{vmatrix}=\begin{vmatrix}\lambda-1 & 2 & -2\\ 2 & \lambda+2 & -4\\ 0 & \lambda-2 & \lambda-2\end{vmatrix}=(\lambda-2)^2(\lambda+7),$$

解得特征值为 $\lambda=2$(二重)，-7.

对 $\lambda=2$, 由 $\begin{pmatrix}1 & 2 & -2\\ 2 & 4 & -4\\ -2 & -4 & 4\end{pmatrix}\to\begin{pmatrix}1 & 2 & -2\\ 0 & 0 & 0\\ 0 & 0 & 0\end{pmatrix}$ 得线性无关特征向量

$$\boldsymbol{\xi}_1=\begin{pmatrix}-2\\ 1\\ 0\end{pmatrix},\ \boldsymbol{\xi}_2=\begin{pmatrix}2\\ 0\\ 1\end{pmatrix},$$

标准正交化得$\boldsymbol{\eta}_1=\dfrac{1}{\sqrt{5}}\begin{pmatrix}-2\\ 1\\ 0\end{pmatrix}$，$\boldsymbol{\eta}_2=\dfrac{1}{3\sqrt{5}}\begin{pmatrix}2\\ 4\\ 5\end{pmatrix}$.

对 $\lambda=-7$, 由 $\begin{pmatrix}-8 & 2 & -2\\ 2 & -5 & -4\\ -2 & -4 & -5\end{pmatrix}\to\begin{pmatrix}1 & 0 & 1/2\\ 0 & 1 & 1\\ 0 & 0 & 0\end{pmatrix}$ 得单位特征向量

$$\boldsymbol{\eta}_3=\frac{1}{3}\begin{pmatrix}-1\\ -2\\ 2\end{pmatrix}.$$

再令

$$\boldsymbol{P}=(\boldsymbol{\eta}_1\boldsymbol{\eta}_2\boldsymbol{\eta}_3)=\begin{pmatrix}-\dfrac{2}{\sqrt{5}} & \dfrac{2}{3\sqrt{5}} & -\dfrac{1}{3}\\ \dfrac{1}{\sqrt{5}} & \dfrac{4}{3\sqrt{5}} & -\dfrac{2}{3}\\ 0 & \dfrac{5}{3\sqrt{5}} & \dfrac{2}{3}\end{pmatrix},$$

则有 $\boldsymbol{P}^{\mathrm{T}}\boldsymbol{P}=\boldsymbol{E}$,　$\boldsymbol{P}^{\mathrm{T}}\boldsymbol{A}\boldsymbol{P}=\boldsymbol{P}^{-1}\boldsymbol{A}\boldsymbol{P}=\operatorname{diag}(2,2,-7)$.　□

例 4.5.3　设 3 阶实对称矩阵 $\boldsymbol{A}$ 的秩为 2，$\lambda=6$ 为 $\boldsymbol{A}$ 的二重特征值，若 $\boldsymbol{\alpha}_1=(1,0,1)^{\mathrm{T}},\boldsymbol{\alpha}_2=(1,3,-2)^{\mathrm{T}}$ 都是 $\boldsymbol{A}$ 的属于 $\lambda=6$ 的特征向量，求矩阵 $\boldsymbol{A}$.

解　因为 $\mathrm{r}(\boldsymbol{A})=2$，所以 $|\boldsymbol{A}|=0$, 故 $\lambda=0$ 为 $\boldsymbol{A}$ 的特征值. 设 $\boldsymbol{\alpha}_3$ 是属于特征值 0 的特征向量，则由 $\boldsymbol{A}$ 为实对称矩阵的性质可知: $\boldsymbol{\alpha}_3$ 与属于特征值 6 的特征向量 $\boldsymbol{\alpha}_1$, $\boldsymbol{\alpha}_2$ 正交.

令 $\boldsymbol{\alpha}_3=(x_1,x_2,x_3)^{\mathrm{T}}$，则由正交性得方程组

$$\begin{cases}(\boldsymbol{\alpha}_1,\boldsymbol{\alpha}_3)=x_1\qquad\quad+x_3=0,\\ (\boldsymbol{\alpha}_2,\boldsymbol{\alpha}_3)=x_1+3x_2-2x_3=0.\end{cases}$$

解此方程组可得基础解系: $\boldsymbol{\alpha}_3=(-1,1,1)^{\mathrm{T}}$. 现在我们有

$$\boldsymbol{A}(\boldsymbol{\alpha}_1\ \ \boldsymbol{\alpha}_2\ \ \boldsymbol{\alpha}_3)=(6\boldsymbol{\alpha}_1\ \ 6\boldsymbol{\alpha}_2\ \ \boldsymbol{\theta}),$$

即

$$\boldsymbol{A}\begin{pmatrix}1&1&-1\\0&3&1\\1&-2&1\end{pmatrix}=\begin{pmatrix}6&6&0\\0&18&0\\6&-12&0\end{pmatrix}.$$

故

$$\boldsymbol{A}=\begin{pmatrix}6&6&0\\0&18&0\\6&-12&0\end{pmatrix}\begin{pmatrix}1&1&-1\\0&3&1\\1&-2&1\end{pmatrix}^{-1}=\begin{pmatrix}6&6&0\\0&18&0\\6&-12&0\end{pmatrix}\begin{pmatrix}5/9&1/9&4/9\\1/9&2/9&-1/9\\-1/3&1/3&1/3\end{pmatrix}$$

$$=\begin{pmatrix}4&2&2\\2&4&-2\\2&-2&4\end{pmatrix}.$$

□

4.6* 若尔当 (Jordan) 标准形和奇异值分解

由 4.3 节可知有些矩阵可对角化，而有些矩阵不可对角化，这些不可对角化的矩阵是否也能相似变换为较简单的形式？当我们将对角化放宽成块对角化时，任意矩阵就都可相似简化成块对角矩阵，并且对角块也可以有很简单的形式.

定理 4.6.1　复数域上任意方阵 $\boldsymbol{A}$ 均可相似于一个**若尔当标准形**

$$\boldsymbol{J}=\begin{pmatrix}\boldsymbol{J}_1&&&\\&\boldsymbol{J}_2&&\\&&\ddots&\\&&&\boldsymbol{J}_s\end{pmatrix},$$

其中

$$\boldsymbol{J}_i=\begin{pmatrix}\lambda_i&1&0&\cdots&0\\0&\lambda_i&1&\cdots&0\\&&\ddots&&\\0&\cdots&0&\lambda_i&1\\0&\cdots&\cdots&0&\lambda_i\end{pmatrix},\quad i=1,2,\cdots,s,$$

称为**若尔当块**.

证明　证明略. □

利用上述定理的结论，我们可以很容易地得出如下关于矩阵多项式 $f(\boldsymbol{A})$ 的特征值与 $\boldsymbol{A}$ 的特征值的关系.

定理 4.6.2　若 n 阶方阵 $\boldsymbol{A}$ 的全部特征值为 $\lambda_1,\cdots,\lambda_n$(可能有相同的特征值)，则 $\boldsymbol{A}$ 的矩阵多项式 $f(\boldsymbol{A})$ 的全部特征值为 $f(\lambda_1),\cdots,f(\lambda_n)$，其中 $f(x)=a_nx^n+a_{n-1}x^{n-1}+\cdots+a_1x+a_0$.

证明　由定理 4.6.1 可知，存在可逆矩阵 $\boldsymbol{P}$ 使得 $\boldsymbol{B}=\boldsymbol{P}^{-1}\boldsymbol{A}\boldsymbol{P}$ 为若尔当标准形，它是一个上三角形矩阵，即

$$\boldsymbol{B}=\boldsymbol{P}^{-1}\boldsymbol{A}\boldsymbol{P}=\begin{pmatrix}\lambda_1 & * & \cdots & * \\ 0 & \lambda_2 & \cdots & * \\ \vdots & \vdots & & \vdots \\ 0 & 0 & \cdots & \lambda_n\end{pmatrix}.$$

因为 $\boldsymbol{A}\sim\boldsymbol{B}$, 所以 $f(\boldsymbol{A})\sim f(\boldsymbol{B})$，即 $f(\boldsymbol{A})$ 的所有特征值与 $f(\boldsymbol{B})$ 的相同.

而易知

$$\begin{pmatrix}\lambda_1 & * & \cdots & * \\ 0 & \lambda_2 & \cdots & * \\ \vdots & \vdots & & \vdots \\ 0 & 0 & \cdots & \lambda_n\end{pmatrix}^i=\begin{pmatrix}\lambda_1^i & * & \cdots & * \\ 0 & \lambda_2^i & \cdots & * \\ \vdots & \vdots & & \vdots \\ 0 & 0 & \cdots & \lambda_n^i\end{pmatrix},$$

故有

$$f(\boldsymbol{B})=\begin{pmatrix}f(\lambda_1) & * & \cdots & * \\ 0 & f(\lambda_2) & \cdots & * \\ \vdots & \vdots & & \vdots \\ 0 & 0 & \cdots & f(\lambda_n)\end{pmatrix},$$

即 $f(\boldsymbol{B})$ 的所有特征值为 $f(\lambda_1),\cdots,f(\lambda_n)$，此即 $f(\boldsymbol{A})$ 的全部特征值. □

将一个矩阵 $\boldsymbol{A}$ 简化成对角矩阵，除了相似变换 $\boldsymbol{P}^{-1}\boldsymbol{A}\boldsymbol{P}$ 外，也可以要求左、右矩阵放宽为不同的可逆矩阵，这是初等变换，考虑到正交矩阵的优良性质，也可以要求左、右矩阵为不同的正交矩阵，也能保证化为对角矩阵. 下面就证明这一点.

定理 4.6.3(奇异值分解 SVD)　任意 $m\times n$ 阶实矩阵 $\boldsymbol{A}$ 均可分解成 $\boldsymbol{U\Sigma V}^{\mathrm{T}}$ 的形式，其中 $\boldsymbol{U},\boldsymbol{V}$ 为 m 阶和 n 阶正交矩阵，$\boldsymbol{\Sigma}=\operatorname{diag}(\sigma_1,\cdots,\sigma_r,0,\cdots,0)_{m\times n}$，$r$ 为矩阵的秩，且可保证 $\sigma_1\geqslant\sigma_2\geqslant\cdots\geqslant\sigma_r>0$，$\sigma_1,\sigma_2,\cdots,\sigma_r$ 称为奇异值.

证明　构造 $m+n$ 阶实对称矩阵如下

$$\boldsymbol{C}=\begin{pmatrix}\boldsymbol{O} & \boldsymbol{A} \\ \boldsymbol{A}^{\mathrm{T}} & \boldsymbol{O}\end{pmatrix},$$

故存在 $m+n$ 个正交的特征向量. 设 $\boldsymbol{w}$ 为属于特征值 $\lambda\neq 0$ 的特征向量，即

$$\boldsymbol{C}\boldsymbol{w}=\lambda\boldsymbol{w}.$$

令

$$\boldsymbol{w}=\begin{pmatrix}\boldsymbol{\xi} \\ \boldsymbol{\eta}\end{pmatrix},$$

其中 $\boldsymbol{\xi}$ 为 m 维向量, $\boldsymbol{\eta}$ 为 n 维向量, 则有

$$\boldsymbol{A\eta}=\lambda\boldsymbol{\xi},\quad \boldsymbol{A}^{\mathrm{T}}\boldsymbol{\xi}=\lambda\eta,\quad \boldsymbol{\xi}^{\mathrm{T}}\boldsymbol{A\eta}=\lambda\boldsymbol{\eta}^{\mathrm{T}}\boldsymbol{\eta}=\lambda\boldsymbol{\xi}^{\mathrm{T}}\boldsymbol{\xi}.$$

进一步有 $\boldsymbol{A}^{\mathrm{T}}\boldsymbol{A}\boldsymbol{\eta}=\lambda^2\boldsymbol{\eta}$，$\boldsymbol{A}\boldsymbol{A}^{\mathrm{T}}\boldsymbol{\xi}=\lambda^2\boldsymbol{\xi}$.

显然 $\boldsymbol{\eta}$ 是 $\boldsymbol{A}^{\mathrm{T}}\boldsymbol{A}$ 的属于 λ^2 的特征向量，而 $\boldsymbol{\xi}$ 是 $\boldsymbol{A}\boldsymbol{A}^{\mathrm{T}}$ 的属于 λ^2 的特征向量.

考虑 $\boldsymbol{v}=\begin{pmatrix}-\boldsymbol{\xi}\\ \boldsymbol{\eta}\end{pmatrix}$ 有 $\boldsymbol{C}\boldsymbol{v}=-\lambda\boldsymbol{v}$，故 $\boldsymbol{C}$ 的非零特征值成对出现.

设 $\mathrm{r}(\boldsymbol{A})=r$，则 $\mathrm{r}(\boldsymbol{C})=2r$，从而 $\boldsymbol{C}$ 的非零特征值为 $\sigma_1\geqslant\cdots\geqslant\sigma_r>0,-\sigma_1,\cdots,-\sigma_r$.

由于 $\boldsymbol{A}^{\mathrm{T}}\boldsymbol{A}$ 是实对称矩阵，且易知 $\mathrm{r}(\boldsymbol{A}^{\mathrm{T}}\boldsymbol{A})=r$，故可设属于特征值 $\sigma_1^2,\cdots,\sigma_r^2,0,\cdots,0$ 的特征向量 $\boldsymbol{\eta}_1,\cdots,\boldsymbol{\eta}_r,\cdots,\boldsymbol{\eta}_n$ 为标准正交的. 令

$$\boldsymbol{V}=(\boldsymbol{\eta}_1\ \ \boldsymbol{\eta}_2\ \ \cdots\boldsymbol{\eta}_n),$$

则 $\boldsymbol{V}$ 为 n 阶正交矩阵，并有

$$\boldsymbol{A}\boldsymbol{V}=(\sigma_1\boldsymbol{\xi}_1\ \ \cdots\ \ \sigma_r\boldsymbol{\xi}_r\ \ \boldsymbol{\theta}\ \ \cdots\ \ \boldsymbol{\theta})$$

又

$$\boldsymbol{V}^{\mathrm{T}}\boldsymbol{A}^{\mathrm{T}}\boldsymbol{A}\boldsymbol{V}=\boldsymbol{V}^{\mathrm{T}}(\boldsymbol{A}^{\mathrm{T}}\boldsymbol{A})\boldsymbol{V}=\mathrm{diag}(\sigma_1^2,\cdots,\sigma_r^2,0,\cdots,0),$$

可得 $\boldsymbol{\xi}_1,\boldsymbol{\xi}_2,\cdots,\boldsymbol{\xi}_r$ 为标准正交的. 进一步扩充成 m 个向量构成的标准正交向量组 $\boldsymbol{\xi}_1,\cdots,\boldsymbol{\xi}_r,\cdots,\boldsymbol{\xi}_m$，令 $\boldsymbol{U}=(\boldsymbol{\xi}_1\ \ \cdots\ \ \boldsymbol{\xi}_r\ \ \cdots\ \ \boldsymbol{\xi}_m)$，则 $\boldsymbol{U}$ 为 m 阶正交矩阵，并有

$$\boldsymbol{A}\boldsymbol{V}=\boldsymbol{U}\boldsymbol{\Sigma},$$

故得

$$\boldsymbol{A}=\boldsymbol{U}\boldsymbol{\Sigma}\boldsymbol{V}^{\mathrm{T}}.$$

□

4.7*　应用于解常系数线性齐次微分方程组

矩阵对角化的化简可用于求解微分方程组.

定义 4.7.1 (常系数线性齐次微分方程组)　称

$$\begin{cases}y_1'(x)=a_{11}y_1(x)+\cdots+a_{1n}y_n(x),\\ y_2'(x)=a_{21}y_1(x)+\cdots+a_{2n}y_n(x),\\ \cdots\cdots\\ y_n'(x)=a_{n1}y_1(x)+\cdots+a_{nn}y_n(x)\end{cases}$$

为**常系数线性齐次微分方程组**.

例 4.7.1　解一阶常系数线性微分方程组

$$\begin{cases}y_1'=3y_1,\\ y_2'=-2y_2,\\ y_3'=4y_3.\end{cases}$$

解　对方程组的各个方程 $y_1'=3y_1, y_2'=-2y_2, y_3'=4y_3$ 分别求解，可得

$$y_1=C_1e^{3x},\quad y_2=C_2e^{-2x},\quad y_3=C_3e^{4x},$$

故方程组的通解为

$$\begin{aligned}\boldsymbol{y}=&\begin{pmatrix}C_1e^{3x}\\C_2e^{-2x}\\C_3e^{4x}\end{pmatrix}\\=&C_1e^{3x}\begin{pmatrix}1\\0\\0\end{pmatrix}+C_2e^{-2x}\begin{pmatrix}0\\1\\0\end{pmatrix}+C_3e^{4x}\begin{pmatrix}0\\0\\1\end{pmatrix}\\=&C_1e^{3x}\boldsymbol{e}_1+C_2e^{-2x}\boldsymbol{e}_2+C_3e^{4x}\boldsymbol{e}_3.\end{aligned}$$

□

定理 4.7.1　*常系数线性齐次微分方程组 $\boldsymbol{y}'=\boldsymbol{A}\boldsymbol{y}$($\boldsymbol{A}$ 为实对称矩阵) 有如下通解: $\boldsymbol{y}=C_1e^{\lambda_1x}\boldsymbol{p}_1+C_2e^{\lambda_2x}\boldsymbol{p}_2+\cdots+C_ne^{\lambda_nx}\boldsymbol{p}_n$，其中 $C_1,C_2,\cdots,C_n$ 为任意常数，$\boldsymbol{P}^{-1}\boldsymbol{A}\boldsymbol{P}=\mathrm{diag}\,(\lambda_1,\lambda_2,\cdots,\lambda_n),\boldsymbol{P}=(\boldsymbol{p}_1\ \boldsymbol{p}_2\ \cdots\ \boldsymbol{p}_n)$.*

证明　因为 $\boldsymbol{A}$ 为实对称矩阵，故存在可逆矩阵 $\boldsymbol{P}$ 将 $\boldsymbol{A}$ 对角化，对角矩阵的对角线为 $\boldsymbol{A}$ 的特征值，即

$$\boldsymbol{P}^{-1}\boldsymbol{A}\boldsymbol{P}=\mathrm{diag}\,(\lambda_1,\lambda_2,\cdots,\lambda_n)=\boldsymbol{\Lambda},\quad \boldsymbol{P}=(\boldsymbol{p}_1\ \boldsymbol{p}_2\ \cdots\ \boldsymbol{p}_n).$$

令 $\boldsymbol{z}=\boldsymbol{P}^{-1}\boldsymbol{y}$，则 $\boldsymbol{y}=\boldsymbol{P}\boldsymbol{z}$ 于是

$$\boldsymbol{z}'=(\boldsymbol{P}^{-1}\boldsymbol{y})'=\boldsymbol{P}^{-1}\boldsymbol{y}'=\boldsymbol{P}^{-1}\boldsymbol{A}\boldsymbol{y}=(\boldsymbol{P}^{-1}\boldsymbol{A}\boldsymbol{P})\boldsymbol{P}^{-1}\boldsymbol{y}=\boldsymbol{\Lambda}\boldsymbol{z},$$

即

$$\begin{cases}z_1'=\lambda_1z_1,\\z_2'=\lambda_2z_2,\\\cdots\cdots\\z_n'=\lambda_nz_n.\end{cases}$$

分别解方程 $z_i'=\lambda_iz_i, i=1,2,\cdots,n$ 得 $z_i=C_ie^{\lambda_ix}$，其中 $C_1,C_2,\cdots,C_n$ 为任意常数. 故有通解

$$\boldsymbol{y}=\boldsymbol{P}\boldsymbol{z}=(\boldsymbol{p}_1\ \boldsymbol{p}_2\ \cdots\ \boldsymbol{p}_n)\begin{pmatrix}C_1e^{\lambda_1x}\\\vdots\\C_ne^{\lambda_nx}\end{pmatrix}=C_1e^{\lambda_1x}\boldsymbol{p}_1+C_2e^{\lambda_2x}\boldsymbol{p}_2+\cdots+C_ne^{\lambda_nx}\boldsymbol{p}_n.$$

□

例 4.7.2　解一阶常系数线性微分方程组

$$\begin{cases}y_1'=2y_1+y_2+2y_3,\\y_2'=y_1+3y_2+y_3,\\y_3'=2y_1+y_2+2y_3.\end{cases}$$

解　令

$$\boldsymbol{A}=\begin{pmatrix}2&1&2\\1&3&1\\2&1&2\end{pmatrix},$$

在例 4.5.1 中已求得特征值为 $\lambda_1=5,\lambda_2=2,\lambda_3=0$，对应的特征向量分别为

$$\boldsymbol{p}_1=\begin{pmatrix}1\\1\\1\end{pmatrix},\quad \boldsymbol{p}_2=\begin{pmatrix}1\\-2\\1\end{pmatrix},\quad \boldsymbol{p}_3=\begin{pmatrix}-1\\0\\1\end{pmatrix}.$$

故方程组的通解为

$$\boldsymbol{y}=C_1e^{5x}\boldsymbol{p}_1+C_2e^{2x}\boldsymbol{p}_2+C_3\boldsymbol{p}_3=C_1e^{5x}\begin{pmatrix}1\\1\\1\end{pmatrix}+C_2e^{2x}\begin{pmatrix}1\\-2\\1\end{pmatrix}+C_3\begin{pmatrix}-1\\0\\1\end{pmatrix}.$$

□

习　题　四

1. 求下列矩阵的特征值与特征向量:

(1) $\begin{pmatrix}-2&1&-2\\-2&1&-2\\-14&8&3\end{pmatrix}$;　　(2) $\begin{pmatrix}4&-3&6\\0&1&0\\-3&3&-5\end{pmatrix}$;

(3) $\begin{pmatrix}6&-1&5\\-4&3&-5\\-7&-3&-2\end{pmatrix}$;　　(4) $\begin{pmatrix}7&-4&-4\\3&-1&-1\\5&-4&-2\end{pmatrix}$.

2. 求下列 n 阶矩阵的特征值与特征向量 $(n \geqslant 2)$:

(1) $\begin{pmatrix}0&1&1&\cdots&1\\1&0&1&\cdots&1\\1&1&0&\cdots&1\\\vdots&\vdots&\vdots&&\vdots\\1&1&1&\cdots&0\end{pmatrix}$;　　(2) $\begin{pmatrix}0&\cdots&0&1\\0&\cdots&1&0\\\vdots&&\vdots&\vdots\\1&\cdots&0&0\end{pmatrix}$.

3. 求矩阵

$$\begin{pmatrix}4&-3&-1\\4&-3&-3a-1\\-1&1&a+3\end{pmatrix}$$

的特征值与特征向量.

4. 证明方阵 $\boldsymbol{A}$ 与 $\boldsymbol{A}^{\mathrm{T}}$ 有相同的特征值. 进一步, 是否对应相同的特征向量, 若成立则给出证明, 否则给出反例.

5. 设 λ_0 为 $\boldsymbol{A}$ 的特征值, γ_0 为 $\boldsymbol{B}$ 的特征值，证明 λ_0 与 γ_0 均为 $\begin{pmatrix} \boldsymbol{A} & \boldsymbol{O} \\ \boldsymbol{O} & \boldsymbol{B} \end{pmatrix}$ 的特征值.

6. 设 $\boldsymbol{A} \in \mathbf{R}^{m\times n}$, λ_0 为 $\begin{pmatrix} \boldsymbol{O} & \boldsymbol{A} \\ \boldsymbol{A}^{\mathrm{T}} & \boldsymbol{O} \end{pmatrix}$ 的非零特征值, 证明 λ_0^2 为 $\boldsymbol{A}^{\mathrm{T}}\boldsymbol{A}$ 的特征值.

7. 设 $\boldsymbol{\xi}$ 既是矩阵 $\boldsymbol{A}$ 的特征向量，也是矩阵 $\boldsymbol{B}$ 的特征向量，证明: $\boldsymbol{\xi}$ 也是 $\boldsymbol{A}+\boldsymbol{B}$ 和 $\boldsymbol{AB}$ 的特征向量.

8. 已知矩阵

$$\begin{pmatrix} -4 & 2 & -1 \\ 1 & a & -4 \\ -3 & b & -2 \end{pmatrix}$$

有特征值 $-1,-2,-3$，求 a,b 的值.

9. 已知 3 阶矩阵 $\boldsymbol{A}$ 有特征值 $1,2,-3$，求 $\boldsymbol{A}^{-1}+\boldsymbol{A}$ 的特征值.

10. 设 3 阶矩阵 $\boldsymbol{A}$ 有 3 个不同的特征值 $\lambda_1,\lambda_2,\lambda_3$，对应特征向量为 $\boldsymbol{\xi}_1,\boldsymbol{\xi}_2,\boldsymbol{\xi}_3$, $\boldsymbol{B}=\boldsymbol{A}^3-(\lambda_1+\lambda_2+\lambda_3)\boldsymbol{A}^2+(\lambda_1\lambda_2+\lambda_2\lambda_3+\lambda_3\lambda_1)\boldsymbol{A}$，证明 $\boldsymbol{\xi}_1,\boldsymbol{\xi}_2,\boldsymbol{\xi}_3$ 的任意非零线性组合都是 $\boldsymbol{B}$ 的特征向量.

11. 已知 3 阶矩阵 $\boldsymbol{A}$ 有特征值 $2,3,-3$，对应特征向量为 $\boldsymbol{\xi}_1=(1,1,2)^{\mathrm{T}},\boldsymbol{\xi}_2=(2,0,1)^{\mathrm{T}},\boldsymbol{\xi}_3=(1,-2,-3)^{\mathrm{T}}$，求 $\boldsymbol{A}$.

12. 证明: 若 $\boldsymbol{A},\boldsymbol{B}$ 为同阶方阵, 则 $\boldsymbol{AB}$ 和 $\boldsymbol{BA}$ 有相同的特征值.

13. 设 $\boldsymbol{\xi}_1$ 与 $\boldsymbol{\xi}_2$ 为 $\boldsymbol{A}$ 的特征向量，且 $\boldsymbol{\xi}_1+\boldsymbol{\xi}_2$ 仍然是 $\boldsymbol{A}$ 的特征向量，证明 $\boldsymbol{\xi}_1,\boldsymbol{\xi}_2$ 属于相同的特征值.

14. 判断下列矩阵是否可对角化，若可以则对角化，否则说明原因:

(1) $\begin{pmatrix} -2 & 1 & -1 \\ 0 & -2 & -1 \\ 0 & 0 & -2 \end{pmatrix}$;　　(2) $\begin{pmatrix} 4 & -2 & 1 \\ 5 & -3 & -2 \\ 2 & -2 & 0 \end{pmatrix}$;

(3) $\begin{pmatrix} 5 & -2 & 1 \\ 1 & 2 & -1 \\ -3 & 3 & -1 \end{pmatrix}$;　　(4) $\begin{pmatrix} 1 & -2 & 3 \\ 2 & -3 & 3 \\ 2 & -2 & 2 \end{pmatrix}$.

15. 已知矩阵

$$\boldsymbol{A}=\begin{pmatrix} 6 & -5 & -3 \\ 10 & -9 & -6 \\ -6 & 6 & 5 \end{pmatrix},$$

求 $\boldsymbol{A}^n$.

16. 已知矩阵 $\boldsymbol{A}=\begin{pmatrix} 3 & 1 & 0 \\ 1 & 3 & 0 \\ 1 & b-1 & a \end{pmatrix}$ 与 $\boldsymbol{B}=\begin{pmatrix} 4 & 0 & 0 \\ 0 & 4 & b \\ 0 & 2 & 2a \end{pmatrix}$ 相似，求 $\boldsymbol{P}$, 使得 $\boldsymbol{P}^{-1}\boldsymbol{AP}=\boldsymbol{B}$.

17. 已知 n 阶矩阵 $\boldsymbol{A}$ 有关系式 $\boldsymbol{A}^2-3\boldsymbol{A}+2\boldsymbol{E}=\boldsymbol{O}$，试证 $\boldsymbol{A}$ 可对角化.

18. 设 $\boldsymbol{A}$ 为 n 阶方阵，$\mathrm{r}(\boldsymbol{A})=r_1,\mathrm{r}(\boldsymbol{A}+\boldsymbol{E})=r_2,\mathrm{r}(\boldsymbol{A}+2\boldsymbol{E})=r_3$，且 $r_1+r_2+r_3=2n$，证明 $\boldsymbol{A}$ 可对角化.

19. 求向量 $\boldsymbol{\alpha}_1=(1,2,4,-2)^{\mathrm{T}},\boldsymbol{\alpha}_2=(1,-1,1,-1)^{\mathrm{T}}$ 的内积及各个向量的长度.

20. 求向量 $\boldsymbol{\alpha}_1=(1,2,2)^{\mathrm{T}},\boldsymbol{\alpha}_2=(2,-1,2)^{\mathrm{T}}$ 之间的夹角.

21. 证明: $\|\boldsymbol{\beta}_1+\boldsymbol{\beta}_2\|^2+\|\boldsymbol{\beta}_1-\boldsymbol{\beta}_2\|^2=2(\|\boldsymbol{\beta}_1\|^2+\|\boldsymbol{\beta}_2\|^2)$.

22. 设 $\{\boldsymbol{\alpha}_1,\boldsymbol{\alpha}_2,\cdots,\boldsymbol{\alpha}_r\}$ 为 n 维正交向量组，$\boldsymbol{Q}\in\mathbf{R}^{n\times n}$ 为正交矩阵，$\boldsymbol{\beta}_i=\boldsymbol{Q}\boldsymbol{\alpha}_i,i=1,2,\cdots,r$，证明 $\{\boldsymbol{\beta}_1,\boldsymbol{\beta}_2,\cdots,\boldsymbol{\beta}_r\}$ 也为正交向量组.

23. 将向量组 $\boldsymbol{\alpha}_1=(1,1,1,0)^{\mathrm{T}},\boldsymbol{\alpha}_2=(2,1,0,2)^{\mathrm{T}},\boldsymbol{\alpha}_3=(0,0,1,1)^{\mathrm{T}}$ 正交化.

24. 将向量组 $\boldsymbol{\alpha}_1=(1,1,0)^{\mathrm{T}},\boldsymbol{\alpha}_2=(0,1,1)^{\mathrm{T}},\boldsymbol{\alpha}_3=(1,0,1)^{\mathrm{T}}$ 标准正交化.

25. 证明: 若 $\boldsymbol{A},\boldsymbol{B}$ 是同阶的正交矩阵，且 $|\boldsymbol{A}|=-|\boldsymbol{B}|$，则有 $|\boldsymbol{A}+\boldsymbol{B}|=0$.

26. 用正交矩阵作为相似变换矩阵将下列实对称矩阵对角化:

(1) $\begin{pmatrix}3&2&1\\2&6&2\\1&2&3\end{pmatrix}$;　　(2) $\begin{pmatrix}2&2&0\\2&0&2\\0&2&2\end{pmatrix}$.

27. 已知 3 阶实对称矩阵 $\boldsymbol{A}$ 每一行的和均为 3，且其特征值均为正整数，$|\boldsymbol{A}|=3$，求矩阵 $\boldsymbol{A}$.

28. 已知 3 阶实对称矩阵 $\boldsymbol{A}$ 的第一列为 $(2,-1,2)^{\mathrm{T}}$，有两个特征向量为 $(-1,0,1)^{\mathrm{T}}$, $(1,2,1)^{\mathrm{T}}$, 求 $\boldsymbol{A}$.

29*. 设 n 阶实对称矩阵 $\boldsymbol{A}$ 满足 $\boldsymbol{A}^2=\boldsymbol{A}$，并设 $\mathrm{r}(\boldsymbol{A})=r<n$，证明 $\boldsymbol{A}$ 可以表示为 $\boldsymbol{A}=\boldsymbol{U}\boldsymbol{U}^{\mathrm{T}}$，其中 $\boldsymbol{U}\in\mathbf{R}^{n\times r},\boldsymbol{U}^{\mathrm{T}}\boldsymbol{U}=\boldsymbol{E}_r$.

30*. 解一阶常系数线性微分方程组

$$\begin{cases}y_1'=-2y_1+2y_2+y_3,\\y_2'=-y_1+y_2,\\y_3'=3y_1-3y_2+y_3.\end{cases}$$

第5章 实二次型

二次型是线性代数中的一个重要内容，它起源于二次曲线和二次曲面的主轴问题，现在在物理的势能与动能、微分几何的曲面法曲率、经济的效用函数、统计的置信椭圆上都有应用.

5.1 二次型的化简

5.1.1 二次型的定义

平面上的二次曲线，可用方程

$$a_{11}x^2+2a_{12}xy+a_{22}y^2+2a_{13}x+2a_{23}y+a_{33}=0$$

表示. 三维空间中的二次曲面，可用方程

$$a_{11}x^2+2a_{12}xy+2a_{13}xz+a_{22}y^2+2a_{23}yz+a_{33}z^2+2a_{14}x+2a_{24}y+2a_{34}z+a_{44}=0$$

表示. 它们都涉及式子 $\sum\limits_{i,j=1}^{n}a_{ij}x_ix_j$，即所谓的二次型，而此类问题的处理则涉及二次型的化简、二次型的性质. 看一个具体例子:

例 5.1.1 二次曲线方程

$$a_{11}x^2+2a_{12}xy+a_{22}y^2+2a_{13}x+2a_{23}y+a_{33}=0 \tag{5.1}$$

表示或椭圆、或双曲线、或抛物线、或退化的点和直线.

解 题中的二次曲线方程可表示成

$$f(x,y)=(x,y,1)\begin{pmatrix}a_{11}&a_{12}&a_{13}\\a_{12}&a_{22}&a_{23}\\a_{13}&a_{23}&a_{33}\end{pmatrix}\begin{pmatrix}x\\y\\1\end{pmatrix}=0.$$

记

$$\boldsymbol{A}=\begin{pmatrix}a_{11}&a_{12}&a_{13}\\a_{12}&a_{22}&a_{23}\\a_{13}&a_{23}&a_{33}\end{pmatrix},$$

不妨设

$$\begin{pmatrix}a_{11}&a_{12}\\a_{12}&a_{22}\end{pmatrix}\neq\boldsymbol{O}.$$

若 $a_{12}=0$, 可令 $\theta=0$，否则令

$$\begin{cases}\sin 2\theta=\dfrac{2a_{12}}{\sqrt{(a_{11}-a_{22})^2+4a_{12}^2}},\\ \cos 2\theta=\dfrac{a_{11}-a_{22}}{\sqrt{(a_{11}-a_{22})^2+4a_{12}^2}}.\end{cases}$$

计算可得

$$\begin{pmatrix}\cos\theta & \sin\theta\\ -\sin\theta & \cos\theta\end{pmatrix}\begin{pmatrix}a_{11} & a_{12}\\ a_{12} & a_{22}\end{pmatrix}\begin{pmatrix}\cos\theta & -\sin\theta\\ \sin\theta & \cos\theta\end{pmatrix}=\begin{pmatrix}\lambda_1 & 0\\ 0 & \lambda_2\end{pmatrix}.$$

先做旋转变换

$$\begin{cases}x=x'\cos\theta-y'\sin\theta,\\ y=x'\sin\theta+y'\cos\theta,\end{cases}$$

此时方程为

$$g(x',y')=(x',y',1)\begin{pmatrix}\lambda_1 & 0 & b_{13}\\ 0 & \lambda_2 & b_{23}\\ b_{13} & b_{23} & b_{33}\end{pmatrix}\begin{pmatrix}x'\\ y'\\ 1\end{pmatrix}=0.$$

令

$$d_1=\begin{cases}-\dfrac{b_{13}}{\lambda_1}, & 若\lambda_1\neq 0,\\ 0, & 若\lambda_1=0,\end{cases}\qquad d_2=\begin{cases}-\dfrac{b_{23}}{\lambda_2}, & 若\lambda_2\neq 0,\\ 0, & 若\lambda_2=0.\end{cases}$$

再作平移变换

$$\begin{cases}x'=x''+d_1,\\ y'=y''+d_2,\end{cases}$$

方程可化为

$$h(x'',y'')=\begin{cases}\lambda_1 x''^2+\lambda_2 y''^2+\lambda_3=0, & \lambda_1,\lambda_2\neq 0,\\ 2b_{13}x''+\lambda_2 y''^2+\lambda_3=0, & \lambda_1=0,\lambda_2\neq 0,\\ \lambda_1 x''^2+2b_{23}y''+\lambda_3=0, & \lambda_1\neq 0,\lambda_2=0.\end{cases}$$

若 λ_1,λ_2 同号，但与 $-\lambda_3$ 异号，则方程 (5.1) 为矛盾方程；

若 λ_1,λ_2 同号，但 $\lambda_3=0$，则方程 (5.1) 退化为一个点；

若 $\lambda_1,\lambda_2,-\lambda_3$ 同号，则方程 (5.1) 表示椭圆；

若 λ_1,λ_2 异号，$\lambda_3=0$，则方程 (5.1) 退化为两条直线；

若 λ_1,λ_2 异号，$\lambda_3\neq 0$，则方程 (5.1) 表示双曲线；

若 $\lambda_1=0$ 或 $\lambda_2=0$，则方程 (5.1) 表示抛物线. □

定义 5.1.1 (二次型)　含有 n 个实变量 $x_1,x_2,\cdots,x_n$ 的在某个数域上的二次齐次多项式

$$\begin{aligned}f(x_1,x_2,\cdots,x_n)=a_{11}x_1^2&+2a_{12}x_1x_2+2a_{13}x_1x_3+\cdots+2a_{1n}x_1x_n\\ &+a_{22}x_2^2+2a_{23}x_2x_3+\cdots+2a_{2n}x_2x_n\\ &+\cdots\\ &+a_{nn}x_n^2\end{aligned}\tag{5.2}$$

称为**二次型**：若全部 $a_{ij} \in \mathbf{R}$，则称式 (5.2) 中的 f 为**实二次型**；若全部 $a_{ij} \in \mathbf{C}$，则称式 (5.2) 中的 f 为**复二次型**. 本书主要考虑**实**二次型.

如果在式 (5.2) 中令 $a_{ji} = a_{ij}$, 则二次型 f 可改写为

$$\begin{aligned} f(x_1, x_2, \cdots, x_n) = & a_{11}x_1^2 + a_{12}x_1x_2 + a_{13}x_1x_3 + \cdots + a_{1n}x_1x_n \\ & + a_{21}x_2x_1 + a_{22}x_2^2 + a_{23}x_2x_3 + \cdots + a_{2n}x_2x_n \\ & + \cdots \\ & + a_{n1}x_nx_1 + a_{n2}x_nx_2 + a_{n3}x_nx_3 + \cdots + a_{nn}x_n^2. \end{aligned}$$

利用矩阵的乘法, 容易验证, 上式的右端等于

$$(x_1\ x_2\ \cdots\ x_n) \begin{pmatrix} a_{11} & a_{12} & \cdots & a_{1n} \\ a_{21} & a_{22} & \cdots & a_{2n} \\ \vdots & \vdots & & \vdots \\ a_{n1} & a_{n2} & \cdots & a_{nn} \end{pmatrix} \begin{pmatrix} x_1 \\ x_2 \\ \vdots \\ x_n \end{pmatrix},$$

于是, 若记

$$\boldsymbol{x} = \begin{pmatrix} x_1 \\ x_2 \\ \vdots \\ x_n \end{pmatrix}, \quad \boldsymbol{A} = \begin{pmatrix} a_{11} & a_{12} & \cdots & a_{1n} \\ a_{21} & a_{22} & \cdots & a_{2n} \\ \vdots & \vdots & & \vdots \\ a_{n1} & a_{n2} & \cdots & a_{nn} \end{pmatrix},$$

则二次型 (5.2) 可以简洁地记为

$$f(x_1, x_2, \cdots, x_n) = \boldsymbol{x}^{\mathrm{T}}\boldsymbol{A}\boldsymbol{x}, \tag{5.3}$$

称之为**二次型 f 的矩阵表示**, 其中 $\boldsymbol{A}$ 是对称矩阵.

显然, 给定二次型 (5.2), 则对称矩阵 $\boldsymbol{A}$ 是唯一确定的; 反之, 给定一个对称矩阵 $\boldsymbol{A}$, (5.2) 就唯一确定了一个二次型. 这表明, 对称矩阵 $\boldsymbol{A}$ 和二次型 f 是一一对应的. 显然，实对称矩阵和实二次型也是一一对应的.

定义 5.1.2 (二次型的矩阵)　称 (5.3) 中的对称矩阵 $\boldsymbol{A}$ 为**二次型 f 的矩阵**，$\boldsymbol{A}$ 的秩称为**二次型 f 的秩**.

例 5.1.2　求实二次型

$$f(x_1, x_2, x_3) = x_1^2 + 2x_1x_2 - 2x_1x_3 + 2x_2^2 + 2x_2x_3 + 2x_3^2$$

的矩阵表示.

解　容易写出 $f(x_1, x_2, x_3) = \boldsymbol{x}^{\mathrm{T}}\boldsymbol{A}\boldsymbol{x}$, 其中

$$\boldsymbol{A} = \begin{pmatrix} 1 & 1 & -1 \\ 1 & 2 & 1 \\ -1 & 1 & 2 \end{pmatrix}, \quad \boldsymbol{x} = \begin{pmatrix} x_1 \\ x_2 \\ x_3 \end{pmatrix}.$$

□

5.1.2　二次型的标准形

如同相似关系可以简化矩阵一样，也可以通过线性变换将二次型化成很简单的只有平方项的所谓标准形，从二次型矩阵来说就是对角矩阵.

定义 5.1.3 (线性变换、非退化线性变换)　称如下的变换

$$\begin{cases} x_1 = c_{11}y_1 + c_{12}y_2 + \cdots + c_{1n}y_n, \\ x_2 = c_{21}y_1 + c_{22}y_2 + \cdots + c_{2n}y_n, \\ \cdots\cdots \\ x_n = c_{n1}y_1 + c_{n2}y_2 + \cdots + c_{nn}y_n, \end{cases}$$

为由 $x_1, x_2, \cdots, x_n$ 到 $y_1, y_2, \cdots, y_n$ 的一个**线性变换**;

若线性变换的系数行列式

$$|\boldsymbol{P}| = \begin{vmatrix} c_{11} & c_{12} & \cdots & c_{1n} \\ c_{21} & c_{22} & \cdots & c_{2n} \\ \vdots & \vdots & & \vdots \\ c_{n1} & c_{n2} & \cdots & c_{nn} \end{vmatrix} \neq 0,$$

则称该线性变换为**非异线性变换**或**非退化线性变换**.

若 $|\boldsymbol{P}| = 0$, 则称该线性变换为**奇异线性变换**或**退化线性变换**.

若 $\boldsymbol{P}$ 为正交矩阵, 则称该线性变换为**正交变换**.

定义 5.1.4 (合同、合同变换)　设 $\boldsymbol{A}$ 和 $\boldsymbol{B}$ 是两个同阶方阵, 若存在一个可逆矩阵 $\boldsymbol{P}$, 使得有 $\boldsymbol{B} = \boldsymbol{P}^{\mathrm{T}}\boldsymbol{A}\boldsymbol{P}$, 则称 $\boldsymbol{A}$**合同**于 $\boldsymbol{B}$. 称 $\boldsymbol{B}$ 为 $\boldsymbol{A}$ 的**合同矩阵**, 而称 $\boldsymbol{P}$ 为 $\boldsymbol{A}$ 到 $\boldsymbol{B}$ 的**合同变换矩阵**.

容易证明, 矩阵的合同关系是一个等价关系，即满足下列三个性质:

(1) 自反性: $\boldsymbol{A}$ 与 $\boldsymbol{A}$ 合同;

(2) 对称性: 若 $\boldsymbol{A}$ 与 $\boldsymbol{B}$ 合同, 则 $\boldsymbol{B}$ 与 $\boldsymbol{A}$ 合同;

(3) 传递性: 若 $\boldsymbol{A}$ 与 $\boldsymbol{B}$ 合同, $\boldsymbol{B}$ 与 $\boldsymbol{C}$ 合同, 则 $\boldsymbol{A}$ 与 $\boldsymbol{C}$ 合同.

定义 5.1.5 (二次型的标准形)　二次型 $f(x_1, x_2, \cdots, x_n)$ 经过非退化线性变换后得到一个只包含变量平方项的二次型 $d_1y_1^2 + d_2y_2^2 + \cdots + d_ny_n^2$，称为原二次型的**标准形**.

定理 5.1.1　*存在非退化的线性变换将实二次型化为标准形，且平方项系数可以任意次序排列; 存在可逆矩阵将实对称矩阵合同变换为实对角矩阵，且对角元素可以任意次序排列.*

证明　由于实二次型的非退化线性变换与实对称矩阵的合同变换等价，故我们只证明第二个结论: 存在可逆矩阵将实对称矩阵合同变换为实对角矩阵.

设对称矩阵 $\boldsymbol{A} \in \mathbf{R}^{n\times n}$，则由定理 4.5.3 可知存在正交矩阵 $\boldsymbol{P}$，使得

$$\boldsymbol{P}^{-1}\boldsymbol{A}\boldsymbol{P} = \boldsymbol{P}^{\mathrm{T}}\boldsymbol{A}\boldsymbol{P} = \mathrm{diag}(\lambda_1, \lambda_2, \cdots, \lambda_n),$$

即 $\boldsymbol{P}$ 将 $\boldsymbol{A}$ 合同变换为实对角矩阵.

再令 $\boldsymbol{D} = (\boldsymbol{e}_{i_1}\ \ \boldsymbol{e}_{i_2}\ \ \cdots\ \ \boldsymbol{e}_{i_n})$, 其中 $(i_1, i_2, \cdots, i_n)$ 为 $(1, 2, \cdots, n)$ 的一个排列，则有

$$(\boldsymbol{P}\boldsymbol{D})^{\mathrm{T}}\boldsymbol{A}(\boldsymbol{P}\boldsymbol{D}) = \boldsymbol{D}^{\mathrm{T}}\mathrm{diag}(\lambda_1, \lambda_2, \cdots, \lambda_n)\boldsymbol{D} = \mathrm{diag}(\lambda_{i_1}, \lambda_{i_2}, \cdots, \lambda_{i_n}),$$

故对角元素可任意排列. □

由定理 5.1.1 的证明可得化实二次型为标准形的最自然的方法，即用正交矩阵将实对称矩阵对角化的方法. 现将这种方法的计算步骤描述如下.

设 $\boldsymbol{A}$ 为实二次型 $f(\boldsymbol{x})$ 的矩阵.

(1) 求解矩阵 $\boldsymbol{A}$ 的特征方程

$$|\lambda\boldsymbol{E}-\boldsymbol{A}|=0,$$

解得特征值 $\lambda=\lambda_1,\lambda_2,\cdots,\lambda_r$;

(2) 对每一个特征值 $\lambda=\lambda_i(s_i$ 重), 求出齐次线性方程组

$$(\lambda_i\boldsymbol{E}-\boldsymbol{A})\boldsymbol{x}=\boldsymbol{\theta}$$

的基础解系 (即特征向量的极大无关组)$\boldsymbol{\xi}_{i_1},\cdots,\boldsymbol{\xi}_{i_{s_i}}$. 并标准正交化为

$$\boldsymbol{\eta}_{i_1},\cdots,\boldsymbol{\eta}_{i_{s_i}};$$

(3) 将标准正交化的特征向量作为列构成正交矩阵

$$\boldsymbol{P}=(\boldsymbol{\eta}_1\ \ \cdots\ \ \boldsymbol{\eta}_n),$$

则非退化线性变换 $\boldsymbol{x}=\boldsymbol{P}\boldsymbol{y}$ 将实二次型 $f(\boldsymbol{x})$ 化为标准形

$$f(\boldsymbol{x})=g(\boldsymbol{y})=\boldsymbol{y}^{\mathrm{T}}\boldsymbol{\Lambda}\boldsymbol{y},$$

其中 $\boldsymbol{\Lambda}=\mathrm{diag}(\lambda_1,\cdots,\lambda_1,\lambda_2,\cdots,\lambda_2,\cdots,\lambda_r,\cdots,\lambda_r)$.

下面我们来看几个化标准形的例子.

例 5.1.3　用正交变换将实二次型

$$f(x_1,x_2,x_3)=x_1^2-2x_1x_2+8x_1x_3+x_2^2+8x_2x_3-4x_3^2$$

化为标准形, 并给出相应的线性变换.

解　该实二次型的矩阵形式为

$$f(\boldsymbol{x})=\boldsymbol{x}^{\mathrm{T}}\boldsymbol{A}\boldsymbol{x},\boldsymbol{A}=\begin{pmatrix}1&-1&4\\-1&1&4\\4&4&-4\end{pmatrix},\ \boldsymbol{x}=\begin{pmatrix}x_1\\x_2\\x_3\end{pmatrix}.$$

求 $\boldsymbol{A}$ 的特征值和标准正交的特征向量. 由

$$|\lambda\boldsymbol{E}-\boldsymbol{A}|=\begin{vmatrix}\lambda-1&1&-4\\1&\lambda-1&-4\\-4&-4&\lambda+4\end{vmatrix}=(\lambda-2)(\lambda-4)(\lambda+8)=0$$

解得特征值为 $\lambda=2,4,-8$.

对 $\lambda=2$，可求得单位特征向量 $\boldsymbol{\eta}_1=\dfrac{1}{\sqrt{2}}\begin{pmatrix}-1\\1\\0\end{pmatrix}$.

对 $\lambda=4$，可求得单位特征向量 $\boldsymbol{\eta}_2=\dfrac{1}{\sqrt{3}}\begin{pmatrix}1\\1\\1\end{pmatrix}$.

对 $\lambda=-8$，可求得单位特征向量 $\boldsymbol{\eta}_3=\dfrac{1}{\sqrt{6}}\begin{pmatrix}-1\\-1\\2\end{pmatrix}$.

令

$$\boldsymbol{P}=(\boldsymbol{\eta}_1\ \boldsymbol{\eta}_2\ \boldsymbol{\eta}_3)=\begin{pmatrix}-\dfrac{1}{\sqrt{2}} & \dfrac{1}{\sqrt{3}} & -\dfrac{1}{\sqrt{6}}\\ \dfrac{1}{\sqrt{2}} & \dfrac{1}{\sqrt{3}} & -\dfrac{1}{\sqrt{6}}\\ 0 & \dfrac{1}{\sqrt{3}} & \dfrac{2}{\sqrt{6}}\end{pmatrix},$$

则有 $\boldsymbol{P}^{\mathrm{T}}\boldsymbol{P}=\boldsymbol{E}$, $\boldsymbol{P}^{\mathrm{T}}\boldsymbol{A}\boldsymbol{P}=\operatorname{diag}(2,4,-8)$. 故在线性变换

$$\begin{cases}x_1=-\dfrac{1}{\sqrt{2}}y_1+\dfrac{1}{\sqrt{3}}y_2-\dfrac{1}{\sqrt{6}}y_3,\\ x_2=\dfrac{1}{\sqrt{2}}y_1+\dfrac{1}{\sqrt{3}}y_2-\dfrac{1}{\sqrt{6}}y_3,\\ x_3=\dfrac{1}{\sqrt{3}}y_2+\dfrac{2}{\sqrt{6}}y_3\end{cases}$$

下，原实二次型化成的标准形为

$$g(y_1,y_2,y_3)=2y_1^2+4y_2^2-8y_3^2.$$

□

例 5.1.4　用正交变换将实二次型

$$f(x_1,x_2,x_3)=2x_1x_2+2x_1x_3-2x_2x_3$$

化为标准形, 并给出相应的线性变换.

解　该实二次型的矩阵形式为

$$f(\boldsymbol{x})=\boldsymbol{x}^{\mathrm{T}}\boldsymbol{A}\boldsymbol{x},\ \boldsymbol{A}=\begin{pmatrix}0&1&1\\1&0&-1\\1&-1&0\end{pmatrix},\ \boldsymbol{x}=\begin{pmatrix}x_1\\x_2\\x_3\end{pmatrix}.$$

求 $\boldsymbol{A}$ 的特征值和标准正交的特征向量. 由

$$|\lambda\boldsymbol{E}-\boldsymbol{A}|=\begin{vmatrix}\lambda&-1&-1\\-1&\lambda&1\\-1&1&\lambda\end{vmatrix}=\begin{vmatrix}\lambda-1&-1&-1\\\lambda-1&\lambda&1\\0&1&\lambda\end{vmatrix}=(\lambda-1)^2(\lambda+2)=0$$

解得特征值为 $\lambda=1$(二重)，-2.

对 $\lambda=1$，可求得相互正交的单位特征向量 $\boldsymbol{\eta}_1=\dfrac{1}{\sqrt{2}}\begin{pmatrix}1\\1\\0\end{pmatrix},\boldsymbol{\eta}_2=\dfrac{1}{\sqrt{6}}\begin{pmatrix}1\\-1\\2\end{pmatrix}$.

对 $\lambda=-2$，可求得单位特征向量 $\boldsymbol{\eta}_3=\frac{1}{\sqrt{3}}\begin{pmatrix}-1\\1\\1\end{pmatrix}$.

令

$$\boldsymbol{P}=(\boldsymbol{\eta}_1\ \boldsymbol{\eta}_2\ \boldsymbol{\eta}_3)=\begin{pmatrix}\frac{1}{\sqrt{2}} & \frac{1}{\sqrt{6}} & -\frac{1}{\sqrt{3}}\\ \frac{1}{\sqrt{2}} & -\frac{1}{\sqrt{6}} & \frac{1}{\sqrt{3}}\\ 0 & \frac{2}{\sqrt{6}} & \frac{1}{\sqrt{3}}\end{pmatrix},$$

则有 $\boldsymbol{P}^{\mathrm{T}}\boldsymbol{P}=\boldsymbol{E},\boldsymbol{P}^{\mathrm{T}}\boldsymbol{A}\boldsymbol{P}=\operatorname{diag}(1,1,-2)$. 故在线性变换

$$\begin{cases}x_1=\frac{1}{\sqrt{2}}y_1+\frac{1}{\sqrt{6}}y_2-\frac{1}{\sqrt{3}}y_3,\\ x_2=\frac{1}{\sqrt{2}}y_1-\frac{1}{\sqrt{6}}y_2+\frac{1}{\sqrt{3}}y_3,\\ x_3=\frac{2}{\sqrt{6}}y_2+\frac{1}{\sqrt{3}}y_3\end{cases}$$

下，原实二次型化成的标准形为

$$g(y_1,y_2,y_3)=y_1^2+y_2^2-2y_3^2.$$

□

除了用正交变换将实二次型化标准形外, 对一般二次型也可以用配方法化为标准形, 描述如下.

设二次型为

$$f(x_1,x_2,\cdots,x_n)=a_{11}x_1^2+2a_{12}x_1x_2+\cdots+2a_{1n}x_1x_n+a_{22}x_2^2+2a_{23}x_2x_3+\cdots+a_{nn}x_n^2.$$

反复对可能出现的以下两种情况进行处理.

情况 1　式中有非零平方项. 例如若非零平方项为 $a_{11}x_1^2$, 则将式中所有含 x_1 的项配成一个平方项 $a_{11}\left(x_1+\frac{a_{12}}{a_{11}}x_2+\cdots+\frac{a_{1n}}{a_{11}}x_n\right)^2$, 并令非退化线性变换为

$$\begin{cases}y_1=x_1+\frac{a_{12}}{a_{11}}x_2+\cdots+\frac{a_{1n}}{a_{11}}x_n,\\ y_2=x_2,\\ \quad\cdots\cdots\\ y_n=x_n,\end{cases}$$

则可将原式化为不含 x_1 也不含 y_1 的交叉项的式子.

情况 2　式中无非零平方项. 这时我们可以用一个线性变换配出平方项. 例如，若有非

零交叉项为 $2a_{12}x_1x_2$, 则作如下非退化线性变换

$$\begin{cases} x_1 = y_1 + y_2, \\ x_2 = y_1 - y_2, \\ x_3 = y_3, \\ \cdots\cdots \\ x_n = y_n, \end{cases}$$

就可将原式化为含有 y_1, y_2 的平方项的式子. 再按情况 1 进行处理.

每配成一个平方项，就消去一个元素如与 x_1 相关的所有交叉项，直到一系列的变换将所有的交叉项均消去即成标准形. 配方法所得的非退化线性变换在实际操作中可在所有配方配成后一次性求出.

下面是用配方法化标准形的例子.

例 5.1.5　用配方法将例 5.1.3 中的二次型

$$f(x_1, x_2, x_3) = x_1^2 - 2x_1x_2 + 8x_1x_3 + x_2^2 + 8x_2x_3 - 4x_3^2$$

化为标准形并指出所用的线性变换.

解　逐次对一个平方项及与该平方项有关的交叉项进行配方，

$$\begin{aligned} f(x_1, x_2, x_3) &= x_1^2 - 2x_1x_2 + 8x_1x_3 + x_2^2 + 8x_2x_3 - 4x_3^2 \\ &= (x_1 - x_2 + 4x_3)^2 + 16x_2x_3 - 20x_3^2 \\ &= (x_1 - x_2 + 4x_3)^2 - 20\left(x_3 - \frac{2}{5}x_2\right)^2 + \frac{16}{5}x_2^2. \end{aligned}$$

从而立即得到原二次型的标准形为

$$g(y_1, y_2, y_3) = y_1^2 - 20y_2^2 + \frac{16}{5}y_3^2.$$

所用线性变换为

$$\begin{cases} y_1 = x_1 - x_2 + 4x_3, \\ y_2 = x_3 - \dfrac{2}{5}x_2, \\ y_3 = x_2. \end{cases}$$

□

例 5.1.6　用配方法将例 5.1.4 中的二次型

$$f(x_1, x_2, x_3) = 2x_1x_2 + 2x_1x_3 - 2x_2x_3$$

化为标准形并指出所用的线性变换.

解　该二次型不含平方项，先做一个非退化线性变换从交叉项中产生平方项. 令

$$\begin{cases} x_1 = y_1 + y_2, \\ x_2 = y_1 - y_2, \\ x_3 = y_3, \end{cases}$$

则

$$\begin{aligned}f(x_1,x_2,x_3)&=2x_1x_2+2x_1x_3-2x_2x_3\\&=2(y_1+y_2)(y_1-y_2)+2(y_1+y_2)y_3-2(y_1-y_2)y_3\\&=2y_1^2-2y_2^2+4y_2y_3\\&=2y_1^2-2(y_2-y_3)^2+2y_3^2.\end{aligned}$$

从而求得原二次型的标准形为

$$g(z_1,z_2,z_3)=2z_1^2-2z_2^2+2z_3^2.$$

所用线性变换为

$$\begin{cases}z_1=y_1=0.5x_1+0.5x_2,\\z_2=y_2-y_3=0.5x_1-0.5x_2-x_3,\\z_3=y_3=x_3.\end{cases}$$

□

注 1　配方过程中所用的线性变换都必须是非退化的.

我们还可用初等变换为工具将二次型化为标准形. 描述如下.

设二次型矩阵为

$$\boldsymbol{A}=\begin{pmatrix}a_{11}&a_{12}&\cdots&a_{1n}\\a_{21}&a_{22}&\cdots&a_{2n}\\\vdots&\vdots&&\vdots\\a_{n1}&a_{n2}&\cdots&a_{nn}\end{pmatrix},$$

对矩阵

$$\boldsymbol{B}=\begin{pmatrix}\boldsymbol{A}\\\boldsymbol{E}\end{pmatrix}$$

做一次列初等变换后接着做一次相应的行初等变换，重复这种做法，直到得到如下形式的矩阵

$$\begin{pmatrix}\boldsymbol{\Lambda}\\\boldsymbol{P}\end{pmatrix},$$

其中 $\boldsymbol{\Lambda}$ 为对角矩阵. 因为

$$\begin{pmatrix}\boldsymbol{P}^{\mathrm{T}}&\\&\boldsymbol{E}\end{pmatrix}\begin{pmatrix}\boldsymbol{A}\\\boldsymbol{E}\end{pmatrix}\boldsymbol{P}=\begin{pmatrix}\boldsymbol{P}^{\mathrm{T}}\boldsymbol{A}\boldsymbol{P}\\\boldsymbol{P}\end{pmatrix}=\begin{pmatrix}\boldsymbol{\Lambda}\\\boldsymbol{P}\end{pmatrix},$$

所以我们可用非退化线性变换 $\boldsymbol{x}=\boldsymbol{P}\boldsymbol{y}$, 将二次型化为标准形:

$$f(\boldsymbol{x})=g(\boldsymbol{y})=\boldsymbol{y}^{\mathrm{T}}\boldsymbol{\Lambda}\boldsymbol{y}.$$

上述变换称之为合同变换法. 实际使用时通常是先用若干次列初等变换将某行非对角元化为 0，再依次做同样次数的相应行初等变换，反复进行. 下面来看用合同变换法化二次型为标准形的例子.

例 5.1.7　用合同变换法将例 5.1.3 中的二次型

$$f(x_1,x_2,x_3)=x_1^2-2x_1x_2+8x_1x_3+x_2^2+8x_2x_3-4x_3^2$$

化为标准形并指出所用的线性变换.

解　该二次型的矩阵形式为

$$f(\boldsymbol{x})=\boldsymbol{x}^{\mathrm{T}}\boldsymbol{A}\boldsymbol{x},\ \boldsymbol{A}=\begin{pmatrix}1&-1&4\\-1&1&4\\4&4&-4\end{pmatrix},\ \boldsymbol{x}=\begin{pmatrix}x_1\\x_2\\x_3\end{pmatrix}.$$

做如下合同变换:

$$\begin{pmatrix}\boldsymbol{A}\\\boldsymbol{E}\end{pmatrix}=\begin{pmatrix}1&-1&4\\-1&1&4\\4&4&-4\\1&0&0\\0&1&0\\0&0&1\end{pmatrix}\xrightarrow[c_3-4c_1]{c_2+c_1}\begin{pmatrix}1&0&0\\-1&0&8\\4&8&-20\\1&1&-4\\0&1&0\\0&0&1\end{pmatrix}\xrightarrow[r_3-4r_1]{r_2+r_1}\begin{pmatrix}1&0&0\\0&0&8\\0&8&-20\\1&1&-4\\0&1&0\\0&0&1\end{pmatrix}$$

$$\xrightarrow{c_2+c_3}\begin{pmatrix}1&0&0\\0&8&8\\0&-12&-20\\1&-3&-4\\0&1&0\\0&1&1\end{pmatrix}\xrightarrow{r_2+r_3}\begin{pmatrix}1&0&0\\0&-4&-12\\0&-12&-20\\1&-3&-4\\0&1&0\\0&1&1\end{pmatrix}\xrightarrow{c_3-3c_2}\begin{pmatrix}1&0&0\\0&-4&0\\0&-12&16\\1&-3&5\\0&1&-3\\0&1&-2\end{pmatrix}$$

$$\xrightarrow{r_3-3r_2}\begin{pmatrix}1&0&0\\0&-4&0\\0&0&16\\1&-3&5\\0&1&-3\\0&1&-2\end{pmatrix}.$$

则在线性变换

$$\begin{cases}x_1=y_1-3y_2+5y_3,\\x_2=y_2-3y_3,\\x_3=y_2-2y_3\end{cases}$$

下，原二次型化成的标准形为

$$g(y_1,y_2,y_3)=y_1^2-4y_2^2+16y_3^2.$$

□

注 2　用例 5.1.7 的合同变换法还可以将一个复对称矩阵化为复对角矩阵，从而复二次型可以经合同变换化为标准形.

5.1.3　二次型的规范形

二次型的标准形不唯一，我们希望确定一个最简标准形，并且是唯一的，这就是所谓的规范形.

定义 5.1.6 (实 (复) 二次型的规范形)　实二次型 $f(x_1,x_2,\cdots,x_n)$ 经过非退化的实线性变换得到如下形式的二次型

$$z_1^2+\cdots+z_p^2-z_{p+1}^2-\cdots-z_r^2, r\leqslant n,$$

称为原二次型的**实规范形**，r 称为该**二次型的秩**；复二次型 $f(x_1,x_2,\cdots,x_n)$ 经过非退化的复线性变换得到如下形式的二次型

$$z_1^2+z_2^2+\cdots+z_r^2, r\leqslant n,$$

称为原二次型的**复规范形**，r 称为该二次型的秩.

定理 5.1.2　*存在非退化的复线性变换将复二次型化为复规范形*

$$z_1^2+z_2^2+\cdots+z_r^2;$$

存在复可逆矩阵将复对称矩阵合同变换为 $\operatorname{diag}(\boldsymbol{E}_r,\boldsymbol{O}_{n-r})$，*其中* r *为二次型矩阵的秩.*

证明　由于两个结论的等价性，我们只证明第二个结论.

设复对称矩阵为 $\boldsymbol{A}\in\mathbf{C}^{n\times n}$，并设 $\mathrm{r}(\boldsymbol{A})=r$，由 5.1.2 中的注 2 可知存在可逆矩阵 $\boldsymbol{P}$ 使得

$$\boldsymbol{P}^{\mathrm{T}}\boldsymbol{A}\boldsymbol{P}=\operatorname{diag}(b_{11},b_{22},\cdots,b_{rr},0,\cdots,0)=\boldsymbol{\Lambda},$$

其中 $b_{11},\cdots,b_{rr}$ 均非零. 令

$$\boldsymbol{D}=\boldsymbol{P}\cdot\operatorname{diag}(1/\sqrt{b_{11}},\cdots,1/\sqrt{b_{rr}},1,\cdots,1),$$

则

$$\begin{aligned}\boldsymbol{D}^{\mathrm{T}}\boldsymbol{A}\boldsymbol{D}&=\operatorname{diag}\left(\frac{1}{\sqrt{b_{11}}},\cdots,\frac{1}{\sqrt{b_{rr}}},1,\cdots,1\right)\boldsymbol{P}^{\mathrm{T}}\boldsymbol{A}\boldsymbol{P}\operatorname{diag}\left(\frac{1}{\sqrt{b_{11}}},\cdots,\frac{1}{\sqrt{b_{rr}}},1,\cdots,1\right)\\&=\operatorname{diag}\left(\frac{1}{\sqrt{b_{11}}},\cdots,\frac{1}{\sqrt{b_{rr}}},1,\cdots,1\right)\cdot\boldsymbol{\Lambda}\cdot\operatorname{diag}\left(\frac{1}{\sqrt{b_{11}}},\cdots,\frac{1}{\sqrt{b_{rr}}},1,\cdots,1\right)\\&=\operatorname{diag}(\boldsymbol{E}_r,\boldsymbol{O}_{n-r}).\end{aligned}$$

故定理结论成立. □

定理 5.1.3 (惯性定理)　*存在非退化的实线性变换将实二次型化为实规范形*

$$z_1^2+\cdots+z_p^2-z_{p+1}^2-\cdots-z_r^2;$$

存在实可逆矩阵将实对称矩阵合同变换为 $\operatorname{diag}(\boldsymbol{E}_p,-\boldsymbol{E}_{r-p},\boldsymbol{O}_{n-r})$，*其中* r *为二次型矩阵的秩*，p *是唯一确定的.*

证明　由于将实对称矩阵合同变换为 $\mathrm{diag}\,(\boldsymbol{E}_p, -\boldsymbol{E}_{r-p}, \boldsymbol{O}_{n-r})$ 与将实二次型化为实规范形的两个结论是等价的，我们只证明合同变换的结论.

设实对称矩阵为 $\boldsymbol{A} \in \mathbf{R}^{n\times n}$，并设 $\mathrm{r}\,(\boldsymbol{A}) = r$，由定理 5.1.1 知存在实可逆矩阵 $\boldsymbol{P}$ 使得

$$\boldsymbol{P}^{\mathrm{T}}\boldsymbol{A}\boldsymbol{P} = \mathrm{diag}\,(b_{11}, b_{22}, \cdots, b_{pp}, b_{p+1,p+1}, \cdots, b_{rr}, 0, \cdots, 0) = \boldsymbol{\Lambda},$$

其中 $b_{11} > 0, \cdots, b_{pp} > 0$ 而 $b_{p+1,p+1} < 0, \cdots, b_{rr} < 0$.

令

$$\begin{aligned} & b_{11} = s_1^2, \cdots, b_{pp} = s_p^2, b_{p+1,p+1} = -s_{p+1}^2, \cdots, b_{rr} = -s_r^2, \\ & \boldsymbol{D} = \boldsymbol{P} \cdot \mathrm{diag}\left(\frac{1}{s_1}, \cdots, \frac{1}{s_r}, 1, \cdots, 1\right), \end{aligned}$$

则有

$$\begin{aligned} \boldsymbol{D}^{\mathrm{T}}\boldsymbol{A}\boldsymbol{D} &= \mathrm{diag}\left(\frac{1}{s_1}, \cdots, \frac{1}{s_r}, 1, \cdots, 1\right) \cdot \boldsymbol{P}^{\mathrm{T}}\boldsymbol{A}\boldsymbol{P} \cdot \mathrm{diag}\left(\frac{1}{s_1}, \cdots, \frac{1}{s_r}, 1, \cdots, 1\right) \\ &= \mathrm{diag}\left(\frac{1}{s_1}, \cdots, \frac{1}{s_r}, 1, \cdots, 1\right) \cdot \boldsymbol{\Lambda} \cdot \mathrm{diag}\left(\frac{1}{s_1}, \cdots, \frac{1}{s_r}, 1, \cdots, 1\right) \\ &= \mathrm{diag}\,(\boldsymbol{E}_p, -\boldsymbol{E}_{r-p}, \boldsymbol{O}_{n-r}). \end{aligned}$$

现在证明 p 的唯一性. 用反证法. 假设存在可逆矩阵 $\boldsymbol{D}_1$ 和 $\boldsymbol{D}_2$ 使得

$$\boldsymbol{D}_1^{\mathrm{T}}\boldsymbol{A}\boldsymbol{D}_1 = \mathrm{diag}\,(\boldsymbol{E}_{p_1}, -\boldsymbol{E}_{r-p_1}, \boldsymbol{O}_{n-r}), \quad \boldsymbol{D}_2^{\mathrm{T}}\boldsymbol{A}\boldsymbol{D}_2 = \mathrm{diag}\,(\boldsymbol{E}_{p_2}, -\boldsymbol{E}_{r-p_2}, \boldsymbol{O}_{n-r}),$$

并且 $p_1 \neq p_2$，不妨设 $p_1 > p_2$. 令

$$\boldsymbol{B} = \boldsymbol{D}_2^{-1}\boldsymbol{D}_1 = \begin{pmatrix} b_{11} & \cdots & b_{1n} \\ \vdots & & \vdots \\ b_{n1} & \cdots & b_{nn} \end{pmatrix}.$$

考虑下列方程组

$$\begin{cases} b_{11}x_1 + \cdots + b_{1p_1}x_{p_1} = 0, \\ b_{21}x_1 + \cdots + b_{2p_1}x_{p_1} = 0, \\ \cdots\cdots \\ b_{p_21}x_1 + \cdots + b_{p_2,p_1}x_{p_1} = 0, \end{cases}$$

因为 $p_1 > p_2$，由推论 3.4.4 知存在非零解 $(x_1, \cdots, x_{p_1})$. 令

$$\boldsymbol{x} = (x_1, \cdots, x_{p_1}, 0, \cdots, 0)^{\mathrm{T}}, \quad \boldsymbol{y} = \boldsymbol{B}\boldsymbol{x},$$

则有

$$\boldsymbol{x} \neq \boldsymbol{\theta}, \quad \boldsymbol{y} = (0, \cdots, 0, y_{p_2+1}, \cdots, y_n)^{\mathrm{T}}.$$

又因为

$$\begin{aligned} & \boldsymbol{B}^{\mathrm{T}}\mathrm{diag}\,(\boldsymbol{E}_{p_2}, -\boldsymbol{E}_{r-p_2}, \boldsymbol{O}_{n-r})\boldsymbol{B} \\ & = \boldsymbol{D}_1^{\mathrm{T}}(\boldsymbol{D}_2^{-1})^{\mathrm{T}}\mathrm{diag}\,(\boldsymbol{E}_{p_2}, -\boldsymbol{E}_{r-p_2}, \boldsymbol{O}_{n-r})\boldsymbol{D}_2^{-1}\boldsymbol{D}_1 \\ & = \boldsymbol{D}_1^{\mathrm{T}}\boldsymbol{A}\boldsymbol{D}_1 = \mathrm{diag}\,(\boldsymbol{E}_{p_1}, -\boldsymbol{E}_{r-p_1}, \boldsymbol{O}_{n-r}), \end{aligned}$$

所以

$$\begin{aligned}&\boldsymbol{y}^{\mathrm{T}}\mathrm{diag}\,(\boldsymbol{E}_{p_2},-\boldsymbol{E}_{r-p_2},\boldsymbol{O}_{n-r})\boldsymbol{y}\\&=\boldsymbol{x}^{\mathrm{T}}\boldsymbol{B}^{\mathrm{T}}\mathrm{diag}\,(\boldsymbol{E}_{p_2},-\boldsymbol{E}_{r-p_2},\boldsymbol{O}_{n-r})\boldsymbol{B}\boldsymbol{x}\\&=\boldsymbol{x}^{\mathrm{T}}\mathrm{diag}\,(\boldsymbol{E}_{p_1},-\boldsymbol{E}_{r-p_1},\boldsymbol{O}_{n-r})\boldsymbol{x}.\end{aligned}$$

即

$$-(y_{p_2+1}^2+\cdots+y_r^2)=x_1^2+\cdots+x_{p_1}^2.$$

此式左边 $\leqslant 0$，而右边 >0，产生矛盾，故假设不成立. 即 p 是唯一确定的. □

定义 5.1.7(正惯性指数、负惯性指数) 若实二次型的实规范形为

$$z_1^2+\cdots+z_p^2-z_{p+1}^2-\cdots-z_r^2,\qquad r\leqslant n,$$

则称 p 为原二次型的**正惯性指数**；称 $r-p$ 为原二次型的**负惯性指数**.

推论 5.1.4 若实二次型矩阵 $\boldsymbol{A}$ 合同于对角矩阵 $\boldsymbol{B}=\mathrm{diag}\,(b_{11},\cdots,b_{nn})$，则正对角元个数为实二次型的正惯性指数，负对角元个数为实二次型的负惯性指数，非零对角元个数为二次型的秩.

证明 设有可逆矩阵 $\boldsymbol{P}$ 使得 $\boldsymbol{P}^{\mathrm{T}}\boldsymbol{A}\boldsymbol{P}=\boldsymbol{B}=\mathrm{diag}\,(b_{11},\cdots,b_{nn})$，设 $b_{11},\cdots,b_{nn}$ 中 $b_{i_1i_1},\cdots,b_{i_pi_p}$ 为 p 个正对角元，$b_{i_{p+1}i_{p+1}},\cdots,b_{i_ri_r}$ 为 $r-p$ 个负对角元，$b_{i_{r+1}i_{r+1}}=\cdots=b_{i_ni_n}=0$. 令 $\boldsymbol{D}=\boldsymbol{P}\boldsymbol{C}\boldsymbol{\Lambda}$, 其中

$$\boldsymbol{C}=(\boldsymbol{e}_{i_1}\cdots\boldsymbol{e}_{i_n}),\quad \boldsymbol{\Lambda}=\mathrm{diag}\,(1/\sqrt{|b_{i_1i_1}|},\cdots,1/\sqrt{|b_{i_ri_r}|},1,\cdots,1),$$

则

$$\boldsymbol{D}^{\mathrm{T}}\boldsymbol{A}\boldsymbol{D}=\boldsymbol{\Lambda}^{\mathrm{T}}\boldsymbol{C}^{\mathrm{T}}\,\mathrm{diag}\,(b_{11},\cdots,b_{nn})\,\boldsymbol{C}\boldsymbol{\Lambda}=\mathrm{diag}\,(\boldsymbol{E}_p,-\boldsymbol{E}_{r-p},\boldsymbol{O}_{n-r}),$$

故正惯性指数为 p，负惯性指数为 $r-p$，秩为 r. □

推论 5.1.5 实二次型矩阵 $\boldsymbol{A}$ 的正特征值个数为正惯性指数，负特征值个数为负惯性指数，非零特征值个数为二次型的秩.

证明 因为实二次型矩阵 $\boldsymbol{A}$ 为实对称矩阵，故存在正交矩阵 $\boldsymbol{P}$ 使得

$$\boldsymbol{P}^{\mathrm{T}}\boldsymbol{A}\boldsymbol{P}=\mathrm{diag}\,(\lambda_1,\cdots,\lambda_n),$$

其中 $\lambda_1,\cdots,\lambda_n$ 为 $\boldsymbol{A}$ 的特征值，由推论 5.1.4 可知，其中正数个数为正惯性指数，负数个数为负惯性指数，非零个数为秩. 即正特征值个数为正惯性指数，负特征值个数为负惯性指数，非零特征值个数为秩. □

例 5.1.8 求实二次型

$$\begin{aligned}&f(x_1,x_2,x_3,x_4)\\&=2x_1^2-4x_1x_2-12x_1x_3+8x_1x_4+9x_2^2+18x_2x_3-10x_2x_4+23x_3^2-20x_3x_4+4x_4^2\end{aligned}$$

的惯性指数.

解 用合同变换法求该二次型的标准形. 易知二次型矩阵为

$$\boldsymbol{A}=\begin{pmatrix}2&-2&-6&4\\-2&9&9&-5\\-6&9&23&-10\\4&-5&-10&4\end{pmatrix}.$$

对矩阵 $\boldsymbol{A}$ 对称地进行列和行的初等变换如下

$$\boldsymbol{A}\xrightarrow[c_4-2c_1]{\substack{c_2+c_1\\c_3+3c_1}}\begin{pmatrix}2&0&0&0\\-2&7&3&-1\\-6&3&5&2\\4&-1&2&-4\end{pmatrix}\xrightarrow[r_4-2r_1]{\substack{r_2+r_1\\r_3+3r_1}}\begin{pmatrix}2&0&0&0\\0&7&3&-1\\0&3&5&2\\0&-1&2&-4\end{pmatrix}$$

$$\xrightarrow[c_4+\frac{1}{7}c_2]{c_3-\frac{3}{7}c_2}\begin{pmatrix}2&0&0&0\\0&7&0&0\\0&3&\frac{26}{7}&\frac{17}{7}\\0&-1&\frac{17}{7}&-\frac{29}{7}\end{pmatrix}\xrightarrow[r_4+\frac{1}{7}r_2]{r_3-\frac{3}{7}r_2}\begin{pmatrix}2&0&0&0\\0&7&0&0\\0&0&\frac{26}{7}&\frac{17}{7}\\0&0&\frac{17}{7}&-\frac{29}{7}\end{pmatrix}$$

$$\xrightarrow{c_4-\frac{17}{26}c_3}\begin{pmatrix}2&0&0&0\\0&7&0&0\\0&0&\frac{26}{7}&0\\0&0&\frac{17}{7}&-\frac{149}{26}\end{pmatrix}\xrightarrow{r_4-\frac{17}{26}r_3}\begin{pmatrix}2&0&0&0\\0&7&0&0\\0&0&\frac{26}{7}&0\\0&0&0&-\frac{149}{26}\end{pmatrix}.$$

故正惯性指数为 3，负惯性指数为 1. □

例 5.1.9　求实二次型

$$f(x_1,x_2,x_3)=x_1^2+4x_1x_2+6x_1x_3+4x_2^2+4x_2x_3+x_3^2$$

的惯性指数.

解　易知二次型矩阵为

$$\boldsymbol{A}=\begin{pmatrix}1&2&3\\2&4&2\\3&2&1\end{pmatrix}.$$

我们只要求 $\boldsymbol{A}$ 的特征值. 由

$$|\lambda\boldsymbol{E}-\boldsymbol{A}|=\begin{vmatrix}\lambda-1&-2&-3\\-2&\lambda-4&-2\\-3&-2&\lambda-1\end{vmatrix}=(\lambda+2)(\lambda^2-8\lambda+8)=0$$

解得特征值为 $\lambda=-2,4+2\sqrt{2},4-2\sqrt{2}$. 故该二次型的正惯性指数为 2，负惯性指数为 1. □

5.2　正定二次型

在所有实二次型中，有一类实二次型具有非负性，即只要 $\boldsymbol{x}\neq\boldsymbol{\theta}$，就有 $f(\boldsymbol{x})=\boldsymbol{x}^{\mathrm{T}}\boldsymbol{A}\boldsymbol{x}>0$. 这类二次型及其矩阵在抽象空间的度量方面有着重要的应用.

定义 5.2.1（正定二次型、正定矩阵）　设 $f(\boldsymbol{x})=\boldsymbol{x}^{\mathrm{T}}\boldsymbol{A}\boldsymbol{x}$ 为实二次型，若当实向量 $\boldsymbol{x}\neq\boldsymbol{\theta}$ 时都有 $\boldsymbol{x}^{\mathrm{T}}\boldsymbol{A}\boldsymbol{x}>0$, 则称 f 为**正定二次型**，称 $\boldsymbol{A}$ 为**正定矩阵**;

当 $\boldsymbol{x}\neq\boldsymbol{\theta}$ 时都有 $\boldsymbol{x}^{\mathrm{T}}\boldsymbol{A}\boldsymbol{x}<0$, 则称 f 为**负定二次型**，称 $\boldsymbol{A}$ 为**负定矩阵**;

当 $\boldsymbol{x}\neq\boldsymbol{\theta}$ 时都有 $\boldsymbol{x}^{\mathrm{T}}\boldsymbol{A}\boldsymbol{x}\geqslant 0$, 则称 f 为**半正定二次型**，称 $\boldsymbol{A}$ 为**半正定矩阵**;
当 $\boldsymbol{x}\neq\boldsymbol{\theta}$ 时都有 $\boldsymbol{x}^{\mathrm{T}}\boldsymbol{A}\boldsymbol{x}\leqslant 0$, 则称 f 为**半负定二次型**，称 $\boldsymbol{A}$ 为**半负定矩阵**.

注 有时为了强调正定矩阵的对称性, 也称对称正定矩阵.

例 5.2.1 说明 $\boldsymbol{A}=\begin{pmatrix}2&1\\1&2\end{pmatrix}$ 为正定矩阵，$\boldsymbol{B}=\begin{pmatrix}1&2\\2&1\end{pmatrix}$ 为非正定矩阵.

解 因为当 $(x_1,x_2)^{\mathrm{T}}\neq\boldsymbol{\theta}$ 时，有

$$(x_1,x_2)\boldsymbol{A}\begin{pmatrix}x_1\\x_2\end{pmatrix}=2x_1^2+2x_1x_2+2x_2^2=2(x_1+0.5x_2)^2+1.5x_2^2>0,$$

故 $\boldsymbol{A}$ 正定.

因为 $(1,1)\boldsymbol{B}\begin{pmatrix}1\\1\end{pmatrix}=6>0,(1,-1)\boldsymbol{B}\begin{pmatrix}1\\-1\end{pmatrix}=-2<0$，故 $\boldsymbol{B}$ 非正定. □

例 5.2.2 若 $\boldsymbol{A}\in\mathbf{R}^{m\times n}$ 为非零矩阵，矩阵 $\boldsymbol{B}=\begin{pmatrix}\boldsymbol{O}&\boldsymbol{A}\\\boldsymbol{A}^{\mathrm{T}}&\boldsymbol{O}\end{pmatrix}$，则必存在两个 $m+n$ 维的向量 $\boldsymbol{\alpha},\boldsymbol{\beta}$ 使得 $\boldsymbol{\alpha}^{\mathrm{T}}\boldsymbol{B}\boldsymbol{\alpha}>0,\boldsymbol{\beta}^{\mathrm{T}}\boldsymbol{B}\boldsymbol{\beta}<0$.

证明 因为 $\boldsymbol{A}$ 为非零矩阵，故存在向量 $\boldsymbol{\xi}\in\mathbf{R}^n$ 使得 $\boldsymbol{A}\boldsymbol{\xi}\neq\boldsymbol{\theta}$，再令 $\boldsymbol{\eta}=\boldsymbol{A}\boldsymbol{\xi}$，则有 $\boldsymbol{\eta}^{\mathrm{T}}\boldsymbol{A}\boldsymbol{\xi}=\boldsymbol{\xi}^{\mathrm{T}}\boldsymbol{A}^{\mathrm{T}}\boldsymbol{\eta}=\boldsymbol{\eta}^{\mathrm{T}}\boldsymbol{\eta}>0$.

现在令$\boldsymbol{\alpha}=\begin{pmatrix}\boldsymbol{\eta}\\\boldsymbol{\xi}\end{pmatrix},\boldsymbol{\beta}=\begin{pmatrix}\boldsymbol{\eta}\\-\boldsymbol{\xi}\end{pmatrix}$，则有

$$\boldsymbol{\alpha}^{\mathrm{T}}\boldsymbol{B}\boldsymbol{\alpha}=2\boldsymbol{\eta}^{\mathrm{T}}\boldsymbol{A}\boldsymbol{\xi}>0,\ \ \boldsymbol{\beta}^{\mathrm{T}}\boldsymbol{B}\boldsymbol{\beta}=-2\boldsymbol{\eta}^{\mathrm{T}}\boldsymbol{A}\boldsymbol{\xi}<0.$$ □

显然，f 为负定二次型或半负定二次型的充要条件是 $-f$ 为正定二次型或半正定二次型. 因此，下面主要讨论正定和半正定二次型，也就是讨论正定和半正定矩阵.

定义 5.2.2 (矩阵的顺序主子式和主子式) 矩阵 $\boldsymbol{A}=(a_{ij})_{n\times n}$ 的左上角 i 行 i 列 $(1\leqslant i\leqslant n)$ 构成的行列式

$$\begin{vmatrix}a_{11}&\cdots&a_{1i}\\\vdots&&\vdots\\a_{i1}&\cdots&a_{ii}\end{vmatrix}$$

称为矩阵 $\boldsymbol{A}$ 的i **阶顺序主子式**. 矩阵 $\boldsymbol{A}$ 的 $i_1,i_2,\cdots,i_k$ 行和 $i_1,i_2,\cdots,i_k$ 列 $(1\leqslant i_1<i_2<\cdots<i_k\leqslant n$) 的元素构成的行列式

$$\begin{vmatrix}a_{i_1i_1}&a_{i_1i_2}&\cdots&a_{i_1i_k}\\a_{i_2i_1}&a_{i_2i_2}&\cdots&a_{i_2i_k}\\\vdots&\vdots&&\vdots\\a_{i_ki_1}&a_{i_ki_2}&\cdots&a_{i_ki_k}\end{vmatrix}$$

称为矩阵 $\boldsymbol{A}$ 的k **阶主子式**.

定理 5.2.1 若 $\boldsymbol{A}$ 为 n 阶的实对称矩阵，则下列条件互为等价:

(1) $\boldsymbol{A}$ 为正定矩阵;

(2) $\boldsymbol{A}$ 的特征值均为正;

(3) $\boldsymbol{A}$ 的正惯性指数为 n;

(4) $\boldsymbol{A}$ 的各阶顺序主子式均为正.

证明　先证明 (1),(2),(3) 互为等价，设 $\boldsymbol{A} \in \mathbf{R}^{n\times n}$.

(1)$\Longrightarrow$ (2)：因为实对称矩阵的特征值均为实数，并有实的特征向量，故设 λ 为 $\boldsymbol{A}$ 的一个实特征值，$\boldsymbol{\xi} \neq \boldsymbol{\theta}$ 为属于 λ 的实特征向量. 则 $\boldsymbol{\xi}^{\mathrm{T}}\boldsymbol{A}\boldsymbol{\xi} = \boldsymbol{\xi}^{\mathrm{T}}(\lambda\boldsymbol{\xi}) = \lambda\boldsymbol{\xi}^{\mathrm{T}}\boldsymbol{\xi}$，因为 $\boldsymbol{A}$ 为正定矩阵，故有 $\boldsymbol{\xi}^{\mathrm{T}}\boldsymbol{A}\boldsymbol{\xi} > 0$，从而 $\lambda\boldsymbol{\xi}^{\mathrm{T}}\boldsymbol{\xi} > 0$，而 $\boldsymbol{\xi}^{\mathrm{T}}\boldsymbol{\xi} > 0$，所以可得 $\lambda > 0$，由 λ 的任意性，故有 $\boldsymbol{A}$ 的特征值均为正.

(2)$\Longrightarrow$ (3)：由推论 5.1.5 可知 $\boldsymbol{A}$ 的正惯性指数为 n.

(3)$\Longrightarrow$ (1)：因为 $\boldsymbol{A}$ 的正惯性指数为 n，故存在可逆矩阵 $\boldsymbol{P}$ 使得 $\boldsymbol{P}^{\mathrm{T}}\boldsymbol{A}\boldsymbol{P} = \boldsymbol{E}$. 对任意 $\boldsymbol{x} \in \mathbf{R}^n, \boldsymbol{x} \neq \boldsymbol{\theta}$，令 $\boldsymbol{y} = \boldsymbol{P}^{-1}\boldsymbol{x}$，则 $\boldsymbol{y} \neq \boldsymbol{\theta}$，$\boldsymbol{x} = \boldsymbol{P}\boldsymbol{y}$，且

$$\boldsymbol{x}^{\mathrm{T}}\boldsymbol{A}\boldsymbol{x} = \boldsymbol{y}^{\mathrm{T}}\boldsymbol{P}^{\mathrm{T}}\boldsymbol{A}\boldsymbol{P}\boldsymbol{y} = \boldsymbol{y}^{\mathrm{T}}\boldsymbol{E}\boldsymbol{y} = \boldsymbol{y}^{\mathrm{T}}\boldsymbol{y} = \sum_{i=1}^{n} y_i^2 > 0,$$

由 $\boldsymbol{x}$ 的任意性，$\boldsymbol{A}$ 为正定矩阵.

(1)$\Longrightarrow$ (4)：令

$$\boldsymbol{A}_i = \begin{pmatrix} a_{11} & a_{12} & \cdots & a_{1i} \\ a_{21} & a_{22} & \cdots & a_{2i} \\ \vdots & \vdots & & \vdots \\ a_{i1} & a_{i2} & \cdots & a_{ii} \end{pmatrix}, \boldsymbol{y} = \begin{pmatrix} y_1 \\ y_2 \\ \vdots \\ y_i \end{pmatrix} \neq \boldsymbol{\theta}, \boldsymbol{x} = \begin{pmatrix} \boldsymbol{y} \\ 0 \end{pmatrix},\quad i = 1, 2, \cdots, n,$$

则 $\boldsymbol{x} \neq \boldsymbol{\theta}$ 且 $\boldsymbol{y}^{\mathrm{T}}\boldsymbol{A}_i\boldsymbol{y} = \boldsymbol{x}^{\mathrm{T}}\boldsymbol{A}\boldsymbol{x} > 0$，故 $\boldsymbol{A}_i$ 正定. 由 (1)、(2) 等价性知 $\boldsymbol{A}_i$ 的特征值均为正数，从而 $|\boldsymbol{A}_i| > 0$.

(4)$\Longrightarrow$ (1)：用数学归纳法. 当 $n = 1$ 时，$\boldsymbol{A} = (a_{11})_{1\times 1}$，易知结论成立.

假设 $n = m$ 时结论成立. 当 $n = m + 1$ 时，令对称矩阵

$$\boldsymbol{A} = \begin{pmatrix} \boldsymbol{A}_m & \boldsymbol{u} \\ \boldsymbol{u}^{\mathrm{T}} & s \end{pmatrix} \in \mathbf{R}^{(m+1)\times(m+1)},$$

其中 $\boldsymbol{A}_m \in \mathbf{R}^{m\times m}, \boldsymbol{u} \in \mathbf{R}^m, s \in \mathbf{R}$，则 $\boldsymbol{A}_m$ 对称. 由 (4) 的条件可知 $\boldsymbol{A}_m$ 各顺序主子式均大于 0，根据归纳假设得 $\boldsymbol{A}_m$ 正定，进一步由 (1)、(2) 的等价性可得 $\boldsymbol{A}_m$ 的特征值 $\lambda_1, \lambda_2, \cdots, \lambda_m$ 均大于 0。

因 $\boldsymbol{A}_m$ 正定，故存在正交矩阵 $\boldsymbol{P} \in \mathbf{R}^{m\times m}$ 使得

$$\boldsymbol{P}^{\mathrm{T}}\boldsymbol{A}_m\boldsymbol{P} = \mathrm{diag}\,(\lambda_1, \cdots, \lambda_m) = \boldsymbol{\Lambda}.$$

于是我们有关系

$$\begin{pmatrix} \boldsymbol{P}^{\mathrm{T}} & \boldsymbol{0} \\ -\boldsymbol{u}^{\mathrm{T}}\boldsymbol{A}_m^{-1} & 1 \end{pmatrix} \begin{pmatrix} \boldsymbol{A}_m & \boldsymbol{u} \\ \boldsymbol{u}^{\mathrm{T}} & s \end{pmatrix} \begin{pmatrix} \boldsymbol{P} & -\boldsymbol{A}_m^{-1}\boldsymbol{u} \\ \boldsymbol{0} & 1 \end{pmatrix} = \begin{pmatrix} \boldsymbol{\Lambda} & \boldsymbol{0} \\ \boldsymbol{0} & s - \boldsymbol{u}^{\mathrm{T}}\boldsymbol{A}_m^{-1}\boldsymbol{u} \end{pmatrix} = \boldsymbol{S}.$$

从上述式子可知 $\boldsymbol{A}$ 合同于对角矩阵 $\boldsymbol{S}$，并且 $|\boldsymbol{A}| = |\boldsymbol{\Lambda}|(s - \boldsymbol{u}^{\mathrm{T}}\boldsymbol{A}_m^{-1}\boldsymbol{u})$.

由 (4) 的条件 $|\boldsymbol{A}|>0$ 及 $|\boldsymbol{\Lambda}|=\lambda_1\lambda_2\cdots\lambda_m>0$ 可得 $s-\boldsymbol{u}^{\mathrm{T}}\boldsymbol{A}_m^{-1}\boldsymbol{u}>0$，于是 $\boldsymbol{S}$ 的对角元均大于 0，由推论 5.1.4 知 $\boldsymbol{A}$ 的正惯性指数为 $m+1$，由 (1)、(3) 的等价性得 $\boldsymbol{A}$ 正定. □

用同样的方法可以证明关于半正定判别的定理：

定理 5.2.2 若 $\boldsymbol{A}$ 为实对称矩阵，则下列条件互为等价：

(1) $\boldsymbol{A}$ 为半正定矩阵；

(2) $\boldsymbol{A}$ 的特征值均大于等于零；

(3) $\boldsymbol{A}$ 的正惯性指数为 $\mathrm{r}(\boldsymbol{A})$；

(4) $\boldsymbol{A}$ 的各阶主子式非负.

证明作为习题五的题 24.

例 5.2.3 用顺序主子式判定

$$\boldsymbol{A}=\begin{pmatrix}1&1&-1\\1&3&-1\\-1&-1&3\end{pmatrix}$$

是否正定.

解 显然，$\boldsymbol{A}$ 为实对称矩阵. 又

$$\det(1)=|(1)_{1\times1}|=1>0,\quad \begin{vmatrix}1&1\\1&3\end{vmatrix}=2>0,$$

$$\begin{vmatrix}1&1&-1\\1&3&-1\\-1&-1&3\end{vmatrix}=\begin{vmatrix}1&1&-1\\0&2&0\\0&0&2\end{vmatrix}=4>0,$$

各阶顺序主子式均 >0，故 $\boldsymbol{A}$ 为正定矩阵. □

例 5.2.4 用特征值判定

$$\boldsymbol{A}=\begin{pmatrix}1&1&-1\\1&3&-1\\-1&-1&3\end{pmatrix}$$

是否正定.

解 显然，$\boldsymbol{A}$ 为实对称矩阵. 又

$$\begin{vmatrix}\lambda-1&-1&1\\-1&\lambda-3&1\\1&1&\lambda-3\end{vmatrix}=\begin{vmatrix}\lambda-1&-1&0\\-1&\lambda-3&\lambda-2\\1&1&\lambda-2\end{vmatrix}=\begin{vmatrix}\lambda-1&-1&0\\-2&\lambda-4&0\\1&1&\lambda-2\end{vmatrix}$$

$$=(\lambda-2)\begin{vmatrix}\lambda-1&-1\\-2&\lambda-4\end{vmatrix}=(\lambda-2)(\lambda^2-5\lambda+2),$$

特征值为：$\lambda=2,\dfrac{5+\sqrt{17}}{2},\dfrac{5-\sqrt{17}}{2}$，均 >0，故 $\boldsymbol{A}$ 为正定矩阵. □

例 5.2.5　用标准形判定

$$A=\begin{pmatrix}1&1&-1\\1&3&-1\\-1&-1&3\end{pmatrix}$$

是否正定.

解　显然，A 为实对称矩阵. 用合同变换法化成标准形

$$A=\begin{pmatrix}1&1&-1\\1&3&-1\\-1&-1&3\end{pmatrix}\xrightarrow[c_3+c_1]{c_2-c_1}\begin{pmatrix}1&0&0\\1&2&0\\-1&0&2\end{pmatrix}\xrightarrow[r_3+r_1]{r_2-r_1}\begin{pmatrix}1&0&0\\0&2&0\\0&0&2\end{pmatrix},$$

对角线元素都 >0，得正惯性指数为 3，故 A 为正定. □

例 5.2.6　t 取何值时，二次型

$$f(x_1,x_2,x_3)=2x_1^2+2x_1x_2+4x_1x_3+tx_2^2-2x_2x_3+3x_3^2$$

是正定二次型?

解　二次型矩阵为

$$A=\begin{pmatrix}2&1&2\\1&t&-1\\2&-1&3\end{pmatrix}.$$

用顺序主子式判别法:

$$\det(2)=2>0,\ \begin{vmatrix}2&1\\1&t\end{vmatrix}=2t-1>0,$$

$$\begin{vmatrix}2&1&2\\1&t&-1\\2&-1&3\end{vmatrix}=\begin{vmatrix}2&0&0\\1&t-0.5&-2\\2&-2&1\end{vmatrix}=2t-9>0.$$

解两个关于 t 的不等式得到解集:$t>4.5$, 故当 $t\in(4.5,+\infty)$ 时，该二次型为正定二次型. □

例 5.2.7　证明: A 为正定矩阵当且仅当 A 有分解 $A=D^{\mathrm{T}}D$(D 可逆).

证明　设 A 为 n 阶矩阵，由定理 5.2.1 可知 A 为正定矩阵当且仅当 A 的正惯性指数为 n. 即存在可逆矩阵 P, 使得

$$P^{\mathrm{T}}AP=E.$$

令 $D=P^{-1}$, 则 D 可逆, 且有

$$D^{\mathrm{T}}D=(P^{-1})^{\mathrm{T}}P^{-1}=(P^{\mathrm{T}})^{-1}EP^{-1}=(P^{\mathrm{T}})^{-1}P^{\mathrm{T}}APP^{-1}=A.$$ □

例 5.2.8　证明: 若实对称矩阵 A 满足关系式 $(A-E)(A-2E)=O$，则 A 正定.

证明　展开关系式得

$$A^2-3A+2E=O.$$

设 λ 是 $\boldsymbol{A}$ 的特征值，$\boldsymbol{\xi}$ 是属于 λ 的特征向量，则有

$$(\boldsymbol{A}^2-3\boldsymbol{A}+2\boldsymbol{E})\boldsymbol{\xi}=(\lambda^2-3\lambda+2)\boldsymbol{\xi}=\boldsymbol{\theta}.$$

得

$$\lambda^2-3\lambda+2=(\lambda-1)(\lambda-2)=0$$

此即 $\boldsymbol{A}$ 的特征值或是 1 或是 2，均大于零，由定理5.2.1 可知 $\boldsymbol{A}$ 是正定矩阵. □

例 5.2.9　若 $\boldsymbol{A}\in\mathbf{R}^{n\times n}$ 对称正定，证明: $(\boldsymbol{\alpha}^{\mathrm{T}}\boldsymbol{A}\boldsymbol{\beta})^2\leqslant(\boldsymbol{\alpha}^{\mathrm{T}}\boldsymbol{A}\boldsymbol{\alpha})(\boldsymbol{\beta}^{\mathrm{T}}\boldsymbol{A}\boldsymbol{\beta})$, 其中 $\boldsymbol{\alpha},\boldsymbol{\beta}\in\mathbf{R}^n$ 为任意列向量.

证明　当 $\boldsymbol{\alpha}=\boldsymbol{\theta}$ 时，结论显然.

当 $\boldsymbol{\alpha}\neq\boldsymbol{\theta}$ 时，令 $\boldsymbol{\xi}=t\boldsymbol{\alpha}+\boldsymbol{\beta}$，则有

$$\boldsymbol{\xi}^{\mathrm{T}}\boldsymbol{A}\boldsymbol{\xi}=(t\boldsymbol{\alpha}+\boldsymbol{\beta})^{\mathrm{T}}\boldsymbol{A}(t\boldsymbol{\alpha}+\boldsymbol{\beta})=\boldsymbol{\alpha}^{\mathrm{T}}\boldsymbol{A}\boldsymbol{\alpha}t^2+2\boldsymbol{\alpha}^{\mathrm{T}}\boldsymbol{A}\boldsymbol{\beta}t+\boldsymbol{\beta}^{\mathrm{T}}\boldsymbol{A}\boldsymbol{\beta}.$$

由 $\boldsymbol{A}$ 的正定性，知 $\boldsymbol{\alpha}^{\mathrm{T}}\boldsymbol{A}\boldsymbol{\alpha}>0,\boldsymbol{\xi}^{\mathrm{T}}\boldsymbol{A}\boldsymbol{\xi}\geqslant 0$，所以有

$$(\boldsymbol{\alpha}^{\mathrm{T}}\boldsymbol{A}\boldsymbol{\alpha})t^2+(2\boldsymbol{\alpha}^{\mathrm{T}}\boldsymbol{A}\boldsymbol{\beta})t+(\boldsymbol{\beta}^{\mathrm{T}}\boldsymbol{A}\boldsymbol{\beta})\geqslant 0.$$

再由二次方程根的判别准则得

$$\boldsymbol{\Delta}=(2\boldsymbol{\alpha}^{\mathrm{T}}\boldsymbol{A}\boldsymbol{\beta})^2-4(\boldsymbol{\alpha}^{\mathrm{T}}\boldsymbol{A}\boldsymbol{\alpha})(\boldsymbol{\beta}^{\mathrm{T}}\boldsymbol{A}\boldsymbol{\beta})\leqslant 0,$$

即

$$(\boldsymbol{\alpha}^{\mathrm{T}}\boldsymbol{A}\boldsymbol{\beta})^2\leqslant(\boldsymbol{\alpha}^{\mathrm{T}}\boldsymbol{A}\boldsymbol{\alpha})(\boldsymbol{\beta}^{\mathrm{T}}\boldsymbol{A}\boldsymbol{\beta}).$$ □

习　题　五

1. 用正交变换法求非退化线性变换，将下列二次型化为标准形:

(1) $f(x_1,x_2,x_3)=7x_1^2+4x_1x_2+4x_1x_3+3x_2^2+4x_2x_3+3x_3^2$;

(2) $f(x_1,x_2,x_3)=3x_1^2+2x_1x_2+4x_1x_3+3x_2^2+4x_2x_3+2x_3^2$;

(3) $f(x_1,x_2,x_3)=2x_1^2-4x_1x_2+4x_1x_3-x_2^2+2x_2x_3-x_3^2$;

(4) $f(x_1,x_2,x_3)=2x_1x_2+2x_1x_3+2x_2x_3$.

2. 用配方法求非退化线性变换，将下列二次型化为标准形:

(1) $f(x_1,x_2,x_3)=3x_1^2-2x_1x_2+4x_1x_3+2x_2^2+x_3^2$;

(2) $f(x_1,x_2,x_3)=3x_2^2+6x_2x_3+3x_3^2$;

(3) $f(x_1,x_2,x_3)=2x_1x_2+4x_1x_3-2x_2x_3$;

(4) $f(x_1,x_2,x_3,x_4)=(x_1+x_2)^2+(x_2+x_3)^2+(x_3+x_4)^2+(x_4+x_1)^2$.

3. 用合同变换法求非退化线性变换，将下列二次型化为标准形:

(1) $f(x_1,x_2,x_3)=x_1^2+4x_1x_2-6x_1x_3+4x_2^2+9x_3^2$.

(2) $f(x_1,x_2,x_3,x_4)=x_1^2-2x_1x_2+4x_1x_3-4x_1x_4+2x_2^2+2x_2x_3+4x_2x_4$
$+11x_3^2+4x_3x_4-6x_4^2$;

4. 证明反对称矩阵均合同于形式为

$$\begin{pmatrix} & & & & & & & 1 \\ & & & & & & \iddots & \\ & & & & & 1 & & \\ & & & & 0 & & & \\ & & & \iddots & & & & \\ & & 0 & & & & & \\ & -1 & & & & & & \\ \iddots & & & & & & & \\ -1 & & & & & & & \end{pmatrix}$$

的矩阵.

5. 求下列二次型的正惯性指数和负惯性指数:

(1) $f(x_1,x_2,x_3)=4x_1^2+4x_1x_2+4x_1x_3+4x_2^2+4x_2x_3-x_3^2$;

(2) $f(x_1,x_2,x_3,x_4)=x_1^2+2x_1x_2+2x_2^2+2x_2x_3+3x_3^2+2x_3x_4+4x_4^2$;

(3) $f(x_1,\cdots,x_n)=\sum\limits_{i=1}^{n}x_i^2+2\sum\limits_{1\leqslant i<j\leqslant n}x_ix_j$;

(4) $f(x_1,\cdots,x_n)=\sum\limits_{i=1}^{n}(x_i-\bar{x})^2$, 其中 $\bar{x}=\dfrac{\sum\limits_{i=1}^{n}x_i}{n}, n\geqslant 2$.

6. 设 $\boldsymbol{A}$ 为实对称矩阵，λ_1,λ_n 为 $\boldsymbol{A}$ 的最小和最大特征值，证明：对任意的 $t\in[\lambda_1,\lambda_n]$，存在单位向量 $\boldsymbol{x}$ 使得 $\boldsymbol{x}^{\mathrm{T}}\boldsymbol{A}\boldsymbol{x}=t$.

7. 设 $\boldsymbol{A}\in\mathbf{R}^{m\times n}$ 为列满秩矩阵，证明 $\boldsymbol{B}=\boldsymbol{A}^{\mathrm{T}}\boldsymbol{A}$ 为对称正定矩阵.

8. 设 $\boldsymbol{A},\boldsymbol{B}\in\mathbf{R}^{n\times n}$ 对称正定，证明 $k_1\boldsymbol{A}+k_2\boldsymbol{B}, k_1>0, k_2>0$ 也对称正定.

9. 设 $\boldsymbol{A}\in\mathbf{R}^{m\times m},\boldsymbol{B}\in\mathbf{R}^{n\times n}$ 对称正定，证明存在 $\boldsymbol{\xi}\in\mathbf{R}^{m+n},\boldsymbol{\xi}\neq\boldsymbol{\theta}$，使得 $\boldsymbol{\xi}^{\mathrm{T}}\begin{pmatrix}\boldsymbol{A} & \boldsymbol{0}\\ \boldsymbol{0} & -\boldsymbol{B}\end{pmatrix}\boldsymbol{\xi}=0$.

10. 设 $\boldsymbol{A}\in\mathbf{R}^{m\times m},\boldsymbol{B}\in\mathbf{R}^{n\times n}$ 均为对称矩阵，$\begin{pmatrix}\boldsymbol{A} & \boldsymbol{0}\\ \boldsymbol{0} & \boldsymbol{B}\end{pmatrix}$ 对称正定，证明 $\boldsymbol{A},\boldsymbol{B}$ 均为对称正定矩阵.

11. 设 $\boldsymbol{A}$ 为实对称正定矩阵, $\boldsymbol{P}$ 为可逆矩阵，用定义证明 $\boldsymbol{P}^{\mathrm{T}}\boldsymbol{A}\boldsymbol{P}$ 也是对称正定矩阵;反之 $\boldsymbol{P}^{\mathrm{T}}\boldsymbol{A}\boldsymbol{P}$ 正定，则方阵 $\boldsymbol{P}$ 可逆.

12. 设 $\boldsymbol{A}=(a_{ij})_{n\times n}$ 为正定矩阵，证明 $\boldsymbol{B}=(a_{ij}b_ib_j)_{n\times n}$ 当 $b_1,\cdots,b_n$ 全为非零常数时为正定.

13. 判别下列矩阵的正定性:

(1) $\begin{pmatrix}1 & 1 & 0\\ 1 & 3 & 1\\ 0 & 1 & 2\end{pmatrix}$;　(2) $\begin{pmatrix}1 & & & & -1\\ & 1 & & -1 & \\ & & 1 & & \\ & -1 & & 2 & \\ -1 & & & & 3\end{pmatrix}$.

14. 判别下列二次型的正定性:

(1) $f(x_1,x_2,x_3)=x_1^2+2x_1x_2-2x_1x_3+2x_2^2+2x_2x_3+6x_3^2$;

(2) $f(x_1,x_2,x_3)=2x_1^2-4x_1x_2+8x_1x_3+6x_2^2-4x_2x_3+4x_3^2$;

(3) $f(x_1,\cdots,x_n)=\sum\limits_{i=1}^{n}x_i^2+\sum\limits_{1\leqslant i<j\leqslant n}x_ix_j$;

(4) $f(x_1,\cdots,x_n)=2\sum\limits_{i=1}^{n}x_i^2+2\sum\limits_{i=1}^{n-1}x_ix_{i+1}$.

15. 讨论 t 取何值时下列二次型是正定的:

(1) $f(x_1,x_2,x_3)=10x_1^2+2tx_1x_2+6x_1x_3+5x_2^2+4x_2x_3+x_3^2$;

(2) $f(x_1,x_2,x_3)=(t+1)x_1^2-2x_1x_2+(t+2)x_2^2-2x_2x_3+(t+1)x_3^2$;

(3) $f(x_1,x_2,x_3)=t(x_1^2+x_2^2+x_3^2)+2x_1x_2-2x_2x_3+2x_1x_3+x_3^2$.

16. 设 $\boldsymbol{A}\in\mathbf{R}^{n\times n}$ 对称正定，证明: 对任意 $r>0$ 和 $1\leqslant i_1<i_2<\cdots<i_r\leqslant n$ 有

$$\begin{vmatrix} a_{i_1i_1} & a_{i_1i_2} & \cdots & a_{i_1i_r} \\ a_{i_2i_1} & a_{i_2i_2} & \cdots & a_{i_2i_r} \\ \vdots & \vdots & & \vdots \\ a_{i_ri_1} & a_{i_ri_2} & \cdots & a_{i_ri_r} \end{vmatrix}>0.$$

17. 证明：若 $\boldsymbol{A}\in\mathbf{R}^{n\times n}$ 对称正定，则 $\boldsymbol{A}^*$ 也对称正定.

18. 证明 $\boldsymbol{A}$ 为正定矩阵的充要条件是 $\boldsymbol{A}$ 有分解 $\boldsymbol{A}=\boldsymbol{B}^2$，其中 $\boldsymbol{B}$ 为对称正定矩阵.

19. 设 $\boldsymbol{A}\in\mathbf{R}^{n\times n}$ 对称正定，$\boldsymbol{B}\in\mathbf{R}^{n\times n}$ 为对称矩阵，证明存在合同变换矩阵 $\boldsymbol{P}$，使得 $\boldsymbol{P}^{\mathrm{T}}\boldsymbol{A}\boldsymbol{P}$ 与 $\boldsymbol{P}^{\mathrm{T}}\boldsymbol{B}\boldsymbol{P}$ 均为对角矩阵.

20. 若 $\boldsymbol{A}$ 正定，证明 $|\boldsymbol{E}+\boldsymbol{A}|>1$.

21. 已知实对称矩阵 $\boldsymbol{A}$ 满足 $\boldsymbol{A}^3-6\boldsymbol{A}^2+11\boldsymbol{A}-6\boldsymbol{E}=\boldsymbol{O}$. 证明 $\boldsymbol{A}$ 是正定矩阵.

22. 设 $\boldsymbol{A}\in\mathbf{R}^{n\times n}$ 对称正定, n 维非零向量组 $\{\boldsymbol{\beta}_1,\boldsymbol{\beta}_2,\cdots,\boldsymbol{\beta}_r\}$ 满足：$\boldsymbol{\beta_i}^{\mathrm{T}}\boldsymbol{A}\boldsymbol{\beta}_j=0,i\neq j,\ i,j=1,2,\cdots,r$，证明该向量组线性无关.

23. 设 $\boldsymbol{A}\in\mathbf{R}^{n\times n}$ 对称正定，函数

$$f(x_1,\cdots,x_n)=\begin{vmatrix} -\boldsymbol{A} & \boldsymbol{x} \\ \boldsymbol{x}^{\mathrm{T}} & 0 \end{vmatrix},$$

其中 $\boldsymbol{x}=(x_1,\cdots,x_n)^{\mathrm{T}}$，证明函数 $f(x_1,\cdots,x_n)$ 当 n 为偶数时是正定二次型，而当 n 为奇数时是负定二次型.

24*. 证明书中定理 5.2.2.

第 6 章　线性空间与线性变换

6.1　线性空间的定义

6.1.1　线性空间的概念

数学学习的一个重要的特征是抽象化. 从直线、平面等具体的几何空间到向量空间, 为了准确地描述线性空间的概念, 需要引入数域的概念.

定义 6.1.1 (数环)　设 $\Re$ 是非空数集, 其中任何两个数之和、差与积仍属于 $\Re$(即 $\Re$ 关于加、减、乘法运算是封闭的), 则称 $\Re$ 是一个**数环**.

由数环的定义可以看出:

(1) 任何数环 $\Re$ 必含有 0, 因为若 $a \in \Re$, 则 $a - a = 0 \in \Re$;

(2) 若 $a \in \Re$, 因为 $0 - a = -a \in \Re$, 则 $-a \in \Re$. 只含一个 0 的数集 $\Re = \{0\}$ 显然是个数环, 而且由上述数环的性质可知, $\Re = \{0\}$ 是最小的数环.

定义 6.1.2 (数域)　若 K 是至少含有两个互异数的数环, 且其中任何两数 a 与 b 之商 $(b \neq 0)$ 仍属于 K, 则称 K 是一个**数域**.

根据数域的定义有:

(1) 数域关于加、减、乘、除 (分母不为零) 四则运算是封闭的;

(2) 任何数域 K 中必含有 0 与 1, 因为 K 中至少有一个非零数 $a, a/a = 1 \in K$;

(3) 若 $a \neq 0$, 则有 $1/a = a^{-1} \in K$.

下面给出一些常见的数环和数域:

全体整数构成一个数环; 全体有理数构成一个数域, 而且是最小的数域; 全体实数构成一个数域, 叫实数域, 记为 $\mathbf{R}$; 全体复数构成一个数域, 叫复数域, 记为 $\mathbf{C}$.

读者可自行验证: 若集合 S 由形如 $a + b\sqrt{2}$ (其中 a, b 是有理数) 的数的全体构成, 则 S 是一个数域, 且包含了有理数域.

定义 6.1.3 (线性空间)　设 V 是一个非空集合, K 是一个数域, V 满足以下两个条件:

(1) 在 V 中定义一个封闭的加法运算, 即当 $x, y \in V$ 时, 有唯一的 $z = x + y \in V$, 且此加法运算满足下面 4 条性质:

1) $x + y = y + x$ (交换律);

2) $x + (y + z) = (x + y) + z$ (结合律);

3) 存在**零元素** $\mathbf{0} \in V$, 对 V 中任一元素 x 都有 $x + \mathbf{0} = x$;

4) 存在**负元素**: 对任一元素 $x \in V$, 存在一个元素 $y \in V$, 使得 $x + y = \mathbf{0}$, 称 y 为 x 的负元素 (或相反元素), 记为 $-x$, 即 $x + (-x) = \mathbf{0}$.

(2) 在 V 中定义一个封闭的数乘运算, 即当 $x \in V, \lambda \in K$ 时, 有唯一的 $\lambda x \in V$, 且此数乘运算满足下面 4 条性质:

1) $(\lambda + \mu)x = \lambda x + \mu x$ (分配律);

2) $\lambda(x+y)=\lambda x+\lambda y$ (数因子分配律);

3) $\lambda(\mu x)=(\lambda\mu)x$ (结合律);

4) $1\cdot x=x$.

其中 x,y,z 是 V 中的任意元素, λ,μ 是数域 K 中的任意数, 1 是数域 K 中的单位数.

我们称 V 是数域 K 上的**线性空间**, 记为 $V(K)$. 当 K 是实数域 $\mathbf{R}$ 时, 称 V 为**实线性空间**; 当 K 是复数域 $\mathbf{C}$ 时, 称 V 为**复线性空间**.

为掌握线性空间这个重要的概念, 我们给出一些例子.

例 6.1.1　由数域 K 中的数构成的 $m\times n$ 矩阵的全体, 对通常意义下的矩阵加法和数乘运算, 构成 K 上的线性空间, 记为 $K^{m\times n}$ 或 $M_{m\times n}(K)$.

例 6.1.2　在实数域 $\mathbf{R}$ 上, 次数不超过 n 的一元多项式全体 (包括 0):

$$P_n[x]=\{a_nx^n+a_{n-1}x^{n-1}+\cdots+a_1x+a_0:a_n,a_{n-1},\cdots,a_0\in\mathbf{R}\}$$

按多项式相加和数乘的规则, 容易验证满足线性空间的所有要求.

例 6.1.3　数域 K 按其自身的加法与乘法构成 K 上的线性空间.

下面给出不是通常定义的加法和数乘的线性空间的例子.

例 6.1.4　设 $V=\mathbf{R}_+$ 为正实数集, 其加法和数乘运算定义为

$$a\oplus b=ab,\quad a,b\in\mathbf{R}_+,$$
$$\lambda\circ a=a^\lambda,\quad \lambda\in\mathbf{R},a\in\mathbf{R}_+.$$

对任意 $a,b\in\mathbf{R}_+,\lambda,\mu\in\mathbf{R}$, 可以验证 $V=\mathbf{R}_+$ 对这两种运算满足线性空间的 10 条要求:

(1) 对加法封闭: $a\oplus b=ab\in\mathbf{R}_+$;

(2) 对数乘封闭: $\lambda\circ a=a^\lambda\in\mathbf{R}_+$;

(3) $a\oplus b=ab=ba=b\oplus a$;

(4) $(a\oplus b)\oplus c=(ab)\oplus c=abc=a(bc)=a\oplus(b\oplus c)$;

(5) $a\oplus 1=a\cdot 1=a$, 即 $1\in\mathbf{R}_+$ 是 $V=\mathbf{R}_+$ 的零元素;

(6) $a\oplus\dfrac{1}{a}=a\cdot\dfrac{1}{a}=1$, 即 $\mathbf{R}_+$ 中任一元素 a 有负元 $\dfrac{1}{a}$;

(7) $\lambda\circ(a\oplus b)=\lambda\circ(ab)=(ab)^\lambda=a^\lambda b^\lambda=(\lambda\circ a)\oplus(\lambda\circ b)$;

(8) $(\lambda+\mu)\circ a=a^{\lambda+\mu}=a^\lambda\oplus a^\mu=(\lambda\circ a)\oplus(\mu\circ a)$;

(9) $\lambda\circ(\mu\circ a)=\lambda\circ a^\mu=(a^\mu)^\lambda=a^{\lambda\mu}=(\lambda\mu)\circ a$;

(10) 对 $\mathbf{R}$ 中的 1, 有 $1\circ a=a^1=a$.

因此, $V=\mathbf{R}_+$ 是实线性空间.

例 6.1.5　设 P 为平面上全体向量组成的集合, 在 P 上定义通常意义下的向量加法和如下的数乘:

$$\lambda\circ\boldsymbol{a}=\mathbf{0},\qquad \lambda\in K,\quad \boldsymbol{a}\in P.$$

虽然 P 对两种运算封闭, 但由于 $1\circ\boldsymbol{a}=\mathbf{0}\neq\boldsymbol{a}$, 故 P 不是线性空间.

可以举出各种各样不同的线性空间的例子, 由于线性空间是向量空间的抽象和推广, 为几何直观, 也可以把线性空间叫做**向量空间**, 其中的每个元素也称为**向量**. 但要注意到, 这里

的向量不一定是前几章中用有序数组表示的向量, 它以考察的对象 (数学的、物理的等) 为向量.

另外, 对同一个集合, 若定义不同的线性运算 (即线性空间上的加法与数乘运算), 就构成不同的线性空间. 线性运算是线性空间的本质属性, 它反映了线性空间中元素之间的代数结构.

6.1.2　线性空间的性质

由线性空间的定义可以得到线性空间的下述基本性质:

性质 1　线性空间的零元素是唯一的.

证明　设 $\mathbf{0}_1, \mathbf{0}_2$ 是线性空间 V 的两个零元素, 则

$$\mathbf{0}_1 = \mathbf{0}_1 + \mathbf{0}_2 = \mathbf{0}_2 + \mathbf{0}_1 = \mathbf{0}_2,$$

即零元素唯一. □

性质 2　线性空间中任一元素的负元是唯一的.

证明　设 x_1, x_2 均为 $x \in V$ 的负元素, 则

$$x_1 = x_1 + (x + x_2) = (x_1 + x) + x_2 = x_2.$$ □

性质 3　设 $0, 1, -1, \lambda \in K, x, -x, \mathbf{0} \in V$ 则有

(1) $0x = \mathbf{0}$;

(2) $(-1)x = -x$;

(3) $\lambda\mathbf{0} = \mathbf{0}$;

(4) 若 $\lambda x = \mathbf{0}$, 则 $\lambda = 0$ 或 $x = \mathbf{0}$.

证明　(1) 由于 $x + 0x = (1 + 0)x = 1x = x$, 所以 $0x = \mathbf{0}$.

(2) 由于 $x + (-1)x = [1 + (-1)]x = 0x = \mathbf{0}$, 所以 $(-1)x = -x$.

(3) 由于 $\lambda\mathbf{0} = \lambda[x + (-1)x] = \lambda x + (-1)\lambda x = [\lambda + (-\lambda)]x = 0x = \mathbf{0}$, 所以 $\lambda\mathbf{0} = \mathbf{0}$.

(4) 假设 $\lambda \neq 0$, 且 $x \neq \mathbf{0}$, 由于

$$x = 1x = \left(\frac{1}{\lambda}\lambda\right)x = \frac{1}{\lambda}(\lambda x) = \frac{1}{\lambda}\mathbf{0} = \mathbf{0},$$

矛盾, 所以 $\lambda \neq 0$ 与 $x \neq \mathbf{0}$ 不能同时成立. □

只含一个元素的线性空间称为**零空间**, 显见, 仅有的那个元素是零元素.

上述性质看上去似乎很显然, 为什么还要予以证明呢? 因为一般的线性空间内的加法和数乘运算常常是以非常抽象的方式给出的, 与我们熟知的通常的运算相差甚远, 所以, 严格意义而言, 必须从逻辑上加以证明.

6.2　线性空间的基、维数与坐标

6.2.1　基与坐标

线性空间形形色色, 为讨论及运算的方便, 提出两个问题:

(1) 在线性空间的所有向量中能否找到有限个有代表性的向量, 使得线性空间中的任一向量都可由这有限个向量线性表出?

(2) 线性空间中的向量和线性运算是抽象的, 如何转化为具体的数组向量及其线性运算?

为此, 需要给出线性空间中向量组的线性相关、无关性的概念.

定义 6.2.1 (线性相关与线性无关)　已知 $V(K)$ 是线性空间, $\boldsymbol{\alpha}_1, \boldsymbol{\alpha}_2, \cdots, \boldsymbol{\alpha}_m$ 是 $V(K)$ 的一组向量, 如果存在一组不全为零的数 $k_1, k_2, \cdots, k_m$ 使得 $\sum\limits_{i=1}^{m} k_i\boldsymbol{\alpha}_i = \mathbf{0}$, 则称该向量组**线性相关**, 否则称为**线性无关**.

根据这个定义, 容易推得以下结论:

(1) 由一个非零向量组成的向量组是线性无关的;

(2) 若一个向量组中含有零元, 则此向量组必线性相关;

(3) 当 $m \geqslant 2$ 时, 向量组 $\boldsymbol{\alpha}_1, \boldsymbol{\alpha}_2, \cdots, \boldsymbol{\alpha}_m$ 线性相关的充要条件是, 其中至少有一个向量可以由该向量组中其余的向量线性表出;

(4) 若某向量组线性无关, 则它的任意一部分组成的向量组 (叫子向量组) 也线性无关; 若某向量组中有一个子向量组线性相关, 则该向量组也线性相关.

定义 6.2.2 (维数)　设 V 是数域 K 上的线性空间,

(1) 如果在 V 中可以找到任意多个线性无关的向量, 则称 V 是**无限维线性空间**;

(2) 如果存在有限多个向量 $\boldsymbol{\alpha}_1, \boldsymbol{\alpha}_2, \cdots, \boldsymbol{\alpha}_n (n \geqslant 1) \in V$, 满足:

1) $\boldsymbol{\alpha}_1, \boldsymbol{\alpha}_2, \cdots, \boldsymbol{\alpha}_n$ 线性无关;

2) V 中任一向量都可由 $\boldsymbol{\alpha}_1, \boldsymbol{\alpha}_2, \cdots, \boldsymbol{\alpha}_n$ 线性表出.

则称 V 是**有限维线性空间**, 称 $\boldsymbol{\alpha}_1, \boldsymbol{\alpha}_2, \cdots, \boldsymbol{\alpha}_n$ 是 V 的一组**基**(或**基底**), $\boldsymbol{\alpha}_i$ 叫第 i 个**基向量**, 基向量的个数 n 称为线性空间 V 的**维数**, 记为 $\dim(V) = n$, 并称 V 是 n 维线性空间.

例 6.2.1　设 $K^{m\times n}$ 是例 6.1.1 给出的线性空间, 由于 $K^{m\times n}$ 中任一矩阵 $\boldsymbol{A} = (a_{ij})_{m\times n}$ 都可表示为

$$\boldsymbol{A} = (a_{ij})_{m\times n} = \sum_{i=1}^{m}\sum_{j=1}^{n} a_{ij}\boldsymbol{E}_{ij},$$

其中 $\boldsymbol{E}_{ij}$ 表示在第 i 行, 第 j 列交叉处的元素为 1, 其余元素均为 0 的 $m \times n$ 的矩阵 (称矩阵单位), 容易证得 $\{\boldsymbol{E}_{ij} : i = 1, 2, \cdots, m; j = 1, 2, \cdots, n\}$ 是线性无关的, 所以 $K^{m\times n}$ 是 $m \cdot n$ 维的.

例 6.2.2　设有例 6.1.2 中的线性空间 $P_n[x]$, 注意到向量组 $1, x, x^2, \cdots, x^n$ 是线性无关的 (易证), 且 $P_n[x]$ 中任一向量都可以表示为

$$p(x) = a_0 \cdot 1 + a_1 x + a_2 \cdot x^2 + \cdots + a_n \cdot x^n.$$

因此, $P_n[x]$ 是 $n+1$ 维的.

例 6.2.3　易见: 齐次线性方程组 $\boldsymbol{A}\boldsymbol{x} = \boldsymbol{\theta}$ 的基础解系是其解空间的一组基.

例 6.2.4　设 $\mathbf{C}$ 是复数域, 若将其看做复线性空间, 那么它是 1 维的; 若将其看做实线性空间, 则它是 2 维的, 因为 $\{1, i\}$ 是一组基.

可以证明, 线性空间里不同的基所含的向量的个数是相等的, 即线性空间的维数不因基的选择而改变. 另外, 由上述例子可见, 线性空间的基、维数跟相关的数域有关.

例 6.2.5　用 $C_{[a,b]}$ 表示闭区间上所有连续函数的集合, 因无法找到有限个连续函数作为它的基, 所以它是无限维的线性空间. 无限维线性空间的讨论超出了“线性代数”这门课程的范围, 有兴趣或想进一步研究的读者可参阅“泛函分析”课程的相关知识.

定理 6.2.1　设 $\boldsymbol{\alpha}_1,\boldsymbol{\alpha}_2,\cdots,\boldsymbol{\alpha}_n$ 是 n 维线性空间 V 的一组基, 对任意的 $\boldsymbol{\alpha}\in V,\boldsymbol{\alpha}$ 可以唯一地由这一组基线性表出.

证明　设在基 $\boldsymbol{\alpha}_1,\boldsymbol{\alpha}_2,\cdots,\boldsymbol{\alpha}_n$ 下, $\boldsymbol{\alpha}$ 有两种表示式:

$$\boldsymbol{\alpha}=x_1\boldsymbol{\alpha}_1+x_2\boldsymbol{\alpha}_2+\cdots+x_n\boldsymbol{\alpha}_n,$$

$$\boldsymbol{\alpha}=y_1\boldsymbol{\alpha}_1+y_2\boldsymbol{\alpha}_2+\cdots+y_n\boldsymbol{\alpha}_n.$$

上面两式相减得

$$(x_1-y_1)\boldsymbol{\alpha}_1+(x_2-y_2)\boldsymbol{\alpha}_2+\cdots+(x_n-y_n)\boldsymbol{\alpha}_n=\mathbf{0}.$$

由 $\boldsymbol{\alpha}_1,\boldsymbol{\alpha}_2,\cdots,\boldsymbol{\alpha}_n$ 的线性无关性可知 $x_1=y_1,x_2=y_2,\cdots,x_n=y_n$. 这就表明表示 $\boldsymbol{\alpha}$ 的系数是唯一的. □

若任给一组有序数 $x_1,x_2,\cdots,x_n$, 则对应有向量

$$\boldsymbol{\alpha}=x_1\boldsymbol{\alpha}_1+x_2\boldsymbol{\alpha}_2+\cdots+x_n\boldsymbol{\alpha}_n.$$

由此可见, V 中的向量 $\boldsymbol{\alpha}$ 和有序数组 $(x_1,x_2,\cdots,x_n)$ 之间存在着一一对应关系, 于是可以用有序数组来表示向量, 从而使得向量之间的运算转换成我们熟悉的常规运算, 带来很大的方便. 因此有下面的定义.

定义 6.2.3(坐标)　设 $\boldsymbol{\alpha}_1,\boldsymbol{\alpha}_2,\cdots,\boldsymbol{\alpha}_n$ 是 n 维线性空间 V 的一组基, 对任意的 $\boldsymbol{\alpha}\in V$, 若有一组有序数 $x_1,x_2,\cdots,x_n$ 使得 $\boldsymbol{\alpha}$ 可表示为

$$\boldsymbol{\alpha}=x_1\boldsymbol{\alpha}_1+x_2\boldsymbol{\alpha}_2+\cdots+x_n\boldsymbol{\alpha}_n,$$

这组有序数就称为向量 $\boldsymbol{\alpha}$ 在基 $\boldsymbol{\alpha}_1,\boldsymbol{\alpha}_2,\cdots,\boldsymbol{\alpha}_n$ 下的**坐标**, 记为

$$\boldsymbol{x}=(x_1,x_2,\cdots,x_n)\quad 或\quad \boldsymbol{x}=(x_1,x_2,\cdots,x_n)^{\mathrm{T}}.$$

例 6.2.6　若 $\boldsymbol{\alpha}_1,\boldsymbol{\alpha}_2,\cdots,\boldsymbol{\alpha}_n$ 是 n 维线性空间 V 的一组基, 则每个基向量可表示为

$$\boldsymbol{\alpha}_i=0\boldsymbol{\alpha}_1+\cdots+0\boldsymbol{\alpha}_{i-1}+1\cdot\boldsymbol{\alpha}_i+0\boldsymbol{\alpha}_{i+1}+\cdots+0\boldsymbol{\alpha}_n,$$

即 $\boldsymbol{\alpha}_i$ 的坐标为 $(0,\cdots,1,0,\cdots,0)$. 由此我们可知, 线性空间定义 (定义 6.1.3) 中最后一条性质的必要性.

例 6.2.7　设 $\boldsymbol{\alpha}_1,\boldsymbol{\alpha}_2,\cdots,\boldsymbol{\alpha}_n$ 是 n 维线性空间 V 的一组基, 则 n 个向量

$$\begin{aligned}
\boldsymbol{\beta}_1&=a_{11}\boldsymbol{\alpha}_1+a_{21}\boldsymbol{\alpha}_2+\cdots+a_{n1}\boldsymbol{\alpha}_n,\\
\boldsymbol{\beta}_2&=a_{12}\boldsymbol{\alpha}_1+a_{22}\boldsymbol{\alpha}_2+\cdots+a_{n2}\boldsymbol{\alpha}_n,\\
&\cdots\cdots\\
\boldsymbol{\beta}_n&=a_{1n}\boldsymbol{\alpha}_1+a_{2n}\boldsymbol{\alpha}_2+\cdots+a_{nn}\boldsymbol{\alpha}_n
\end{aligned}\tag{6.1}$$

是 V 的一组基的充要条件是, 由它们的系数组成的行列式

$$D = |a_{ij}|_{n\times n} \neq 0.$$

证明　由题意可知, 只需证 $\boldsymbol{\beta}_1,\boldsymbol{\beta}_2,\cdots,\boldsymbol{\beta}_n$ 线性无关即可. 设有一组常数 $k_1, k_2,\cdots,k_n$ 使得

$$k_1\boldsymbol{\beta}_1 + k_2\boldsymbol{\beta}_2 + \cdots + k_n\boldsymbol{\beta}_n = \mathbf{0}. \tag{6.2}$$

将式 (6.1) 代入式 (6.2) 得

$$\begin{aligned}&(k_1a_{11} + k_2a_{12} + \cdots + k_na_{1n})\boldsymbol{\alpha}_1 + (k_1a_{21} + k_2a_{22} + \cdots + k_na_{2n})\boldsymbol{\alpha}_2\\&+\cdots+(k_1a_{n1} + k_2a_{n2} + \cdots + k_na_{nn})\boldsymbol{\alpha}_n = \mathbf{0}.\end{aligned}$$

由 $\boldsymbol{\alpha}_1,\boldsymbol{\alpha}_2,\cdots,\boldsymbol{\alpha}_n$ 的线性无关性, 上式中 $\boldsymbol{\alpha}_1,\boldsymbol{\alpha}_2,\cdots,\boldsymbol{\alpha}_n$ 的系数都为零, 即

$$\begin{cases} k_1a_{11} + k_2a_{12} + \cdots + k_na_{1n} = 0,\\ k_1a_{21} + k_2a_{22} + \cdots + k_na_{2n} = 0,\\ \quad\cdots\cdots\\ k_1a_{n1} + k_2a_{n2} + \cdots + k_na_{nn} = 0.\end{cases}$$

而该方程组有唯一零解的充要条件是系数行列式 $D = |a_{ij}|_{n\times n} \neq 0$.　□

上面的例子实际上给出了从一个已知基底构造另外基底的方法.

正如前面所述, 有了坐标概念后, 抽象线性空间中的元素就具体化、数量化了, 而且把元素与元素之间的运算变成了对坐标的运算, 其意义十分重要.

例 6.2.8　在线性空间 $P_n[x]$ 中, 多项式

$$p(x) = a_0 + a_1x + a_2x^2 + \cdots + a_nx^n$$

在基 $1, x, x^2,\cdots,x^n$ 下的坐标是 $(a_0, a_1,\cdots,a_n)$, 若取另一组基

$$1, (x-a), (x-a)^2,\cdots,(x-a)^n,$$

则多项式 $p(x) = a_0 + a_1x + a_2x^2 + \cdots + a_nx^n$ 按泰勒公式展开为

$$p(x) = p(a) + p'(a)(x-a) + \frac{p''(a)}{2!}(x-a)^2 + \cdots + \frac{p^{(n)}(a)}{n!}(x-a)^n.$$

因此, $p(x)$ 在新的一组基 $1, (x-a), (x-a)^2,\cdots,(x-a)^n$ 下的坐标是

$$\left(p(a), p'(a), \frac{p''(a)}{2!},\cdots,\frac{p^{(n)}(a)}{n!}\right).$$

6.2.2　基变换与坐标变换

由上面可以发现, 一个向量的坐标与所取的基底有关, 那么同一个向量在两组不同的基底下的两组坐标之间有什么样的关系呢?

定理 6.2.2　设 $\boldsymbol{\alpha}_1,\boldsymbol{\alpha}_2,\cdots,\boldsymbol{\alpha}_n$ 与 $\boldsymbol{\beta}_1,\boldsymbol{\beta}_2,\cdots,\boldsymbol{\beta}_n$ 是 n 维线性空间 V 的两组基, 并且

$$(\boldsymbol{\beta}_1\boldsymbol{\beta}_2\cdots\boldsymbol{\beta}_n)=(\boldsymbol{\alpha}_1\boldsymbol{\alpha}_2\cdots\boldsymbol{\alpha}_n)\boldsymbol{P}, \tag{6.3}$$

$$\boldsymbol{P}=\begin{pmatrix} a_{11} & a_{12} & \cdots & a_{1n} \\ a_{21} & a_{22} & \cdots & a_{2n} \\ \vdots & \vdots & & \vdots \\ a_{n1} & a_{n2} & \cdots & a_{nn} \end{pmatrix}. \tag{6.4}$$

若 V 中任意元素 $\boldsymbol{\alpha}$ 在这两组基下的坐标分别是 $(x_1,x_2,\cdots,x_n)$ 和 $(y_1,y_2,\cdots,y_n)$, 则

$$(y_1,y_2,\cdots,y_n)^{\mathrm{T}}=\boldsymbol{P}^{-1}(x_1,x_2,\cdots,x_n)^{\mathrm{T}}. \tag{6.5}$$

证明　由题设条件, 形式地利用矩阵的乘法运算, 有

$$\boldsymbol{\alpha}=(\boldsymbol{\alpha}_1\boldsymbol{\alpha}_2\cdots\boldsymbol{\alpha}_n)\begin{pmatrix} x_1 \\ x_2 \\ \vdots \\ x_n \end{pmatrix}, \quad \boldsymbol{\alpha}=(\boldsymbol{\beta}_1\boldsymbol{\beta}_2\cdots\boldsymbol{\beta}_n)\begin{pmatrix} y_1 \\ y_2 \\ \vdots \\ y_n \end{pmatrix}.$$

由式 (6.3) 有

$$\boldsymbol{\alpha}=(\boldsymbol{\alpha}_1\boldsymbol{\alpha}_2\cdots\boldsymbol{\alpha}_n)\boldsymbol{P}\begin{pmatrix} y_1 \\ y_2 \\ \vdots \\ y_n \end{pmatrix}=(\boldsymbol{\alpha}_1\boldsymbol{\alpha}_2\cdots\boldsymbol{\alpha}_n)\begin{pmatrix} x_1 \\ x_2 \\ \vdots \\ x_n \end{pmatrix}.$$

因此, 由定理 6.2.1 得

$$\begin{pmatrix} x_1 \\ x_2 \\ \vdots \\ x_n \end{pmatrix}=\boldsymbol{P}\begin{pmatrix} y_1 \\ y_2 \\ \vdots \\ y_n \end{pmatrix}. \tag{6.6}$$

由例 6.2.7 可知, 上式中的 $\boldsymbol{P}$ 是可逆矩阵, 故 $\boldsymbol{P}^{-1}$ 存在, 于是

$$\begin{pmatrix} y_1 \\ y_2 \\ \vdots \\ y_n \end{pmatrix}=\boldsymbol{P}^{-1}\begin{pmatrix} x_1 \\ x_2 \\ \vdots \\ x_n \end{pmatrix},$$

即式 (6.5). □

定理 6.2.2 中, $\boldsymbol{P}$ 称为从基底 $\boldsymbol{\alpha}_1,\boldsymbol{\alpha}_2,\cdots,\boldsymbol{\alpha}_n$ 到基底 $\boldsymbol{\beta}_1,\boldsymbol{\beta}_2,\cdots,\boldsymbol{\beta}_n$ 的**过渡矩阵**, 称式 (6.3) 为**基底变换公式**, 称式 (6.6) 为**坐标变换公式**.

由上述可见, 过渡矩阵 $\boldsymbol{P}$ 中的第 j 个列向量 $\boldsymbol{p}_j=(a_{1j},\cdots,a_{nj})^{\mathrm{T}}$ 是 $\boldsymbol{\beta}_j$ 在基 $\boldsymbol{\alpha}_1,\boldsymbol{\alpha}_2,\cdots,\boldsymbol{\alpha}_n$ 下的坐标向量.

由例 6.2.7 可知，过渡矩阵 $\boldsymbol{P}$ 是可逆矩阵，从而由式 (6.3) 可得

$$(\boldsymbol{\alpha}_1\boldsymbol{\alpha}_2\cdots\boldsymbol{\alpha}_n)=(\boldsymbol{\beta}_1\boldsymbol{\beta}_2\cdots\boldsymbol{\beta}_n)\boldsymbol{P}^{-1},$$

即 $\boldsymbol{P}^{-1}$ 是从基 $\boldsymbol{\beta}_1,\boldsymbol{\beta}_2,\cdots,\boldsymbol{\beta}_n$ 到基 $\boldsymbol{\alpha}_1,\boldsymbol{\alpha}_2,\cdots,\boldsymbol{\alpha}_n$ 的过渡矩阵.

设 $\boldsymbol{e}_1=(1,0,\cdots,0)^{\mathrm{T}},\boldsymbol{e}_2=(0,1,\cdots,0)^{\mathrm{T}},\cdots,\boldsymbol{e}_n=(0,\cdots,0,1)^{\mathrm{T}}$ 是 $\mathbf{R}^n$ 的一组向量, 易见它们是线性无关的, 故是一组基. 因为对任意一个向量 $\boldsymbol{\alpha}=(x_1,x_2,\cdots,x_n)^{\mathrm{T}}\in\mathbf{R}^n$, 有

$$\boldsymbol{\alpha}=x_1\boldsymbol{e}_1+x_2\boldsymbol{e}_2+\cdots+x_n\boldsymbol{e}_n.$$

故称 $\boldsymbol{e}_1,\boldsymbol{e}_2,\cdots,\boldsymbol{e}_n$ 是 $\mathbf{R}^n$ 的**自然基**.

例 6.2.9　设 $\mathbf{R}^4$ 中的向量 $\boldsymbol{\alpha}$ 在基底 $\boldsymbol{\alpha}_1=(1,2,-1,0)^{\mathrm{T}},\boldsymbol{\alpha}_2=(1,-1,1,1)^{\mathrm{T}},\boldsymbol{\alpha}_3=(-1,2,1,1)^{\mathrm{T}},\boldsymbol{\alpha}_4=(-1,-1,0,1)^{\mathrm{T}}$ 下的坐标是 $(x_1,x_2,x_3,x_4)^{\mathrm{T}}$, 求 $\boldsymbol{\alpha}$ 在另一组基 $\boldsymbol{\beta}_1=(2,1,0,1)^{\mathrm{T}},\boldsymbol{\beta}_2=(0,1,2,2)^{\mathrm{T}},\boldsymbol{\beta}_3=(-2,1,1,2)^{\mathrm{T}},\boldsymbol{\beta}_4=(1,3,1,2)^{\mathrm{T}}$ 下的坐标.

解

$$(\boldsymbol{\alpha}_1\boldsymbol{\alpha}_2\boldsymbol{\alpha}_3\boldsymbol{\alpha}_4)=(\boldsymbol{e}_1\boldsymbol{e}_2\boldsymbol{e}_3\boldsymbol{e}_4)\begin{pmatrix}1&1&-1&-1\\2&-1&2&-1\\-1&1&1&0\\0&1&1&1\end{pmatrix}=(\boldsymbol{e}_1\boldsymbol{e}_2\boldsymbol{e}_3\boldsymbol{e}_4)\boldsymbol{A},$$

$$(\boldsymbol{\beta}_1\boldsymbol{\beta}_2\boldsymbol{\beta}_3\boldsymbol{\beta}_4)=(\boldsymbol{e}_1\boldsymbol{e}_2\boldsymbol{e}_3\boldsymbol{e}_4)\begin{pmatrix}2&0&-2&1\\1&1&1&3\\0&2&1&1\\1&2&2&2\end{pmatrix}=(\boldsymbol{e}_1\boldsymbol{e}_2\boldsymbol{e}_3\boldsymbol{e}_4)\boldsymbol{B}.$$

于是

$$(\boldsymbol{\beta}_1\boldsymbol{\beta}_2\boldsymbol{\beta}_3\boldsymbol{\beta}_4)=(\boldsymbol{\alpha}_1\boldsymbol{\alpha}_2\boldsymbol{\alpha}_3\boldsymbol{\alpha}_4)\boldsymbol{A}^{-1}\boldsymbol{B},$$

其中 $\boldsymbol{P}=\boldsymbol{A}^{-1}\boldsymbol{B}$ 为 $\boldsymbol{\alpha}_1,\boldsymbol{\alpha}_2,\boldsymbol{\alpha}_3,\boldsymbol{\alpha}_4$ 到 $\boldsymbol{\beta}_1,\boldsymbol{\beta}_2,\boldsymbol{\beta}_3,\boldsymbol{\beta}_4$ 的过渡矩阵.

由坐标变换公式 (6.5), $\boldsymbol{\alpha}$ 在 $\boldsymbol{\beta}_1,\boldsymbol{\beta}_2,\boldsymbol{\beta}_3,\boldsymbol{\beta}_4$ 下的新坐标是

$$(x_1',x_2',x_3',x_4')=(x_1,x_2,x_3,x_4)(\boldsymbol{P}^{-1})^{\mathrm{T}}.$$

计算可得

$$(\boldsymbol{P}^{-1})^{\mathrm{T}}=\boldsymbol{A}^{\mathrm{T}}(\boldsymbol{B}^{\mathrm{T}})^{-1}=\begin{pmatrix}0&-1&0&1\\1&1&0&-1\\-1&0&0&1\\1&0&1&-1\end{pmatrix}$$

故得

$$\begin{aligned}&x_1'=x_2-x_3+x_4, &&x_2'=-x_1+x_2,\\&x_3'=x_4, &&x_4'=x_1-x_2+x_3-x_4.\end{aligned}$$

□

6.3　线性空间的子空间

6.3.1　子空间

在三维空间直角坐标系 $O\text{-}xyz$ 中, 所有以坐标原点 O 为起点的向量关于通常的加法和数乘构成了一个实数域上的三维线性空间. 可以看出, 任一过 O 点的一条直线或一个平面都是三维几何空间的子集, 它们关于向量加法和数乘的运算分别构成一个一维和二维的线性空间. 这种现象也可以推广到一般的线性空间, 即线性空间的子集在原线性空间规定的加法和数乘运算下, 仍可构成线性空间, 这种性质, 对深入研究线性空间的本质、分解与构造非常有用. 于是, 我们引入如下子空间的概念.

定义 6.3.1 (子空间)　设 W 是数域 K 上的线性空间 V 的一个非空子集, 若 W 关于 V 上的加法和数乘也构成数域 K 上的一个线性空间, 则称 W 是 V 的一个**线性子空间**, 简称**子空间**, 记为 $W \subseteq V$, 若 $W \neq V$, 记为 $W \subset V$.

容易证明如下定理

定理 6.3.1　线性空间 V 的一个非空子集 W 是 V 的子空间的充要条件是

(1) 对任意的 $\boldsymbol{\alpha}, \boldsymbol{\beta} \in W$, 有 $\boldsymbol{\alpha} + \boldsymbol{\beta} \in W$, 即对加法封闭;

(2) 对任意的 $\boldsymbol{\alpha} \in W, \lambda \in K$, 有 $\lambda\boldsymbol{\alpha} \in W$, 即对数乘封闭.

亦可把上面两个条件合并得到.

定理 6.3.2　线性空间 V 的一个非空子集 W 是 V 的子空间的充要条件是

对任意的 $\boldsymbol{\alpha}, \boldsymbol{\beta} \in W, \quad \lambda, \mu \in K$, 有 $\lambda\boldsymbol{\alpha} + \mu\boldsymbol{\beta} \in W$.

由此可见, 验证一个非空子集是否是子空间, 只需验证这个子集对原线性空间的加法和数乘运算保持封闭就可以了, 其余 8 条规则自然满足.

每个线性空间至少有两个子空间, 一个是仅由零向量构成的, 称为**零子空间**; 一个是它自身, 我们称它们为**平凡子空间**, 而其他的子空间称为非平凡子空间 (或**真子空间**).

显然, n 维线性空间 V 的任一子空间的维数都小于等于 n.

定义 6.3.2　设 V 是数域 K 上的线性空间, 向量组 $\boldsymbol{\alpha}_1, \boldsymbol{\alpha}_2, \cdots, \boldsymbol{\alpha}_s \in V$, 由这组向量所有可能的线性组合构成的集合

$$W(\boldsymbol{\alpha}_1, \boldsymbol{\alpha}_2, \cdots, \boldsymbol{\alpha}_s) = \left\{ \boldsymbol{\alpha} : \boldsymbol{\alpha} = \sum_{i=1}^{s} k_i \boldsymbol{\alpha}_i, \quad k_i \in K, i = 1, 2, \cdots, s \right\}$$

是非空的, 容易验证 W 满足定理 6.3.1 的条件, 故 W 是 V 的子空间, 这样的子空间称为由向量组 $\boldsymbol{\alpha}_1, \boldsymbol{\alpha}_2, \cdots, \boldsymbol{\alpha}_s$ 生成的子空间, 记作

$$\text{span}\{\boldsymbol{\alpha}_1, \boldsymbol{\alpha}_2, \cdots, \boldsymbol{\alpha}_s\} \quad \text{或} \quad L\{\boldsymbol{\alpha}_1, \boldsymbol{\alpha}_2, \cdots, \boldsymbol{\alpha}_s\}.$$

特别地, 零子空间是由零向量**生成的子空间** $\text{span}\{\mathbf{0}\}$.

设

$$\begin{cases} a_{11}x_1 + a_{12}x_2 + \cdots + a_{1n}x_n = 0, \\ a_{21}x_1 + a_{22}x_2 + \cdots + a_{2n}x_n = 0, \\ \quad \cdots\cdots \\ a_{n1}x_1 + a_{n2}x_2 + \cdots + a_{nn}x_n = 0, \end{cases} \qquad (a_{ij} \in \mathbf{R})$$

是实数域 $\mathbf{R}$ 上的齐次线性方程组, 它的全体解向量是 $\mathbf{R}^n$ 中的一个非空子集 W, 显然, W 中的解向量满足定理6.3.1 的条件, 因此 W 是 $\mathbf{R}^n$ 的一个子空间, 这个子空间称为该齐次方程组的**解空间**. 该齐次方程组的任一组基础解系是 W 的一组基, 若方程组的系数矩阵的秩为 r, 则

$$\dim(W)=n-r.$$

6.3.2　子空间的交与和

线性空间的子空间有两种重要的运算 —— 交与和, 这可看成是由子空间生成的子空间.

定义 6.3.3(子空间的交与和)　设 W_1, W_2 是数域 K 上线性空间 V 的两个子空间, 定义 W_1 与 W_2 的交为

$$W_1\cap W_2=\{\boldsymbol{\alpha}:\boldsymbol{\alpha}\in W_1,\boldsymbol{\alpha}\in W_2\},$$

W_1 与 W_2 的和为

$$W_1+W_2=\{\boldsymbol{\gamma}:\boldsymbol{\gamma}=\boldsymbol{\alpha}+\boldsymbol{\beta},\text{对所有的}\boldsymbol{\alpha}\in W_1,\boldsymbol{\beta}\in W_2\}.$$

定理 6.3.3　数域 K 上线性空间 V 的两个子空间 W_1 与 W_2 的交与和仍是 V 的子空间.

证明　由于每一个子空间都含有零向量, 所以 W_1 与 W_2 的交也含有零向量, 即 $W_1\cap W_2$ 是非空的集合. 设 $\boldsymbol{\alpha},\boldsymbol{\beta}\in W_1\cap W_2$, 则 $\boldsymbol{\alpha},\boldsymbol{\beta}\in W_1$ 且 $\boldsymbol{\alpha},\beta\in W_2$, 因为 W_1, W_2 都是 V 的子空间, 所以, 对任意的 $k_1,k_2\in K$, 有

$$k_1\boldsymbol{\alpha}+k_2\boldsymbol{\beta}\in W_1,\qquad k_1\boldsymbol{\alpha}+k_2\boldsymbol{\beta}\in W_2.$$

因此 $k_1\boldsymbol{\alpha}+k_2\boldsymbol{\beta}\in W_1\cap W_2$ 故 $W_1\cap W_2$ 是 V 的子空间.

显然 W_1+W_2 非空, 对任意的 $\boldsymbol{\gamma}_1,\boldsymbol{\gamma}_2\in W_1+W_2$, 存在 $\boldsymbol{\alpha}_1,\boldsymbol{\alpha}_2\in W_1,\boldsymbol{\beta}_1,\boldsymbol{\beta}_2\in W_2$ 使得

$$\boldsymbol{\gamma}_1=\boldsymbol{\alpha}_1+\boldsymbol{\beta}_1,\qquad \boldsymbol{\gamma}_2=\boldsymbol{\alpha}_2+\boldsymbol{\beta}_2.$$

因 W_1, W_2 都是子空间, 则对任意的 $k_1,k_2\in K$, 有

$$k_1\boldsymbol{\alpha}_1+k_2\boldsymbol{\alpha}_2\in W_1,\qquad k_1\boldsymbol{\beta}_1+k_2\boldsymbol{\beta}_2\in W_2.$$

于是

$$k_1\boldsymbol{\gamma}_1+k_2\boldsymbol{\gamma}_2=(k_1\boldsymbol{\alpha}_1+k_2\boldsymbol{\alpha}_2)+(k_1\boldsymbol{\beta}_1+k_2\boldsymbol{\beta}_2)\in W_1+W_2.$$

因此, W_1+W_2 是 V 的子空间. □

例 6.3.1　在三维几何空间 $\mathbf{R}^3$ 中, 以 W_1 表示过坐标原点 O 的一条直线, W_2 表示一个过 O 点且与 W_1 垂直的平面, 则 $W_1\cap W_2=\{\mathbf{0}\}, W_1+W_2=\mathbf{R}^3$.

需要注意的是, 子空间的交与集合的交的概念是一致的, 但子空间的和与集合的并的概念并不一致. 如上例所示, $W_1\cap W_2=\{O\}$, 但 $W_1\cup W_2=\{$ 经过原点的直线与垂直平面上的点 $\}$.

子空间的交与和满足交换律和结合律, 即若 W_1,W_2,W_3 是线性空间 V 的子空间, 则

$$\begin{aligned}&W_1+W_2=W_2+W_1,\\&(W_1+W_2)+W_3=W_1+(W_2+W_3),\\&W_1\cap W_2=W_2\cap W_1,\\&(W_1\cap W_2)\cap W_3=W_1\cap(W_2\cap W_3).\end{aligned}$$

于是, 可以定义多个子空间的交与和

$$\begin{aligned}&W_1\cap W_2\cap\cdots\cap W_m=(W_1\cap W_2\cap\cdots\cap W_{m-1})\cap W_m,\\&W_1+W_2+\cdots+W_m=(W_1+W_2+\cdots+W_{m-1})+W_m.\end{aligned}$$

下面给出子空间的交与和的维数公式.

定理 6.3.4　若 W_1,W_2 是线性空间 V 的两个有限维子空间, 则

$$\dim W_1+\dim W_2=\dim(W_1+W_2)+\dim(W_1\cap W_2).$$

证明　设 $\dim W_1=n_1,\dim W_2=n_2,\dim(W_1\cap W_2)=p$, 且 $\boldsymbol{\alpha}_1,\boldsymbol{\alpha}_2,\cdots,\boldsymbol{\alpha}_p$ 是 $\dim(W_1\cap W_2)$ 的一组基.

由于 $\dim(W_1\cap W_2)$ 是 $W_i(i=1,2)$ 的子空间，所以 $\boldsymbol{\alpha}_1,\boldsymbol{\alpha}_2,\cdots,\boldsymbol{\alpha}_p$ 可以扩充成 W_1 的一组基: $\boldsymbol{\alpha}_1,\cdots,\boldsymbol{\alpha}_p,\boldsymbol{\beta}_1,\cdots,\boldsymbol{\beta}_{n_1-p}$, 也可以扩充成 W_2 的一组基: $\boldsymbol{\alpha}_1,\cdots,\boldsymbol{\alpha}_p$, $\boldsymbol{\gamma}_1,\cdots,\boldsymbol{\gamma}_{n_2-p}$. 下面只要证明向量组

$$\boldsymbol{\alpha}_1,\cdots,\boldsymbol{\alpha}_p,\boldsymbol{\beta}_1,\cdots,\boldsymbol{\beta}_{n_1-p},\boldsymbol{\gamma}_1,\cdots,\boldsymbol{\gamma}_{n_2-p}\tag{6.7}$$

是 W_1+W_2 的一组基.

显然可见，W_1+W_2 中的任一元素都可用向量组 (6.7) 线性表出. 下面再证向量组 (6.7) 是线性无关的.

设有常数 $k_i(i=1,2,\cdots,p),s_j(j=1,2,\cdots,n_1-p),t_l(l=1,2,\cdots,n_2-p)$ 使得

$$\sum_{i=1}^{p}k_i\boldsymbol{\alpha}_i+\sum_{j=1}^{n_1-p}s_j\boldsymbol{\beta}_j+\sum_{l=1}^{n_2-p}t_l\boldsymbol{\gamma}_l=\mathbf{0}.\tag{6.8}$$

记

$$\boldsymbol{\xi}=\sum_{i=1}^{p}k_i\boldsymbol{\alpha}_i+\sum_{j=1}^{n_1-p}s_j\boldsymbol{\beta}_j,\tag{6.9}$$

则 $\boldsymbol{\xi}\in W_1$, 且由式 (6.8) 知 $\boldsymbol{\xi}=-\sum\limits_{l=1}^{n_2-p}t_l\boldsymbol{\gamma}_l$, 故 $\boldsymbol{\xi}\in W_2$，于是 $\boldsymbol{\xi}\in W_1\cap W_2$. 所以 $\boldsymbol{\xi}$ 可表示为 $\boldsymbol{\xi}=\sum\limits_{i=1}^{p}c_i\boldsymbol{\alpha}_i$.

注意到 $\boldsymbol{\xi}=\sum\limits_{i=1}^{p}c_i\boldsymbol{\alpha}_i=-\sum\limits_{l=1}^{n_2-p}t_l\boldsymbol{\gamma}_l$, 即 $\sum\limits_{i=1}^{p}c_i\boldsymbol{\alpha}_i+\sum\limits_{l=1}^{n_2-p}t_l\boldsymbol{\gamma}_l=\mathbf{0}$. 由于 $\boldsymbol{\alpha}_1,\cdots,\boldsymbol{\alpha}_p,\boldsymbol{\gamma}_1,\cdots,$

γ_{n_2-p} 是 W_2 的基，是线性无关的，所以得 $c_i=0(i=1,2,\cdots,p), t_l=0(l=1,2,\cdots,n_2-p)$, 即得 $\boldsymbol{\xi}=\mathbf{0}$. 再由式 (6.9) 及 $\boldsymbol{\alpha}_1,\cdots,\boldsymbol{\alpha}_p,\boldsymbol{\beta}_1,\cdots,\boldsymbol{\beta}_{n_1-p}$ 的线性无关性得 $k_i=0(i=1,2,\cdots,p), s_j=0(j=1,2,\cdots,n_1-p)$. 即，能使得式 (6.8) 成立的系数必须全部为零，这就证明了向量组 (6.7) 的线性无关性. 故 (6.7) 是 W_1+W_2 的一组基. 从而证明了定理成立. □

注意到当子空间 W_1,W_2 互不包含时, $W_1\cup W_2$ 不是 V 的子空间 (作为习题, 读者自证).

设 $W=W_1+W_2$, 由定义可知, W 中的每个向量 $\boldsymbol{\gamma}$ 都可以表示成 $\boldsymbol{\gamma}=\boldsymbol{\alpha}+\boldsymbol{\beta},\boldsymbol{\alpha}\in W_1,\boldsymbol{\beta}\in W_2$, 一般而言, 这种表示并不唯一, 即可能另有 $\boldsymbol{\alpha}'\in W_1,\boldsymbol{\beta}'\in W_2$, 使 $\boldsymbol{\gamma}=\boldsymbol{\alpha}'+\boldsymbol{\beta}'$. 但在某些特殊情形下, 这种表示却可以是唯一的.

定义 6.3.4 (直和) 若 W_1+W_2 中任一向量都只能唯一地表示为子空间 W_1 的一个向量与子空间 W_2 的一个向量的和, 则称 W_1+W_2 是**直和**(或**直接和**), 记为 $W_1\oplus W_2$ 或 $W_1\dot{+}W_2$.

若 $W=W_1\oplus W_2$, 则称在 W 内 W_1 是 W_2 的**补空间**, 或 W_2 是 W_1 的**补空间**.

定理 6.3.5 W_1+W_2 是直和的充要条件是 $W_1\cap W_2=\{\mathbf{0}\}$.

证明 充分性. 若 $W_1\cap W_2=\{\mathbf{0}\}$, 假设 W_1+W_2 的向量 $\boldsymbol{\gamma}$ 不能唯一地表示成 W_1 的一个向量与 W_2 的一个向量的和, 则存在 $\boldsymbol{\alpha}_1,\boldsymbol{\alpha}_2\in W_1,\boldsymbol{\beta}_1,\boldsymbol{\beta}_2\in W_2$ 且 $\boldsymbol{\alpha}_1\neq\boldsymbol{\alpha}_2,\boldsymbol{\beta}_1\neq\boldsymbol{\beta}_2$, 使

$$\boldsymbol{\gamma}=\boldsymbol{\alpha}_1+\boldsymbol{\beta}_1,\qquad \boldsymbol{\gamma}=\boldsymbol{\alpha}_2+\boldsymbol{\beta}_2.$$

相减得

$$(\boldsymbol{\alpha}_1-\boldsymbol{\alpha}_2)+(\boldsymbol{\beta}_1-\boldsymbol{\beta}_2)=\mathbf{0}.$$

从而有向量

$$w=(\boldsymbol{\alpha}_1-\boldsymbol{\alpha}_2)=-(\boldsymbol{\beta}_1-\boldsymbol{\beta}_2)\neq\mathbf{0},$$

且 w 既属于 W_1 又属于 W_2, 这与条件矛盾.

必要性. 若 W_1+W_2 是直和, 假设 $W_1\cap W_2\neq\{\mathbf{0}\}$, 则在 $W_1\cap W_2$ 中至少存在一向量 $\boldsymbol{\alpha}\neq\mathbf{0}$. 因 $W_1\cap W_2$ 是线性空间, 故有 $-\boldsymbol{\alpha}\in W_1\cap W_2$, 则有 $\mathbf{0}=\boldsymbol{\alpha}+(-\boldsymbol{\alpha})$, 而 $\mathbf{0}$ 又可表示成 W_1 中的零向量 $\mathbf{0}$ 与 W_2 中的零向量 $\mathbf{0}$ 之和 $\mathbf{0}=\mathbf{0}+\mathbf{0}$, 即 W_1+W_2 中零向量表示法不唯一, 矛盾. 定理得证. □

推论 6.3.6 W_1+W_2 是直和的充要条件是 $\dim(W_1+W_2)=\dim W_1+\dim W_2$.

证明 由定理6.3.4 维数公式立刻推得. □

子空间直和的概念可推广到有限多个子空间.

定义 6.3.5 设 $W_1,W_2,\cdots,W_m$ 是线性空间 V 的子空间, 若

(1) $W_1+W_2+\cdots+W_m=V$;

(2) $W_1\cap W_2=\{\mathbf{0}\},(W_1+W_2)\cap W_3=\{\mathbf{0}\},\cdots,$

$(W_1+W_2+\cdots+W_{m-1})\cap W_m=\{\mathbf{0}\}$,

则称 V 是 $W_1,W_2,\cdots,W_m$ 的直和, 记作

$$V=W_1\oplus W_2\oplus\cdots\oplus W_m.$$

例 6.3.2 设 F^n 是数域 F 上的 n 维列向量空间，$\boldsymbol{A}$ 是 F 上的 n 阶方阵，令

$$V_1=\{\boldsymbol{A}\boldsymbol{x}:\forall\boldsymbol{x}\in F^n\},\quad V_2=\{\boldsymbol{x}:\boldsymbol{A}\boldsymbol{x}=\mathbf{0},\boldsymbol{x}\in F^n\},$$

试证: (1) V_1, V_2 是 F^n 的子空间; (2) 若 $\boldsymbol{A}$ 是幂等矩阵，即 $\boldsymbol{A}^2=\boldsymbol{A}$, 则 $F^n=V_1\oplus V_2$.

证明　(1) 易见 V_1, V_2 都是 F^n 的非空子集，$\forall k, l\in F$, 和 $\forall \boldsymbol{x}, \boldsymbol{y}\in F^n$，因

$$k\boldsymbol{A}\boldsymbol{x}+l\boldsymbol{A}\boldsymbol{y}=\boldsymbol{A}(k\boldsymbol{x}+l\boldsymbol{y})\in V_1,$$

故 V_1 是 F^n 的子空间;

$\forall \boldsymbol{\xi}, \boldsymbol{\eta}\in V_2$, 有 $\boldsymbol{A}\boldsymbol{\xi}=\mathbf{0}, \boldsymbol{A}\boldsymbol{\eta}=\mathbf{0}$，且 $\forall k, l\in F$, 有

$$\boldsymbol{A}(k\boldsymbol{\xi}+l\boldsymbol{\eta})=k\boldsymbol{A}\boldsymbol{\xi}+l\boldsymbol{A}\boldsymbol{\eta}=\mathbf{0},$$

故 $k\boldsymbol{\xi}+l\boldsymbol{\eta}\in V_2$, 即 V_2 是 F^n 的子空间.

(2) 当 $\boldsymbol{A}$ 是幂等矩阵时，将 F^n 中任一向量表示成: $\boldsymbol{x}=\boldsymbol{A}\boldsymbol{x}+(\boldsymbol{x}-\boldsymbol{A}\boldsymbol{x})$, 注意到 $\boldsymbol{A}\boldsymbol{x}\in V_1$, 以及因 $\boldsymbol{A}(\boldsymbol{x}-\boldsymbol{A}\boldsymbol{x})=\boldsymbol{A}\boldsymbol{x}-\boldsymbol{A}^2\boldsymbol{x}=\mathbf{0}$, 得 $\boldsymbol{x}-\boldsymbol{A}\boldsymbol{x}\in V_2$, 所以 $F^n\subseteq V_1+V_2$, 从而 $F^n=V_1+V_2$.

设 $\boldsymbol{\xi}$ 是 $V_1\cap V_2$ 中的任一向量，因 $\boldsymbol{\xi}\in V_1$, 所以存在 $\boldsymbol{\eta}\in F^n$ 使得 $\boldsymbol{\xi}=\boldsymbol{A}\boldsymbol{\eta}$. 又因 $\boldsymbol{\xi}\in V_2$, 所以 $\boldsymbol{A}\boldsymbol{\xi}=\mathbf{0}$, 于是 $\boldsymbol{\xi}=\boldsymbol{A}\boldsymbol{\eta}=\boldsymbol{A}^2\boldsymbol{\eta}=\boldsymbol{A}(\boldsymbol{A}\boldsymbol{\eta})=\boldsymbol{A}\boldsymbol{\xi}=\mathbf{0}$, 即 $V_1\cap V_2=\{\mathbf{0}\}$, 所以 $F^n=V_1\oplus V_2$.

□

6.4　线 性 变 换

6.4.1　线性变换的概念

为了进一步研究线性空间, 本节考虑有限维线性空间之间的一类特殊的映射–线性映射和线性变换.

定义 6.4.1 (线性变换)　设 V_1, V_2 都是数域 K 上线性空间, 根据某一规则 T, 对 V_1 中的任一元素 $\boldsymbol{\alpha}$, 有 V_2 中的唯一的元素 $\boldsymbol{\alpha}'$ 与之对应, 即 $T\boldsymbol{\alpha}=\boldsymbol{\alpha}'$, 则称 T 为 V_1 到 V_2 的**映射**.

如果 V_1 到 V_2 的映射 T 还满足

$$T(\boldsymbol{\alpha}+\boldsymbol{\beta})=T\boldsymbol{\alpha}+T\boldsymbol{\beta},\quad T(\lambda\boldsymbol{\alpha})=\lambda T\boldsymbol{\alpha},$$

其中 $\boldsymbol{\alpha}, \boldsymbol{\beta}\in V_1, \lambda\in K$, 则称 T 为 V_1 到 V_2 的**线性映射**. 在 $V_1=V_2=V$ 时，称这个 T 为 V 上的**线性变换**.

例 6.4.1　对 $P_n[x]$ 中的多项式求导, 记为 $D[p(x)]=\dfrac{\mathrm{d}}{\mathrm{d}x}p(x)$, 不难验证 D 是 $P_n[x]$ 上的线性变换.

例 6.4.2　设 $\boldsymbol{A}=(a_{ij})_{m\times n}\in\mathbf{R}^{m\times n}$, 对 $\boldsymbol{x}=(x_1, x_2, \cdots, x_n)^{\mathrm{T}}\in\mathbf{R}^n$, 令

$$\boldsymbol{A}\boldsymbol{x}=\boldsymbol{y},$$

其中

$$\boldsymbol{y}=(y_1, y_2, \cdots, y_m)^{\mathrm{T}}\in\mathbf{R}^m,\qquad y_i=\sum_{j=1}^{n}a_{ij}x_j,\quad (i=1, \cdots, m),$$

则容易验证, $\boldsymbol{A}$ 是 $\mathbf{R}^n$ 到 $\mathbf{R}^m$ 的线性映射.

由定义 6.4.1 可以看出, 线性映射 T 具有下述性质:

(1) $T\mathbf{0}=\mathbf{0}$;

(2) 对任意的 $\boldsymbol{\alpha}_1, \boldsymbol{\alpha}_2, \cdots, \boldsymbol{\alpha}_m \in V_1$, 有

$$T(k_1\boldsymbol{\alpha}_1 + k_2\boldsymbol{\alpha}_2 + \cdots + k_m\boldsymbol{\alpha}_m) = k_1T\boldsymbol{\alpha}_1 + k_2T\boldsymbol{\alpha}_2 + \cdots + k_mT\boldsymbol{\alpha}_m;$$

(3) 若 $\boldsymbol{\alpha}_1, \boldsymbol{\alpha}_2, \cdots, \boldsymbol{\alpha}_m$ 线性相关, 则 $T\boldsymbol{\alpha}_1, T\boldsymbol{\alpha}_2, \cdots, T\boldsymbol{\alpha}_m$ 也线性相关.

证明 (1) 在 $T(\lambda\boldsymbol{\alpha}) = \lambda T\boldsymbol{\alpha}$ 中取 $\lambda = 0$ 即可得到 $T\mathbf{0} = \mathbf{0}$;

(2) 连续应用 $T(k_1\boldsymbol{\alpha}_1 + k_2\boldsymbol{\alpha}_2) = k_1T\boldsymbol{\alpha}_1 + k_2T\boldsymbol{\alpha}_2$ 即可;

(3) 由刚证得的性质 (2), 根据线性相关的定义即得. □

若 $T\boldsymbol{\alpha}_1, T\boldsymbol{\alpha}_2, \cdots, T\boldsymbol{\alpha}_m$ 线性相关, 不一定能推出 $\boldsymbol{\alpha}_1, \boldsymbol{\alpha}_2, \cdots, \boldsymbol{\alpha}_m$ 线性相关, 即性质 (3) 的逆命题一般不成立.

下面给出几个特殊的线性变换, 在以后的讨论中是非常有用的.

(1) **数乘变换**: 设 k 是数域 K 内的一个常数, 对任意的 $\boldsymbol{\alpha} \in V$, 令 $T_k\boldsymbol{\alpha} = k\boldsymbol{\alpha}$, 容易验证 T_k 是 V 上的线性变换.

(2) **恒等变换**: 设 $T\boldsymbol{\alpha} = \boldsymbol{\alpha}$, 即 T 把 V 中的任意元素 $\boldsymbol{\alpha}$ 变成自身, 则称 T 为**恒等变换**或**单位变换**, 可记为 $\boldsymbol{I}$ 或 $\boldsymbol{E}$, 即 $\boldsymbol{I}\boldsymbol{\alpha} = \boldsymbol{\alpha}$.

(3) **零变换**: 设 $T\boldsymbol{\alpha} = \mathbf{0}$, 即 T 把 V 中的任意元素 $\boldsymbol{\alpha}$ 变成零元素, 则称 T 为零变换, 记为 T_0, 即 $T_0\boldsymbol{\alpha} = \mathbf{0}$.

定义 6.4.2 (像空间与核空间) (1) 若 V_1, V_2 都是数域 K 上线性空间, 设线性映射 $T: V_1 \longrightarrow V_2$, 则称 V_1 中所有元素的像的集合为**像空间**, 记作 $\mathcal{R}(T)$ 或 $\mathrm{Im}(T)$, 简记为 $\mathcal{R}$.

(2) 对于 V_1 到 V_2 的线性映射 T, 称集合

$$N = N(T) = \{\boldsymbol{\alpha} : T\boldsymbol{\alpha} = \mathbf{0}', \boldsymbol{\alpha} \in V_1\}$$

为 T 的**核空间**, 也记作 $\ker(T)$, 其中 $\mathbf{0}'$ 是 V_2 的零元.

定理 6.4.1 线性映射的像空间与核空间是线性子空间.

证明 若 V_1, V_2 都是数域 K 上有限维线性空间, 设线性映射 $T: V_1 \longrightarrow V_2$,

(1) 因 $T\mathbf{0} = \mathbf{0}' \in \mathcal{R}$, 所以 $\mathcal{R}$ 非空; 如果对 $\boldsymbol{\alpha}', \boldsymbol{\beta}' \in \mathcal{R}$, 存在 $\boldsymbol{\alpha}, \boldsymbol{\beta}$ 使得 $T\boldsymbol{\alpha} = \boldsymbol{\alpha}', T\boldsymbol{\beta} = \boldsymbol{\beta}'$, 则

$$\boldsymbol{\alpha}' + \boldsymbol{\beta}' = T\boldsymbol{\alpha} + T\boldsymbol{\beta} = T(\boldsymbol{\alpha} + \boldsymbol{\beta}),$$

即 $\boldsymbol{\alpha}' + \boldsymbol{\beta}' \in \mathcal{R}$; 对 $\lambda \in K, \lambda\boldsymbol{\alpha}' = \lambda T\boldsymbol{\alpha} = T\lambda\boldsymbol{\alpha}$, 即 $\lambda\boldsymbol{\alpha}' \in \mathcal{R}$. 因此, $\mathcal{R}$ 是一个线性空间.

(2) 因 $T\mathbf{0} = \mathbf{0}'$, 所以 N 非空; 如果 $\boldsymbol{\alpha}, \boldsymbol{\beta} \in N$, 则

$$T(\boldsymbol{\alpha} + \boldsymbol{\beta}) = T\boldsymbol{\alpha} + T\boldsymbol{\beta} = \mathbf{0}' + \mathbf{0}' = \mathbf{0}',$$

即 $\boldsymbol{\alpha} + \boldsymbol{\beta} \in N$; 又因为

$$T(\lambda\boldsymbol{\alpha}) = \lambda T\boldsymbol{\alpha} = \lambda\mathbf{0}' = \mathbf{0}',$$

即 $\lambda\boldsymbol{\alpha} \in N$, 因此 N 是一个线性空间. □

例 6.4.3 设 $\boldsymbol{A} = (a_{ij}) \in M_{m\times n}(\mathbf{R})$ 是一个实数域上的 $m \times n$ 矩阵，则 $T(\boldsymbol{x}) = \boldsymbol{A}\boldsymbol{x}$ 定义了线性空间 $\mathbf{R}^n$ 到线性空间 $\mathbf{R}^m$ 的一个线性映射 T. 而齐次线性方程组 $\boldsymbol{A}\boldsymbol{x} = \boldsymbol{\theta}$ 的解空间就是线性映射 T 的核空间 $\ker(T)$，它是 $\mathbf{R}^n$ 的一个子空间. 而 $\boldsymbol{A} = (\boldsymbol{\alpha}_1\boldsymbol{\alpha}_2\cdots\boldsymbol{\alpha}_n)$ 的列向量组生成的线性空间就是 T 的像空间 $\mathrm{Im}(T)$, 即 $\mathrm{Im}(T) = \mathrm{span}\{\boldsymbol{\alpha}_1, \boldsymbol{\alpha}_2, \cdots, \boldsymbol{\alpha}_n\}$, 它是 $\mathbf{R}^m$ 的一个子空间. 如果 $\mathrm{r}(\boldsymbol{A}) = r$, 则还有 $\dim(\ker(T)) = n - r, \dim(\mathrm{Im}(T)) = r$.

6.4.2 线性变换的矩阵表示

如何表示 V 上的线性变换 T 呢? 倘若把 V 每个元素的像都给出以表示 T, 显然太不方便. 注意到 T 是线性的, 而且 V 中的每个元素都可由 V 的基唯一地线性表出, 线性变换又保持了线性组合关系. 因此, 只要给出这组基的每个基向量的像, 则 V 中的每个元素的像也就完全确定了. 本节主要讨论线性空间在取定的一组基下, 线性变换和矩阵之间的一一对应关系, 并给出同一线性变换在不同的基下的矩阵之间的关系.

若 V 是数域 K 上的一个 n 维线性空间, T 是 V 上的线性变换, $\varepsilon_1,\varepsilon_2,\cdots,\varepsilon_n$ 是 V 的一组基, 则对任一 $x\in V$, 有

$$\begin{aligned}x&=x_1\varepsilon_1+x_2\varepsilon_2+\cdots+x_n\varepsilon_n,\\ Tx&=x_1T\varepsilon_1+x_2T\varepsilon_2+\cdots+x_nT\varepsilon_n.\end{aligned}$$

上面第二个式子表明, 有了基向量的像, 任一 $x\in V$ 的在 T 作用下的像也随之确定了.

定理 6.4.2　设对 V 的两个线性变换 T_1 和 T_2, 有

$$T_1\varepsilon_i=T_2\varepsilon_i,\quad i=1,2,\cdots,n,$$

则 $T_1=T_2$(这里两个线性变换相等是指它们对 V 的任一向量的像相等).

证明　对任一 $x\in V$, 因

$$\begin{aligned}T_1x&=x_1T_1\varepsilon_1+x_2T_1\varepsilon_2+\cdots+x_nT_1\varepsilon_n\\ &=x_1T_2\varepsilon_1+x_2T_2\varepsilon_2+\cdots+x_nT_2\varepsilon_n\\ &=T_2x\end{aligned}$$

所以 $T_1=T_2$. □

定理6.4.2表明, 线性空间 V 上的任一线性变换 T 由它的基 $\varepsilon_1,\varepsilon_2,\cdots,\varepsilon_n$ 在 T 下的像 $T\varepsilon_1,T\varepsilon_2,\cdots,T\varepsilon_n$ 唯一决定.

设

$$T\varepsilon_i=a_{1i}\varepsilon_1+a_{2i}\varepsilon_2+\cdots+a_{ni}\varepsilon_n,\quad i=1,2,\cdots,n. \tag{6.10}$$

将上式写成矩阵的形式

$$(T\varepsilon_1T\varepsilon_2\cdots T\varepsilon_n)=(\varepsilon_1\varepsilon_2\cdots\varepsilon_n)\begin{pmatrix}a_{11}&a_{12}&\cdots&a_{1n}\\ a_{21}&a_{22}&\cdots&a_{2n}\\ \vdots&\vdots&&\vdots\\ a_{n1}&a_{n2}&\cdots&a_{nn}\end{pmatrix},$$

令

$$\boldsymbol{A}=\begin{pmatrix}a_{11}&a_{12}&\cdots&a_{1n}\\ a_{21}&a_{22}&\cdots&a_{2n}\\ \vdots&\vdots&&\vdots\\ a_{n1}&a_{n2}&\cdots&a_{nn}\end{pmatrix},$$

$\boldsymbol{A}$ 的第 i 个列向量是基的像 $T\varepsilon_i$ 在基 $\varepsilon_1,\varepsilon_2,\cdots,\varepsilon_n$ 下的坐标. 因此, 取定一组基后, 线性空间 V 上的任一线性变换 T 都有式 (6.10) 所确定的方阵 $\boldsymbol{A}$ 与之对应, $\boldsymbol{A}$ 称为线性变换 T 在基 $\varepsilon_1,\varepsilon_2,\cdots,\varepsilon_n$ 下的矩阵.

反之, 若给定一个 n 阶的矩阵 $\boldsymbol{A}$, 是否存在线性空间 V 上的某一线性变换 T, 使得它在给定的一组基下的矩阵就是 $\boldsymbol{A}$? 为回答这个问题, 先证明下面的引理.

引理 6.4.1 设 $\varepsilon_1,\varepsilon_2,\cdots,\varepsilon_n$ 是线性空间 V 的一组基, 任给 $\boldsymbol{\alpha}_1,\boldsymbol{\alpha}_2,\cdots,\boldsymbol{\alpha}_n\in V$, 则一定存在唯一的线性变换 T, 使得

$$T\boldsymbol{\varepsilon}_i=\boldsymbol{\alpha}_i,\qquad i=1,2,\cdots,n.$$

证明 对 $x\in V$, 若

$$x=x_1\boldsymbol{\varepsilon}_1+x_2\boldsymbol{\varepsilon}_2+\cdots+x_n\boldsymbol{\varepsilon}_n,$$

则定义

$$Tx=x_1\boldsymbol{\alpha}_1+x_2\boldsymbol{\alpha}_2+\cdots+x_n\boldsymbol{\alpha}_n.$$

显然, T 满足

$$T\boldsymbol{\varepsilon}_i=\boldsymbol{\alpha}_i,\quad i=1,2,\cdots,n.$$

再任取 $\boldsymbol{\alpha},\boldsymbol{\beta}\in V$, 设

$$\begin{aligned}\boldsymbol{\alpha}&=a_1\boldsymbol{\varepsilon}_1+a_2\boldsymbol{\varepsilon}_2+\cdots+a_n\boldsymbol{\varepsilon}_n,\\ \boldsymbol{\beta}&=b_1\boldsymbol{\varepsilon}_1+b_2\boldsymbol{\varepsilon}_2+\cdots+b_n\boldsymbol{\varepsilon}_n,\end{aligned}$$

有

$$\begin{aligned}\boldsymbol{\alpha}+\boldsymbol{\beta}&=(a_1+b_1)\boldsymbol{\varepsilon}_1+(a_2+b_2)\boldsymbol{\varepsilon}_2+\cdots+(a_n+b_n)\boldsymbol{\varepsilon}_n,\\ k\boldsymbol{\alpha}&=ka_1\boldsymbol{\varepsilon}_1+ka_2\boldsymbol{\varepsilon}_2+\cdots+ka_n\boldsymbol{\varepsilon}_n,\end{aligned}$$

及

$$\begin{aligned}T(\boldsymbol{\alpha}+\boldsymbol{\beta})&=(a_1+b_1)\boldsymbol{\alpha}_1+(a_2+b_2)\boldsymbol{\alpha}_2+\cdots+(a_n+b_n)\boldsymbol{\alpha}_n\\ &=(a_1\boldsymbol{\alpha}_1+a_2\boldsymbol{\alpha}_2+\cdots+a_n\boldsymbol{\alpha}_n)+(b_1\boldsymbol{\alpha}_1+b_2\boldsymbol{\alpha}_2+\cdots+b_n\boldsymbol{\alpha}_n)\\ &=T\boldsymbol{\alpha}+T\boldsymbol{\beta},\\ T(k\boldsymbol{\alpha})&=ka_1\boldsymbol{\alpha}_1+ka_2\boldsymbol{\alpha}_2+\cdots+ka_n\boldsymbol{\alpha}_n=kT\boldsymbol{\alpha}.\end{aligned}$$

即 T 是线性变换, 而且满足 $T\varepsilon_i=\boldsymbol{\alpha}_i,\quad i=1,2,\cdots,n$, 再由定理 6.4.2, T 是唯一的. □

由此引理可得

定理 6.4.3 在线性空间 V 的一组基 $\varepsilon_1,\varepsilon_2,\cdots,\varepsilon_n$ 下, V 上的线性变换 T 与 n 阶方阵 $\boldsymbol{A}$ 一一对应, 且它们的对应关系是 $(T\varepsilon_1 T\varepsilon_2\cdots T\varepsilon_n)=(\varepsilon_1\varepsilon_2\cdots\varepsilon_n)\boldsymbol{A}$. 即 $\boldsymbol{A}$ 的第 i 个列向量是 $T\varepsilon_i$ 在基 $\varepsilon_1,\varepsilon_2,\cdots,\varepsilon_n$ 下的坐标.

证明　设矩阵

$$\boldsymbol{A}=\begin{pmatrix} a_{11} & a_{12} & \cdots & a_{1n} \\ a_{21} & a_{22} & \cdots & a_{2n} \\ \vdots & \vdots & & \vdots \\ a_{n1} & a_{n2} & \cdots & a_{nn} \end{pmatrix}.$$

以 $\boldsymbol{A}$ 的 n 个列向量为坐标作出 n 个向量

$$\boldsymbol{\alpha}_i=a_{1i}\boldsymbol{\varepsilon}_1+a_{2i}\boldsymbol{\varepsilon}_2+\cdots+a_{ni}\boldsymbol{\varepsilon}_n, \qquad i=1,2,\cdots,n. \tag{6.11}$$

由引理 6.4.1, 存在线性变换 T, 使得

$$T\boldsymbol{\varepsilon}_i=\boldsymbol{\alpha}_i, \qquad i=1,2,\cdots,n.$$

而由式 (6.11) 可得

$$(\boldsymbol{\alpha}_1\boldsymbol{\alpha}_2\cdots\boldsymbol{\alpha}_n)=(\boldsymbol{\varepsilon}_1\boldsymbol{\varepsilon}_2\cdots\boldsymbol{\varepsilon}_n)\boldsymbol{A}.$$

因此

$$\begin{aligned} T(\boldsymbol{\varepsilon}_1\boldsymbol{\varepsilon}_2\cdots\boldsymbol{\varepsilon}_n) &\overset{\text{def}}{=} (T\boldsymbol{\varepsilon}_1 T\boldsymbol{\varepsilon}_2\cdots T\boldsymbol{\varepsilon}_n)=(\boldsymbol{\alpha}_1\boldsymbol{\alpha}_2\cdots\boldsymbol{\alpha}_n) \\ &= (\boldsymbol{\varepsilon}_1\boldsymbol{\varepsilon}_2\cdots\boldsymbol{\varepsilon}_n)\boldsymbol{A}. \end{aligned}$$

即 T 在基 $\boldsymbol{\varepsilon}_1,\boldsymbol{\varepsilon}_2,\cdots,\boldsymbol{\varepsilon}_n$ 下的矩阵是 $\boldsymbol{A}$. 结合引理 6.4.1, 已证得该定理. □

这个定理表明, 在取定的一组基下, 线性变换和矩阵之间建立了一一对应:

$$T(\boldsymbol{\varepsilon}_1\boldsymbol{\varepsilon}_2\cdots\boldsymbol{\varepsilon}_n)=(\boldsymbol{\varepsilon}_1\boldsymbol{\varepsilon}_2\cdots\boldsymbol{\varepsilon}_n)\boldsymbol{A},$$

从而使我们有可能把对抽象的线性空间上线性变换 T 的研究转化为对矩阵 $\boldsymbol{A}$ 的研究. 例如, 若 $\boldsymbol{\alpha}, T\boldsymbol{\alpha}$ 的坐标分别为 $\boldsymbol{x}$ 和 $\boldsymbol{y}$, 则有 $\boldsymbol{y}=\boldsymbol{A}\boldsymbol{x}$.

例 6.4.4　已知 $D: D[p(x)]=\dfrac{\mathrm{d}}{\mathrm{d}x}p(x)$ 是线性空间 $P_n[x]$ 上的线性变换, 求 D 在基 $1,x,x^2,\cdots,x^n$ 下的矩阵.

解

$$\begin{aligned} (D(1),D(x),\cdots,D(x^n)) &= (0,1,\cdots,nx^{n-1}) \\ &= (1,x,x^2,\cdots,x^n)\begin{pmatrix} 0 & 1 & 0 & \cdots & 0 \\ 0 & 0 & 2 & \cdots & 0 \\ \vdots & \vdots & \vdots & & \vdots \\ 0 & 0 & 0 & \cdots & n \\ 0 & 0 & 0 & \cdots & 0 \end{pmatrix}, \end{aligned}$$

即 D 在基 $1,x,x^2,\cdots,x^n$ 下的矩阵是 $n+1$ 阶方阵

$$A = \begin{pmatrix} 0 & 1 & 0 & \cdots & 0 \\ 0 & 0 & 2 & \cdots & 0 \\ \vdots & \vdots & \vdots & & \vdots \\ 0 & 0 & 0 & \cdots & n \\ 0 & 0 & 0 & \cdots & 0 \end{pmatrix}.$$

□

例 6.4.5 V 是一个 n 维的线性空间, 则 V 上的恒等变换 E 在任一组基下的矩阵都是单位矩阵 $\boldsymbol{E}_n$; V 上的数乘变换 T_k 在任一组基下的矩阵都是数量矩阵 $k\boldsymbol{E}_n$; 而零变换 T_0 在任一组基下的矩阵都是零矩阵.

例 6.4.6 设 T 是 $\mathbf{R}^3$ 到 $\mathbf{R}^3$ 的线性变换:

$$T : T(x\boldsymbol{i} + y\boldsymbol{j} + z\boldsymbol{k}) = x\boldsymbol{i} + y\boldsymbol{j}.$$

这其实是把空间向量投影到 xOy 面上的线性变换.

(1) 求 T 在基底 $\boldsymbol{i}, \boldsymbol{j}, \boldsymbol{k}$ 下的矩阵;

(2) 求 T 在基底 $\boldsymbol{\alpha} = \boldsymbol{i}, \boldsymbol{\beta} = \boldsymbol{j}, \boldsymbol{\gamma} = \boldsymbol{i} + \boldsymbol{j} + \boldsymbol{k}$ 下的矩阵.

解 (1) 由 T 的定义可知

$$T(\boldsymbol{i}) = \boldsymbol{i}, \quad T(\boldsymbol{j}) = \boldsymbol{j}, \quad T(\boldsymbol{k}) = \boldsymbol{0},$$

即

$$T(\boldsymbol{i}\boldsymbol{j}\boldsymbol{k}) = (\boldsymbol{i}\boldsymbol{j}\boldsymbol{k}) \begin{pmatrix} 1 & 0 & 0 \\ 0 & 1 & 0 \\ 0 & 0 & 0 \end{pmatrix}.$$

故 T 在基底 $\boldsymbol{i}, \boldsymbol{j}, \boldsymbol{k}$ 下的矩阵是 $\boldsymbol{A} = \begin{pmatrix} 1 & 0 & 0 \\ 0 & 1 & 0 \\ 0 & 0 & 0 \end{pmatrix}$.

(2) 由题设

$$T(\boldsymbol{\alpha}) = \boldsymbol{i} = \boldsymbol{\alpha}, \quad T(\boldsymbol{\beta}) = \boldsymbol{j} = \boldsymbol{\beta}, \quad T(\boldsymbol{\gamma}) = \boldsymbol{i} + \boldsymbol{j} = \boldsymbol{\alpha} + \boldsymbol{\beta},$$

即

$$T(\boldsymbol{\alpha}\boldsymbol{\beta}\boldsymbol{\gamma}) = (\boldsymbol{\alpha}\boldsymbol{\beta}\boldsymbol{\gamma}) \begin{pmatrix} 1 & 0 & 1 \\ 0 & 1 & 1 \\ 0 & 0 & 0 \end{pmatrix}.$$

故 T 在基底 $\boldsymbol{\alpha} = \boldsymbol{i}, \boldsymbol{\beta} = \boldsymbol{j}, \boldsymbol{\gamma} = \boldsymbol{i} + \boldsymbol{j} + \boldsymbol{k}$ 下的矩阵为 $\boldsymbol{B} = \begin{pmatrix} 1 & 0 & 1 \\ 0 & 1 & 1 \\ 0 & 0 & 0 \end{pmatrix}$. □

上例说明, 同一个线性变换在不同的基底下, 所对应的矩阵是不同的, 我们自然要问: 不同的基底是否对应不同的矩阵, 它们之间有什么样的关系?

定理 6.4.4 在 n 维线性空间 V 中取定两组基底 $\varepsilon_1,\varepsilon_2,\cdots,\varepsilon_n$ 与 $\boldsymbol{\omega}_1,\boldsymbol{\omega}_2,\cdots,\boldsymbol{\omega}_n$, 设由基底 $\varepsilon_1,\varepsilon_2,\cdots,\varepsilon_n$ 到 $\boldsymbol{\omega}_1,\boldsymbol{\omega}_2,\cdots,\boldsymbol{\omega}_n$ 的过渡矩阵为

$$\boldsymbol{P}=\begin{pmatrix} a_{11} & \cdots & a_{1n} \\ \vdots & & \vdots \\ a_{n1} & \cdots & a_{nn} \end{pmatrix} \quad (\boldsymbol{P}\text{可逆}),$$

即 $(\boldsymbol{\omega}_1\boldsymbol{\omega}_2\cdots\boldsymbol{\omega}_n)=(\varepsilon_1\varepsilon_2\cdots\varepsilon_n)\boldsymbol{P}$. 并设 V 上的线性变换 T 在这两组基底下的矩阵分别是 $\boldsymbol{A}$ 和 $\boldsymbol{B}$, 则

$$\boldsymbol{B}=\boldsymbol{P}^{-1}\boldsymbol{A}\boldsymbol{P}.$$

即 $\boldsymbol{A}$ 相似于 $\boldsymbol{B}$ $(\boldsymbol{A}\sim\boldsymbol{B})$.

证明 由

$$T(\varepsilon_1\varepsilon_2\cdots\varepsilon_n)=(\varepsilon_1\varepsilon_2\cdots\varepsilon_n)\boldsymbol{A},$$
$$T(\boldsymbol{\omega}_1\boldsymbol{\omega}_2\cdots\boldsymbol{\omega}_n)=(\boldsymbol{\omega}_1\boldsymbol{\omega}_2\cdots\boldsymbol{\omega}_n)\boldsymbol{B}$$

得

$$T(\boldsymbol{\omega}_1\boldsymbol{\omega}_2\cdots\boldsymbol{\omega}_n)=(\varepsilon_1\varepsilon_2\cdots\varepsilon_n)\boldsymbol{P}\boldsymbol{B}. \tag{6.12}$$

又由

$$\begin{cases} \boldsymbol{\omega}_1=a_{11}\varepsilon_1+a_{21}\varepsilon_2+\cdots+a_{n1}\varepsilon_n, \\ \boldsymbol{\omega}_2=a_{12}\varepsilon_1+a_{22}\varepsilon_2+\cdots+a_{n2}\varepsilon_n, \\ \cdots\cdots \\ \boldsymbol{\omega}_n=a_{1n}\varepsilon_1+a_{2n}\varepsilon_2+\cdots+a_{nn}\varepsilon_n \end{cases}$$

得

$$\begin{cases} T\boldsymbol{\omega}_1=a_{11}T\varepsilon_1+a_{21}T\varepsilon_2+\cdots+a_{n1}T\varepsilon_n, \\ T\boldsymbol{\omega}_2=a_{12}T\varepsilon_1+a_{22}T\varepsilon_2+\cdots+a_{n2}T\varepsilon_n, \\ \cdots\cdots \\ T\boldsymbol{\omega}_n=a_{1n}T\varepsilon_1+a_{2n}T\varepsilon_2+\cdots+a_{nn}T\varepsilon_n. \end{cases}$$

即

$$(T\boldsymbol{\omega}_1T\boldsymbol{\omega}_2\cdots T\boldsymbol{\omega}_n)=(T\varepsilon_1T\varepsilon_2\cdots T\varepsilon_n)\boldsymbol{P},$$

或

$$T(\boldsymbol{\omega}_1\boldsymbol{\omega}_2\cdots\boldsymbol{\omega}_n)=T(\varepsilon_1\varepsilon_2\cdots\varepsilon_n)\boldsymbol{P}=(\varepsilon_1\varepsilon_2\cdots\varepsilon_n)\boldsymbol{A}\boldsymbol{P}. \tag{6.13}$$

注意到在同一基底下, 坐标是唯一的, 由式 (6.12) 及式 (6.13) 得

$$\boldsymbol{P}\boldsymbol{B}=\boldsymbol{A}\boldsymbol{P}.$$

因 $\boldsymbol{P}$ 可逆, 于是有

$$\boldsymbol{B}=\boldsymbol{P}^{-1}\boldsymbol{A}\boldsymbol{P}.$$

□

定理 6.4.5 设 $\boldsymbol{A},\boldsymbol{B}$ 都是 n 阶方阵, 则 $\boldsymbol{A}\sim\boldsymbol{B}$ 的充要条件是: 它们是 n 维的线性空间 V 上的某个线性变换 T 在不同基底下的矩阵.

证明 充分性已由定理6.4.4 所证, 下面证明必要性.

根据引理 6.4.1, 可以把 $\boldsymbol{A}$ 看作是 V 上的某个线性变换 T 在基 $\varepsilon_1,\varepsilon_2,\cdots,\varepsilon_n$ 下的矩阵, 因 $\boldsymbol{A}\sim\boldsymbol{B}$, 则存在可逆矩阵 $\boldsymbol{P}$, 使 $\boldsymbol{B}=\boldsymbol{P}^{-1}\boldsymbol{AP}$. 令

$$(\boldsymbol{\omega}_1\boldsymbol{\omega}_2\cdots\boldsymbol{\omega}_n)=(\varepsilon_1\varepsilon_2\cdots\varepsilon_n)\boldsymbol{P}.$$

显见 $\boldsymbol{\omega}_1,\boldsymbol{\omega}_2,\cdots,\boldsymbol{\omega}_n$ 也是 V 的一组基底. 由定理6.4.4, T 在这组基底下的矩阵就是 $\boldsymbol{P}^{-1}\boldsymbol{AP}$, 即 $\boldsymbol{B}$. □

例 6.4.7 设线性变换 T 在基 $\varepsilon_1,\varepsilon_2,\cdots,\varepsilon_n$ 下的矩阵是

$$\boldsymbol{A}=\begin{pmatrix}1&3&2&8\\5&7&0&1\\3&0&1&3\\1&1&2&2\end{pmatrix}.$$

试求 T 在基 $\boldsymbol{\omega}_1=\varepsilon_1,\boldsymbol{\omega}_2=\varepsilon_1+\varepsilon_2,\boldsymbol{\omega}_3=\varepsilon_1+\varepsilon_2+\varepsilon_3,\boldsymbol{\omega}_4=\varepsilon_1+\varepsilon_2+\varepsilon_3+\varepsilon_4$ 下的矩阵.

解 法一: 由 $\boldsymbol{A}$ 的定义知

$$\begin{aligned}T\varepsilon_1&=\varepsilon_1+5\varepsilon_2+3\varepsilon_3+\varepsilon_4,\\T\varepsilon_2&=3\varepsilon_1+7\varepsilon_2+\varepsilon_4,\\T\varepsilon_3&=2\varepsilon_1+\varepsilon_3+2\varepsilon_4,\\T\varepsilon_4&=8\varepsilon_1+\varepsilon_2+3\varepsilon_3+2\varepsilon_4.\end{aligned}$$

于是

$$\begin{aligned}T\boldsymbol{\omega}_1&=T\varepsilon_1=\varepsilon_1+5\varepsilon_2+3\varepsilon_3+\varepsilon_4\\&=-4\boldsymbol{\omega}_1+2\boldsymbol{\omega}_2+2\boldsymbol{\omega}_3+\boldsymbol{\omega}_4,\\T\boldsymbol{\omega}_2&=T(\varepsilon_1+\varepsilon_2)=4\varepsilon_1+12\varepsilon_2+3\varepsilon_3+2\varepsilon_4\\&=-8\boldsymbol{\omega}_1+9\boldsymbol{\omega}_2+\boldsymbol{\omega}_3+2\boldsymbol{\omega}_4,\\T\boldsymbol{\omega}_3&=T(\varepsilon_1+\varepsilon_2+\varepsilon_3)=6\varepsilon_1+12\varepsilon_2+4\varepsilon_3+4\varepsilon_4\\&=-6\boldsymbol{\omega}_1+8\boldsymbol{\omega}_2+4\boldsymbol{\omega}_4,\\T\boldsymbol{\omega}_4&=T(\varepsilon_1+\varepsilon_2+\varepsilon_3+\varepsilon_4)=14\varepsilon_1+13\varepsilon_2+7\varepsilon_3+6\varepsilon_4\\&=\boldsymbol{\omega}_1+6\boldsymbol{\omega}_2+\boldsymbol{\omega}_3+6\boldsymbol{\omega}_4.\end{aligned}$$

因此 T 在基 $\boldsymbol{\omega}_1,\boldsymbol{\omega}_2,\boldsymbol{\omega}_3,\boldsymbol{\omega}_4$ 下的矩阵为

$$\boldsymbol{B}=\begin{pmatrix}-4&-8&-6&1\\2&9&8&6\\2&1&0&1\\1&2&4&6\end{pmatrix}.$$

法二: 根据定理 6.4.4, 利用相似原理, 由于从基底 $\varepsilon_1,\varepsilon_2,\varepsilon_3,\varepsilon_4$ 到 $\boldsymbol{\omega}_1,\boldsymbol{\omega}_2,\boldsymbol{\omega}_3,\boldsymbol{\omega}_4$ 的过渡矩阵为

$$\boldsymbol{P}=\begin{pmatrix}1&1&1&1\\0&1&1&1\\0&0&1&1\\0&0&0&1\end{pmatrix}.$$

所以

$$\begin{aligned}\boldsymbol{B}=\boldsymbol{P}^{-1}\boldsymbol{A}\boldsymbol{P}&=\begin{pmatrix}1&-1&0&0\\0&1&-1&0\\0&0&1&-1\\0&0&0&1\end{pmatrix}\begin{pmatrix}1&3&2&8\\5&7&0&1\\3&0&1&3\\1&1&2&2\end{pmatrix}\begin{pmatrix}1&1&1&1\\0&1&1&1\\0&0&1&1\\0&0&0&1\end{pmatrix}\\&=\begin{pmatrix}-4&-8&-6&1\\2&9&8&6\\2&1&0&1\\1&2&4&6\end{pmatrix}.\end{aligned}$$

□

6.5 线性变换的特征值和特征向量

6.5.1 线性变换的特征值和特征向量

我们知道, n 维的线性空间 V 上的某个线性变换 T 在不同基底下的矩阵是不同的, 能否找到一组基, 使得 T 在这组基下的矩阵具有尽可能简单的形式? 具体而言, 在本节我们要设法找到这样一组基

$$\varepsilon_1,\varepsilon_2,\cdots,\varepsilon_n,$$

使得 T 在这组基下的矩阵具有对角形, 即

$$(T\varepsilon_1 T\varepsilon_2\cdots T\varepsilon_n)=(\varepsilon_1\varepsilon_2\cdots\varepsilon_n)\begin{pmatrix}\lambda_1&&&\\&\lambda_2&&\\&&\ddots&\\&&&\lambda_n\end{pmatrix}.$$

亦即

$$\begin{aligned}T\varepsilon_1&=\lambda_1\varepsilon_1,\\T\varepsilon_2&=\lambda_2\varepsilon_2,\\&\cdots\cdots\\T\varepsilon_n&=\lambda_n\varepsilon_n.\end{aligned}$$

虽然上述过程并不一定能做到, 但也提供了一个方法: 找出满足

$$T\boldsymbol{\xi} = \lambda\boldsymbol{\xi}$$

的数 λ 和非零向量 $\boldsymbol{\xi}$, 这样就有可能使得 T 在这组基下的矩阵具有对角形.

定义 6.5.1 (线性变换的特征值与特征向量)　设 V 是数域 K 上线性空间, T 是 V 上的一个线性变换, 若对 K 中的一个数 λ, 存在 V 的一个非零向量 $\boldsymbol{\xi}$, 使得

$$T\boldsymbol{\xi} = \lambda\boldsymbol{\xi},$$

则称 λ 是线性变换 T 的一个**特征值**, $\boldsymbol{\xi}$ 是 T 的属于 λ 的**特征向量**.

特征值和特征向量的概念不仅对线性变换的研究具有重要的意义, 而且在物理、力学和工程技术中也有实际的意义.

定理 6.5.1　设 V 是数域 K 上线性空间, T 是 V 上的一个线性变换, 则 T 的属于特征值 λ 的所有特征向量和零向量一起构成了 V 的一个子空间, 该子空间记为

$$V_\lambda = \{\boldsymbol{\xi} \in V : T\boldsymbol{\xi} = \lambda\boldsymbol{\xi}\}.$$

证明　任取 $\boldsymbol{\xi}_1, \boldsymbol{\xi}_2 \in V_\lambda$, 当 $\boldsymbol{\xi}_1 + \boldsymbol{\xi}_2 \neq \mathbf{0}$ 时, 因

$$T(\boldsymbol{\xi}_1 + \boldsymbol{\xi}_2) = T\boldsymbol{\xi}_1 + T\boldsymbol{\xi}_2 = \lambda\boldsymbol{\xi}_1 + \lambda\boldsymbol{\xi}_2 = \lambda(\boldsymbol{\xi}_1 + \boldsymbol{\xi}_2),$$

即 $\boldsymbol{\xi}_1 + \boldsymbol{\xi}_2$ 也是 T 的属于特征值 λ 的特征向量; 又若 $\boldsymbol{\xi}$ 是 T 的属于 λ 的特征向量, 对任意的 $k \in K, k \neq 0$, 因

$$T(k\boldsymbol{\xi}) = kT\boldsymbol{\xi} = k\lambda\boldsymbol{\xi} = \lambda(k\boldsymbol{\xi}),$$

即 $k\boldsymbol{\xi}$ 也是 T 的属于特征值 λ 的特征向量. 这说明 V_λ 的元素对加法和数乘运算是封闭的, 于是 V_λ 是子空间. □

定义 6.5.2 (特征子空间)　称 V_λ 为线性变换 T 对应于特征值 λ 的**特征子空间**.

由于线性变换 T 的属于 λ 的特征向量有无穷多个, 所以对应于特征值 λ 的特征子空间 V_λ 是一个非零子空间. 因此为了表示出 V_λ 的所有向量, 需要求出 V_λ 的一组基. 实际操作中, 我们可以先求出 T 的所有特征值, 然后再求出 T 的每个特征值对应的线性无关的特征向量 (V_λ 的一组基), 讨论如下.

线性空间 V 上一个线性变换 T 在选定的一组基 $\varepsilon_1, \varepsilon_2, \cdots, \varepsilon_n$ 下对应于一个矩阵 $\boldsymbol{A}$, 即

$$(T\varepsilon_1 T\varepsilon_2 \cdots T\varepsilon_n) = (\varepsilon_1 \varepsilon_2 \cdots \varepsilon_n)\boldsymbol{A},$$

$$\boldsymbol{A} = \begin{pmatrix} a_{11} & a_{12} & \cdots & a_{1n} \\ a_{21} & a_{22} & \cdots & a_{2n} \\ \vdots & \vdots & & \vdots \\ a_{n1} & a_{n2} & \cdots & a_{nn} \end{pmatrix}.$$

设 $\lambda \in K$ 是 T 的特征值, $\boldsymbol{\xi}$ 是 T 的属于 λ 的特征向量, 即

$$T\boldsymbol{\xi} = \lambda\boldsymbol{\xi}, \qquad \boldsymbol{\xi} \neq \mathbf{0}.$$

令

$$\boldsymbol{\xi} = x_1\varepsilon_1 + x_2\varepsilon_2 + \cdots + x_n\varepsilon_n = (\varepsilon_1\varepsilon_2\cdots\varepsilon_n)\boldsymbol{x},$$
$$\boldsymbol{x} = (x_1, x_2, \cdots, x_n)^{\mathrm{T}},$$

则

$$\begin{aligned} T\boldsymbol{\xi} &= T[(\varepsilon_1\varepsilon_2\cdots\varepsilon_n)\boldsymbol{x}] = [T(\varepsilon_1\varepsilon_2\cdots\varepsilon_n)]\boldsymbol{x} \\ &= (\varepsilon_1\varepsilon_2\cdots\varepsilon_n)\boldsymbol{A}\boldsymbol{x} = (\varepsilon_1\varepsilon_2\cdots\varepsilon_n)(\lambda\begin{pmatrix} x_1 \\ x_2 \\ \vdots \\ x_n \end{pmatrix}). \end{aligned}$$

由于 $\varepsilon_1, \varepsilon_2, \cdots, \varepsilon_n$ 线性无关, 则有

$$\boldsymbol{A}\boldsymbol{x} = \lambda\boldsymbol{x}.$$

这说明特征向量 $\boldsymbol{\xi}$ 的坐标 $\boldsymbol{x} = (x_1, x_2, \cdots, x_n)^{\mathrm{T}}$ 满足齐次线性方程组

$$(\lambda\boldsymbol{E} - \boldsymbol{A})\boldsymbol{x} = \boldsymbol{\theta}. \tag{6.14}$$

注意到 $\boldsymbol{\xi} \neq \boldsymbol{0}$, 所以 $\boldsymbol{x} \neq \boldsymbol{\theta}$, 即式 (6.14) 有非零解, 而齐次线性方程组有非零解的充要条件是它的系数矩阵奇异, 即

$$|\lambda\boldsymbol{E} - \boldsymbol{A}| = 0, \tag{6.15}$$

即

$$\begin{vmatrix} \lambda - a_{11} & -a_{12} & \cdots & -a_{1n} \\ -a_{21} & \lambda - a_{22} & \cdots & -a_{2n} \\ \vdots & \vdots & & \vdots \\ -a_{n1} & -a_{n2} & \cdots & \lambda - a_{nn} \end{vmatrix} = 0.$$

上式是矩阵 $\boldsymbol{A}$ 的特征方程，满足此方程的 λ 即是 $\boldsymbol{A}$ 的特征值. 从而可知:

如果 λ 是线性变换 T 的特征值, $\boldsymbol{\xi}$ 是 T 的属于 λ 的特征向量, 则 λ 是矩阵 $\boldsymbol{A}$ 的特征值, $\boldsymbol{\xi}$ 的坐标向量 $\boldsymbol{x}$ 是 $\boldsymbol{A}$ 的属于 λ 的特征向量; 反之, $\lambda \in K$ 是矩阵 $\boldsymbol{A}$ 的特征值, 则齐次线性方程组 (6.14) 有非零解 $\boldsymbol{x}$, 从而非零向量

$$\boldsymbol{\xi} = x_1\varepsilon_1 + x_2\varepsilon_2 + \cdots + x_n\varepsilon_n$$

满足 $T\boldsymbol{\xi} = \lambda\boldsymbol{\xi}$, 即 λ 是线性变换 T 的特征值, $\boldsymbol{\xi}$ 是属于特征值 λ 的一个特征向量. 由此可见, 线性变换的特征值、特征向量的性质与计算可以由矩阵的特征值、特征向量的性质与计算而得到.

计算线性变换 T 的特征值和特征向量的步骤如下:

(1) 给定 V 的一组基, 求出 T 在这组基下的矩阵 $\boldsymbol{A}$;

(2) 计算特征多项式 $p(\lambda) = |\lambda\boldsymbol{E} - \boldsymbol{A}|$;

(3) 求 $p(\lambda)=0$ 的含于 K 的根 (T 的特征值)

$$\lambda_1,\lambda_2,\cdots,\lambda_n;$$

(4) 对每个 $\lambda_i(i=1,2\cdots,n)$, 求齐次线性方程组

$$(\lambda_i\boldsymbol{E}-\boldsymbol{A})\boldsymbol{x}=\boldsymbol{\theta}$$

的一个基础解系;

(5) 以求出的基础解系为坐标写出 V 的一个向量组, 它就是 $V_{\lambda_i}(i=1,2,\cdots,n)$ 的一组基.

若计算 $\boldsymbol{A}$ 的特征值和特征向量, 只需直接进行第 (2)、(3)、(4) 步, 且第 (3) 步须求出 $p(\lambda)=0$ 的全部复根 (即 $\boldsymbol{A}$ 的全部特征值).

例 6.5.1 设数域 $K=\mathbf{R}$, 线性变换 T 在基 $\varepsilon_1,\varepsilon_2,\varepsilon_3$ 下的矩阵是

$$\boldsymbol{A}=\begin{pmatrix}1&2&0\\2&1&0\\0&0&-1\end{pmatrix}.$$

求 T 的特征值和特征向量.

解 矩阵 $\boldsymbol{A}$ 的特征多项式是

$$|\lambda\boldsymbol{E}-\boldsymbol{A}|=\begin{vmatrix}\lambda-1&-2&0\\-2&\lambda-1&0\\0&0&\lambda+1\end{vmatrix}=(\lambda+1)^2(\lambda-3),$$

所以矩阵 $\boldsymbol{A}$ 的全部特征值是 $\lambda_1=-1,\lambda_2=-1,\lambda_3=3$, 它们都是实数，所以也是线性变换 T 的全部特征值.

对应于特征值 $\lambda_1=-1,\lambda_2=-1$, 求得齐次线性方程组

$$(\lambda_i\boldsymbol{E}-\boldsymbol{A})\boldsymbol{x}=\boldsymbol{\theta},\quad i=1,2$$

的一个基础解系为

$$\begin{pmatrix}-1\\1\\0\end{pmatrix},\quad\begin{pmatrix}0\\0\\1\end{pmatrix}.$$

因此, 线性变换 T 属于特征值 -1 的两个线性无关的特征向量为

$$\boldsymbol{\xi}_1=\varepsilon_2-\varepsilon_1,\quad \boldsymbol{\xi}_2=\varepsilon_3.$$

对应于特征值 $\lambda_3=3$, 求得齐次线性方程组

$$(\lambda_3\boldsymbol{E}-\boldsymbol{A})\boldsymbol{x}=\boldsymbol{\theta}$$

的一个基础解系为

$$\begin{pmatrix} 1 \\ 1 \\ 0 \end{pmatrix}.$$

因此, 线性变换 T 属于特征值 3 的一个线性无关的特征向量为 $\boldsymbol{\xi}_3 = \varepsilon_1 + \varepsilon_2$. □

例 6.5.2　平面上的全体向量构成了实数域上的一个二维线性空间 $\mathbf{R}^2$, 在直角坐标系下取单位坐标向量 $\boldsymbol{e}_1, \boldsymbol{e}_2$ 作为一组基. 设转角为 θ 的旋转变换 $T_\theta : \mathbf{R}^2 \to \mathbf{R}^2$ 为

$$T_\theta(x, y) = (x\cos\theta - y\sin\theta, x\sin\theta + y\cos\theta),$$

则 T_θ 是 $\mathbf{R}^2$ 上的线性变换. T_θ 在基 $\boldsymbol{e}_1, \boldsymbol{e}_2$ 下的矩阵为

$$\boldsymbol{A} = \begin{pmatrix} \cos\theta & -\sin\theta \\ \sin\theta & \cos\theta \end{pmatrix}.$$

$\boldsymbol{A}$ 的特征多项式

$$p(\lambda) = |\lambda\boldsymbol{E} - \boldsymbol{A}| = \begin{vmatrix} \lambda - \cos\theta & \sin\theta \\ -\sin\theta & \lambda - \cos\theta \end{vmatrix} = \lambda^2 - 2\lambda\cos\theta + 1.$$

如果 $\theta \neq n\pi$, 该二次方程仅有复数根. 因 $\mathbf{R}^2$ 是实数域上的线性空间, 故 T_θ 没有特征值, 也没有特征向量. □

上述结果与解析几何中的结果是一致的, 即当 $\theta \neq n\pi$ 时, 平面上不存在非零向量 $\boldsymbol{\xi}$, 满足 $T\boldsymbol{\xi} = \lambda\boldsymbol{\xi}$, 亦即不存在非零向量 $\boldsymbol{\xi}$, 旋转 θ 角后仍然落在原向量所在的直线上.

在 n 维线性空间 V 上取定一组基后, 线性变换的特征值一定是它在这组基下的矩阵的特征值. 选择不同的基, 线性变换对应的矩阵就不同, 但据定理6.4.5, 这些不同基下的矩阵是相似的. 而相似矩阵具有相同的特征多项式和相同的特征值，从而知线性变换的特征值一定是它在任一基下的矩阵的特征值. 我们也把线性变换 T 在任一组基下的矩阵的特征多项式称为 T 的**特征多项式**，而将 T 在任一组基下的矩阵的特征矩阵称为 T 的**特征矩阵**. 于是有下面的结论:

定理 6.5.2　有限维线性空间上的线性变换的特征值和特征多项式与所选基底无关.

定理 6.5.3　设 $\lambda_1, \lambda_2, \cdots, \lambda_s$ 是线性变换 T(或矩阵 $\boldsymbol{A}$) 的 s 个互异的特征值, $\boldsymbol{\xi}_i$ 是属于特征值 $\lambda_i (i = 1, 2, \cdots, s)$ 的特征向量, 则 $\boldsymbol{\xi}_1, \boldsymbol{\xi}_2, \cdots, \boldsymbol{\xi}_s$ 线性无关.

证明　对特征值的个数 s 作归纳法:

当 $s = 1$ 时, 因特征向量非零, 故单个特征向量必线性无关.

现假设对应于 s 个互异特征值的特征向量线性无关, 下面证明对应于 $s+1$ 个互异特征值 $\lambda_1, \lambda_2, \cdots, \lambda_s, \lambda_{s+1}$ 的特征向量 $\boldsymbol{\xi}_1, \boldsymbol{\xi}_2, \cdots, \boldsymbol{\xi}_s, \boldsymbol{\xi}_{s+1}$ 线性无关.

设有常数 $k_1, k_2, \cdots, k_{s+1}$ 使得

$$k_1\boldsymbol{\xi}_1 + k_2\boldsymbol{\xi}_2 + \cdots + k_s\boldsymbol{\xi}_s + k_{s+1}\boldsymbol{\xi}_{s+1} = \mathbf{0}. \tag{6.16}$$

上式两边同乘 λ_{s+1}, 得

$$k_1\lambda_{s+1}\boldsymbol{\xi}_1 + k_2\lambda_{s+1}\boldsymbol{\xi}_2 + \cdots + k_s\lambda_{s+1}\boldsymbol{\xi}_s + k_{s+1}\lambda_{s+1}\boldsymbol{\xi}_{s+1} = \mathbf{0}.$$

对 (6.16) 两边同时作用 T 得

$$k_1\lambda_1\boldsymbol{\xi}_1+k_2\lambda_2\boldsymbol{\xi}_2+\cdots+k_s\lambda_s\boldsymbol{\xi}_s+k_{s+1}\lambda_{s+1}\boldsymbol{\xi}_{s+1}=\mathbf{0}.$$

从而有

$$k_1(\lambda_{s+1}-\lambda_1)\boldsymbol{\xi}_1+\cdots+k_s(\lambda_{s+1}-\lambda_s)\boldsymbol{\xi}_s=\mathbf{0}.$$

由归纳假设, $\boldsymbol{\xi}_1,\boldsymbol{\xi}_2,\cdots,\boldsymbol{\xi}_s$ 线性无关, 则

$$k_i(\lambda_{s+1}-\lambda_i)=0,\qquad i=1,2,\cdots,s.$$

因 $\lambda_{s+1}-\lambda_i\neq 0(i\leqslant s)$, 故 $k_i=0,(i=1,2,\cdots,s)$. 从而 (6.16) 变成

$$k_{s+1}\boldsymbol{\xi}_{s+1}=\mathbf{0}.$$

因 $\boldsymbol{\xi}_{s+1}\neq\mathbf{0}$, 所以 $k_{s+1}=0$. 因此 $\boldsymbol{\xi}_1,\boldsymbol{\xi}_2,\cdots,\boldsymbol{\xi}_s,\boldsymbol{\xi}_{s+1}$ 线性无关. 定理证毕. □

6.5.2 线性变换的最简表示

对角矩阵是矩阵中最简单的一种, 本节将研究对于 n 维的线性空间 V 上的某个线性变换 T 是否存在一组基使得 T 在该组基下的矩阵为对角矩阵.

定义 6.5.3 设 T 是 n 维线性空间 V 上的一个线性变换, 若 T 在某组基 $\varepsilon_1,\varepsilon_2,\cdots,\varepsilon_n$ 下的矩阵为对角矩阵, 则称 T 有**最简表示**.

下面讨论什么样的线性变换有最简表示.

设 n 维线性空间 V 上的一个线性变换 T 在基 $\varepsilon_1,\varepsilon_2,\cdots,\varepsilon_n$ 下的矩阵为对角矩阵 $\boldsymbol{A}$, 即

$$(T\varepsilon_1 T\varepsilon_2\cdots T\varepsilon_n)=(\varepsilon_1\varepsilon_2\cdots\varepsilon_n)\begin{pmatrix}\lambda_1&&&\\&\lambda_2&&\\&&\ddots&\\&&&\lambda_n\end{pmatrix}.$$

因此

$$T\varepsilon_i=\lambda_i\varepsilon_i,\qquad i=1,2,\cdots,n.$$

于是 $\varepsilon_1,\varepsilon_2,\cdots,\varepsilon_n$ 是 T 的 n 个线性无关的特征向量.

另一方面, 如果 T 有 n 个线性无关的特征向量 $\varepsilon_1,\varepsilon_2,\cdots,\varepsilon_n$,

$$T\varepsilon_i=\lambda_i\varepsilon_i,\qquad i=1,2,\cdots,n.$$

取 $\varepsilon_1,\varepsilon_2,\cdots,\varepsilon_n$ 为 V 的一组基, 显见

$$(T\varepsilon_1 T\varepsilon_2\cdots T\varepsilon_n)=(\varepsilon_1\varepsilon_2\cdots\varepsilon_n)\begin{pmatrix}\lambda_1&&&\\&\lambda_2&&\\&&\ddots&\\&&&\lambda_n\end{pmatrix}.$$

即 T 在基 $\varepsilon_1,\varepsilon_2,\cdots,\varepsilon_n$ 下的矩阵是对角矩阵.

上面的讨论证明了如下定理

定理 6.5.4　n 维线性空间 V 上的一个线性变换 T 有最简表示的充要条件是 T 有 n 个线性无关的特征向量.

现在我们来看在 n 维线性空间 V 上，什么样的线性变换 T 会有 n 个线性无关的特征向量, 定理6.5.3 给出了一个充分条件, 并由此得到:

推论 6.5.5　若线性变换 T 有 n 个互异的特征值, 则 T 有最简表示.

应用定理6.5.3 还可以证明

定理 6.5.6　若 λ_1, λ_2 是线性变换 T 的两个不同的特征值, $\boldsymbol{\xi}_1, \boldsymbol{\xi}_2, \cdots, \boldsymbol{\xi}_s$ 是 T 的属于 λ_1 的线性无关的特征向量, $\boldsymbol{\nu}_1, \boldsymbol{\nu}_2, \cdots, \boldsymbol{\nu}_t$ 是 T 的属于 λ_2 的线性无关的特征向量, 则 $\boldsymbol{\xi}_1, \boldsymbol{\xi}_2, \cdots, \boldsymbol{\xi}_s; \boldsymbol{\nu}_1, \boldsymbol{\nu}_2, \cdots, \boldsymbol{\nu}_t$ 线性无关.

证明　参见定理 4.3.3. □

对于同一个特征值对应的特征向量, 有如下结论:

定理 6.5.7　若 λ_0 是线性变换 T 的 s 重特征值, 则 T 的属于 λ_0 的特征向量中, 线性无关的最大组包含的向量的个数不超过 s.

证明　略. □

定理 6.5.8　n 维线性空间上的线性变换 T 有最简表示 $\Longleftrightarrow$ T 有 n 个特征值 (包括重数), 且对 T 的每个 s_i 重特征值 λ_i, 其对应的特征矩阵 $\lambda_i \boldsymbol{E} - \boldsymbol{A}$ 的秩为 $n - s_i$.

证明　注意到 $(\lambda_i \boldsymbol{E} - \boldsymbol{A})\boldsymbol{x} = \boldsymbol{\theta}$ 的基础解系包含 $n - (n - s_i)$, 即 s_i 个线性无关的特征向量, 而 s_i 之和是 n, 由定理 4.3.3 可知, $\boldsymbol{A}$ 有 n 个线性无关的特征向量, 则 $\boldsymbol{A}$ 与对角矩阵相似, 即 T 有最简表示. 反之亦然. □

由上面的定理, 判别线性变换 T 的矩阵是否有最简表示, 只需计算特征值与特征矩阵的秩即可.

例 6.5.3　设 V 上线性变换 T 在基 $\varepsilon_1, \varepsilon_2$ 下的矩阵为

$$\boldsymbol{A} = \begin{pmatrix} 1 & -1 \\ 1 & 1 \end{pmatrix},$$

分别把 V 看作实线性空间和复线性空间, T 是否有最简表示? 若有，则求其最简表示.

解　若 V 是实线性空间,

$$\begin{aligned} p(\lambda) = |\lambda \boldsymbol{E} - \boldsymbol{A}| &= \begin{vmatrix} \lambda - 1 & 1 \\ -1 & \lambda - 1 \end{vmatrix} \\ &= \lambda^2 - 2\lambda + 2 = [\lambda - (1+i)][\lambda - (1-i)]. \end{aligned}$$

因此在实数域上 $\boldsymbol{A}$ 没有特征值, 故没有特征向量, 从而 T 也没有特征值与特征向量，所以没有最简表示.

若 V 是复线性空间, $\boldsymbol{A}$ 有特征值 $1+i$ 和 $1-i$，这也是 T 的特征值，且都是单特征值，故 T 有最简表示.

对应于特征值 $\lambda_1 = 1 + i$, 解齐次线性方程组

$$(\lambda_1 \boldsymbol{E} - \boldsymbol{A})\boldsymbol{x} = \boldsymbol{\theta},$$

得到相应的特征子空间的一个基础解系, $\boldsymbol{\xi}_1=(i,1)^{\mathrm{T}}$. 对应于特征值 $\lambda_2=1-i$, 解齐次线性方程组

$$(\lambda_2\boldsymbol{E}-\boldsymbol{A})\boldsymbol{x}=\boldsymbol{\theta},$$

得到相应的特征子空间的一个基础解系 $\boldsymbol{\xi}_2=(-i,1)^{\mathrm{T}}$. 二阶方阵 $\boldsymbol{A}$ 有两个线性无关的特征向量 $\boldsymbol{\xi}_1,\boldsymbol{\xi}_2$, 所以 $\boldsymbol{A}$ 可以对角化. 令

$$\boldsymbol{P}=\begin{pmatrix} i & -i \\ 1 & 1 \end{pmatrix},$$

则

$$\begin{aligned}\boldsymbol{P}^{-1}\boldsymbol{A}\boldsymbol{P}&=\frac{1}{2}\begin{pmatrix} -i & 1 \\ i & 1 \end{pmatrix}\begin{pmatrix} 1 & -1 \\ 1 & 1 \end{pmatrix}\begin{pmatrix} i & -i \\ 1 & 1 \end{pmatrix}\\ &=\begin{pmatrix} 1+i & 0 \\ 0 & 1-i \end{pmatrix}.\end{aligned}$$

注意到 $\boldsymbol{A}$ 是 T 在基 $\boldsymbol{\varepsilon}_1,\boldsymbol{\varepsilon}_2$ 下的矩阵，令 $(\boldsymbol{\eta}_1\boldsymbol{\eta}_2)=(\boldsymbol{\varepsilon}_1\boldsymbol{\varepsilon}_2)\boldsymbol{P}$, 则 T 的最简表示为

$$(T\boldsymbol{\eta}_1 T\boldsymbol{\eta}_2)=(\boldsymbol{\eta}_1\boldsymbol{\eta}_2)\begin{pmatrix} 1+i & 0 \\ 0 & 1-i \end{pmatrix}.$$

□

6.5.3* 不变子空间

研究线性变换的一个重要的方法是把它所作用的空间进行分解, 这一节介绍线性变换的不变子空间的概念, 并由此说明线性变换的矩阵的化简与线性变换的内在联系.

定义 6.5.4 设 T 是线性空间 V 上的一个线性变换, W 是 V 的一个子空间, 如果对任意的 $\boldsymbol{\alpha}\in W$, 都有 $T\boldsymbol{\alpha}\in W$, 则称 W 是 T 的一个**不变子空间**.

例 6.5.4 线性空间 V 的任何一个子空间都是数乘变换的不变子空间, 因为子空间对数量乘法是封闭的.

例 6.5.5 零子空间 $\{\mathbf{0}\}$ 和整个线性空间 V, 对每个线性变换 T 而言显然都是 T 的不变子空间, 称 $\{\mathbf{0}\}$ 和 V 为 T 的**平凡不变子空间**. 除此之外的不变子空间称为 T 的**非平凡不变子空间**.

例 6.5.6 证明线性空间 V 上的线性变换 T 的像空间 $\mathcal{R}(T)$, 核空间 $\ker(T)$ 及特征子空间 V_λ 都是 T 的不变子空间.

证明 任取 $\boldsymbol{\alpha}\in\mathcal{R}(T)$, 因 $T\boldsymbol{\alpha}\in\mathcal{R}(T)$, 所以 $\mathcal{R}(T)$ 是 T 的不变子空间.

任取 $\boldsymbol{\alpha}\in\ker(T)$, 因 $T\boldsymbol{\alpha}\in\ker(T)$, 所以 $\ker(T)$ 是 T 的不变子空间.

设 V_λ 是 T 的任一特征子空间, 任取 $\boldsymbol{\alpha}\in V_\lambda$, 因 $T\boldsymbol{\alpha}=\lambda\boldsymbol{\alpha}\in V_\lambda$, 所以 V_λ 是 T 的不变子空间. □

例 6.5.7 证明线性变换 T 的不变子空间的和与交还是 T 的不变子空间.

证明 证明略, 留作习题. □

例 6.5.8　设线性空间 V 的子空间 W 由向量组 $\boldsymbol{\alpha}_1,\boldsymbol{\alpha}_2,\cdots,\boldsymbol{\alpha}_m$ 生成, 即

$$W=\operatorname{span}\{\boldsymbol{\alpha}_1,\boldsymbol{\alpha}_2,\cdots,\boldsymbol{\alpha}_m\},$$

则 W 是 T 的不变子空间的充要条件是 $T\boldsymbol{\alpha}_1,T\boldsymbol{\alpha}_2,\cdots,T\boldsymbol{\alpha}_m\in W$.

证明　必要性显然.

若 $T\boldsymbol{\alpha}_1,T\boldsymbol{\alpha}_2,\cdots,T\boldsymbol{\alpha}_m\in W$, 因 W 中的每个向量 $\boldsymbol{\alpha}$ 都可表示成

$$\boldsymbol{\alpha}=x_1\boldsymbol{\alpha}_1+x_2\boldsymbol{\alpha}_2+\cdots+x_m\boldsymbol{\alpha}_m,$$

故有

$$T\boldsymbol{\alpha}=x_1T\boldsymbol{\alpha}_1+x_2T\boldsymbol{\alpha}_2+\cdots+x_mT\boldsymbol{\alpha}_m\in W.$$

□

下面讨论不变子空间和线性变换矩阵化简之间的关系.

设 T 是线性空间 V 上的一个线性变换, W 是 V 的关于 T 的一个不变子空间. 在 W 中取一组基 $\boldsymbol{\varepsilon}_1,\boldsymbol{\varepsilon}_2,\cdots,\boldsymbol{\varepsilon}_m$, 并由此扩充为 V 的一组基

$$\boldsymbol{\varepsilon}_1,\boldsymbol{\varepsilon}_2,\cdots,\boldsymbol{\varepsilon}_m,\quad \boldsymbol{\varepsilon}_{m+1},\cdots,\boldsymbol{\varepsilon}_n.$$

由于 $T\boldsymbol{\varepsilon}_1,T\boldsymbol{\varepsilon}_2,\cdots,T\boldsymbol{\varepsilon}_m\in W$, 所以有

$$\begin{aligned}
T\boldsymbol{\varepsilon}_1&=a_{11}\boldsymbol{\varepsilon}_1+a_{21}\boldsymbol{\varepsilon}_2+\cdots+a_{m1}\boldsymbol{\varepsilon}_m,\\
T\boldsymbol{\varepsilon}_2&=a_{12}\boldsymbol{\varepsilon}_1+a_{22}\boldsymbol{\varepsilon}_2+\cdots+a_{m2}\boldsymbol{\varepsilon}_m,\\
&\cdots\cdots\\
T\boldsymbol{\varepsilon}_m&=a_{1m}\boldsymbol{\varepsilon}_1+a_{2m}\boldsymbol{\varepsilon}_2+\cdots+a_{mm}\boldsymbol{\varepsilon}_m,\\
T\boldsymbol{\varepsilon}_{m+1}&=a_{1m+1}\boldsymbol{\varepsilon}_1+a_{2m+1}\boldsymbol{\varepsilon}_2+\cdots+a_{mm+1}\boldsymbol{\varepsilon}_m\\
&\qquad+a_{m+1m+1}\boldsymbol{\varepsilon}_{m+1}+\cdots+a_{nm+1}\boldsymbol{\varepsilon}_n,\\
&\cdots\cdots\\
T\boldsymbol{\varepsilon}_n&=a_{1n}\boldsymbol{\varepsilon}_1+a_{2n}\boldsymbol{\varepsilon}_2+\cdots+a_{mn}\boldsymbol{\varepsilon}_m\\
&\qquad+a_{m+1,n}\boldsymbol{\varepsilon}_{m+1}+\cdots+a_{nn}\boldsymbol{\varepsilon}_n.
\end{aligned}$$

则 T 在基 $\boldsymbol{\varepsilon}_1,\boldsymbol{\varepsilon}_2,\cdots,\boldsymbol{\varepsilon}_m,\boldsymbol{\varepsilon}_{m+1},\cdots,\boldsymbol{\varepsilon}_n$ 下的矩阵为

$$\begin{pmatrix}
a_{11} & \cdots & a_{1m} & a_{1,m+1} & \cdots & a_{1n}\\
\vdots & & \vdots & \vdots & & \vdots\\
a_{m1} & \cdots & a_{mm} & a_{m,m+1} & \cdots & a_{mn}\\
0 & \cdots & 0 & a_{m+1,m+1} & \cdots & a_{m+1,n}\\
\vdots & & \vdots & \vdots & & \vdots\\
0 & \cdots & 0 & a_{n,m+1} & \cdots & a_{nn}
\end{pmatrix}=\begin{pmatrix}\boldsymbol{A}_1 & \boldsymbol{A}_3\\ \boldsymbol{O} & \boldsymbol{A}_2\end{pmatrix}. \tag{6.17}$$

其中，因为 W 是 V 的关于 T 的一个不变子空间, 所以像 $T\varepsilon_1, T\varepsilon_2, \cdots, T\varepsilon_m$ 仍属于 W, 故可由 W 的基 $\varepsilon_1, \varepsilon_2, \cdots, \varepsilon_m$ 线性表出:

$$\begin{aligned}
T\varepsilon_1 &= a_{11}\varepsilon_1 + a_{21}\varepsilon_2 + \cdots + a_{m1}\varepsilon_m, \\
T\varepsilon_2 &= a_{12}\varepsilon_1 + a_{22}\varepsilon_2 + \cdots + a_{m2}\varepsilon_m, \\
&\cdots\cdots \\
T\varepsilon_m &= a_{1m}\varepsilon_1 + a_{2m}\varepsilon_2 + \cdots + a_{mm}\varepsilon_m.
\end{aligned}$$

故 T 在基 $\varepsilon_1, \varepsilon_2, \cdots, \varepsilon_m, \varepsilon_{m+1}, \cdots, \varepsilon_n$ 下的矩阵具有 (6.17) 的形式, m 阶方阵 $\boldsymbol{A}_1$ 是 T 在 W 的基 $\varepsilon_1, \varepsilon_2, \cdots, \varepsilon_m$ 下的矩阵.

另一方面, 如果 T 在基 $\varepsilon_1, \varepsilon_2, \cdots, \varepsilon_m, \varepsilon_{m+1}, \cdots, \varepsilon_n$ 下的矩阵是 (6.17), 容易证明由 $\varepsilon_1, \varepsilon_2, \cdots, \varepsilon_m$ 生成的子空间是 V 的关于 T 的一个不变子空间.

如果 V 分解成若干个 T 的不变子空间的直和:

$$V = W_1 \oplus W_2 \oplus \cdots \oplus W_m,$$

在 T 的每个不变子空间 W_i 中取基

$$\varepsilon_{i1}, \varepsilon_{i2}, \cdots, \varepsilon_{in_i}, \qquad i = 1, 2, \cdots, m,$$

把所有这些基合并在一起就成为 V 的一组基. 在这样的一组基下, T 的矩阵具有分块对角形

$$\begin{pmatrix} \boldsymbol{A}_1 & & & \\ & \boldsymbol{A}_2 & & \\ & & \ddots & \\ & & & \boldsymbol{A}_m \end{pmatrix}, \tag{6.18}$$

其中, $\boldsymbol{A}_i (i = 1, 2, \cdots, m)$ 是 T 在 W_i 的基 $\varepsilon_{i1}, \varepsilon_{i2}, \cdots, \varepsilon_{in_i}$ 下的矩阵.

反之, 若线性变换 T 在所有 $\varepsilon_{i1}, \varepsilon_{i2}, \cdots, \varepsilon_{in_i}$ 合并的 V 的基下的矩阵是分块对角矩阵 (6.18), 则由 $\varepsilon_{i1}, \varepsilon_{i2}, \cdots, \varepsilon_{in_i}$ 生成的子空间 W_i 是 T 的不变子空间，且 V 是 W_i 的直和.

习 题 六

1. 检验下列集合对于所指定的运算是否构成实数域上的线性空间:

(1) 次数等于 $n(n \geqslant 1)$ 的实系数多项式全体, 对于多项式的加法和数乘;

(2) 同阶实对称 (反对称) 矩阵全体, 对于矩阵的加法和数乘;

(3) 平面上不平行于某一向量的全体向量所组成的集合, 对于向量的加法和数乘;

(4) 平面上全体向量, 对于通常的加法和如下定义的数乘: $k\boldsymbol{\alpha} = \mathbf{0}$ (k 为实数, $\boldsymbol{\alpha}$ 为平面向量).

2. 设 $V = \{\boldsymbol{x} : \boldsymbol{x} = c_1 \sin t + c_2 \sin 2t + \cdots + c_n \sin nt, c_k \in \mathbf{R}, 0 \leqslant t \leqslant 2\pi\}$. V 中元素对于通常三角多项式的加法和数乘运算, 是否构成实数域上的线性空间? 若 V 是 $\mathbf{R}$ 上的线性空间, 证明 $\{\sin t, \sin 2t, \cdots, \sin nt\}$ 是 V 的一组基, 试提出确定 c_k 的方法.

3. 在 $\mathbf{R}^4$ 中有两组基

$$\boldsymbol{\alpha}_1=(1,0,0,0)^{\mathrm{T}},\qquad \boldsymbol{\alpha}_2=(0,1,0,0)^{\mathrm{T}},$$
$$\boldsymbol{\alpha}_3=(0,0,1,0)^{\mathrm{T}},\qquad \boldsymbol{\alpha}_4=(0,0,0,1)^{\mathrm{T}},$$

与

$$\boldsymbol{\beta}_1=(2,1,-1,1)^{\mathrm{T}},\qquad \boldsymbol{\beta}_2=(0,3,1,0)^{\mathrm{T}},$$
$$\boldsymbol{\beta}_3=(5,3,2,1)^{\mathrm{T}},\qquad \boldsymbol{\beta}_4=(6,6,1,3)^{\mathrm{T}}.$$

(1) 求由基 $\boldsymbol{\alpha}_1,\boldsymbol{\alpha}_2,\boldsymbol{\alpha}_3,\boldsymbol{\alpha}_4$ 到基 $\boldsymbol{\beta}_1,\boldsymbol{\beta}_2,\boldsymbol{\beta}_3,\boldsymbol{\beta}_4$ 的过渡矩阵;

(2) 求对两组基有相同坐标的非零向量.

4. 设四维线性空间 V 的两组基 $\Phi:\boldsymbol{\alpha}_1,\boldsymbol{\alpha}_2,\boldsymbol{\alpha}_3,\boldsymbol{\alpha}_4$ 和 $\Psi:\boldsymbol{\beta}_1,\boldsymbol{\beta}_2,\boldsymbol{\beta}_3,\boldsymbol{\beta}_4$ 满足

$$\begin{cases}\boldsymbol{\alpha}_1+2\boldsymbol{\alpha}_2=\boldsymbol{\beta}_3,\\ \boldsymbol{\alpha}_2+2\boldsymbol{\alpha}_3=\boldsymbol{\beta}_4,\\ \boldsymbol{\beta}_1+2\boldsymbol{\beta}_2=\boldsymbol{\alpha}_3,\\ \boldsymbol{\beta}_2+2\boldsymbol{\beta}_3=\boldsymbol{\alpha}_4,\end{cases}$$

(1) 求由基 Φ 到基 Ψ 的过渡矩阵;

(2) 求向量 $\boldsymbol{\alpha}=2\boldsymbol{\beta}_1-\boldsymbol{\beta}_2+\boldsymbol{\beta}_3+\boldsymbol{\beta}_4$ 在基 Φ 下的坐标;

(3) 判断是否存在非零元素 $\boldsymbol{\alpha}\in V$，使得 $\boldsymbol{\alpha}$ 在基 Φ 和基 Ψ 下的坐标相同.

5. V 表示在 $[0,1]$ 上有定义的所有实函数构成的线性空间, 下列哪些实函数集合构成 V 的子空间.

(1) 所有 $f(x)$, 使 $f(x)=0$;

(2) 所有 $f(x)$, 使 $f(x)=f(1-x)$;

(3) 所有 $f(x)$, 使 $2f(0)=f(1)$;

(4) 所有 $f(x)$, 使当 $0\leqslant x\leqslant 1$ 时恒有 $f(x)\geqslant 0$.

6. 假定 $\boldsymbol{\alpha}_1,\boldsymbol{\alpha}_2,\boldsymbol{\alpha}_3$ 是 $\mathbf{R}^3$ 的一组基, 试求由

$$\boldsymbol{\alpha}_1'=\boldsymbol{\alpha}_1-2\boldsymbol{\alpha}_2+3\boldsymbol{\alpha}_3,\quad \boldsymbol{\alpha}_2'=2\boldsymbol{\alpha}_1+3\boldsymbol{\alpha}_2+2\boldsymbol{\alpha}_3,\quad \boldsymbol{\alpha}_3'=4\boldsymbol{\alpha}_1+13\boldsymbol{\alpha}_2$$

生成的子空间 $\mathrm{span}(\boldsymbol{\alpha}_1',\boldsymbol{\alpha}_2',\boldsymbol{\alpha}_3')$ 的基.

7. 设 V_1,V_2 都是线性空间 V 的有限维子空间, 且 $V_1\subset V_2$. 证明: 如果 $\dim V_1=\dim V_2$, 则 $V_1=V_2$.

8. 证明: 所有 n 阶方阵空间是线性子空间 L_1 和 L_2 的直接和, 其中 L_1 是对称方阵子空间, L_2 是反对称方阵子空间.

9. 求由向量 $\boldsymbol{\xi}_i$ 生成的子空间与由向量 $\boldsymbol{\eta}_i$ 生成的子空间的交与和的基及维数, 其中

$$\boldsymbol{\xi}_1=(1,2,-1,-2)^{\mathrm{T}},\quad \boldsymbol{\xi}_2=(3,1,1,1)^{\mathrm{T}},\quad \boldsymbol{\xi}_3=(-1,0,1,-1)^{\mathrm{T}};$$
$$\boldsymbol{\eta}_1=(2,5,-6,-5)^{\mathrm{T}},\quad \boldsymbol{\eta}_2=(-1,2,-7,3)^{\mathrm{T}}.$$

10. 下列映射是不是线性的? 为什么? 哪些是单射? 哪些是满射?

(1) 在 $\mathbf{R}^3$ 中, $T(x,y,z)=(x+y,2z,x)$;

(2) 在 n 阶方阵构成的线性空间 $M_{n\times n}$ 中, 设 $\boldsymbol{M}$ 为一固定 n 阶方阵, 定义 $T:T(\boldsymbol{A})=\boldsymbol{M}\boldsymbol{A}$, $\boldsymbol{A}$ 为 $M_{n\times n}$ 中任一方阵;

(3) 将复数域 $\mathbf{C}$ 视为实数域 $\mathbf{R}$ 上的线性空间, 定义 $T: T(z)=\bar{z}, \bar{z}$ 是复数 z 的共轭复数;

(4) 在 (3) 中, 若视 $\mathbf{C}$ 为复数域 $\mathbf{C}$ 上的线性空间, T 仍如 (3) 定义, 情况如何?

(5) 在 $\mathbf{R}^3$ 中, $T(x,y,z)=(x^2,x+y,z)$.

11. 设 T 是 V 的一个线性变换, 如果 $T^{k-1}\boldsymbol{\alpha}\neq\mathbf{0}$, 但 $T^k\boldsymbol{\alpha}=\mathbf{0}$.

(1) 证明: $\boldsymbol{\alpha}, T\boldsymbol{\alpha}, \cdots, T^{k-1}\boldsymbol{\alpha}(k\geqslant 1)$ 线性无关;

(2) 设 $W(\boldsymbol{\alpha})=\operatorname{span}\{\boldsymbol{\alpha}, T\boldsymbol{\alpha}, \cdots, T^{k-1}\boldsymbol{\alpha}\}$, 将 T 看成 $W(\boldsymbol{\alpha})$ 中线性变换, 试求 T 在基 $\boldsymbol{\alpha}, T\boldsymbol{\alpha}, \cdots, T^{k-1}\boldsymbol{\alpha}$ 下的矩阵.

12. 设 $\mathbf{R}$ 上的三维线性空间 V 的线性变换 T 在基 $\varepsilon_1,\varepsilon_2,\varepsilon_3$ 下的矩阵为

$$\boldsymbol{A}=\begin{pmatrix} a_{11} & a_{12} & a_{13} \\ a_{21} & a_{22} & a_{23} \\ a_{31} & a_{32} & a_{33} \end{pmatrix}.$$

(1) 求 T 在基 $\varepsilon_3,\varepsilon_2,\varepsilon_1$ 下的矩阵;

(2) 求 T 在基 $\varepsilon_1,k\varepsilon_2,\varepsilon_3$ 下的矩阵, 其中 $k\in\mathbf{R}$, 且 $k\neq 0$;

(3) 求 T 在基 $\varepsilon_1+\varepsilon_2,\varepsilon_2,\varepsilon_3$ 下的矩阵.

13. 设三维线性空间 V 的两组基为 $\Phi:\varepsilon_1,\varepsilon_2,\varepsilon_3$; $\Psi:\boldsymbol{\eta}_1,\boldsymbol{\eta}_2,\boldsymbol{\eta}_3$. 由基 Φ 变到基 Ψ 的过渡矩阵 $\boldsymbol{C}=\begin{pmatrix} 1 & 0 & 1 \\ 0 & -1 & 0 \\ -1 & 0 & 1 \end{pmatrix}$, 线性变换 T 满足

$$\begin{cases} T(\varepsilon_1+2\varepsilon_2+3\varepsilon_3)=\boldsymbol{\eta}_1+\boldsymbol{\eta}_2, \\ T(2\varepsilon_1+\varepsilon_2+2\varepsilon_3)=\boldsymbol{\eta}_2+\boldsymbol{\eta}_3, \\ T(\varepsilon_1+3\varepsilon_2+4\varepsilon_3)=\boldsymbol{\eta}_1+\boldsymbol{\eta}_3. \end{cases}$$

(1) 求 T 在基 Ψ 下的矩阵 $\boldsymbol{A}$;

(2) 求 $T(\boldsymbol{\eta}_1)$ 在基 Φ 下的坐标.

14. T 是数域 K 上的 n 维线性空间 V 的一个线性变换. 证明: T 在任意一组基下的矩阵都相同的充要条件是 T 是数乘变换.

15. 在线性空间 $\mathbf{R}^3$ 中, 定义线性变换 T 为

$$T(x_1,x_2,x_3)^{\mathrm{T}}=(-x_1-2x_2+2x_3,x_2,x_3)^{\mathrm{T}}.$$

求 T 的所有特征值和特征向量.

16. 给定矩阵 $\begin{pmatrix} 1 & -1 & -1 & 1 \\ 1 & -1 & 1 & -3 \\ 1 & -1 & -2 & 3 \end{pmatrix}$, 定义 $\mathbf{R}^4$ 到 $\mathbf{R}^3$ 的一个线性映射 T 为: $T\boldsymbol{x}=\boldsymbol{A}\boldsymbol{x}, \forall\boldsymbol{x}\in\mathbf{R}^4$. 试分别求出像空间 $\operatorname{Im}(T)$ 与核空间 $\ker(T)$ 的一组基.

17. 已知 $\varepsilon_1,\varepsilon_2,\varepsilon_3,\varepsilon_4$ 是四维线性空间 V 的一组基, V 上的线性变换 T 在这组基下的矩

阵为

$$
\boldsymbol{A}=\begin{pmatrix} 1 & 0 & 2 & 1 \\ -1 & 2 & 1 & 3 \\ 1 & 2 & 5 & 5 \\ 2 & -2 & 1 & -2 \end{pmatrix}.
$$

(1) 求 T 在基 $\boldsymbol{\varepsilon}_1'=\boldsymbol{\varepsilon}_1-2\boldsymbol{\varepsilon}_2+\boldsymbol{\varepsilon}_4, \boldsymbol{\varepsilon}_2'=3\boldsymbol{\varepsilon}_2-\boldsymbol{\varepsilon}_3-3\boldsymbol{\varepsilon}_4, \boldsymbol{\varepsilon}_3'=\boldsymbol{\varepsilon}_3+\boldsymbol{\varepsilon}_4$, $\boldsymbol{\varepsilon}_4'=2\boldsymbol{\varepsilon}_4$ 下的矩阵;

(2) 求 T 的像空间与核空间;

(3) 在 T 的核空间中选一组基, 把它扩充成 V 的一组基, 并求 T 在这组基下的矩阵;

(4) 在 T 的像空间中选一组基, 把它扩充成 V 的一组基, 并求 T 在这组基下的矩阵.

18*. 设 T_1, T_2 是数域 C 上的 n 维线性空间 V 上的线性变换, 且 $T_1T_2=T_2T_1$, 证明: 如果 λ_0 是 T_1 的特征值, 那么 V_{λ_0} 是 T_2 的不变子空间.

19*. 证明: 线性空间 V 上的线性变换 T 的一维不变子空间必定是由 T 的某个特征向量所生成.

20*. 设 T 是数域 K 上线性空间 V 的一个线性变换, W_1, W_2 是 T 的不变子空间. 证明: $W_1+W_2, W_1\bigcap W_2, T(W_1)+T(W_2)$ 都是 T 的不变子空间.

第7章　内 积 空 间

7.1　内 积 空 间

回忆一下, 在空间解析几何中, 若 $\boldsymbol{\alpha}, \boldsymbol{\beta}$ 是 $\mathbf{R}^3$ 中的向量, 它们的数量积为

$$(\boldsymbol{\alpha}, \boldsymbol{\beta}) = \boldsymbol{\alpha} \cdot \boldsymbol{\beta} = |\boldsymbol{\alpha}||\boldsymbol{\beta}| \cos\theta = x_1y_1 + x_2y_2 + x_3y_3, \tag{7.1}$$

其中 θ 是 $\boldsymbol{\alpha}$ 与 $\boldsymbol{\beta}$ 之间的夹角, (x_1, x_2, x_3) 是 $\boldsymbol{\alpha}$ 的坐标, (y_1, y_2, y_3) 是 $\boldsymbol{\beta}$ 的坐标. 易见数量积满足下列性质:

(1) $(\boldsymbol{\alpha}, \boldsymbol{\beta}) = (\boldsymbol{\beta}, \boldsymbol{\alpha})$;

(2) $(\boldsymbol{\alpha}_1 + \boldsymbol{\alpha}_2, \boldsymbol{\beta}) = (\boldsymbol{\alpha}_1, \boldsymbol{\beta}) + (\boldsymbol{\alpha}_2, \boldsymbol{\beta})$;

(3) $(\lambda\boldsymbol{\alpha}, \boldsymbol{\beta}) = \lambda(\boldsymbol{\alpha}, \boldsymbol{\beta}), \lambda$ 为任意实数;

(4) $(\boldsymbol{\alpha}, \boldsymbol{\alpha}) \geqslant 0$, 当且仅当 $\boldsymbol{\alpha} = \mathbf{0}$ 时, $(\boldsymbol{\alpha}, \boldsymbol{\alpha}) = 0$.

向量的长度和夹角都可以由数量积 (点积) 求出, 即

$$\|\boldsymbol{\alpha}\| = \sqrt{(\boldsymbol{\alpha}, \boldsymbol{\alpha})}, \qquad \cos\theta = \frac{(\boldsymbol{\alpha}, \boldsymbol{\beta})}{\|\boldsymbol{\alpha}\|\|\boldsymbol{\beta}\|}.$$

我们抽象出数量积所含有的代数性质, 在一般的线性空间中引入内积的概念.

定义 7.1.1 (实内积与欧氏空间)　设 V 是实数域 $\mathbf{R}$ 上的线性空间, 对 V 中的任意两个向量 $\boldsymbol{\alpha}, \boldsymbol{\beta}$, 由某种规则确定了一个实数, 记为 $(\boldsymbol{\alpha}, \boldsymbol{\beta})$, 并满足下列条件:

(1) 对称性: $(\boldsymbol{\alpha}, \boldsymbol{\beta}) = (\boldsymbol{\beta}, \boldsymbol{\alpha})$;

(2) 可加性: $(\boldsymbol{\alpha}_1 + \boldsymbol{\alpha}_2, \boldsymbol{\beta}) = (\boldsymbol{\alpha}_1, \boldsymbol{\beta}) + (\boldsymbol{\alpha}_2, \boldsymbol{\beta})$;

(3) 齐次性: $(\lambda\boldsymbol{\alpha}, \boldsymbol{\beta}) = \lambda(\boldsymbol{\alpha}, \boldsymbol{\beta}), \forall\lambda \in \mathbf{R}$;

(4) 非负性: $(\boldsymbol{\alpha}, \boldsymbol{\alpha}) \geqslant 0$, 当且仅当 $\boldsymbol{\alpha} = \mathbf{0}$ 时, $(\boldsymbol{\alpha}, \boldsymbol{\alpha}) = 0$,

则实数 $(\boldsymbol{\alpha}, \boldsymbol{\beta})$ 就称为向量 $\boldsymbol{\alpha}, \boldsymbol{\beta}$ 的**实内积**，有时简称**内积**.

定义了实内积的实数域 $\mathbf{R}$ 上的线性空间称为**实内积空间**, 并称有限维实内积空间为**欧几里得 (Euclid) 空间**，简称**欧氏空间**.

定义 7.1.1 中 (2), (3) 两条性质合起来称为线性性, 实内积满足的这几条性质叫**内积公理**. 由定义 7.1.1 容易得

(1) $(\boldsymbol{\alpha}, \boldsymbol{\beta} + \boldsymbol{\gamma}) = (\boldsymbol{\alpha}, \boldsymbol{\beta}) + (\boldsymbol{\alpha}, \boldsymbol{\gamma})$;

(2) $(\boldsymbol{\alpha}, \lambda\boldsymbol{\beta}) = \lambda(\boldsymbol{\alpha}, \boldsymbol{\beta}), \quad \forall\lambda \in \mathbf{R}$;

(3) $(\boldsymbol{\alpha}, \mathbf{0}) = 0 = (\mathbf{0}, \boldsymbol{\beta})$;

(4)

$$\left(\sum_{i=1}^{m} a_i\boldsymbol{\alpha}_i, \sum_{j=1}^{n} b_j\boldsymbol{\beta}_j\right) = \sum_{i=1}^{m}\sum_{j=1}^{n} a_i b_j(\boldsymbol{\alpha}_i, \boldsymbol{\beta}_j)$$

$$= (a_1, a_2, \cdots, a_m)\begin{pmatrix} (\boldsymbol{\alpha}_1,\boldsymbol{\beta}_1)(\boldsymbol{\alpha}_1,\boldsymbol{\beta}_2)\cdots(\boldsymbol{\alpha}_1,\boldsymbol{\beta}_n) \\ (\boldsymbol{\alpha}_2,\boldsymbol{\beta}_1)(\boldsymbol{\alpha}_2,\boldsymbol{\beta}_2)\cdots(\boldsymbol{\alpha}_2,\boldsymbol{\beta}_n) \\ \cdots\cdots \\ (\boldsymbol{\alpha}_m,\boldsymbol{\beta}_1)(\boldsymbol{\alpha}_m,\boldsymbol{\beta}_2)\cdots(\boldsymbol{\alpha}_m,\boldsymbol{\beta}_n) \end{pmatrix}\begin{pmatrix} b_1 \\ b_2 \\ \vdots \\ b_n \end{pmatrix},$$

其中 $\boldsymbol{\alpha}, \boldsymbol{\beta}, \boldsymbol{\gamma}, \boldsymbol{\alpha}_i, \boldsymbol{\beta}_j \in V, a_i, b_j \in \mathbf{R}, (i = 1, 2, \cdots, m; j = 1, 2, \cdots, n)$.

例 7.1.1 在 $\mathbf{R}^3$ 中定义实内积为 (7.1) 的数量积, 则 $\mathbf{R}^3$ 构成一个欧几里得空间.

例 7.1.2 闭区间 $[a, b](b > a)$ 上的实连续函数的全体按通常意义的加法和数乘运算构成无穷维线性空间 $C_{[a,b]}$, 对 $f(x), g(x) \in C_{[a,b]}$, 定义内积为

$$(f(x), g(x)) = \int_a^b f(x)g(x)\mathrm{d}x.$$

容易验证上述内积满足实内积定义的要求, 则 $C_{[a,b]}$ 就成为实内积空间.

7.1.1 长度、范数、夹角与正交性

类似于三维几何空间 $\mathbf{R}^3$, 实内积空间中抽象向量的长度、夹角等度量可用内积来表示.

定义 7.1.2 (长度、范数) 设 V 是实内积空间, $\boldsymbol{\alpha} \in V$, 则称 $\|\boldsymbol{\alpha}\| = \sqrt{(\boldsymbol{\alpha}, \boldsymbol{\alpha})}$ 为向量 $\boldsymbol{\alpha}$ 的**长度**或**范数**. 显然, 向量的长度有如下性质:

(1) $\|\boldsymbol{\alpha}\| = 0 \Leftrightarrow \boldsymbol{\alpha} = \mathbf{0}$;

(2) $\|\lambda\boldsymbol{\alpha}\| = \sqrt{\lambda^2(\boldsymbol{\alpha}, \boldsymbol{\alpha})} = |\lambda|\|\boldsymbol{\alpha}\|, \forall \lambda \in \mathbf{R}$;

(3) 记 $\boldsymbol{\alpha}^0 = \dfrac{\boldsymbol{\alpha}}{\|\boldsymbol{\alpha}\|}$, 则 $\|\boldsymbol{\alpha}^0\| = 1$, 即 $\boldsymbol{\alpha}^0$ 是 $\boldsymbol{\alpha}$ 的单位向量.

定义 7.1.3 (夹角) 设 V 是实内积空间, 有非零向量 $\boldsymbol{\alpha}, \boldsymbol{\beta} \in V$, 则它们的夹角 θ 定义为

$$\theta = \arccos\frac{(\boldsymbol{\alpha}, \boldsymbol{\beta})}{\|\boldsymbol{\alpha}\|\|\boldsymbol{\beta}\|}, \qquad 0 \leqslant \theta \leqslant \pi.$$

注 若 $\boldsymbol{\beta} \neq 0$, 由 $(\boldsymbol{\alpha} + \lambda\boldsymbol{\beta}, \boldsymbol{\alpha} + \lambda\boldsymbol{\beta}) \geqslant 0$, 展开左端后, 取 $\lambda = -\dfrac{(\boldsymbol{\alpha}, \boldsymbol{\beta})}{(\boldsymbol{\beta}, \boldsymbol{\beta})}$, 容易得到 $\dfrac{(\boldsymbol{\alpha}, \boldsymbol{\beta})}{\|\boldsymbol{\alpha}\|\|\boldsymbol{\beta}\|} \leqslant 1$. 这说明上述夹角的定义是有意义的.

定义 7.1.4 (正交) 设有向量 $\boldsymbol{\alpha}, \boldsymbol{\beta} \in V$, 若 $(\boldsymbol{\alpha}, \boldsymbol{\beta}) = 0$, 则称 $\boldsymbol{\alpha}$ 与 $\boldsymbol{\beta}$**正交**(**垂直**), 记为 $\boldsymbol{\alpha} \perp \boldsymbol{\beta}$.

显然, (1) 零向量与任何向量正交, 并且, 与自身正交的向量只能是零向量. (2) 若 $\boldsymbol{\alpha}, \boldsymbol{\beta}$ 是非零向量, 则 $\boldsymbol{\alpha} \perp \boldsymbol{\beta} \Longleftrightarrow \boldsymbol{\alpha}, \boldsymbol{\beta}$ 之间的夹角为 $\pi/2$.

定理 7.1.1 $\boldsymbol{\alpha} \perp \boldsymbol{\beta} \Longleftrightarrow \|\boldsymbol{\alpha} + \boldsymbol{\beta}\|^2 = \|\boldsymbol{\alpha}\|^2 + \|\boldsymbol{\beta}\|^2$.

证明

$$\begin{aligned}\|\boldsymbol{\alpha}+\boldsymbol{\beta}\|^2&=(\boldsymbol{\alpha}+\boldsymbol{\beta},\boldsymbol{\alpha}+\boldsymbol{\beta})=(\boldsymbol{\alpha},\boldsymbol{\alpha})+2(\boldsymbol{\alpha},\boldsymbol{\beta})+(\boldsymbol{\beta},\boldsymbol{\beta})\\&=\|\boldsymbol{\alpha}\|^2+2(\boldsymbol{\alpha},\boldsymbol{\beta})+\|\boldsymbol{\beta}\|^2,\end{aligned}$$

因此,

$$\boldsymbol{\alpha}\perp\boldsymbol{\beta}\Longleftrightarrow(\boldsymbol{\alpha},\boldsymbol{\beta})=0\Longleftrightarrow\|\boldsymbol{\alpha}+\boldsymbol{\beta}\|^2=\|\boldsymbol{\alpha}\|^2+\|\boldsymbol{\beta}\|^2.$$

□

上述定理在二维空间就是通常的商高定理：直角三角形的两直角边平方和等于斜边平方.

例 7.1.3　在二维欧氏空间 $\mathbf{R}^2$ 中, 定义两种不同的内积: ① $(x,y)_1=x^{\mathrm{T}}y$, ② $(x,y)_2=x^{\mathrm{T}}Cy$, 其中 $C=\begin{pmatrix}1&1\\1&2\end{pmatrix},\forall x,y\in\mathbf{R}^2$.

可以验证上面给出的两种定义确实是内积, 因此在定义①下的 $\mathbf{R}^2$ 记为 $\mathbf{R}_1^2$, 在定义②下的 $\mathbf{R}^2$ 记为 $\mathbf{R}_2^2$. 试问向量 $\boldsymbol{\alpha}=(1,1)^{\mathrm{T}},\boldsymbol{\beta}=(-1,1)^{\mathrm{T}}$ 在这两个欧氏空间中是否正交?

解　由于

$$\begin{aligned}(\boldsymbol{\alpha},\boldsymbol{\beta})_1&=(1,1)(-1,1)^{\mathrm{T}}=0,\\(\boldsymbol{\alpha},\boldsymbol{\beta})_2&=(1,1)\begin{pmatrix}1&1\\1&2\end{pmatrix}(-1,1)^{\mathrm{T}}=1,\end{aligned}$$

故 $\boldsymbol{\alpha},\boldsymbol{\beta}$ 在 $\mathbf{R}_1^2$ 中正交, 但在 $\mathbf{R}_2^2$ 中不正交. 这表明, 向量正交与否, 和该欧氏空间上定义的内积有关. □

正交性的概念可推广到多个向量的情形.

定义 7.1.5　设 $\boldsymbol{\alpha}_1,\boldsymbol{\alpha}_2,\cdots,\boldsymbol{\alpha}_n$ 是实内积空间中的一组非零向量, 若它们两两正交, 则称 $\boldsymbol{\alpha}_1,\boldsymbol{\alpha}_2,\cdots,\boldsymbol{\alpha}_n$ 是一个 **正交向量组**.

定理 7.1.2　设 $\boldsymbol{\alpha}_1,\boldsymbol{\alpha}_2,\cdots,\boldsymbol{\alpha}_n$ 是一个正交向量组, 则它们线性无关.

证明　设存在一组常数 $k_1,k_2,\cdots,k_n$, 使

$$k_1\boldsymbol{\alpha}_1+k_2\boldsymbol{\alpha}_2+\cdots+k_n\boldsymbol{\alpha}_n=\mathbf{0}.$$

分别以 $\boldsymbol{\alpha}_i(i=1,2,\cdots,n)$ 与上式作内积

$$(\boldsymbol{\alpha}_i,k_1\boldsymbol{\alpha}_1+k_2\boldsymbol{\alpha}_2+\cdots+k_n\boldsymbol{\alpha}_n)=0,\qquad i=1,2,\cdots,n,$$

即

$$k_1(\boldsymbol{\alpha}_i,\boldsymbol{\alpha}_1)+k_2(\boldsymbol{\alpha}_i,\boldsymbol{\alpha}_2)+\cdots+k_n(\boldsymbol{\alpha}_i,\boldsymbol{\alpha}_n)=0.$$

由于当 $i\neq j$ 时, $(\boldsymbol{\alpha}_i,\boldsymbol{\alpha}_j)=0$, 故得

$$k_i(\boldsymbol{\alpha}_i,\boldsymbol{\alpha}_i)=0,\qquad i=1,2,\cdots,n.$$

注意到 $\boldsymbol{\alpha}_i$ 非零, 即 $(\boldsymbol{\alpha}_i,\boldsymbol{\alpha}_i)>0$, 则必有

$$k_i=0,\qquad i=1,2,\cdots,n.$$

所以 $\boldsymbol{\alpha}_1,\boldsymbol{\alpha}_2,\cdots,\boldsymbol{\alpha}_n$ 线性无关. □

类似于定理 7.1.1, 若 $\boldsymbol{\alpha}_1,\boldsymbol{\alpha}_2,\cdots,\boldsymbol{\alpha}_n$ 是一个正交向量组, 则

$$\|\boldsymbol{\alpha}_1+\boldsymbol{\alpha}_2+\cdots+\boldsymbol{\alpha}_n\|^2=\|\boldsymbol{\alpha}_1\|^2+\|\boldsymbol{\alpha}_2\|^2+\cdots+\|\boldsymbol{\alpha}_n\|^2.$$

7.1.2　酉空间

欧几里得空间是在实数域上定义内积的线性空间, 而酉空间则是对复数域上的线性空间进行讨论的. 由于酉空间的理论和欧氏空间非常相似, 有一套平行的理论, 故本节只给出酉空间中内积的定义及主要结论, 并不给出详细的说明, 读者可自证之.

定义 7.1.6 (复内积、酉空间)　设 V 是复数域 $\mathbf{C}$ 上的线性空间, 在 V 上定义一个二元复函数, 称为**复内积**, 记为 $(\boldsymbol{\alpha},\boldsymbol{\beta})$, 满足下列性质:

(1) $(\boldsymbol{\alpha},\boldsymbol{\beta})=\overline{(\boldsymbol{\beta},\boldsymbol{\alpha})}$, ($\overline{(\boldsymbol{\beta},\boldsymbol{\alpha})}$ 是 $(\boldsymbol{\alpha},\boldsymbol{\beta})$ 的共轭复数);

(2) $(\lambda\boldsymbol{\alpha},\boldsymbol{\beta})=\lambda(\boldsymbol{\alpha},\boldsymbol{\beta})$;

(3) $(\boldsymbol{\alpha}+\boldsymbol{\beta},\boldsymbol{\gamma})=(\boldsymbol{\alpha},\boldsymbol{\gamma})+(\boldsymbol{\beta},\boldsymbol{\gamma})$;

(4) $(\boldsymbol{\alpha},\boldsymbol{\alpha})$ 是非负实数, 当且仅当 $\boldsymbol{\alpha}=\mathbf{0}$ 时, $(\boldsymbol{\alpha},\boldsymbol{\alpha})=0$.

其中 $\boldsymbol{\alpha},\boldsymbol{\beta},\boldsymbol{\gamma}\in V,\lambda$ 是复数. 我们称定义了复内积的线性空间为**复内积空间**, 有限维复内积空间称为**酉空间**.

对向量 $\boldsymbol{\alpha},\boldsymbol{\beta}$, 若 $(\boldsymbol{\alpha},\boldsymbol{\beta})=0$, 则称 $\boldsymbol{\alpha},\boldsymbol{\beta}$ **正交**(相互**垂直**).

欧氏空间与酉空间的区别不仅在于数域不同, 还在于内积定义中的条件 (1) 是不同的, 若不涉及这两方面, 它们相关的性质是类似的. 下面列出酉空间的主要性质:

(1) $(\boldsymbol{\alpha},\lambda\boldsymbol{\beta})=\overline{\lambda}(\boldsymbol{\alpha},\boldsymbol{\beta})$;

(2) $(\boldsymbol{\alpha},\boldsymbol{\beta}+\boldsymbol{\gamma})=(\boldsymbol{\alpha},\boldsymbol{\beta})+(\boldsymbol{\alpha},\boldsymbol{\gamma})$;

(3) $(\boldsymbol{\alpha},\mathbf{0})=(\mathbf{0},\boldsymbol{\alpha})=0$;

(4) $(\boldsymbol{\alpha},\boldsymbol{\alpha})\geqslant 0$, 因此记 $\|\boldsymbol{\alpha}\|=\sqrt{(\boldsymbol{\alpha},\boldsymbol{\alpha})}$ 为向量 $\boldsymbol{\alpha}$ 的**长度**;

(5) $\left(\sum\limits_{i=1}^{m}\lambda_i\boldsymbol{\alpha}_i,\sum\limits_{j=1}^{n}\mu_j\boldsymbol{\beta}_j\right)=\sum\limits_{i=1}^{m}\sum\limits_{j=1}^{n}\lambda_i\overline{\mu}_j(\boldsymbol{\alpha}_i,\boldsymbol{\beta}_j)$;

(6) 对任意的 $\boldsymbol{\alpha},\boldsymbol{\beta}$, **施瓦兹 (Schwartz) 不等式**成立, 即

$$|(\boldsymbol{\alpha},\boldsymbol{\beta})|\leqslant\|\boldsymbol{\alpha}\|\|\boldsymbol{\beta}\|.$$

上式当且仅当 $\boldsymbol{\alpha},\boldsymbol{\beta}$ 线性相关时, 等号成立.

性质 (6) 的施瓦兹不等式证明如下:

证明　若 $\boldsymbol{\beta}=0$, 显然成立.

若 $\boldsymbol{\beta}\neq 0$, 由 $(\boldsymbol{\alpha}+\lambda\boldsymbol{\beta},\boldsymbol{\alpha}+\lambda\boldsymbol{\beta})\geqslant 0$, 展开左端, 取 $\lambda=-\dfrac{(\boldsymbol{\alpha},\boldsymbol{\beta})}{(\boldsymbol{\beta},\boldsymbol{\beta})}$ 即可证得. □

例 7.1.4　在 $\mathbf{C}^n$ 上, 对于任意两个向量 $\boldsymbol{\alpha}=(x_1,\cdots,x_n)^{\mathrm{T}},\boldsymbol{\beta}=(y_1,\cdots,y_n)^{\mathrm{T}}$, 令

$$(\boldsymbol{\alpha},\boldsymbol{\beta})=\boldsymbol{\alpha}^{\mathrm{T}}\overline{\boldsymbol{\beta}}=x_1\overline{y_1}+\cdots+x_n\overline{y_n},$$

则 $\mathbf{C}^n$ 对于这个内积构成一个酉空间.

7.2　欧氏空间中的正交变换

7.2.1　欧氏空间的标准正交基

下面考虑在欧氏空间中向量的内积如何通过坐标进行计算, 从而引出度量矩阵的概念.

设 V 是欧氏空间, $\boldsymbol{\alpha}_1,\boldsymbol{\alpha}_2,\cdots,\boldsymbol{\alpha}_n$ 是它的一组基底, $\forall\boldsymbol{\alpha},\boldsymbol{\beta}\in V$:

$$\begin{aligned}\boldsymbol{\alpha}&=x_1\boldsymbol{\alpha}_1+x_2\boldsymbol{\alpha}_2+\cdots+x_n\boldsymbol{\alpha}_n,\\ \boldsymbol{\beta}&=y_1\boldsymbol{\alpha}_1+y_2\boldsymbol{\alpha}_2+\cdots+y_n\boldsymbol{\alpha}_n,\end{aligned}$$

由内积的性质, 有

$$(\boldsymbol{\alpha},\boldsymbol{\beta})=\left(\sum_{i=1}^{n}x_i\boldsymbol{\alpha}_i,\sum_{j=1}^{n}y_j\boldsymbol{\alpha}_j\right)=\sum_{i=1}^{n}\sum_{j=1}^{n}(\boldsymbol{\alpha}_i,\boldsymbol{\alpha}_j)x_iy_j. \tag{7.2}$$

记

$$\begin{aligned}\boldsymbol{A}&=\begin{pmatrix}a_{11}&a_{12}&\cdots&a_{1n}\\a_{21}&a_{22}&\cdots&a_{2n}\\\vdots&\vdots&&\vdots\\a_{n1}&a_{n2}&\cdots&a_{nn}\end{pmatrix}\\&=\begin{pmatrix}(\boldsymbol{\alpha}_1,\boldsymbol{\alpha}_1)&(\boldsymbol{\alpha}_1,\boldsymbol{\alpha}_2)&\cdots&(\boldsymbol{\alpha}_1,\boldsymbol{\alpha}_n)\\(\boldsymbol{\alpha}_2,\boldsymbol{\alpha}_1)&(\boldsymbol{\alpha}_2,\boldsymbol{\alpha}_2)&\cdots&(\boldsymbol{\alpha}_2,\boldsymbol{\alpha}_n)\\\vdots&\vdots&&\vdots\\(\boldsymbol{\alpha}_n,\boldsymbol{\alpha}_1)&(\boldsymbol{\alpha}_n,\boldsymbol{\alpha}_2)&\cdots&(\boldsymbol{\alpha}_n,\boldsymbol{\alpha}_n)\end{pmatrix}\\&=\begin{pmatrix}\boldsymbol{\alpha}_1\\\boldsymbol{\alpha}_2\\\vdots\\\boldsymbol{\alpha}_n\end{pmatrix}(\boldsymbol{\alpha}_1,\boldsymbol{\alpha}_2,\cdots,\boldsymbol{\alpha}_n),\end{aligned}$$

$\boldsymbol{\alpha},\boldsymbol{\beta}$ 在基底 $\boldsymbol{\alpha}_1,\boldsymbol{\alpha}_2,\cdots,\boldsymbol{\alpha}_n$ 下的坐标为

$$X=\begin{pmatrix}x_1\\x_2\\\vdots\\x_n\end{pmatrix},\qquad Y=\begin{pmatrix}y_1\\y_2\\\vdots\\y_n\end{pmatrix}.$$

那么 (7.2) 的内积就可表示成

$$(\boldsymbol{\alpha},\boldsymbol{\beta})=X^{\mathrm{T}}\boldsymbol{A}Y. \tag{7.3}$$

我们称矩阵 $\boldsymbol{A}$ 为欧氏空间在基底 $\boldsymbol{\alpha}_1,\boldsymbol{\alpha}_2,\cdots,\boldsymbol{\alpha}_n$ 下的**度量矩阵**, 也称作**格拉姆 (Gram) 矩阵**.

(7.3) 说明, 向量 $\boldsymbol{\alpha},\boldsymbol{\beta}$ 的内积可通过 $\boldsymbol{\alpha},\boldsymbol{\beta}$ 在某基底下的坐标和度量矩阵来表示, 因此, 度量矩阵完全确定了内积, 而向量的长度、夹角这些度量又可以由内积进行表示, 这就是度量矩阵这个名字的含义.

定理 7.2.1　*度量矩阵是对称正定矩阵.*

证明　由于内积具有对称性, 所以度量矩阵是实对称的;

而对任意的非零向量 $\boldsymbol{\alpha}\in V$, 欧氏空间在基底 $\boldsymbol{\alpha}_1,\boldsymbol{\alpha}_2,\cdots,\boldsymbol{\alpha}_n$ 下的度量矩阵必满足

$$(\boldsymbol{\alpha},\boldsymbol{\alpha})=X^{\mathrm{T}}\boldsymbol{A}X>0.$$

因此, 度量矩阵是对称正定矩阵. □

定理 7.2.2　*欧氏空间中两组不同基底下的度量矩阵是合同的.*

证明　设 $\boldsymbol{\alpha}_1,\boldsymbol{\alpha}_2,\cdots,\boldsymbol{\alpha}_n$ 与 $\boldsymbol{\beta}_1,\boldsymbol{\beta}_2,\cdots,\boldsymbol{\beta}_n$ 是欧氏空间的两组不同的基底, 度量矩阵分别是 $\boldsymbol{A}$ 与 $\boldsymbol{B}$, 这两组不同基底之间的过渡矩阵是 $\boldsymbol{P}$, 即

$$(\boldsymbol{\beta}_1\boldsymbol{\beta}_2\cdots\boldsymbol{\beta}_n)=(\boldsymbol{\alpha}_1\boldsymbol{\alpha}_2\cdots\boldsymbol{\alpha}_n)\boldsymbol{P}. \tag{7.4}$$

由于

$$\boldsymbol{A}=\begin{pmatrix}\boldsymbol{\alpha}_1\\ \boldsymbol{\alpha}_2\\ \vdots\\ \boldsymbol{\alpha}_n\end{pmatrix}(\boldsymbol{\alpha}_1\boldsymbol{\alpha}_2\cdots\boldsymbol{\alpha}_n),$$

$$\boldsymbol{B}=\begin{pmatrix}\boldsymbol{\beta}_1\\ \boldsymbol{\beta}_2\\ \vdots\\ \boldsymbol{\beta}_n\end{pmatrix}(\boldsymbol{\beta}_1\boldsymbol{\beta}_2\cdots\boldsymbol{\beta}_n).$$

将 (7.4) 代入上式得

$$\boldsymbol{B}=\boldsymbol{P}^{\mathrm{T}}\begin{pmatrix}\boldsymbol{\alpha}_1\\ \boldsymbol{\alpha}_2\\ \vdots\\ \boldsymbol{\alpha}_n\end{pmatrix}(\boldsymbol{\alpha}_1\boldsymbol{\alpha}_2\cdots\boldsymbol{\alpha}_n)\boldsymbol{P}=\boldsymbol{P}^{\mathrm{T}}\boldsymbol{A}\boldsymbol{P}.$$

即不同基底下的度量矩阵是合同的. □

把空间解析几何中直角坐标系的概念推广到 n 维欧氏空间, 就得到标准正交基的概念.

定义 7.2.1 设 $\boldsymbol{\alpha}_1,\boldsymbol{\alpha}_2,\cdots,\boldsymbol{\alpha}_n$ 是欧氏空间的一组基, 如果在这组基下的度量矩阵是单位矩阵, 则称 $\boldsymbol{\alpha}_1,\boldsymbol{\alpha}_2,\cdots,\boldsymbol{\alpha}_n$ 是**标准正交基**.

欧氏空间的标准正交基 $\boldsymbol{\alpha}_1,\boldsymbol{\alpha}_2,\cdots,\boldsymbol{\alpha}_n$ 是一组长度为 1 的正交向量组.

我们知道, 正交向量组是线性无关的; 反之, 从一组线性无关的向量组出发, 必可构造出一组长度为 1 的正交向量组, 这就是线性无关向量组的正交规范化, 常用的正交规范化方法是下述定理 7.2.3 的证明中给出的施密特 (Schmidt) 正交化过程. 这里对一般向量的正交化过程与第 4 章定理 4.4.2 中给出正交化过程在形式上没有什么差别.

定理 7.2.3 对 n 维欧氏空间 V 的任意一组基 $\boldsymbol{\alpha}_1,\boldsymbol{\alpha}_2,\cdots,\boldsymbol{\alpha}_n$, 都可以找到一组标准正交基 $\boldsymbol{\varepsilon}_1,\boldsymbol{\varepsilon}_2,\cdots,\boldsymbol{\varepsilon}_n$, 使得

$$V=\operatorname{span}\{\boldsymbol{\alpha}_1,\boldsymbol{\alpha}_2,\cdots,\boldsymbol{\alpha}_n\}=\operatorname{span}\{\boldsymbol{\varepsilon}_1,\boldsymbol{\varepsilon}_2,\cdots,\boldsymbol{\varepsilon}_n\}.$$

证明 以下证明的过程也是**施密特 (Schmidt) 正交化过程**:

(1) 令 $\boldsymbol{\beta}_1=\boldsymbol{\alpha}_1$, 显然 $\boldsymbol{\beta}_1\neq\boldsymbol{\theta}$.

(2) 令 $\boldsymbol{\beta}_2=k\boldsymbol{\beta}_1+\boldsymbol{\alpha}_2$, 由

$$0=(\boldsymbol{\beta}_2,\boldsymbol{\beta}_1)=(k\boldsymbol{\beta}_1+\boldsymbol{\alpha}_2,\boldsymbol{\beta}_1)=(k\boldsymbol{\beta}_1,\boldsymbol{\beta}_1)+(\boldsymbol{\alpha}_2,\boldsymbol{\beta}_1),$$

得

$$k=-\frac{(\boldsymbol{\alpha}_2,\boldsymbol{\beta}_1)}{(\boldsymbol{\beta}_1,\boldsymbol{\beta}_1)}.$$

故

$$\boldsymbol{\beta}_2=\boldsymbol{\alpha}_2-\frac{(\boldsymbol{\alpha}_2,\boldsymbol{\beta}_1)}{(\boldsymbol{\beta}_1,\boldsymbol{\beta}_1)}\boldsymbol{\beta}_1.$$

由 $\boldsymbol{\alpha}_2,\boldsymbol{\alpha}_1$ 的线性无关性立得 $\boldsymbol{\beta}_2\neq\boldsymbol{\theta}$.

(3) 令 $\boldsymbol{\beta}_3=k_1\boldsymbol{\beta}_1+k_2\boldsymbol{\beta}_2+\boldsymbol{\alpha}_3$, 由 $\boldsymbol{\beta}_3\perp\boldsymbol{\beta}_2$, 且 $\boldsymbol{\beta}_3\perp\boldsymbol{\beta}_1$, 即

$$\begin{aligned}(\boldsymbol{\beta}_3,\boldsymbol{\beta}_2)&=(k_1\boldsymbol{\beta}_1+k_2\boldsymbol{\beta}_2+\boldsymbol{\alpha}_3,\boldsymbol{\beta}_2)\\&=(k_1\boldsymbol{\beta}_1,\boldsymbol{\beta}_2)+(k_2\boldsymbol{\beta}_2,\boldsymbol{\beta}_2)+(\boldsymbol{\alpha}_3,\boldsymbol{\beta}_2)=0,\\(\boldsymbol{\beta}_3,\boldsymbol{\beta}_1)&=(k_1\boldsymbol{\beta}_1,\boldsymbol{\beta}_1)+(k_2\boldsymbol{\beta}_2,\boldsymbol{\beta}_1)+(\boldsymbol{\alpha}_3,\boldsymbol{\beta}_1)\\&=k_1(\boldsymbol{\beta}_1,\boldsymbol{\beta}_1)+k_2(\boldsymbol{\beta}_2,\boldsymbol{\beta}_1)+(\boldsymbol{\alpha}_3,\boldsymbol{\beta}_1)=0\end{aligned}$$

得

$$k_1=-\frac{(\boldsymbol{\alpha}_3,\boldsymbol{\beta}_1)}{(\boldsymbol{\beta}_1,\boldsymbol{\beta}_1)},\qquad k_2=-\frac{(\boldsymbol{\alpha}_3,\boldsymbol{\beta}_2)}{(\boldsymbol{\beta}_2,\boldsymbol{\beta}_2)}.$$

故

$$\boldsymbol{\beta}_3=\boldsymbol{\alpha}_3-\frac{(\boldsymbol{\alpha}_3,\boldsymbol{\beta}_1)}{(\boldsymbol{\beta}_1,\boldsymbol{\beta}_1)}\boldsymbol{\beta}_1-\frac{(\boldsymbol{\alpha}_3,\boldsymbol{\beta}_2)}{(\boldsymbol{\beta}_2,\boldsymbol{\beta}_2)}\boldsymbol{\beta}_2.$$

按上述方法, 已经构造出三个两两正交的向量 $\boldsymbol{\beta}_1,\boldsymbol{\beta}_2,\boldsymbol{\beta}_3$, 照此继续下去, 一般地, 假设已经作出了 r 个两两正交的非零向量 $\boldsymbol{\beta}_1,\boldsymbol{\beta}_2,\cdots,\boldsymbol{\beta}_r$, 为求出第 $r+1$ 个非零正交向量, 令

$$\boldsymbol{\beta}_{r+1}=k_1\boldsymbol{\beta}_1+k_2\boldsymbol{\beta}_2+\cdots+k_r\boldsymbol{\beta}_r+\boldsymbol{\alpha}_{r+1},$$

利用 r 个正交条件

$$(\boldsymbol{\beta}_{r+1},\boldsymbol{\beta}_i)=0,\qquad i=1,2,\cdots,r,$$

可解得

$$k_i=-\frac{(\boldsymbol{\alpha}_{r+1},\boldsymbol{\beta}_i)}{(\boldsymbol{\beta}_i,\boldsymbol{\beta}_i)},\qquad i=1,2,\cdots,r.$$

由于 $\boldsymbol{\beta}_1,\boldsymbol{\beta}_2,\cdots,\boldsymbol{\beta}_r$ 是 $\boldsymbol{\alpha}_1,\boldsymbol{\alpha}_2,\cdots,\boldsymbol{\alpha}_r$ 的线性组合和 $\boldsymbol{\alpha}_1,\boldsymbol{\alpha}_2,\cdots,\boldsymbol{\alpha}_{r+1}$ 的线性无关性，容易得到 $\boldsymbol{\beta}_{r+1}\neq\boldsymbol{\theta}$.

由此可见, 当 $r=n-1$ 时, 就求出了 n 个非零向量的正交向量组.

接着, 把所求得的正交向量组中的向量单位化, 令 $\varepsilon_i=\dfrac{\boldsymbol{\beta}_i}{\|\boldsymbol{\beta}_i\|}$, 即可得到一组标准正交基 $\varepsilon_1,\varepsilon_2,\cdots,\varepsilon_n$. □

由此有

定理 7.2.4　*任何 n 维欧氏空间都有正交基和标准正交基.*

标准正交基的存在性给我们讨论问题带来很大的方便. 就内积而言, 当 n 维欧氏空间 V 的基底取为一组标准正交基 $\varepsilon_1,\varepsilon_2,\cdots,\varepsilon_n$ 时, 由 (7.3) 可知, 向量 $\boldsymbol{\alpha},\boldsymbol{\beta}$ 的内积有最简表示形式

$$(\boldsymbol{\alpha},\boldsymbol{\beta})=X^{\mathrm{T}}\boldsymbol{A}Y=X^{\mathrm{T}}Y=x_1y_1+x_2y_2+\cdots+x_ny_n=\sum_{i=1}^{n}x_iy_i,$$

且 $\boldsymbol{\alpha},\boldsymbol{\beta}$ 的坐标可由内积表示出. 如 $\boldsymbol{\alpha}$ 的坐标 $x_1,x_2,\cdots,x_n$ 可表为

$$x_i=(\varepsilon_i,\boldsymbol{\alpha}),\qquad i=1,2,\cdots,n.$$

因此, 在讨论欧氏空间时, 我们一般总采用标准正交基. 例如大家熟知的三维几何空间中, 利用笛卡儿坐标系 $\boldsymbol{i},\boldsymbol{j},\boldsymbol{k}$ 作为标准正交基, 这时任意两个向量的内积的计算是最简单的.

例 7.2.1　试由四维欧氏空间 V 的一组基

$$\boldsymbol{\alpha}_1=\begin{pmatrix}1\\1\\0\\0\end{pmatrix},\quad \boldsymbol{\alpha}_2=\begin{pmatrix}1\\0\\1\\0\end{pmatrix},\quad \boldsymbol{\alpha}_3=\begin{pmatrix}-1\\0\\0\\1\end{pmatrix},\quad \boldsymbol{\alpha}_4=\begin{pmatrix}1\\1\\-1\\1\end{pmatrix}$$

出发构造一组标准正交基.

解　由施密特正交化方法, 令 $\boldsymbol{\beta}_1=\boldsymbol{\alpha}_1$, 再令 $\boldsymbol{\beta}_2=k\boldsymbol{\beta}_1+\boldsymbol{\alpha}_2$, 由

$$k=-\frac{(\boldsymbol{\alpha}_2,\boldsymbol{\beta}_1)}{(\boldsymbol{\beta}_1,\boldsymbol{\beta}_1)}=-\frac{1}{2}$$

得

$$\boldsymbol{\beta}_2=-\frac{1}{2}\begin{pmatrix}1\\1\\0\\0\end{pmatrix}+\begin{pmatrix}1\\0\\1\\0\end{pmatrix}=\begin{pmatrix}\frac{1}{2}\\-\frac{1}{2}\\1\\0\end{pmatrix}.$$

继续令 $\boldsymbol{\beta}_3=k_1\boldsymbol{\beta}_1+k_2\boldsymbol{\beta}_2+\boldsymbol{\alpha}_3$, 由

$$k_1=-\frac{(\boldsymbol{\alpha}_3,\boldsymbol{\beta}_1)}{(\boldsymbol{\beta}_1,\boldsymbol{\beta}_1)}=\frac{1}{2},\qquad k_2=-\frac{(\boldsymbol{\alpha}_3,\boldsymbol{\beta}_2)}{(\boldsymbol{\beta}_2,\boldsymbol{\beta}_2)}=\frac{1}{3}$$

得

$$\boldsymbol{\beta}_3=\frac{1}{2}\begin{pmatrix}1\\1\\0\\0\end{pmatrix}+\frac{1}{3}\begin{pmatrix}\frac{1}{2}\\-\frac{1}{2}\\1\\0\end{pmatrix}+\begin{pmatrix}-1\\0\\0\\1\end{pmatrix}=\begin{pmatrix}-\frac{1}{3}\\\frac{1}{3}\\\frac{1}{3}\\1\end{pmatrix}.$$

又令 $\boldsymbol{\beta}_4=k_1\boldsymbol{\beta}_1+k_2\boldsymbol{\beta}_2+k_3\boldsymbol{\beta}_3+\boldsymbol{\alpha}_4$, 由

$$k_1=-\frac{(\boldsymbol{\alpha}_4,\boldsymbol{\beta}_1)}{(\boldsymbol{\beta}_1,\boldsymbol{\beta}_1)}=-1,\quad k_2=-\frac{(\boldsymbol{\alpha}_4,\boldsymbol{\beta}_2)}{(\boldsymbol{\beta}_2,\boldsymbol{\beta}_2)}=\frac{2}{3},\quad k_3=-\frac{(\boldsymbol{\alpha}_4,\boldsymbol{\beta}_3)}{(\boldsymbol{\beta}_3,\boldsymbol{\beta}_3)}=-\frac{1}{2}$$

得

$$\boldsymbol{\beta}_4=-\begin{pmatrix}1\\1\\0\\0\end{pmatrix}+\frac{2}{3}\begin{pmatrix}\frac{1}{2}\\-\frac{1}{2}\\1\\0\end{pmatrix}-\frac{1}{2}\begin{pmatrix}-\frac{1}{3}\\\frac{1}{3}\\\frac{1}{3}\\1\end{pmatrix}+\begin{pmatrix}1\\1\\-1\\1\end{pmatrix}=\begin{pmatrix}\frac{1}{2}\\-\frac{1}{2}\\-\frac{1}{2}\\\frac{1}{2}\end{pmatrix}.$$

最后将 $\boldsymbol{\beta}_1,\boldsymbol{\beta}_2,\boldsymbol{\beta}_3,\boldsymbol{\beta}_4$ 单位化, 得

$$\boldsymbol{\varepsilon}_1=\frac{\boldsymbol{\beta}_1}{\|\boldsymbol{\beta}_1\|}=\begin{pmatrix}\frac{1}{\sqrt{2}}\\\frac{1}{\sqrt{2}}\\0\\0\end{pmatrix},\quad \boldsymbol{\varepsilon}_2=\frac{\boldsymbol{\beta}_2}{\|\boldsymbol{\beta}_2\|}=\begin{pmatrix}\frac{1}{\sqrt{6}}\\-\frac{1}{\sqrt{6}}\\\frac{2}{\sqrt{6}}\\0\end{pmatrix},$$

$$\boldsymbol{\varepsilon}_3=\frac{\boldsymbol{\beta}_3}{\|\boldsymbol{\beta}_3\|}=\begin{pmatrix}-\frac{1}{\sqrt{12}}\\\frac{1}{\sqrt{12}}\\\frac{1}{\sqrt{12}}\\\frac{3}{\sqrt{12}}\end{pmatrix},\quad \boldsymbol{\varepsilon}_4=\frac{\boldsymbol{\beta}_4}{\|\boldsymbol{\beta}_4\|}=\begin{pmatrix}\frac{1}{2}\\-\frac{1}{2}\\-\frac{1}{2}\\\frac{1}{2}\end{pmatrix}.$$

于是 $\boldsymbol{\varepsilon}_1,\boldsymbol{\varepsilon}_2,\boldsymbol{\varepsilon}_3,\boldsymbol{\varepsilon}_4$ 即为所求的一组标准正交基. □

例 7.2.2　设 V 是一个欧氏空间, $\varepsilon_1,\varepsilon_2,\varepsilon_3,\varepsilon_4$ 是 V 的一组基，已知基 $\boldsymbol{\alpha}_1=\varepsilon_1-\varepsilon_2$, $\boldsymbol{\alpha}_2=-\varepsilon_1+2\varepsilon_2$, $\boldsymbol{\alpha}_3=\varepsilon_2+2\varepsilon_3+\varepsilon_4$, $\boldsymbol{\alpha}_4=\varepsilon_1+\varepsilon_3+\varepsilon_4$ 的度量矩阵为

$$\boldsymbol{P}=\begin{pmatrix}2&-3&0&1\\-3&6&0&-1\\0&0&13&9\\1&-1&9&7\end{pmatrix}.$$

(1) 求 $\varepsilon_1,\varepsilon_2,\varepsilon_3,\varepsilon_4$ 的度量矩阵 $\boldsymbol{B}$;

(2) 求数 a, 使 $\boldsymbol{\alpha}=\varepsilon_1-\varepsilon_2+2\varepsilon_3$ 与 $\boldsymbol{\beta}=\varepsilon_1+a\varepsilon_2+2\varepsilon_3-\varepsilon_4$ 正交;

(3) 求一个向量 $\boldsymbol{\xi}_4$ 与 $\boldsymbol{\xi}_1=\varepsilon_1+\varepsilon_2-\varepsilon_3+\varepsilon_4$, $\boldsymbol{\xi}_2=\varepsilon_1-\varepsilon_2-\varepsilon_3+\varepsilon_4$, $\boldsymbol{\xi}_3=2\varepsilon_1+\varepsilon_2+\varepsilon_3+3\varepsilon_4$ 都正交;

(4) 求 $\boldsymbol{\xi}_1,\boldsymbol{\xi}_2,\boldsymbol{\xi}_3,\boldsymbol{\xi}_4$ 的度量矩阵.

解　(1) 由 $\varepsilon_1,\varepsilon_2,\varepsilon_3,\varepsilon_4$ 到 $\boldsymbol{\alpha}_1,\boldsymbol{\alpha}_2,\boldsymbol{\alpha}_3,\boldsymbol{\alpha}_4$ 的过渡矩阵为

$$\boldsymbol{C}=\begin{pmatrix}1&-1&0&1\\-1&2&1&0\\0&0&2&1\\0&0&1&1\end{pmatrix},$$

所以由 $\boldsymbol{\alpha}_1,\boldsymbol{\alpha}_2,\boldsymbol{\alpha}_3,\boldsymbol{\alpha}_4$ 到 $\varepsilon_1,\varepsilon_2,\varepsilon_3,\varepsilon_4$ 的过渡矩阵为 $\boldsymbol{C}^{-1}$, 于是基 $\varepsilon_1,\varepsilon_2,\varepsilon_3,\varepsilon_4$ 的度量矩阵为

$$\boldsymbol{B}=(\boldsymbol{C}^{-1})^{\mathrm{T}}\boldsymbol{P}\boldsymbol{C}^{-1}=\begin{pmatrix}2&1&0&-1\\1&2&-1&0\\0&-1&2&1\\-1&0&1&3\end{pmatrix}.$$

(2) 因为 $(\boldsymbol{\alpha},\boldsymbol{\beta})=(1,-1,2,0)\boldsymbol{B}(1,a,2,-1)^{\mathrm{T}}=-3a+10$, 所以 $a=\dfrac{10}{3}$.

(3) 设 $\boldsymbol{\gamma}=x_1\varepsilon_1+x_2\varepsilon_2+x_3\varepsilon_3+x_4\varepsilon_4$ 与 $\boldsymbol{\xi}_1,\boldsymbol{\xi}_2,\boldsymbol{\xi}_3$ 均正交，则有

$$\begin{cases}(1,1,-1,1)\boldsymbol{B}(x_1,x_2,x_3,x_4)^{\mathrm{T}}=0,\\(1,-1,-1,1)\boldsymbol{B}(x_1,x_2,x_3,x_4)^{\mathrm{T}}=0,\\(2,1,1,3)\boldsymbol{B}(x_1,x_2,x_3,x_4)^{\mathrm{T}}=0.\end{cases}$$

解之得一个非零解 $(11,-6,-1,0)^{\mathrm{T}}$. 令 $\boldsymbol{\xi}_4=11\varepsilon_1-6\varepsilon_2-\varepsilon_3$, 则此 $\boldsymbol{\xi}_4$ 与 $\boldsymbol{\xi}_1,\boldsymbol{\xi}_2,\boldsymbol{\xi}_3$ 均正交.

(4) 由 $\varepsilon_1,\varepsilon_2,\varepsilon_3,\varepsilon_4$ 到 $\boldsymbol{\xi}_1,\boldsymbol{\xi}_2,\boldsymbol{\xi}_3,\boldsymbol{\xi}_4$ 的过渡矩阵为

$$\boldsymbol{Q}=\begin{pmatrix}1&1&2&11\\1&-1&1&-6\\-1&-1&1&-1\\1&1&3&0\end{pmatrix}.$$

从而得 $\boldsymbol{\xi}_1,\boldsymbol{\xi}_2,\boldsymbol{\xi}_3,\boldsymbol{\xi}_4$ 的度量矩阵为

$$\boldsymbol{Q}^{\mathrm{T}}\boldsymbol{B}\boldsymbol{Q}=\begin{pmatrix}9&1&9&0\\1&1&3&0\\9&3&35&0\\0&0&0&172\end{pmatrix}.$$

□

7.2.2 欧氏空间中的正交变换

定义 7.2.2 设 V 是一个欧氏空间, T 是 V 上的线性变换, 如果对于任何向量 $\boldsymbol{x},\boldsymbol{y}\in V$, 变换 T 恒能使下式成立:

$$(T(\boldsymbol{x}),T(\boldsymbol{y}))=(\boldsymbol{x},\boldsymbol{y}),\tag{7.5}$$

则称 T 是 V 上的**正交变换**.

例如, 恒等变换是一个正交变换; 坐标平面上的旋转变换也是一个正交变换.

定理 7.2.5 设 T 是欧氏空间 V 上的线性变换, 下面写出的任一条件都是使 T 成为正交变换的充要条件:

(1) T 使向量长度保持不变, 即对任何 $\boldsymbol{x}\in V$, 有

$$(T(\boldsymbol{x}),T(\boldsymbol{x}))=(\boldsymbol{x},\boldsymbol{x});\tag{7.6}$$

(2) 任一组标准正交基经 T 变换后的像仍是一组标准正交基;

(3) T 在任一组标准正交基下的矩阵 $\boldsymbol{A}$ 是正交矩阵.

证明 (1) 只要让 $\boldsymbol{y}=\boldsymbol{x}$ 便知必要性成立. 为证明充分性, 分别对向量 $\boldsymbol{x},\boldsymbol{y},\boldsymbol{x}+\boldsymbol{y}$ 使用 (7.6) 即有

$$\begin{aligned}&(T(\boldsymbol{x}),T(\boldsymbol{x}))=(\boldsymbol{x},\boldsymbol{x}),\\&(T(\boldsymbol{y}),T(\boldsymbol{y}))=(\boldsymbol{y},\boldsymbol{y}),\\&(T(\boldsymbol{x}+\boldsymbol{y}),T(\boldsymbol{x}+\boldsymbol{y}))=(\boldsymbol{x}+\boldsymbol{y},\boldsymbol{x}+\boldsymbol{y}),\end{aligned}$$

而

$$\begin{aligned}(T(\boldsymbol{x}+\boldsymbol{y}),T(\boldsymbol{x}+\boldsymbol{y}))&=(T(\boldsymbol{x})+T(\boldsymbol{y}),T(\boldsymbol{x})+T(\boldsymbol{y}))\\&=(T(\boldsymbol{x}),T(\boldsymbol{x}))+2(T(\boldsymbol{x}),T(\boldsymbol{y}))+(T(\boldsymbol{y}),T(\boldsymbol{y}))\\&=(\boldsymbol{x},\boldsymbol{x})+2(T(\boldsymbol{x}),T(\boldsymbol{y}))+(\boldsymbol{y},\boldsymbol{y}),\\(\boldsymbol{x}+\boldsymbol{y},\boldsymbol{x}+\boldsymbol{y})&=(\boldsymbol{x},\boldsymbol{x})+2(\boldsymbol{x},\boldsymbol{y})+(\boldsymbol{y},\boldsymbol{y}),\end{aligned}$$

故有

$$(T(\boldsymbol{x}),T(\boldsymbol{y}))=(\boldsymbol{x},\boldsymbol{y}).$$

(2) 由正交变换的定义可知, 若 $\varepsilon_1,\varepsilon_2,\cdots,\varepsilon_n$ 为 V 的标准正交基, 则有 $(T(\varepsilon_i),\,T(\varepsilon_j))=$

$(\boldsymbol{\varepsilon}_i,\boldsymbol{\varepsilon}_j)=\delta_{ij}$, 即基的像仍是一组标准正交基. 反之, 若 $\boldsymbol{x}=\sum\limits_{i=1}^{n}x_i\boldsymbol{\varepsilon}_i,\boldsymbol{y}=\sum\limits_{j=1}^{n}y_j\boldsymbol{\varepsilon}_j$, 则可推出

$$\begin{aligned}(T(\boldsymbol{x}),T(\boldsymbol{y}))&=\left(T\left(\sum_{i=1}^{n}x_i\boldsymbol{\varepsilon}_i\right),T\left(\sum_{j=1}^{n}y_j\boldsymbol{\varepsilon}_j\right)\right)\\&=\sum_{i,j=1}^{n}x_iy_j\delta_{ij}=\sum_{i=1}^{n}x_iy_i=\left(\sum_{i=1}^{n}x_i\boldsymbol{\varepsilon}_i,\sum_{j=1}^{n}y_j\boldsymbol{\varepsilon}_j\right)\\&=(\boldsymbol{x},\boldsymbol{y}),\end{aligned}$$

故 T 是正交变换.

(3) 假设 T 在标准正交基 $\boldsymbol{\varepsilon}_1,\boldsymbol{\varepsilon}_2,\cdots,\boldsymbol{\varepsilon}_n$ 下的矩阵为 $\boldsymbol{A}$, 则有

$$T(\boldsymbol{\varepsilon}_i)=a_{1i}\boldsymbol{\varepsilon}_1+a_{2i}\boldsymbol{\varepsilon}_2+\cdots+a_{ni}\boldsymbol{\varepsilon}_n,\qquad i=1,2,\cdots,n,$$

即

$$T(\boldsymbol{\varepsilon}_1\boldsymbol{\varepsilon}_2\cdots\boldsymbol{\varepsilon}_n)=(\boldsymbol{\varepsilon}_1\boldsymbol{\varepsilon}_2\cdots\boldsymbol{\varepsilon}_n)\boldsymbol{A},$$

其中

$$\boldsymbol{A}=(a_{ij})_{n\times n}=\begin{pmatrix}a_{11}&a_{12}&\cdots&a_{1n}\\a_{21}&a_{22}&\cdots&a_{2n}\\\vdots&\vdots&&\vdots\\a_{n1}&a_{n2}&\cdots&a_{nn}\end{pmatrix}.$$

另一方面, 有

$$\begin{aligned}(T(\boldsymbol{\varepsilon}_i),T(\boldsymbol{\varepsilon}_j))&=\left(\sum_{k=1}^{n}a_{ki}\boldsymbol{\varepsilon}_k,\sum_{l=1}^{n}a_{lj}\boldsymbol{\varepsilon}_l\right)\\&=\sum_{k,l=1}^{n}a_{ki}a_{lj}(\boldsymbol{\varepsilon}_k,\boldsymbol{\varepsilon}_l)=\sum_{k,l=1}^{n}a_{ki}a_{lj}\delta_{kl}\\&=\sum_{k=1}^{n}a_{ki}a_{kj},\quad i,j=1,2,\cdots,n.\end{aligned}$$

由上面 (2) 知

$$\begin{aligned}T\text{为正交变换}&\Longleftrightarrow(T(\boldsymbol{\varepsilon}_i),T(\boldsymbol{\varepsilon}_j))=\delta_{ij}\\&\Longleftrightarrow\sum_{k=1}^{n}a_{ki}a_{kj}=\delta_{ij},\qquad i,j=1,2,\cdots,n\\&\Longleftrightarrow\boldsymbol{A}^{\mathrm{T}}\boldsymbol{A}=\boldsymbol{E},\quad\text{即 }\boldsymbol{A}\text{ 是正交矩阵.}\end{aligned}$$

□

例 7.2.3　设欧氏空间 $\mathbf{R}^4$ 中的一个标准正交基为 $\boldsymbol{\varepsilon}_1=(1,0,0,0)$, $\boldsymbol{\varepsilon}_2=(0,1,0,0)$,

$\varepsilon_3=(0,0,1,0)$, $\varepsilon_4=(0,0,0,1)$, 并设 $\boldsymbol{\alpha}_1=\left(\dfrac{\sqrt{2}}{2},\dfrac{\sqrt{2}}{2},0,0\right)$, $\boldsymbol{\alpha}_2=\left(\dfrac{\sqrt{2}}{2},-\dfrac{\sqrt{2}}{2},0,0\right)$, $\boldsymbol{\alpha}_3=\left(0,0,\dfrac{\sqrt{2}}{2},\dfrac{\sqrt{2}}{2}\right)$, $\boldsymbol{\beta}_1=\left(\dfrac{1}{2},\dfrac{1}{2},\dfrac{1}{2},\dfrac{1}{2}\right)$, $\boldsymbol{\beta}_2=\left(\dfrac{1}{2},-\dfrac{1}{2},-\dfrac{1}{2},\dfrac{1}{2}\right)$, $\boldsymbol{\beta}_3=\left(\dfrac{1}{2},\dfrac{1}{2},-\dfrac{1}{2},-\dfrac{1}{2}\right)$. 试求 $\mathbf{R}^4$ 上的正交变换 T, 满足 $T\boldsymbol{\alpha}_i=\boldsymbol{\beta}_i, i=1,2,3$. 并给出 T 在基 $\varepsilon_1,\varepsilon_2,\varepsilon_3,\varepsilon_4$ 下的矩阵.

解　显然，$\boldsymbol{\alpha}_1,\boldsymbol{\alpha}_2,\boldsymbol{\alpha}_3$ 及 $\boldsymbol{\beta}_1,\boldsymbol{\beta}_2,\boldsymbol{\beta}_3$ 都是标准正交向量组，我们首先将它们分别扩充为 $\mathbf{R}^4$ 的标准正交基. 为此，令 $\widetilde{\boldsymbol{\alpha}}_4=(u_1,u_2,u_3,u_4)$, $\widetilde{\boldsymbol{\beta}}_4=(v_1,v_2,v_3,v_4)$, 由 $(\widetilde{\boldsymbol{\alpha}}_4,\boldsymbol{\alpha}_i)=0,(\widetilde{\boldsymbol{\beta}}_4,\boldsymbol{\beta}_i)=0, i=1,2,3$ 解得 $\widetilde{\boldsymbol{\alpha}}_4=k(0,0,1,-1)$, $\widetilde{\boldsymbol{\beta}}_4=k(1,-1,1,-1)$, k 为任意非零常数. 将 $\widetilde{\boldsymbol{\alpha}}_4,\widetilde{\boldsymbol{\beta}}_4$ 分别单位化得 $\boldsymbol{\alpha}_4=\left(0,0,\dfrac{\sqrt{2}}{2},-\dfrac{\sqrt{2}}{2}\right)$, $\boldsymbol{\beta}_4=\left(\dfrac{1}{2},-\dfrac{1}{2},\dfrac{1}{2},-\dfrac{1}{2}\right)$, 则 $\boldsymbol{\alpha}_1,\boldsymbol{\alpha}_2,\boldsymbol{\alpha}_3,\boldsymbol{\alpha}_4$ 及 $\boldsymbol{\beta}_1,\boldsymbol{\beta}_2,\boldsymbol{\beta}_3,\boldsymbol{\beta}_4$ 均为欧氏空间 $\mathbf{R}^4$ 的标准正交基. 再考虑标准正交基之间的过渡矩阵，设 $(\boldsymbol{\alpha}_1\boldsymbol{\alpha}_2\boldsymbol{\alpha}_3\boldsymbol{\alpha}_4)=(\varepsilon_1\varepsilon_2\varepsilon_3\varepsilon_4)\boldsymbol{P}$, 及 $(\boldsymbol{\beta}_1\boldsymbol{\beta}_2\boldsymbol{\beta}_3\boldsymbol{\beta}_4)=(\varepsilon_1\varepsilon_2\varepsilon_3\varepsilon_4)\boldsymbol{Q}$, 则

$$\boldsymbol{P}=\begin{pmatrix}\dfrac{\sqrt{2}}{2} & \dfrac{\sqrt{2}}{2} & 0 & 0\\ \dfrac{\sqrt{2}}{2} & -\dfrac{\sqrt{2}}{2} & 0 & 0\\ 0 & 0 & \dfrac{\sqrt{2}}{2} & \dfrac{\sqrt{2}}{2}\\ 0 & 0 & \dfrac{\sqrt{2}}{2} & -\dfrac{\sqrt{2}}{2}\end{pmatrix},\quad \boldsymbol{Q}=\begin{pmatrix}\dfrac{1}{2} & \dfrac{1}{2} & \dfrac{1}{2} & \dfrac{1}{2}\\ \dfrac{1}{2} & -\dfrac{1}{2} & \dfrac{1}{2} & -\dfrac{1}{2}\\ \dfrac{1}{2} & -\dfrac{1}{2} & -\dfrac{1}{2} & \dfrac{1}{2}\\ \dfrac{1}{2} & \dfrac{1}{2} & -\dfrac{1}{2} & -\dfrac{1}{2}\end{pmatrix},$$

且 $\boldsymbol{P},\boldsymbol{Q}$ 均为正交矩阵.

再设线性变换 T 在基 $\varepsilon_1,\varepsilon_2,\varepsilon_3,\varepsilon_4$ 下的矩阵为 $\boldsymbol{A}$, 即，$T(\varepsilon_1\varepsilon_2\varepsilon_3\varepsilon_4)=(\varepsilon_1\varepsilon_2\varepsilon_3\varepsilon_4)\boldsymbol{A}$. 下面依据题目要求 $T\boldsymbol{\alpha}_i=\boldsymbol{\beta}_i$，并利用上面求得的过渡矩阵去确定矩阵 $\boldsymbol{A}$. 由

$$\begin{aligned}T(\boldsymbol{\alpha}_1\boldsymbol{\alpha}_2\boldsymbol{\alpha}_3\boldsymbol{\alpha}_4)&=T(\varepsilon_1\varepsilon_2\varepsilon_3\varepsilon_4)\boldsymbol{P}\\&=(\varepsilon_1\varepsilon_2\varepsilon_3\varepsilon_4)\boldsymbol{AP}\\&=(\boldsymbol{\beta}_1\boldsymbol{\beta}_2\boldsymbol{\beta}_3\boldsymbol{\beta}_4)\\&=(\varepsilon_1\varepsilon_2\varepsilon_3\varepsilon_4)\boldsymbol{Q},\end{aligned}$$

得 $\boldsymbol{AP}=\boldsymbol{Q}$, 从而得 $\boldsymbol{A}=\boldsymbol{QP}^{-1}$. 由于 $\boldsymbol{P},\boldsymbol{Q}$ 都是正交矩阵，所以 $\boldsymbol{P}^{-1},\boldsymbol{A}=\boldsymbol{QP}^{-1}$ 也都是正交矩阵. 于是所确定的线性变换 $T(\varepsilon_1\varepsilon_2\varepsilon_3\varepsilon_4)=(\varepsilon_1\varepsilon_2\varepsilon_3\varepsilon_4)\boldsymbol{A}$ 即是满足题意的正交变换. 而 T 在基 $\varepsilon_1,\varepsilon_2,\varepsilon_3,\varepsilon_4$ 下的矩阵为

$$\boldsymbol{A}=\boldsymbol{QP}^{-1}=\begin{pmatrix}\dfrac{\sqrt{2}}{2} & 0 & \dfrac{\sqrt{2}}{2} & 0\\ 0 & \dfrac{\sqrt{2}}{2} & 0 & \dfrac{\sqrt{2}}{2}\\ 0 & \dfrac{\sqrt{2}}{2} & 0 & -\dfrac{\sqrt{2}}{2}\\ \dfrac{\sqrt{2}}{2} & 0 & -\dfrac{\sqrt{2}}{2} & 0\end{pmatrix}.$$

□

7.2.3* 酉空间中的酉变换

在酉空间中，与欧氏空间中的正交变换相平行的概念是酉变换，而与正交矩阵相平行的是酉矩阵.

定义 7.2.3　设 σ 为酉空间 V 上的一个线性变换，若对于 $\boldsymbol{\alpha},\boldsymbol{\beta}\in V$ 都有 $(\sigma(\boldsymbol{\alpha}),\sigma(\boldsymbol{\beta}))=(\boldsymbol{\alpha},\boldsymbol{\beta})$，则称 σ 为 V 上的一个**酉变换**.

定义 7.2.4　若一个 n 阶复方阵 $\boldsymbol{A}$ 满足 $\overline{\boldsymbol{A}}^{\mathrm{T}}\boldsymbol{A}=\boldsymbol{A}\overline{\boldsymbol{A}}^{\mathrm{T}}=\boldsymbol{E}$, $\boldsymbol{E}$ 是 n 阶单位阵，则称 $\boldsymbol{A}$ 是**酉矩阵**.

与定理 7.2.5 类似的，有

定理 7.2.6　设 σ 是 n 维酉空间 V 上的一个线性变换，则下列陈述彼此等价:

1) σ 是酉变换;

2) 若 $\boldsymbol{\alpha}_1,\cdots,\boldsymbol{\alpha}_n$ 是 V 的一个标准正交基，则 $\sigma(\boldsymbol{\alpha}_1),\cdots,\sigma(\boldsymbol{\alpha}_n)$ 也是 V 的一个标准正交基;

3) σ 在 V 的任一标准正交基下的矩阵是酉矩阵.

证明　略.　□

由第 4 章的讨论可知，对实数域上的矩阵，实对称矩阵有很多很好的性质，但它的实质是与欧氏空间上的对称变换有着密切的关系. 那么在复数域上怎样的矩阵具有与实对称矩阵类似的性质? 下面介绍酉空间上的对称变换及所谓 Hermite 矩阵的情况.

定义 7.2.5　若酉空间 V 上的一个线性变换 σ 满足: 对一切 $\boldsymbol{\alpha},\boldsymbol{\beta}\in V$ 都有 $(\sigma(\boldsymbol{\alpha}),\boldsymbol{\beta})=(\boldsymbol{\alpha},\sigma(\boldsymbol{\beta}))$，则称 σ 为 V 上的一个**对称变换**.

定义 7.2.6　设 $\boldsymbol{A}$ 是复数域 $\mathbf{C}$ 上的 $n\times n$ 矩阵，若 $\overline{\boldsymbol{A}}^{\mathrm{T}}=\boldsymbol{A}$，则称 $\boldsymbol{A}$ 是一个 **Hermite 矩阵**.

显然，实对称矩阵是 Hermite 矩阵的特殊情形. 由复内积的性质经计算可以证明:

定理 7.2.7　设 σ 是 n 维酉空间 V 的一个线性变换，则 σ 是对称变换的充要条件是 σ 在 V 的任意标准正交基下的矩阵是 Hermite 矩阵.

对称变换和 Hermite 矩阵还有下述性质.

定理 7.2.8　设 σ 是 n 维酉空间 V 的一个对称变换，那么

(1) σ 的特征值都是实数;

(2) σ 的属于不同特征值的特征向量彼此正交;

(3) 存在 V 的一个标准正交基，使得 σ 在这个基下的矩阵是实对角矩阵.

证明　我们只证明 (1)，其余的证明留作习题.

设 $\lambda\in\mathbf{C}$ 是 σ 的一个特征值, $\boldsymbol{\alpha}$ 是属于 σ 的一个特征向量. 则

$$\lambda(\boldsymbol{\alpha},\boldsymbol{\alpha})=(\lambda\boldsymbol{\alpha},\boldsymbol{\alpha})=(\sigma(\boldsymbol{\alpha}),\boldsymbol{\alpha})=(\boldsymbol{\alpha},\sigma(\boldsymbol{\alpha}))=(\boldsymbol{\alpha},\lambda\boldsymbol{\alpha})=\overline{\lambda}(\boldsymbol{\alpha},\boldsymbol{\alpha}).$$

因为 $(\boldsymbol{\alpha},\boldsymbol{\alpha})\neq 0$，所以必须 $\lambda=\overline{\lambda}$，即 λ 是实数.　□

定理 7.2.9　设 $\boldsymbol{A}$ 是一个 n 阶 Hermite 矩阵，则存在一个 n 阶酉矩阵 $\boldsymbol{U}$，使得 $\overline{\boldsymbol{U}}^{\mathrm{T}}\boldsymbol{A}\boldsymbol{U}=\boldsymbol{U}^{-1}\boldsymbol{A}\boldsymbol{U}$ 是一个实对角矩阵，即任意 Hermite 矩阵都“酉相似”于一个实对角矩阵.

证明　证明与定理 4.5.4 的证明相似.　□

类似 n 维欧氏空间的度量矩阵的定义，在酉空间 V 中取一组基 $\boldsymbol{\alpha}_1,\cdots,\boldsymbol{\alpha}_n$，构造矩阵

$$\boldsymbol{A}=\begin{pmatrix}(\boldsymbol{\alpha}_1,\boldsymbol{\alpha}_1) & (\boldsymbol{\alpha}_1,\boldsymbol{\alpha}_2) & \cdots & (\boldsymbol{\alpha}_1,\boldsymbol{\alpha}_n)\\ (\boldsymbol{\alpha}_2,\boldsymbol{\alpha}_1) & (\boldsymbol{\alpha}_2,\boldsymbol{\alpha}_2) & \cdots & (\boldsymbol{\alpha}_2,\boldsymbol{\alpha}_n)\\ \vdots & \vdots & & \vdots\\ (\boldsymbol{\alpha}_n,\boldsymbol{\alpha}_1) & (\boldsymbol{\alpha}_n,\boldsymbol{\alpha}_2) & \cdots & (\boldsymbol{\alpha}_n,\boldsymbol{\alpha}_n)\end{pmatrix},$$

这个矩阵是由酉空间 V 中的内积以及基 $\boldsymbol{\alpha}_1,\cdots,\boldsymbol{\alpha}_n$ 唯一决定的, 称其为在 V 的基 $\boldsymbol{\alpha}_1,\cdots,\boldsymbol{\alpha}_n$ 下的**度量矩阵**.

注意到 $\boldsymbol{A}$ 的 (i,j) 元素是 $a_{ij}=(\boldsymbol{\alpha}_i,\boldsymbol{\alpha}_j)$, 而 $\overline{\boldsymbol{A}}^{\mathrm{T}}$ 的 (i,j) 元素是 $\overline{(\boldsymbol{\alpha}_j,\boldsymbol{\alpha}_i)}=(\boldsymbol{\alpha}_i,\boldsymbol{\alpha}_j)$, 即 $\overline{\boldsymbol{A}}^{\mathrm{T}}=\boldsymbol{A}$. 这说明，酉空间 V 的内积在 V 的任意一组基下的度量矩阵 $\boldsymbol{A}$ 是一个 Hermite 矩阵.

设 $\boldsymbol{A}=(a_{ij})_{n\times n}$, $\boldsymbol{\alpha}=\sum\limits_{i=1}^{n}x_i\boldsymbol{\alpha}_i$, $\boldsymbol{\beta}=\sum\limits_{i=1}^{n}y_i\boldsymbol{\alpha}_i$, 则

$$(\boldsymbol{\alpha},\boldsymbol{\beta})=\left(\sum_{i=1}^{n}x_i\boldsymbol{\alpha}_i,\sum_{j=1}^{n}y_j\boldsymbol{\alpha}_j\right)=\sum_{i=1}^{n}\sum_{j=1}^{n}x_i\overline{y_j}(\boldsymbol{\alpha}_i,\boldsymbol{\alpha}_j)=\sum_{i=1}^{n}\sum_{j=1}^{n}a_{ij}x_i\overline{y_j}.$$

特别地，当 $\boldsymbol{\beta}=\boldsymbol{\alpha}$ 时, 有

$$(\boldsymbol{\alpha},\boldsymbol{\alpha})=\sum_{i=1}^{n}\sum_{j=1}^{n}a_{ij}x_i\overline{x_j}.$$

由于 n 阶 Hermite 矩阵 $\boldsymbol{A}$ 酉相似于一个实对角矩阵 $\boldsymbol{D}=\mathrm{diag}(d_1,\cdots,d_n)$, 即存在一个酉矩阵 $\boldsymbol{U}$, 使得 $\boldsymbol{U}^{-1}\boldsymbol{A}\boldsymbol{U}=\boldsymbol{D}$. 令 $\boldsymbol{X}=\boldsymbol{U}\boldsymbol{Y}$, 其中 $\boldsymbol{Y}^{\mathrm{T}}=(y_1,\cdots,y_n)$, 则

$$\overline{\boldsymbol{X}}^{\mathrm{T}}\boldsymbol{A}\boldsymbol{X}=\overline{\boldsymbol{Y}}^{\mathrm{T}}\overline{\boldsymbol{U}}^{\mathrm{T}}\boldsymbol{A}\boldsymbol{U}\boldsymbol{Y}=\overline{\boldsymbol{Y}}^{\mathrm{T}}\boldsymbol{U}^{-1}\boldsymbol{A}\boldsymbol{U}\boldsymbol{Y}=\overline{\boldsymbol{Y}}^{\mathrm{T}}\boldsymbol{D}\boldsymbol{Y}=d_1y_1\overline{y_1}+\cdots+d_ny_n\overline{y_n}.$$

以上讨论证明了下面的定理:

定理 7.2.10 对于 Hermite 型 $f(x_1,\cdots,x_n)=\overline{\boldsymbol{X}}^{\mathrm{T}}\boldsymbol{A}\boldsymbol{X}$, 存在酉线性替换 $\boldsymbol{X}=\boldsymbol{U}\boldsymbol{Y}$($\boldsymbol{U}$ 是酉矩阵), 使得

$$f(x_1,\cdots,x_n)=d_1y_1\overline{y_1}+d_2y_2\overline{y_2}+\cdots+d_ny_n\overline{y_n},$$

其中 $d_1,d_2,\cdots,d_n$ 是 $\boldsymbol{A}$ 的全部特征值，它们都是实数.

□

定义 7.2.7 若对于一切 $\boldsymbol{\alpha}\in\mathbf{C}^n,\boldsymbol{\alpha}\neq\mathbf{0}$ 都有

$$\overline{\boldsymbol{\alpha}}^{\mathrm{T}}\boldsymbol{A}\boldsymbol{\alpha}>0,$$

则称 $\overline{\boldsymbol{X}}^{\mathrm{T}}\boldsymbol{A}\boldsymbol{X}$ 是一个**正定 Hermite 型**. 一个正定 Hermite 型 $\overline{\boldsymbol{X}}^{\mathrm{T}}\boldsymbol{A}\boldsymbol{X}$ 的矩阵 $\boldsymbol{A}$ 称为**正定 Hermite 矩阵**.

正定 Hermite 矩阵与第 5 章讨论的实正定矩阵有类似的结果.

定理 7.2.11　设 $\boldsymbol{A}$ 是一个 n 阶 Hermite 矩阵，则下列陈述彼此等价:

(1) $\boldsymbol{A}$ 是正定 Hermite 矩阵;

(2) 对于任意 n 阶复可逆矩阵 $\boldsymbol{P}$, $\overline{\boldsymbol{P}}^{\mathrm{T}}\boldsymbol{AP}$ 是正定 Hermite 矩阵;

(3) $\boldsymbol{A}$ 的特征值全大于零;

(4) 存在 n 阶可逆复矩阵 $\boldsymbol{P}$, 使 $\overline{\boldsymbol{P}}^{\mathrm{T}}\boldsymbol{AP}=\boldsymbol{E}_n$;

(5) $\boldsymbol{A}$ 可以分解成 $\overline{\boldsymbol{Q}}^{\mathrm{T}}\boldsymbol{Q}$, 其中 $\boldsymbol{Q}$ 是 n 阶可逆复矩阵;

(6) $\boldsymbol{A}$ 的所有顺序主子式全大于零.

证明　(1) $\Longrightarrow$ (2). 任取 $\boldsymbol{\alpha}\in\mathbf{C}^n, \boldsymbol{\alpha}\neq\mathbf{0}$, 有 $\boldsymbol{P\alpha}\neq\mathbf{0}$. 因为 $\boldsymbol{A}$ 是正定 Hermite 矩阵，所以

$$\overline{\boldsymbol{\alpha}}^{\mathrm{T}}(\overline{\boldsymbol{P}}^{\mathrm{T}}\boldsymbol{AP})\boldsymbol{\alpha}=(\overline{\boldsymbol{P\alpha}})^{\mathrm{T}}\boldsymbol{A}(\boldsymbol{P\alpha})>0.$$

因此 $\overline{\boldsymbol{P}}^{\mathrm{T}}\boldsymbol{AP}$ 是正定 Hermite 矩阵.

(2) $\Longrightarrow$ (3). 由假设, $\boldsymbol{A}$ 是 Hermite 矩阵. 于是存在酉矩阵 $\boldsymbol{U}$，使

$$\boldsymbol{U}^{-1}\boldsymbol{AU}=\mathrm{diag}(\lambda_1,\lambda_2,\cdots,\lambda_n)=\boldsymbol{D},$$

其中 λ_i 是实数且都是 $\boldsymbol{A}$ 的特征值, $i=1,2,\cdots,n$. 由假设，$\boldsymbol{U}^{-1}\boldsymbol{AU}$ 是正定 Hermite 矩阵，由此推出 $\overline{\boldsymbol{e}_i}^{\mathrm{T}}\boldsymbol{De}_i=\lambda_i>0$, $i=1,2,\cdots,n$.

(3) $\Longrightarrow$ (4). 因为 $\boldsymbol{A}$ 是 Hermite 矩阵，所以存在酉矩阵 $\boldsymbol{U}$，使得

$$\boldsymbol{U}^{-1}\boldsymbol{AU}=\mathrm{diag}(\lambda_1,\lambda_2,\cdots,\lambda_n),$$

其中 $\lambda_i>0$, $i=1,2,\cdots,n$. 令

$$\boldsymbol{Q}=\mathrm{diag}(\sqrt{\lambda_1},\sqrt{\lambda_2},\cdots,\sqrt{\lambda_n}),$$

则有 $\boldsymbol{U}^{-1}\boldsymbol{AU}=\boldsymbol{QQ}$，从而 $\boldsymbol{Q}^{-1}\boldsymbol{U}^{-1}\boldsymbol{AUQ}^{-1}=\boldsymbol{E}_n$. 令 $\boldsymbol{P}=\boldsymbol{UQ}^{-1}$，则 $\overline{\boldsymbol{P}}^{\mathrm{T}}=\overline{\boldsymbol{UQ}^{-1}}^{\mathrm{T}}=\boldsymbol{Q}^{-1}\overline{\boldsymbol{U}}^{\mathrm{T}}=\boldsymbol{Q}^{-1}\boldsymbol{U}^{-1}$. 于是 $\overline{\boldsymbol{P}}^{\mathrm{T}}\boldsymbol{AP}=\boldsymbol{E}_n$.

(4) $\Longrightarrow$ (5). 由假设 $\overline{\boldsymbol{P}}^{\mathrm{T}}\boldsymbol{AP}=\boldsymbol{E}_n$, 于是 $\boldsymbol{A}=(\overline{\boldsymbol{P}}^{\mathrm{T}})^{-1}\boldsymbol{P}^{-1}$. 令 $\boldsymbol{Q}=\boldsymbol{P}^{-1}$, 则

$$\overline{\boldsymbol{Q}}^{\mathrm{T}}=\overline{\boldsymbol{P}^{-1}}^{\mathrm{T}}=(\overline{\boldsymbol{P}}^{-1})^{\mathrm{T}}=(\overline{\boldsymbol{P}}^{\mathrm{T}})^{-1}.$$

所以 $\boldsymbol{A}=\overline{\boldsymbol{Q}}^{\mathrm{T}}\boldsymbol{Q}$.

(5) $\Longrightarrow$ (1). 设 $\boldsymbol{A}=\overline{\boldsymbol{Q}}^{\mathrm{T}}\boldsymbol{Q}$, 其中 $\boldsymbol{Q}$ 可逆. 任取 $\boldsymbol{\alpha}\in\mathbf{C}^n$ 且 $\boldsymbol{\alpha}\neq\mathbf{0}$, 有

$$\overline{\boldsymbol{\alpha}}^{\mathrm{T}}\boldsymbol{A\alpha}=\overline{\boldsymbol{\alpha}}^{\mathrm{T}}\overline{\boldsymbol{Q}}^{\mathrm{T}}\boldsymbol{Q\alpha}.$$

设 $(\boldsymbol{Q\alpha})^{\mathrm{T}}=(c_1,\cdots,c_n)$, 则

$$\overline{\boldsymbol{\alpha}}^{\mathrm{T}}\boldsymbol{A\alpha}=c_1\overline{c_1}+\cdots+c_n\overline{c_n}=|c_1|^2+\cdots+|c_n|^2>0.$$

所以 $\boldsymbol{A}$ 是正定 Hermite 矩阵.

(1) $\Longleftrightarrow$ (6). 类似于定理 5.2.1 的证明.

7.3 欧几里得空间的同构

定义 7.3.1 (线性空间的同构) 数域 K 上的两个线性空间 V 和 W 称为**同构**, 如果由 V 到 W 有一个一一映射 f 满足以下两个条件:

(1) $f(\boldsymbol{\alpha}+\boldsymbol{\beta})=f(\boldsymbol{\alpha})+f(\boldsymbol{\beta})$;

(2) $f(k\boldsymbol{\alpha})=kf(\boldsymbol{\alpha})$.

这里 $\boldsymbol{\alpha},\boldsymbol{\beta}\in V, k\in K$, 这样的映射 f 称为**同构映射**.

定义 7.3.2 (欧几里得空间的同构) 欧几里得空间 V 与 W 称为**同构**的, 如果由 V 到 W 有一个一一映射 f 满足以下三个条件:

(1) $f(\boldsymbol{\alpha}+\boldsymbol{\beta})=f(\boldsymbol{\alpha})+f(\boldsymbol{\beta})$;

(2) $f(k\boldsymbol{\alpha})=kf(\boldsymbol{\alpha})$;

(3) $(f(\boldsymbol{\alpha}),f(\boldsymbol{\beta}))=(\boldsymbol{\alpha},\boldsymbol{\beta})$,

这里 $\boldsymbol{\alpha},\boldsymbol{\beta}\in V, k\in K$, 这样的映射 f 称为 V 到 W 的**同构映射**.

由定义 7.3.1、7.3.2 可知, 以上同构关系都具有自反、对称、传递三性质 (读者作为练习自证).

定理 7.3.1 设 V 与 W 都是数域 K 上的有限维线性空间, 则它们同构的充要条件是它们的维数相同.

证明 必要性: 设 V 的维数为 n, $\boldsymbol{\alpha}_1,\boldsymbol{\alpha}_2,\cdots,\boldsymbol{\alpha}_n$ 是 V 的一组基, 于是 $\boldsymbol{\alpha}_1\leftrightarrow\boldsymbol{\alpha}_1',\boldsymbol{\alpha}_2\leftrightarrow\boldsymbol{\alpha}_2',\cdots,\boldsymbol{\alpha}_n\leftrightarrow\boldsymbol{\alpha}_n'$, 这里 $\boldsymbol{\alpha}_1',\boldsymbol{\alpha}_2',\cdots,\boldsymbol{\alpha}_n'\in W$, 则 $\boldsymbol{\alpha}_1',\boldsymbol{\alpha}_2',\cdots,\boldsymbol{\alpha}_n'$ 必然线性无关. 若 $\boldsymbol{\beta}_1',\boldsymbol{\beta}_2',\cdots,\boldsymbol{\beta}_{n+1}'$ 为 W 中任意 $n+1$ 个向量, 而 $\boldsymbol{\beta}_j\leftrightarrow\boldsymbol{\beta}_j', j=1,2,\cdots,n+1$, 则因 $\boldsymbol{\beta}_1,\boldsymbol{\beta}_2,\cdots,\boldsymbol{\beta}_{n+1}$ 线性相关, 所以, $\boldsymbol{\beta}_1',\boldsymbol{\beta}_2',\cdots,\boldsymbol{\beta}_{n+1}'$ 也必然线性相关, 所以 W 的维数是 n.

充分性: 如果 V 与 W 都是 K 上的 n 维线性空间, $\boldsymbol{\alpha}_1,\cdots,\boldsymbol{\alpha}_n$ 与 $\boldsymbol{\alpha}_1',\cdots,\boldsymbol{\alpha}_n'$ 分别为它们的基底, 让

$$\sum_{i=1}^{n}k_i\boldsymbol{\alpha}_i\leftrightarrow\sum_{i=1}^{n}k_i\boldsymbol{\alpha}_i',$$

就建立了 V 与 W 的同构性. □

若以 K^n 表示分量为 K 中的数的全体 n 元向量的集合, 则有如下推论.

推论 7.3.2 数域 K 上的任何 n 维线性空间都同构于 K^n.

从定义可以看出, 欧几里得空间比一般的线性空间多了一个内积的内容, 因此, 两个欧几里得空间同构的条件是: 它们作为线性空间来说同构, 而且还要有对应的任何两对向量的内积相等, 但是我们有以下定理.

定理 7.3.3 两个有限维欧几里得空间同构的充要条件是它们有相同的维数.

证明 必要性: 因为 V 与 W 同构, 首先作为线性空间来说, 应该也同构, 所以其维数相等.

充分性: 假定它们的维数都是 n, 在 V 中取一个标准正交基 $\boldsymbol{\varepsilon}_1,\boldsymbol{\varepsilon}_2,\cdots,\boldsymbol{\varepsilon}_n$, 在 W 中取

一个标准正交基 $\varepsilon_1', \varepsilon_2', \cdots, \varepsilon_n'$, 则当

$$\alpha = k_1\varepsilon_1 + k_2\varepsilon_2 + \cdots + k_n\varepsilon_k,$$
$$\alpha' = k_1\varepsilon_1' + k_2\varepsilon_2' + \cdots + k_n\varepsilon_n'$$

时, 令 $\alpha \leftrightarrow \alpha'$, 这种对应显然是一一对应的, 而且使 $\alpha \leftrightarrow \alpha', \beta \leftrightarrow \beta'$ 时, 有

$$k\alpha \leftrightarrow k\alpha', \qquad \alpha + \beta \leftrightarrow \alpha' + \beta'.$$

下面证明它们有相同的内积. 令

$$\beta = \sum_{i=1}^{n} b_i\varepsilon_i, \qquad \beta' = \sum_{i=1}^{n} b_i\varepsilon_i',$$

于是

$$(\alpha, \beta) = \sum_{i=1}^{n} k_ib_i, \qquad (\alpha', \beta') = \sum_{i=1}^{n} k_ib_i,$$

故有 $(\alpha, \beta) = (\alpha', \beta')$, 所以欧几里得空间 V 与 W 同构. □

我们知道, $\mathbf{R}$ 上的一切 n 元向量所构成的 n 维线性空间, 对

$$\alpha = (a_1, a_2, \cdots, a_n), \beta = (b_1, b_2, \cdots, b_n),$$

令

$$(\alpha, \beta) = a_1b_1 + a_2b_2 + \cdots + a_nb_n.$$

则它成为一个欧几里得空间, 记为 $\mathbf{R}^n$.

由定理7.3.3 可以看到, 任何 n 维欧几里得空间都与 $\mathbf{R}^n$ 同构. 如果我们把所有同构的空间看成一个空间, 那么 n 维欧几里得空间就是实数域上的全体 n 元向量所构成的空间. 当 $\alpha = (a_1, a_2, \cdots, a_n), \beta = (b_1, b_2, \cdots, b_n)$ 时, 内积定义为

$$(\alpha, \beta) = \sum_{i=1}^{n} a_ib_i.$$

习　题　七

1. 设 V 为实数域上的一个 n 维向量空间, $\varepsilon_1, \varepsilon_2, \cdots, \varepsilon_n$ 为其一组基, 两个向量

$$\boldsymbol{u} = x_1\varepsilon_1 + x_2\varepsilon_2 + \cdots + x_n\varepsilon_n,$$
$$\boldsymbol{v} = y_1\varepsilon_1 + y_2\varepsilon_2 + \cdots + y_n\varepsilon_n.$$

定义实函数 $(\boldsymbol{u}, \boldsymbol{v})$ 为

$$(\boldsymbol{u}, \boldsymbol{v}) = x_1y_1 + 2x_2y_2 + \cdots + nx_ny_n,$$

证明: V 在此规定下是一个欧氏空间.

2. 在 $\mathbf{R}^n$ 中, 设 $\alpha = (a_1, a_2, \cdots, a_n), \beta = (b_1, b_2, \cdots, b_n)$, 分别定义实数 (α, β) 如下:

(1) $(\alpha, \beta) = \left(\sum_{i=1}^{n} a_i^2b_i^2\right)^{1/2}$;

(2) $(\boldsymbol{\alpha},\boldsymbol{\beta})=\left(\sum\limits_{i=1}^{n}a_i\right)\left(\sum\limits_{j=1}^{n}b_i\right)$;

(3) $(\boldsymbol{\alpha},\boldsymbol{\beta})=\left(\sum\limits_{i=1}^{n}ia_ib_i\right)$;

判断它们是否为 $\mathbf{R}^n$ 中向量 $\boldsymbol{\alpha}$ 与 $\boldsymbol{\beta}$ 的内积.

3. 设 $\boldsymbol{\alpha}_1,\boldsymbol{\alpha}_2,\cdots,\boldsymbol{\alpha}_m$ 是 m 个互相正交的非零向量, 试证 $\boldsymbol{\alpha}_1,\boldsymbol{\alpha}_2,\cdots,\boldsymbol{\alpha}_m$ 线性无关.

4. 证明: $P_2[x]=\{p(x):p(x)=a_0+a_1x+a_2x^2,a_i\in\mathbf{R},i=0,1,2\}$ 在合适的加法、数乘和内积下构成一个欧氏空间.

5. 设 $\boldsymbol{A}=(a_{ij})$ 是一个 n 阶正定矩阵, 而 $\boldsymbol{\alpha}=(x_1,x_2,\cdots,x_n)^{\mathrm{T}}$, $\boldsymbol{\beta}=(y_1,y_2,\cdots,y_n)^{\mathrm{T}}$ 在 $\mathbf{R}^n$ 中定义实函数

$$(\boldsymbol{\alpha},\boldsymbol{\beta})=\boldsymbol{\alpha}^{\mathrm{T}}\boldsymbol{A}\boldsymbol{\beta}.$$

(1) 证明: 在这个意义下, $\mathbf{R}^n$ 构成一欧氏空间;

(2) 求向量 $\boldsymbol{e}_1=(1,0,\cdots,0),\boldsymbol{e}_2=(0,1,\cdots,0),\cdots,\boldsymbol{e}_n=(0,0,\cdots,1)$ 的度量矩阵.

6. 在复数域 $\mathbf{C}$ 上的 n 维向量空间 $\mathbf{C}^n$ 中, 任取

$$\boldsymbol{\alpha}=(a_1,a_2,\cdots,a_n),\qquad \boldsymbol{\beta}=(b_1,b_2,\cdots,b_n),$$

令内积

$$(\boldsymbol{\alpha},\boldsymbol{\beta})=a_1\bar{b}_1+a_2\bar{b}_2+\cdots+a_n\bar{b}_n,$$

证明 $\mathbf{C}^n$ 在此内积下是一个酉空间.

7. 设欧氏空间 $P_2[x]$ 中的内积定义为

$$(f,g)=\int_{-1}^{1}f(x)g(x)\mathrm{d}x.$$

(1) 求基 $1,x,x^2$ 的度量矩阵;

(2) 用坐标与度量矩阵乘积形式计算 $f(x)=1-x+x^2$ 与 $g(x)=1-4x-5x^2$ 的内积.

8. 求齐次线性方程组

$$\begin{cases}2x_1+x_2-x_3+x_4-3x_5=0,\\ x_1+x_2-x_3+x_5=0\end{cases}$$

的解空间 (作为 $\mathbf{R}^5$ 的子空间) 的一组标准正交基.

9. 设 $\boldsymbol{e}_1,\boldsymbol{e}_2,\cdots,\boldsymbol{e}_n$ 是欧氏空间 V 的标准正交基, $\boldsymbol{\alpha}_1,\boldsymbol{\alpha}_2,\cdots,\boldsymbol{\alpha}_k$ 是 V 的任意 k 个向量, 证明: $\boldsymbol{\alpha}_1,\boldsymbol{\alpha}_2,\cdots,\boldsymbol{\alpha}_k$ 两两正交的充要条件是

$$\sum_{s=1}^{n}(\boldsymbol{\alpha}_p,\boldsymbol{e}_s)(\boldsymbol{\alpha}_q,\boldsymbol{e}_s)=0,\quad (p,q=1,2,\cdots,k;p\neq q).$$

10. 在酉空间 $\mathbf{C}^3$ 中给定如下一组基

$$\boldsymbol{\alpha}_1=(i,-1,i)^{\mathrm{T}},\quad \boldsymbol{\alpha}_2=(1,0,i)^{\mathrm{T}},\quad \boldsymbol{\alpha}_3=(1,1,1)^{\mathrm{T}},$$

利用施密特正交方法把它正交化后再单位化, 求出 $\mathbf{C}^3$ 的一组标准正交基.

11. 设 $\varepsilon_1, \varepsilon_2, \cdots, \varepsilon_n$ 为 n 维欧氏空间 V 的一组基, 证明任意两个向量

$$\boldsymbol{u} = (\varepsilon_1, \varepsilon_2, \cdots, \varepsilon_n)\begin{pmatrix} x_1 \\ \vdots \\ x_n \end{pmatrix}, \quad \boldsymbol{v} = (\varepsilon_1, \varepsilon_2, \cdots, \varepsilon_n)\begin{pmatrix} y_1 \\ \vdots \\ y_n \end{pmatrix}$$

的内积可由等式

$$(\boldsymbol{u}, \boldsymbol{v}) = x_1 y_1 + \cdots + x_n y_n$$

表达的充要条件是: $\varepsilon_1, \varepsilon_2, \cdots, \varepsilon_n$ 为标准正交基.

12. 设 $\varepsilon_1, \varepsilon_2, \varepsilon_3$ 是三维欧氏空间中一组标准正交基, 证明:

$$\boldsymbol{\alpha}_1 = \frac{1}{3}(2\varepsilon_1 + 2\varepsilon_2 - \varepsilon_3), \quad \boldsymbol{\alpha}_2 = \frac{1}{3}(2\varepsilon_1 - \varepsilon_2 + 2\varepsilon_3), \quad \boldsymbol{\alpha}_3 = \frac{1}{3}(\varepsilon_1 - 2\varepsilon_2 - 2\varepsilon_3)$$

也是一组标准正交基.

13. 设 $\boldsymbol{\alpha}_1 = (1,0,2,0)^{\mathrm{T}}, \boldsymbol{\alpha}_2 = (0,2,0,3)^{\mathrm{T}}, \boldsymbol{\alpha}_3 = (2,6,4,9)^{\mathrm{T}}$, 试把 $L\{\boldsymbol{\alpha}_1, \boldsymbol{\alpha}_2, \boldsymbol{\alpha}_3\}$ 的基底扩充成欧氏空间 $\mathbf{R}^4$ 的一组基, 并将它标准正交化.

14. 设 $\{\boldsymbol{\alpha}_1, \boldsymbol{\alpha}_2, \boldsymbol{\alpha}_3\}$ 是三维欧几里得空间 V 的一组基, 其度量矩阵

$$\boldsymbol{A} = \begin{pmatrix} 1 & -1 & 1 \\ -1 & 2 & 0 \\ 1 & 0 & 4 \end{pmatrix},$$

试求 V 的一组标准正交基, 并验证它的度量矩阵是单位矩阵.

15. 在几何空间 $\mathbf{R}^3$ 中取标准正交基 (三个坐标轴上的单位向量), 验证以下由六个三阶方阵表示的线性变换都是正交变换, 并给出其几何解释.

$$\boldsymbol{A}_1 = \begin{pmatrix} 1 & & \\ & 1 & \\ & & 1 \end{pmatrix}, \quad \boldsymbol{A}_2 = \begin{pmatrix} -1 & & \\ & 1 & \\ & & 1 \end{pmatrix},$$

$$\boldsymbol{A}_3 = \begin{pmatrix} 1 & & \\ & -1 & \\ & & -1 \end{pmatrix}, \quad \boldsymbol{A}_4 = \begin{pmatrix} -1 & & \\ & -1 & \\ & & -1 \end{pmatrix},$$

$$\boldsymbol{A}_5 = \begin{pmatrix} 1 & 0 & 0 \\ 0 & \cos\theta & -\sin\theta \\ 0 & \sin\theta & \cos\theta \end{pmatrix}, \quad \boldsymbol{A}_6 = \begin{pmatrix} -1 & 0 & 0 \\ 0 & \cos\theta & -\sin\theta \\ 0 & \sin\theta & \cos\theta \end{pmatrix}.$$

16. 设 $\boldsymbol{\alpha}_i = (a_{i1}, a_{i2}, \cdots, a_{in}), i = 1, 2, \cdots, n$ 是 n 维欧氏空间 $\mathbf{R}^n$ 的向量组, 证明:

$$\sum_{j=1}^{n} a_{ij} x_j = 0 \quad 与 \quad \sum_{j=1}^{n} (\boldsymbol{\alpha}_i, \boldsymbol{\alpha}_j) x_j = 0, \quad (i = 1, 2, \cdots, n)$$

的解空间同构.

参 考 文 献

(美) 利昂. 2004. 线性代数 (英文版). 6 版. 北京：机械工业出版社.

北京大学数学系几何与代数教研室前代数小组. 2003. 高等代数. 3 版. 北京：高等教育出版社.

陈仲，栗熙. 1998. 大学数学 (下册). 南京：南京大学出版社.

李小刚. 2006. 线性代数及其应用. 北京：科学出版社.

李正元，李永乐，袁荫棠. 2009. 数学复习全书 (理工类. 数学一). 11 版. 北京：国家行政学院出版社.

王巧玲等. 2000. 大学数学教程 (第二册). 南京：南京大学出版社.

张志涌，刘瑞桢，杨祖荫. 1997. 掌握和精通 MATLAB. 北京：北京航空航天大学出版社.

周伯壎. 1966. 高等代数. 北京：人民教育出版社.

Gilbert Strang. 2003. Introduction to Linear Algebra. 3rd ed. Cambridge: Wellesley-Cambridge Press.

附录A　Matlab 实验

A.1　矩阵与行列式运算的 Matlab 实验

Matlab 语言的基本计算对象是向量和矩阵, 而把数看做一维向量. 当运行 Matlab 软件后，在 Matlab 窗口的提示符“>>”后面只要键入一个个的相关命令，就可以很方便地进行向量及矩阵的各种计算. **注意** Matlab 的名字区分大小写. “%”号后为注释语句, 在程序中不运行. ↓ 表示按回车键. 在下面讲到的要键入的 Matlab 语句，可能包括提示符和回车后自动显示的内容，而这些内容不要重复键入. 本附录所使用的软件是 Matlab 7.9.0(R2009b).

1. 向量的输入与表示

在 Matlab 中, 向量的输入可用下列方式:

>> a=[1, 2, 3, 4, 5];　b=[6 7 8 9 10]; ↓　% 分号的作用是执行的结果不在屏幕上显示

向量的上述两种输入方法是等价的. 还可以用生成的方法输入向量, 例如:

>> c=2:2:11; ↓

上式生成以 2 开头, 以 2 为步长, 一直到小于等于 11 的最大整数, 即这个语句等同于

>> c=[2,4,6, 8,10]; 一般,

>> c=a:k:b; 生成向量:

c=[a, a+k, a+2k, ···, a+Nk]　(N 为整数)

其中 b 在 a+Nk 与 a+(N+1)k 之间. 如

>> c=1 : −0.1 : 0.43 ↓ 生成

c=

1.0000　0.9000　0.8000　0.7000　0.6000　0.0005

a(i) 表示向量 $\boldsymbol{a}$ 中的第 i 个分量. 例如要调看向量 $\boldsymbol{b}$ 的第二个分量, 只要键入:

>> b(2) ↓　　% 下面两行是程序生成的，不用输入，下同.

ans=

7

就知道 $\boldsymbol{b}$ 的第二个分量是 7. 要显示向量 $\boldsymbol{b}$ 的全部分量，只要键入:

>> b ↓

b=

6　7　8　9　10

要显示向量 $\boldsymbol{b}$ 的某一段分量，如第 2 到第 4 个分量，只要键入:

>> b (2 : 4) ↓

ans=

7　8　9

2. 常用矩阵的输入与运算

(1) 常用矩阵的输入与表示

Matlab 中矩阵的输入是在方括号内按行输入，空格或逗号用来分隔一行的每个元素，而换行或分号用来分隔矩阵的行. 如要在 Matlab 中输入一个矩阵 $\boldsymbol{A}=\begin{pmatrix}1&2&3\\3&2&1\\2&3&1\end{pmatrix}$. 只要按下面的操作：

```
>> A=[ 1  2  3          % 这里的换行用“Shift+Enter”键或回车键都可以
       3  2  1
       2  3  1  ]
```

按回车键得:

```
A=
      1  2  3
      3  2  1
      2  3  1
```

也可以键入:

```
>> A=[1, 2, 3; 3, 2, 1; 2, 3, 1]
```

而A(i,j) 表示矩阵中的元 a_{ij}, 如

```
>> A(2,3) ↓ 得
ans=
    1
```

(2) 矩阵的运算

在 Matlab 中, 矩阵的运算非常简单, 如求 $\boldsymbol{B}$ 的转置矩阵可键入 B′ 加回车，计算矩阵的加、减、数乘、乘法如 $\boldsymbol{A}+\boldsymbol{B}$, $3\boldsymbol{B}$, $\boldsymbol{AB}$, 只要键入算式 A+B, 3*B, A*B 再加回车便可得出结果. 例如: 在矩阵 $\boldsymbol{A}$ 已经赋值的情况下，再对变量 $\boldsymbol{B}$ 赋值一个矩阵:

```
>>B=[1, 3, 2; 4, 3, 2; 6, 4, 5] ↓ 得
B=
      1  3  2
      4  3  2
      6  4  5
```

(a) 求矩阵的转置

求 $\boldsymbol{B}$ 的转置矩阵可键入 B′ 回车:

```
>> B′ ↓ 得
ans=
      1  4  6
      3  3  4
      2  2  5
```

(b) 求矩阵的和

求 $\boldsymbol{A}+\boldsymbol{B}$ 键入 A+B 回车:

```
>> A+B ↓ 得
ans=
     2   5   5
     7   5   3
     8   7   6
```

求 $\boldsymbol{A}-\boldsymbol{B}$ 键入 A-B 回车:

```
>> A-B ↓ 得
ans=
      0   -1    1
     -1   -1   -1
     -4   -1   -4
```

(c) 求矩阵与数的乘积

求 $3\boldsymbol{B}$ 键入 3*B 回车:

```
>> 3*B ↓ 得
ans=
      3    9    6
     12    9    6
     18   12   15
```

(d) 求两个矩阵的乘积

求 $\boldsymbol{AB}$ 键入 A*B 回车:

```
>> A*B ↓ 得
ans=
     27   21   21
     17   19   15
     20   19   15
```

(e) 矩阵的幂

可用 A^n 求矩阵 $\boldsymbol{A}$ 的 n 次幂, 例如:

```
>> A^3 ↓ 得
ans=
     74   80   62
     74   84   58
     72   82   62
```

(f) 求逆矩阵

可用函数 inv (A) 求 $\boldsymbol{A}$ 的逆矩阵, 例如:

```
>> V= inv (A) ↓ 得
V=
     -0.0833    0.5833   -0.3333
     -0.0833   -0.4167    0.6667
      0.4167    0.0833   -0.3333
```

验证一下:

```
>>A*V ↓ 得
ans=
        1.0000    0.0000          0
             0    1.0000    -0.0000
        0.0000    0.0000     1.0000
```

3. 特殊矩阵的输入

(1) 生成随机矩阵

在 Matlab 中,

A=zeros(n),　　B=ones(n),　　C=eye(n)

分别表示生成 n 阶零矩阵, n 阶全 1 矩阵和 n 阶单位矩阵.

A=zeros(m, n),　B=ones(m, n),　C=eye(m, n)

分别表示生成 $m\times n$ 阶零矩阵, $m\times n$ 阶全1 矩阵和 $m\times n$ 阶主对角线元素为 1, 其余为 0 的矩阵. 例如:

```
>> eye(2, 4) ↓ 显示
ans=
      1  0  0  0
      0  1  0  0
```

A=rand(n),　B=rand(m, n)

分别表示生成 n 阶标准均匀分布的伪随机矩阵和 $m\times n$ 阶标准均匀分布的伪随机矩阵. 例如:

```
>> A= rand(2) ↓ 得到
A=
      0.8147   0.1270
      0.9058   0.9134
```

(2) 生成对角矩阵

如 $\boldsymbol{c}$ 为一个向量, diag (c) 生成对角矩阵, 例如:

```
>> c=1:3 ↓ 得到
c=
     1  2  3
```

再键入 diag (c) 回车:

```
>> diag(c) ↓ 得
ans=
      1  0  0
      0  2  0
      0  0  3
```

4. 矩阵的特殊处理

(1) 矩阵的合并

C=[A,B] 表示把两个矩阵 $\boldsymbol{A}$ 和 $\boldsymbol{B}$ 合并成一个矩阵, 例如:

```
>>A= eye(2); B=ones(2, 4);        % 语句后面打分号, 表示不显示结果
```

再键入 C=[A,B] 回车

```
>> C=[A,B] ↓ 得
   C=
      1  0  1  1  1  1
      0  1  1  1  1  1
```

(2) 检查矩阵的大小 (阶数)

size(C) 是检查矩阵 $\boldsymbol{C}$ 阶数的语句, 例如:

```
>>size(C) ↓ 得
ans=
     2     6
```

从结果可知 $\boldsymbol{C}$ 为 2×6 阶矩阵.

例 A.1.1　求解矩阵方程

$$\begin{pmatrix} 1 & 2 & 3 \\ 3 & 2 & 1 \\ 2 & 3 & 1 \end{pmatrix} \boldsymbol{X} \begin{pmatrix} 1 & 3 & 2 \\ 4 & 3 & 2 \\ 6 & 4 & 5 \end{pmatrix} = \begin{pmatrix} 80 & 72 & 55 \\ 108 & 72 & 69 \\ 103 & 75 & 71 \end{pmatrix}.$$

解　只要做如下操作

```
>>A=[1, 2, 3; 3, 2, 1; 2, 3, 1]; ↓
>>B=[1, 3, 2; 4, 3, 2; 6, 4, 5]; ↓
>>C=[80, 72, 55; 108, 72, 69;103, 75, 71]; ↓
>>X=inv(A)*C*inv(B) ↓ 得
X=
      -2.0000   3.0000   2.0000
       1.0000   1.0000   2.0000
       2.0000   3.0000  -1.0000
```

□

5. 计算行列式

(1) 行列式的数值计算

求方阵 $\boldsymbol{A}$ 的行列式可调用函数 det (A).

例 A.1.2　求矩阵 $\boldsymbol{A}=\begin{pmatrix} 1 & 2 & 3 \\ 3 & 2 & 1 \\ 2 & 3 & 1 \end{pmatrix}$ 的行列式.

解　只要做如下操作

```
>>A=[1,2,3;3,2,1;2,3,1] ↓ 显示
A=
```

```
        1   2   3
        3   2   1
        2   3   1
```

再键入

>> det(A) ↓ 得

ans=

12

(2) 行列式的符号运算 □

Matlab 可以进行符号运算，首先应对数学式要用到的符号用语句 syms 定义.

例 A.1.3 求行列式 $\begin{vmatrix} a & b \\ c & d \end{vmatrix}$ 的值.

解

>>syms a b c d

>>A=[a,b; c,d] ↓ 显示

A=

[a, b]

[c, d]

再键入 >>det (A) ↓ 得

ans=

a*d-b*c

□

例 A.1.4 求行列式 $\begin{vmatrix} 1-a & a & 0 & 0 \\ -1 & 1-a & a & 0 \\ 0 & -1 & 1-a & a \\ 0 & 0 & -1 & 1-a \end{vmatrix}$ 的值.

解

>>syms a

>>A=[1-a, a, 0, 0; -1, 1-a, a, 0; 0, -1, 1-a, a; 0, 0, -1, 1-a] ↓ 显示

A=

```
[ 1 − a,     a,      0,      0   ]
[ −1,     1 − a,     a,      0   ]
[  0,       −1,    1 − a,    a   ]
[  0,        0,     −1,    1 − a ]
```

>>det (A)

ans= a^4 − a^3 + a^2 − a + 1

□

6. 计算矩阵秩和向量组的秩

(1) 计算矩阵的秩

在 Matlab 中, 矩阵秩的计算可以通过调用函数 rank() 进行

>> A=[-1, 2, 3, 4; 0, 3, 4, 5; 2, 2, 2, 2;0, -2, 1, 2] ↓ 显示

```
  -1   2   3   4
   0   3   4   5
   2   2   2   2
   0  -2   1   2
```

再键入 rank(A) 回车:

>>rank (A) ↓ 得

ans=

　　3

说明矩阵 $\boldsymbol{A}$ 的秩为 3.

(2) 计算向量组的秩

向量组 $\boldsymbol{a},\boldsymbol{b},\boldsymbol{c},\boldsymbol{d}$ 的秩可用下列语句求出:

>>rank ([a, b, c, d]).

7. 向量组的线性相关性与极大无关组

(1) 判别向量组的线性相关与线性无关

对于一个 m 个向量的向量组 A 是否线性相关, 可以通过求向量组的秩来判断, 如果 $\text{rank}(A)=m$, 则线性无关, 如果 $\text{rank}(A)<m$, 则线性相关.

例如, 键入 $\boldsymbol{a},\boldsymbol{b},\boldsymbol{c},\boldsymbol{d}$ 四个向量:

>>a=[-1,2,3,4]′; ↓

>>b=[0,3,4,5]′; ↓

>>c=[2,2,2,2]′; ↓

>>d=[0,-2,1,2]′; ↓

将 $\boldsymbol{a},\boldsymbol{b},\boldsymbol{c},\boldsymbol{d}$ 并为一个矩阵 $\boldsymbol{u}$:

>> u=[a,b,c,d]; ↓ , 再键入

>>rank(u) ↓ 得

ans=

　　3

表明 $\boldsymbol{u}$ 的秩为 3, 这说明向量组 $\boldsymbol{a},\boldsymbol{b},\boldsymbol{c},\boldsymbol{d}$ 线性相关.

(2) 计算简化梯形矩阵与极大无关组

使用下列语句, 不仅可以求出矩阵 $\boldsymbol{u}$ 的行简化梯形矩阵, 还给出了线性无关向量组在原矩阵中所在的列, 这也就给出了极大无关组.

>> [v,ip]=rref(u) ↓ 得

v=

```
   1   0  -2   0
   0   1   2   0
   0   0   0   1
   0   0   0   0
```

ip=

```
   1   2   4
```

这表明 v 是 $\boldsymbol{u}$ 的行简化梯形矩阵，秩为 3; $\boldsymbol{u}$ 中第 1, 2, 4 列向量线性无关, 即向量 $\boldsymbol{a}, \boldsymbol{b}, \boldsymbol{d}$ 线性无关，且为 $\boldsymbol{a}, \boldsymbol{b}, \boldsymbol{c}, \boldsymbol{d}$ 的极大无关组.

A.2 解线性方程组的 Matlab 实验

用 Matlab 软件可以很方便地求解方程组.

1. 方程组的求解

方程组 $\boldsymbol{Ax} = \boldsymbol{b}$ 的解可以用 A\b 来求得.

例 A.2.1 用 Matlab 求解方程组 $\boldsymbol{Ax} = \boldsymbol{b}$, 其中

$$\boldsymbol{A} = \begin{pmatrix} 2 & 1 & 3 \\ 3 & 1 & 2 \\ 4 & 3 & 8 \\ 1 & 1 & 2 \end{pmatrix}, \quad \boldsymbol{b} = \begin{pmatrix} -5 \\ -1 \\ -14 \\ -3 \end{pmatrix}.$$

解 只要作如下操作

```
>> A=[2,1,3; 3,1,2; 4,3,8; 1,1,2];↓
>> b=[-5,-1,-14,-3]′;↓
>> x=A\b↓ 得
x=
      1.0000
      2.0000
     −3.0000
```

再键入

```
>>(A*x-b)′ ↓ 得
ans=
    1.0e-013 *
    -0.0622   -0.0355   -0.1066   0.0178
```

说明 $\boldsymbol{Ax}$ 与 $\boldsymbol{b}$ 的误差在 10^{-14} 数量级，故 x 是方程组的唯一解. □

当方程组 $\boldsymbol{Ax} = \boldsymbol{b}$ 无解或是有无穷多组解时，A\b 可得最小二乘解和某个特解. 见下面的例子:

```
>> A=[2,1,3; 3,1,2; 4,3,8; 1,1,2];↓
>> b=[-5,-1,-14,0]′;↓
>> x=A\b↓ 得
x=
      0.1000
      9.8000
     −5.4000
```

再键入

```
>>(A*x-b)′ ↓ 得
ans=
```

-1.2000　0.3000　0.6000　-0.9000

说明 $\boldsymbol{Ax}$ 与 $\boldsymbol{b}$ 的误差较大，故 x 是方程组的最小二乘解.

再看下面例子:

```
>> A=[2,1,3; 3,1,4; 4,3,7; 1,1,2];↓
>> b=[13,17,31,9]';↓
>> x=A\b↓ 得
Warning: Rank deficient, rank= 2, tol=7.8442e-015
x=
        0
   1.0000
   4.0000
```

说明矩阵 $\boldsymbol{A}$ 不是满秩矩阵，秩为 2. 再键入

```
>>(A*x-b)' ↓ 得
ans=
  1.0e-014 *
  -0.3553  -0.3553  -0.7105  -0.1776
```

说明 $\boldsymbol{Ax}$ 与 $\boldsymbol{b}$ 的误差很小，故 x 是方程组的解，是无穷多组解中的一个特解.

若方程组的系数矩阵是方阵时，情况有些不同. 当方阵 $\boldsymbol{A}$ 非奇异时，可以用 A\b 也可以用 inv(A)*b 来求解. 见下列:

```
>> A=[2,1,3; 3,1,2; 4,3,8];↓
>> b=[-5,-1,-14]';↓
>> det(A)↓ 得
ans=
    3
```

故矩阵 $\boldsymbol{A}$ 非奇异，再键入

```
>>x=A\b↓ 得
x=
     1
     2
    −3
```

再键入

```
>>x=inv(A)*b↓ 得
x=
    1.0000
    2.0000
   −3.0000
```

验证一下:

```
>>(A*x-b)' ↓ 得
ans=
```

```
    1.0e-014 *
    0.3553   0.1776   0.7105
```

说明 x 确实是方程组的解.

当方阵 $\boldsymbol{A}$ 奇异时，直接使用 A\b 将得不到解，可以使用 pinv(A)*b 求 $\boldsymbol{Ax}=\boldsymbol{b}$ 的极小最小二乘解，其中 pinv(A) 是求矩阵 $\boldsymbol{A}$ 的广义逆矩阵. 用 pinv(A) 同样可以求长方阵的广义逆矩阵. 见下例:

```
>> A=[2,1,3; 3,1,4; 4,3,7];↓
>> b=[13,17,31]';↓
>> det(A)↓ 得
ans=
    0
```

知矩阵 $\boldsymbol{A}$ 奇异，此时若键入

```
>>x=A\b↓ 得
Warning: Matrix is singular to working precision.
x=
     NaN
     NaN
     NaN
```

再键入

```
>>x=pinv(A)*b↓ 得
x=
     1.0000
     2.0000
     3.0000
```

验证一下:

```
>>(A*x-b)' ↓ 得
ans=
    1.0e-014 *
    -0.3553   -0.7105   -0.3553
```

说明 x 确实是方程组的解.

2. 方程组可解性的判定

方程组 $\boldsymbol{Ax}=\boldsymbol{b}$ 的可解性可以用系数矩阵 $\boldsymbol{A}$ 的秩和增广矩阵 $(\boldsymbol{A}\ \boldsymbol{b})$ 的秩的关系来判断.

例 A.2.2　用 Matlab 求解方程组 $\boldsymbol{Ax}=\boldsymbol{b}$, 其中

$$\boldsymbol{A}=\begin{pmatrix}1 & -1 & 0\\ 1 & -1 & 1\\ 1 & -1 & -1\end{pmatrix},\boldsymbol{b}=\begin{pmatrix}1\\ 1\\ -1\end{pmatrix}.$$

解　只要作如下操作

```
>> A=[1,-1,0; 1,-1,1; 1,-1,-1];↓
```

```
>> b=[1,1,-1]';↓
>> [ rank(A) , rank([A,b])]↓ 得
ans=
    2   3
```

说明 $\mathrm{r}(\boldsymbol{A}) < \mathrm{r}(\boldsymbol{A}\ \boldsymbol{b})$, 故方程组无解. □

3. 求齐次方程组的基础解系

方程组 $\boldsymbol{Ax}=\boldsymbol{\theta}$ 的基础解系可以用 null(A) 来求得.

例 A.2.3　用 Matlab 求齐次方程组 $\boldsymbol{Ax}=\mathbf{0}$ 的基础解系, 其中

$$\boldsymbol{A}=\begin{pmatrix}1 & 2 & 1\\ -1 & -2 & -1\\ 2 & 4 & 2\end{pmatrix}.$$

解　只要作如下操作

```
>> A=[1,2,1; -1,-2,-1; 2,4,2];↓
>> alpha= null(A)↓ 得
alpha=
     0.9129        0
    -0.3651  -0.4472
    -0.1826   0.8944
```

alpha 表示基础解系. □

4. 求方程组的通解

方程组 $\boldsymbol{Ax}=\boldsymbol{b}$ 的通解可以用 pinv(A)*b 求特解，用 null(A) 求得 $\boldsymbol{A}$ 的基础解系.

例 A.2.4　用 Matlab 求解方程组 $\boldsymbol{Ax}=\boldsymbol{b}$, 其中

$$\boldsymbol{A}=\begin{pmatrix}1 & -2 & 1\\ 1 & 1 & -2\\ 1 & -5 & 4\end{pmatrix}, \boldsymbol{b}=\begin{pmatrix}-1\\ 2\\ -4\end{pmatrix}.$$

解　只要作如下操作

```
>> A=[1,-2,1; 1,1,-2; 1,-5,4];↓
>> b=[-1,2,-4]';↓
>> [ rank(A) , rank([A,b]) ]↓ 得
ans=
    2   2
```

说明 $\mathrm{r}(\boldsymbol{A})=\mathrm{r}(\boldsymbol{A}\ \boldsymbol{b})<3$, 故方程组有无穷多组解. 再键入

```
>> x=[ pinv(A)*b,null(A)]↓ 得
x=
     0.3333  0.5774
     0.3333  0.5774
    -0.6667  0.5774
```

表示方程组通解为

$$\begin{pmatrix} 0.3333 \\ 0.3333 \\ -0.6667 \end{pmatrix} + k_1 \begin{pmatrix} 0.5774 \\ 0.5774 \\ 0.5774 \end{pmatrix}.$$

□

A.3　特征值、奇异值的 Matlab 实验

用 Matlab 软件也能方便地求矩阵特征值和奇异值.

1. 求矩阵特征值和特征向量

矩阵 $\boldsymbol{A}$ 的特征值和特征向量可以用 eig(A) 来求得.

例 A.3.1　用 Matlab 求矩阵

$$\boldsymbol{A} = \begin{pmatrix} 1 & 1 & 1 \\ -2 & 1 & 2 \\ 2 & 1 & 0 \end{pmatrix}$$

的特征值.

解　只要作如下操作

```
>> A=[1,1,1; -2,1,2; 2,1,0];↓
>> e=eig(A)↓ 得
e=
     1.0000
    −1.0000
     2.0000
```

$\boldsymbol{e}$ 的三个分量即为 $\boldsymbol{A}$ 的特征值. □

上述使用只是求出矩阵的特征值，也可以同时求出特征向量，只要用 [V,D]=eig(A) 这样的形式，即可求得对角阵 $\boldsymbol{D}$ 满足式子 $\boldsymbol{AV} = \boldsymbol{VD}$，此时 $\boldsymbol{D}$ 的对角元素就是 $\boldsymbol{A}$ 的特征值，而 $\boldsymbol{V}$ 的列就是对应的特征向量，且特征值的对应特征向量构成该特征值的特征子空间.

下面我们对各种情况求矩阵的特征值和特征向量.

例 A.3.2　用 Matlab 求矩阵

$$\boldsymbol{A} = \begin{pmatrix} 5 & -2 & 1 \\ 0 & 4 & 0 \\ 1 & -2 & 5 \end{pmatrix}$$

的特征值和特征向量.

解　只要作如下操作

```
>> A=[5,-2,1; 0,4,0; 1,-2,5];↓
>> [V,D]=eig(A)↓ 得
V=
```

$$\begin{matrix} 0.7071 & -0.7071 & 0.5774 \\ 0 & 0 & 0.5774 \\ 0.7071 & 0.7071 & 0.5774 \end{matrix}$$

D=

$$\begin{matrix} 6 & 0 & 0 \\ 0 & 4 & 0 \\ 0 & 0 & 4 \end{matrix}$$

从上述结果可得：$\boldsymbol{A}$ 的特征值为 $\lambda=6,4$(二重)，6 对应的特征向量为 $k_1\begin{pmatrix} 0.7071 \\ 0 \\ 0.7071 \end{pmatrix}$, 4 对应的特征向量为 $k_2\begin{pmatrix} -0.7071 \\ 0 \\ 0.7071 \end{pmatrix}+k_3\begin{pmatrix} 0.5774 \\ 0.5774 \\ 0.5774 \end{pmatrix}$.

□

例 A.3.3 用 Matlab 求矩阵

$$\boldsymbol{A}=\begin{pmatrix} 3 & 0 & 1 \\ 2 & 0 & 2 \\ 3 & -4 & 5 \end{pmatrix}$$

的特征值和特征向量.

解 只要作如下操作

>> A=[3,0,1; 2,0,2; 3,-4,5];↓

>> [V,D]=eig(A)↓ 得

V=

$$\begin{matrix} 0.5774 & 0.7071 & -0.7071 \\ 0.5774 & -0.0000 & -0.0000 \\ 0.5774 & -0.7071 & 0.7071 \end{matrix}$$

D=

$$\begin{matrix} 4.0000 & 0 & 0 \\ 0 & 2.0000 & 0 \\ 0 & 0 & 2.0000 \end{matrix}$$

得到 $\boldsymbol{A}$ 的特征值为 $\lambda=4,2$(二重)，4 对应的特征向量为 $k_1\begin{pmatrix} 0.5774 \\ 0.5774 \\ 0.5774 \end{pmatrix}$，2 对应的特征向量为 $k_2\begin{pmatrix} 0.7071 \\ 0 \\ -0.7071 \end{pmatrix}$.

□

例 A.3.4　用 Matlab 求矩阵

$$A=\begin{pmatrix} 2 & -1 & 1 \\ 1 & 1 & 1 \\ 1 & -1 & 2 \end{pmatrix}$$

的特征值和特征向量.

解　只要作如下操作

```
>> A=[2,-1,1; 1,1,1; 1,-1,2];↓
>> [V,D]=eig(A)↓ 得
V=
     0.7071   0.3536 + 0.3536i   0.3536 - 0.3536i
     0.0000   0.7071             0.7071
    -0.7071   0.3536 + 0.3536i   0.3536 - 0.3536i

D=
    1.0000        0                    0
         0   2.0000 + 1.0000i          0
         0        0              2.0000 - 1.0000i
```

得到 $\boldsymbol{A}$ 的特征值为 $\lambda=1,2\pm i$(二重),

1 对应的特征向量为 $k_1\begin{pmatrix} 0.7071 \\ 0 \\ -0.7071 \end{pmatrix}$,

$2+i$ 对应的特征向量为 $k_2\begin{pmatrix} 0.3536+0.3536i \\ 0.7071 \\ 0.3536+0.3536i \end{pmatrix}$,

$2-i$ 对应的特征向量为 $k_3\begin{pmatrix} 0.3536-0.3536i \\ 0.7071 \\ 0.3536-0.3536i \end{pmatrix}$.　□

2. 用正交矩阵将实对称矩阵对角化

利用实对称矩阵 $\boldsymbol{A}$ 的特征值和特征向量可以将矩阵 $\boldsymbol{A}$ 正交相似于一个对角阵.

例 A.3.5　用 Matlab 求矩阵

$$A=\begin{pmatrix} 2 & 1 & 2 \\ 1 & 3 & 1 \\ 2 & 1 & 2 \end{pmatrix}$$

对角化的正交相似变换矩阵.

解　只要作如下操作

```
>> A=[2,1,2; 1,3,1; 2,1,2];↓
```

>> [V,D]=eig(A)↓ 得

V=

0.7071	0.4082	0.5774
0.0000	−0.8165	0.5774
−0.7071	0.4082	0.5774

D=

−0.0000	0	0
0	2.0000	0
0	0	5.0000

再键入

>> V′*V↓ 得

ans=

1.0000	0.0000	0.0000
0.0000	1.0000	0.0000
0.0000	0.0000	1.0000

V′*V 即为 $\boldsymbol{V}^{\mathrm{T}}\boldsymbol{V}$, 结果为 ans = $\boldsymbol{E}$, 即 $\boldsymbol{V}$ 为正交矩阵，且有

$$\boldsymbol{V}^{-1}\boldsymbol{A}\boldsymbol{V}=\boldsymbol{V}^{\mathrm{T}}\boldsymbol{A}\boldsymbol{V}=\boldsymbol{D}=\begin{pmatrix}0&0&0\\0&2&0\\0&0&5\end{pmatrix}.$$

□

3. 矩阵的奇异值分解

矩阵 $\boldsymbol{A}$ 的奇异值分解式可以用 [U,S,V]=svd(A) 来求得, 得到的矩阵 $\boldsymbol{U},\boldsymbol{S},\boldsymbol{V}$ 与矩阵 $\boldsymbol{A}$ 有关系 $\boldsymbol{A}=\boldsymbol{U}\boldsymbol{S}\boldsymbol{V}^{\mathrm{T}}$ 或者 $\boldsymbol{U}^{\mathrm{T}}\boldsymbol{A}\boldsymbol{V}=\boldsymbol{S}$, 其中 $\boldsymbol{S}$ 为与 $\boldsymbol{A}$ 同阶的对角矩阵，对角线元素为 $\boldsymbol{A}$ 的奇异值. 见下例.

例 A.3.6 用 Matlab 对矩阵

$$\boldsymbol{A}=\begin{pmatrix}2&1&3&-5\\3&1&2&-1\\4&3&8&-14\end{pmatrix}$$

进行奇异值分解.

解 只要作如下操作

>> A=[2,1,3,-5; 3,1,2,-1; 4,3,8,-14];↓

>> [U,S,V]=svd(A)↓ 得

U=

−0.3426	−0.1084	−0.9332
−0.1515	−0.9739	0.1688
−0.9272	0.1992	0.3172

S=

18.1974	0	0	0
0	2.7930	0	0
0	0	0.2286	0

V=

−0.2664	−0.8385	−0.3991	−0.2582
−0.1800	−0.1736	0.8190	−0.5164
−0.4807	−0.2434	0.3311	0.7746
0.8158	−0.4556	0.2455	0.2582

于是 $\boldsymbol{A}$ 的奇异值为 $18.1974, 2.7930, 0.2286$，并有奇异值分解式 $\boldsymbol{A}=\boldsymbol{USV}^{\mathrm{T}}$. □

A.4　平面上线性变换的 Matlab 实验

设 $\boldsymbol{X}$ 是由平面上第一象限内的一个正方形的顶点坐标构成的矩阵:

$$\boldsymbol{X}=\begin{pmatrix} 0 & 1 & 1 & 0 \\ 0 & 0 & 1 & 1 \end{pmatrix},$$

试对不同的线性变换 $\boldsymbol{A}$, 利用 Matlab 讨论 $\boldsymbol{Y}=\boldsymbol{AX}$, 其中 $\boldsymbol{A}$ 对应的矩阵分别为

$$(1)\quad \boldsymbol{A}_1=\begin{pmatrix} -1 & 0 \\ 0 & 1 \end{pmatrix},\quad (2)\quad \boldsymbol{A}_2=\begin{pmatrix} 2 & 0 \\ 0 & 1 \end{pmatrix},\quad (3)\quad \boldsymbol{A}_3=\begin{pmatrix} 1 & 0 \\ 0 & 0.5 \end{pmatrix},$$

$$(4)\quad \boldsymbol{A}_4=\begin{pmatrix} 1 & 0.5 \\ 0 & 1 \end{pmatrix},\quad (5)\quad \boldsymbol{A}_5=\begin{pmatrix} \cos u & -\sin u \\ \sin u & \cos u \end{pmatrix},\ u=\frac{\pi}{3}.$$

解　编辑 Matlab 程序文件 try.m 如下:

```
X=[0,1,1,0;0,0,1,1];
subplot(2,3,1),plot(X(1,:),X(2,:),'*')
axis equal,axis([-2,2,-1,2]),grid on
title('(1) X=[0,1,1,0;0,0,1,1]');X=[0,1,1,0;0,0,1,1];
A1=[-1,0;0,1];
Y1=A1*X;
subplot(2,3,2),plot(Y1(1,:),Y1(2,:),'*')
axis equal,axis([-2,2,-1,2]),grid on
title('(2) A1=[-1,0;0,1]')
A2=[2,0;0,1];
Y2=A2*X;
subplot(2,3,3),plot(Y2(1,:),Y2(2,:),'*')
axis equal,axis([-2,2,-1,2]),grid on
title('(3) A2=[2,0;0,1]')
A3=[1,0;0,0.5];
```

```
Y3=A3*X;
subplot(2,3,4),plot(Y3(1,:),Y3(2,:),'*')
axis equal,axis([-2,2,-1,2]),grid on
title('(4) A3=[1,0;0,0.5]')
A4=[1,0.5;0,1];
Y4=A4*X;
subplot(2,3,5),plot(Y4(1,:),Y4(2,:),'*')
axis equal,axis([-2,2,-1,2]),grid on
title('(5) A4=[1,0.5;0,1]')
u=pi/3;
A5=[cos(u),-sin(u);sin(u),cos(u)];
Y5=A5*X;
subplot(2,3,6),plot(Y5(1,:),Y5(2,:),'*')
axis equal,axis([-2,2,-1,2]),grid on
title('(6) A5=[cos(u),-sin(u);sin(u),cos(u)]')
```

在 Matlab 窗口的提示符下键入 try↓，则运行结果如图:

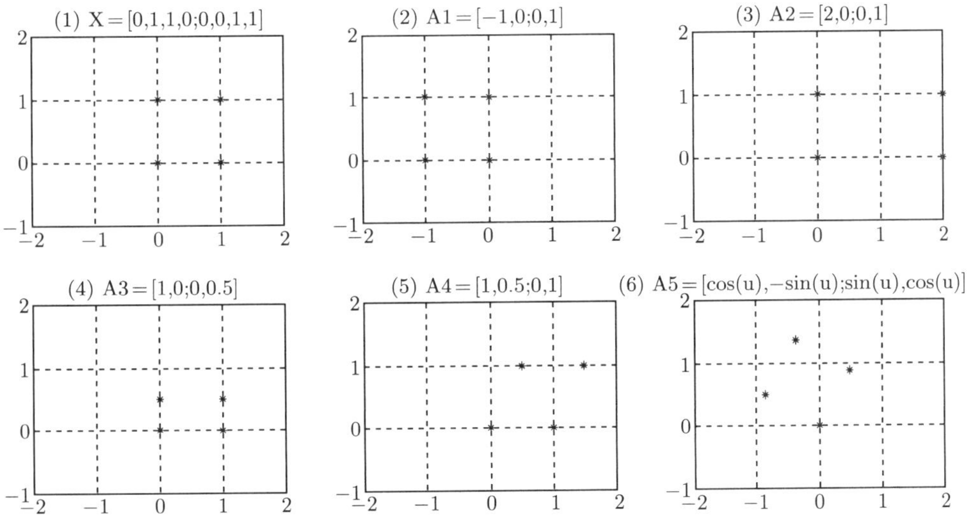

$\boldsymbol{A}_1$ 使原图像关于 Y 轴对称，$\boldsymbol{A}_2$ 使原图像横向拉伸，$\boldsymbol{A}_3$ 使原图像纵向压缩，$\boldsymbol{A}_4$ 使原图像变形，$\boldsymbol{A}_5$ 将原图像逆时针旋转 $\frac{\pi}{3}$ 角度.

附录B　部分习题答案与提示

第 1 章

1. (1) -18. (2) 0. (3) $-3\sqrt{3}i$.

2. (1) $x_1=\dfrac{4}{27}, x_2=\dfrac{37}{27}, x_3=-\dfrac{1}{3}$. (2) $x_1=bc, x_2=ac, x_3=ab$.

3. (1) 0. (2) 256. (3) a^4-b^4. (4) -7. (5) 120. (6) $(ay-bx)(cv-du)$.

5. (1) $x_1=0, x_2=0, x_3=-6$. (2) $x_1=-(a+b+c), x_2=a+c-b$,
$x_3=a+b-c, x_4=b+c-a$. (3) $x_1=1, x_2=-1, x_3=2$.

6. (1) $A_{32}=8,\ A_{31}+3A_{32}-2A_{33}+2A_{34}=24$.
(2) $x=y=z=0$. (3) x^2y^2.

7. (1) $x^n+(-1)^{n+1}y^n$. (2) $(-1)^{n-1}$. (3) $[x+(n-1)a](x-a)^{n-1}$. (4) $-2(n-2)!$.
(5) $n+1$. (提示：建立递推关系：$D_n=2D_{n-1}-D_{n-2}$, 即 $D_n-D_{n-1}=D_{n-1}-D_{n-2}$, 所以 D_n 为等差数列.) (6) $(-1)^{n+1}na_1a_2\cdots a_{n-1}$.

8. (1) $x_1=2, x_2=-1, x_3=0, x_4=1$. (2) $x=0, y=1, z=0$.

9. $\lambda\neq 1$ 且 $\lambda\neq 3$. 10. $\lambda=1$ 或 $\mu=0$. 11. $(a+1)^2=4b$.

第 2 章

1. (1) $3\boldsymbol{A}-\boldsymbol{B}=\begin{pmatrix}-1&3&1\\8&2&8\end{pmatrix}$, $\boldsymbol{A}\boldsymbol{B}^{\mathrm{T}}=\begin{pmatrix}12&-2\\15&-7\end{pmatrix}$,

$$\boldsymbol{A}^{\mathrm{T}}\boldsymbol{A}=\begin{pmatrix}5&4&5\\4&5&4\\5&4&5\end{pmatrix}.\qquad (2)\ \boldsymbol{X}=\begin{pmatrix}3&1&1\\-4&0&-4\end{pmatrix}.$$

2. (1) $\begin{pmatrix}35\\6\\49\end{pmatrix}$. (2) $\begin{pmatrix}10&4&-1\\4&-3&-1\end{pmatrix}$. (3) 11.

(4) $\begin{pmatrix}-2&4\\-1&2\\-3&6\end{pmatrix}$. (5) $\begin{pmatrix}b_1a_{11}&b_1a_{12}&\cdots&b_1a_{1n}\\b_2a_{21}&b_2a_{22}&\cdots&b_2a_{2n}\\\vdots&\vdots&&\vdots\\b_ma_{m1}&b_ma_{m2}&\cdots&b_ma_{mn}\end{pmatrix}$.

(6) $a_{11}x_1^2+2a_{12}x_1x_2+2a_{13}x_1x_3+a_{22}x_2^2+2a_{23}x_2x_3+a_{33}x_3^2$.

3. (1) $\boldsymbol{AB}=1,\ \boldsymbol{BA}=\begin{pmatrix}-1&-2&-3\\1&2&3\\0&0&0\end{pmatrix}$. (2) $\boldsymbol{C}^n=\begin{pmatrix}-1&-2&-3\\1&2&3\\0&0&0\end{pmatrix}$.

4. (1) $\boldsymbol{AB}=\begin{pmatrix}1&0\\0&1\end{pmatrix}$, $\boldsymbol{BA}=\begin{pmatrix}1&0&0\\0&1&0\\0&0&0\end{pmatrix}$, $\boldsymbol{AC}=\begin{pmatrix}1&0\\0&1\end{pmatrix}$.$\boldsymbol{AB}\neq\boldsymbol{BA}$,

$\boldsymbol{AB}=\boldsymbol{AC}$. (2) $\boldsymbol{B}^{\mathrm{T}}\boldsymbol{A}^{\mathrm{T}}=\begin{pmatrix}1&0\\0&1\end{pmatrix}$, $(\boldsymbol{AB})^{\mathrm{T}}=\begin{pmatrix}1&0\\0&1\end{pmatrix}$.

5. (1) $\boldsymbol{A}=\begin{pmatrix}1&1\\0&0\end{pmatrix}$. (2) $\boldsymbol{A}=\begin{pmatrix}1&1\\0&0\end{pmatrix}$, $\boldsymbol{X}=\begin{pmatrix}1\\1\end{pmatrix}$, $\boldsymbol{Y}=\begin{pmatrix}2\\0\end{pmatrix}$.

6. $\boldsymbol{A}^n=\begin{pmatrix}1&n&n(n-1)/2\\0&1&n\\0&0&1\end{pmatrix}$, $\boldsymbol{B}^n=4^{n-1}\boldsymbol{B}$.

7. $|\boldsymbol{A}+\boldsymbol{B}|=8$. 8. $|\boldsymbol{A}|=1$. 9. $f(\boldsymbol{A})=\begin{pmatrix}21&-23&15\\-13&34&10\\-9&22&25\end{pmatrix}$.

10. (1) 等式仅在 $\boldsymbol{AB}=\boldsymbol{BA}$ 时成立. (2) 等式仅在 $\boldsymbol{AB}=\boldsymbol{BA}$ 时成立.

12. $\begin{pmatrix}a&0&0\\0&c&2b\\0&b&c-3b\end{pmatrix}$, a,b,c 为任一常数.

14. (1) $\begin{pmatrix}-2&1\\1&1\\0&3\end{pmatrix}$. (2) $\begin{pmatrix}a&0&ac&0\\0&a&0&ac\\1&0&c+bd&0\\0&1&0&c+bd\end{pmatrix}$. 15. 2. 16. 0.

17. $\boldsymbol{A}=\begin{pmatrix}1&0&0\\0&1&0\\0&0&1\end{pmatrix}$, $\boldsymbol{B}=\begin{pmatrix}1&0&0\\0&1&0\end{pmatrix}$. 18. $\boldsymbol{B}=\begin{pmatrix}1&0&0&9\\0&1&0&-1\\0&0&1&-6\end{pmatrix}$.

19. $\boldsymbol{B}=\begin{pmatrix}1&0&-18&-16\\0&1&7&8\\0&0&0&0\end{pmatrix}$. $\boldsymbol{P}_1=\begin{pmatrix}0&1&0\\1&0&0\\0&0&1\end{pmatrix}$,

$\boldsymbol{P}_2=\begin{pmatrix}1&0&0\\0&1&0\\2&0&1\end{pmatrix}$, $\boldsymbol{P}_3=\begin{pmatrix}1&0&0\\0&1&0\\0&-1&1\end{pmatrix}$, $\boldsymbol{P}_4=\begin{pmatrix}1&-3&0\\0&1&0\\0&0&1\end{pmatrix}$.

20. (1) $\boldsymbol{P}=\begin{pmatrix}1&3\\2&5\end{pmatrix}$, $\boldsymbol{PA}=\begin{pmatrix}1&0&4\\0&1&7\end{pmatrix}$.

(2) $\boldsymbol{Q}=\begin{pmatrix}1&2&0\\-1&-2&1\\-4&-7&1\end{pmatrix}$, $\boldsymbol{Q}\boldsymbol{A}^{\mathrm{T}}=\begin{pmatrix}1&0\\0&1\\0&0\end{pmatrix}$.

21. $\mathrm{r}(\boldsymbol{A})=3;\mathrm{r}(\boldsymbol{B})=2$; 当 $x=y,x+3y=0$ 时 $\mathrm{r}(\boldsymbol{C})=0$; 当 $x=y,x+3y\neq0$ 时 $\mathrm{r}(\boldsymbol{C})=1$; 当 $x\neq y,x+3y=0$ 时 $\mathrm{r}(\boldsymbol{C})=3$; 当 $x\neq y,x+3y\neq0$ 时 $\mathrm{r}(\boldsymbol{C})=4$.

22. 当且仅当 $ad-bc\neq0$ 时 $\boldsymbol{A}$ 可逆且 $\boldsymbol{A}^{-1}=\dfrac{1}{ad-bc}\begin{pmatrix}d&-b\\-c&a\end{pmatrix}$; $\boldsymbol{B}$ 不可逆;

当且仅当 $a_1,\cdots,a_n$ 全不为零时 $\boldsymbol{C}$ 可逆且 $\boldsymbol{C}^{-1}=\begin{pmatrix}a_1^{-1}&&\\&\ddots&\\&&a_n^{-1}\end{pmatrix}$.

23. $x=y=1$. 24. $\boldsymbol{A}^{\mathrm{T}}\boldsymbol{A}=9\boldsymbol{E}$, $\boldsymbol{A}^{-1}=\dfrac{1}{9}\boldsymbol{A}^{\mathrm{T}}$.

25. (1) $\boldsymbol{A}^{-1}=\dfrac{1}{6}(\boldsymbol{A}+\boldsymbol{E})$, $(\boldsymbol{A}+\boldsymbol{E})^{-1}=\dfrac{1}{6}\boldsymbol{A}$. (2) $(\boldsymbol{A}+4\boldsymbol{E})^{-1}=-\dfrac{1}{6}(\boldsymbol{A}-3\boldsymbol{E})$.

26. $\boldsymbol{B}=\begin{pmatrix}3&-8&-6\\2&-9&-6\\-2&12&9\end{pmatrix}$. 27. $\boldsymbol{B}=\begin{pmatrix}2&0&0\\0&-4&0\\0&0&2\end{pmatrix}$.

28. (2) $\boldsymbol{A}=\begin{pmatrix}1&\frac{1}{2}&0\\-\frac{1}{3}&1&0\\0&0&2\end{pmatrix}$. 29. $\boldsymbol{A}^{-1}=\dfrac{1}{6}\begin{pmatrix}6&0&0\\3&3&0\\-6&-4&2\end{pmatrix}$,

$(\boldsymbol{A}^*)^{-1}=\dfrac{1}{6}\boldsymbol{A}$, $|(4\boldsymbol{E}-\boldsymbol{A})^{\mathrm{T}}(4\boldsymbol{E}-\boldsymbol{A})|=36$.

30. $\boldsymbol{X}^{-1}=\begin{pmatrix}\boldsymbol{A}^{-1}&\boldsymbol{O}\\\boldsymbol{O}&\boldsymbol{B}^{-1}\end{pmatrix}$, $\boldsymbol{Y}^{-1}=\begin{pmatrix}\boldsymbol{O}&\boldsymbol{B}^{-1}\\\boldsymbol{A}^{-1}&\boldsymbol{O}\end{pmatrix}$,

$\boldsymbol{Z}^{-1}=\begin{pmatrix}-\boldsymbol{B}^{-1}\boldsymbol{C}\boldsymbol{A}^{-1}&\boldsymbol{B}^{-1}\\\boldsymbol{A}^{-1}&\boldsymbol{O}\end{pmatrix}$, $\boldsymbol{G}^{-1}=\begin{pmatrix}1&-\frac{3}{2}&0&0\\0&\frac{1}{2}&0&0\\0&0&0&\frac{1}{2}\\0&0&\frac{1}{3}&\frac{1}{6}\end{pmatrix}$.

31. (1) $\begin{pmatrix}\frac{7}{6}&\frac{2}{3}&-\frac{3}{2}\\-1&-1&2\\-\frac{1}{2}&0&\frac{1}{2}\end{pmatrix}$. (2) $\begin{pmatrix}1&1&-2&-4\\0&1&0&-1\\-1&-1&3&6\\2&1&-6&-10\end{pmatrix}$.

32. (1) $\boldsymbol{X}=\begin{pmatrix}10&2\\-15&-3\\12&4\end{pmatrix}$. (2) $\boldsymbol{X}=\begin{pmatrix}2&-1&-1\\-4&7&4\end{pmatrix}$.

33. $\boldsymbol{X}=\begin{pmatrix}0&1&-1\\-1&0&1\\1&-1&0\end{pmatrix}$. 34. $\boldsymbol{B}^*=\dfrac{1}{16}\begin{pmatrix}1&-1&1\\2&3&1\\1&0&4\end{pmatrix}$. 35. $a_{11}=\dfrac{\sqrt{3}}{3}$.

36. $(\boldsymbol{A}^*)^{-1}=\begin{pmatrix}1&3&5\\-1&-1&-1\\0&-2&-2\end{pmatrix}$. 37. $(\boldsymbol{A}^{-1}+\boldsymbol{B}^{-1})^{-1}=\boldsymbol{B}(\boldsymbol{A}+\boldsymbol{B})^{-1}\boldsymbol{A}$.

43. $|(\boldsymbol{A}^*)^*|=|\boldsymbol{A}|^{(n-1)^2}$. 45. $\boldsymbol{\beta}=2\boldsymbol{\alpha}_1-\boldsymbol{\alpha}_2+\boldsymbol{\alpha}_3$.

46. (1) $t\neq 5$. (2) $t=5$. (3) $\boldsymbol{\alpha}_3=-\boldsymbol{\alpha}_1+2\boldsymbol{\alpha}_2$.

47. 当 $p=1$ 或 $t=0$ 时 $\boldsymbol{\beta}_1,\boldsymbol{\beta}_2,\boldsymbol{\beta}_3$ 线性相关;
当 $p\neq 1$ 且 $t\neq 0$ 时 $\boldsymbol{\beta}_1,\boldsymbol{\beta}_2,\boldsymbol{\beta}_3$ 线性无关.

53. (1) $r=2$; $\{\boldsymbol{\alpha}_2,\boldsymbol{\alpha}_3\}$. (2) $r=3$; $\{\boldsymbol{\alpha}_1,\boldsymbol{\alpha}_2,\boldsymbol{\alpha}_3\}$. (3) $r=2$; $\{\boldsymbol{\alpha}_1,\boldsymbol{\alpha}_2\}$.

54. $r=2$; 极大无关组 $\{\boldsymbol{\alpha}_1,\boldsymbol{\alpha}_2\}$; $\boldsymbol{\alpha}_3=2\boldsymbol{\alpha}_1-\boldsymbol{\alpha}_2$, $\boldsymbol{\alpha}_4=\boldsymbol{\alpha}_1+3\boldsymbol{\alpha}_2$, $\boldsymbol{\alpha}_5=-2\boldsymbol{\alpha}_1-\boldsymbol{\alpha}_2$.

55. $a=15$, $b=5$. 56. (1) $a\neq -1$. (2) $a=-1$.

第 3 章

1. (1) $(1,2,1)^{\mathrm{T}}$. (2) $(1,2,3)^{\mathrm{T}}$.
(3) $(2,-1,2)^{\mathrm{T}}$. (4) $(1,0,1,-2)^{\mathrm{T}}$.
(5) $(-3,1,-1,2)^{\mathrm{T}}$. (6) $(1,-2,3,1,-3)^{\mathrm{T}}$.
(7) $(5,-1,2,-1,-1)^{\mathrm{T}}$.

3. 提示：利用 $\boldsymbol{A}^{\mathrm{T}}\boldsymbol{A}\boldsymbol{x}=\boldsymbol{\theta}\Longrightarrow\boldsymbol{x}^{\mathrm{T}}\boldsymbol{A}^{\mathrm{T}}\boldsymbol{A}\boldsymbol{x}=0$.

4. (1) $(1,1,1)^{\mathrm{T}}$. (2) $\mathrm{r}(\boldsymbol{A})=2<\mathrm{r}(\boldsymbol{B})=3$, 无解.
(3) $(-3,-2,0)^{\mathrm{T}}+k(1,4,1)^{\mathrm{T}}$. (4) $(1,2,1)^{\mathrm{T}}$.
(5) $\mathrm{r}(\boldsymbol{A})=3<\mathrm{r}(\boldsymbol{B})=4$, 无解. (6) $(1,1,0)^{\mathrm{T}}+k(-1,2,1)^{\mathrm{T}}$.
(7) $\mathrm{r}(\boldsymbol{A})=2<\mathrm{r}(\boldsymbol{B})=3$, 无解.
(8) $(1,2,-1,0,0)^{\mathrm{T}}+k_1(1,1,0,1,0)^{\mathrm{T}}+k_2(-6,-4,1,0,1)^{\mathrm{T}}$.

5. (1) $\lambda=-1/2$ 时，无解;

$\lambda\neq -1/2$ 时，有唯一解 $\left(2-\dfrac{5}{1+2\lambda},\dfrac{10}{1+2\lambda},1+\dfrac{10}{1+2\lambda}\right)^{\mathrm{T}}$.

(2) $b=2,a\neq -5$ 时，无解;
$b=2,a=-5$ 时，有无穷多解 $(-3,4,-4,0)^{\mathrm{T}}+k(5,0,-4,1)^{\mathrm{T}}$;
$b\neq 2$ 时，有唯一解

$$\left(\frac{a-1}{2}-\frac{5(a+5)}{b-2},-\frac{a-3}{2},\frac{a-3}{2}+\frac{4(a+5)}{b-2},-\frac{a+5}{b-2}\right)^{\mathrm{T}}.$$

6. 提示：利用 $\mathrm{r}(\boldsymbol{A})=\mathrm{r}(\boldsymbol{A}\ \boldsymbol{b})$, 则方程组有解.

7. (1) 基础解系 $(-16,11,3)^{\mathrm{T}}$, 通解 $k(-16,11,3)^{\mathrm{T}}$.
(2) 基础解系 $(-3,2,1,0)^{\mathrm{T}},(1,-1,0,1)^{\mathrm{T}}$,

通解 $k_1(-3,2,1,0)^{\mathrm{T}}+k_2(1,-1,0,1)^{\mathrm{T}}$.

(3) 基础解系 $(-2,-1,1)^{\mathrm{T}}$, 通解 $k_1(-2,-1,1)^{\mathrm{T}}$.

(4) 基础解系 $(2,1,0,0)^{\mathrm{T}},(1,0,-4,1)^{\mathrm{T}}$, 通解 $k_1(2,1,0,0)^{\mathrm{T}}+k_2(1,0,-4,1)^{\mathrm{T}}$.

9. 提示：证明 $\mathrm{r}\begin{pmatrix}\boldsymbol{A}\\ \boldsymbol{b}^{\mathrm{T}}\end{pmatrix}=\mathrm{r}(\boldsymbol{A})$.

10. 基础解系 $\boldsymbol{\eta}_1=\begin{pmatrix}\boldsymbol{e}_1\\ -\boldsymbol{e}_1\end{pmatrix},\cdots,\boldsymbol{\eta}_n=\begin{pmatrix}\boldsymbol{e}_n\\ -\boldsymbol{e}_n\end{pmatrix},\boldsymbol{\eta}_{n+1}=\begin{pmatrix}\boldsymbol{\alpha}_1\\ \mathbf{0}\end{pmatrix},\cdots,\boldsymbol{\eta}_{n+r}=\begin{pmatrix}\boldsymbol{\alpha}_r\\ \mathbf{0}\end{pmatrix}$.

13. 提示：$\mathrm{r}(N(\boldsymbol{A}))=\mathrm{r}(N(\begin{pmatrix}\boldsymbol{A}\\ \boldsymbol{B}\end{pmatrix}))\Longrightarrow\mathrm{r}(\boldsymbol{A})=\mathrm{r}\begin{pmatrix}\boldsymbol{A}\\ \boldsymbol{B}\end{pmatrix}$.

16. 基础解系为：$\boldsymbol{\alpha}_2$. 17. $a=0,b=-1$.

18. (1) $(-3,3,0)^{\mathrm{T}}+k(2,-4,1)^{\mathrm{T}}$.

(2) $(2,1,0,0)^{\mathrm{T}}+k_1(-3,-1,1,0)^{\mathrm{T}}+k_2(-2,1,0,1)^{\mathrm{T}}$.

19. $\lambda=-4/5$ 时，无法表示成线性组合；

$\lambda=1$ 时，线性组合为 $\boldsymbol{\beta}=(k+1)\boldsymbol{\alpha}_1+k\boldsymbol{\alpha}_2+\boldsymbol{\alpha}_3,\ k\in\mathbf{R}$;

$\lambda\neq-4/5$ 且 $\lambda\neq1$ 时，线性组合为 $\boldsymbol{\beta}=\dfrac{\lambda+14}{5\lambda+4}\boldsymbol{\alpha}_1+\dfrac{6}{5\lambda+4}\boldsymbol{\alpha}_2+\dfrac{9}{5\lambda+4}\boldsymbol{\alpha}_3$.

21*. $(1,-2,1)^{\mathrm{T}}$.

第 4 章

1. (1) $\lambda=0,k_1(-19/2,-17,1)^{\mathrm{T}};\lambda=-3,k_2(1,1,1)^{\mathrm{T}};\lambda=5,k_3(-1,-1,3)^{\mathrm{T}}$.

(2) $\lambda=1$(二重)$,k_1(1,1,0)^{\mathrm{T}}+k_2(-2,0,1)^{\mathrm{T}};\lambda=-2,k_3(-1,0,1)^{\mathrm{T}}$.

(3) $\lambda=2$(二重)$,k_1(-1,1,1)^{\mathrm{T}};\lambda=3,k_2(-5,5,4)^{\mathrm{T}}$.

(4) $\lambda=2,k_1(8,7,3)^{\mathrm{T}};\lambda=1+2\boldsymbol{i},k_2(2,1-\boldsymbol{i},2)^{\mathrm{T}};\lambda=1-2\boldsymbol{i},k_3(2,1+\boldsymbol{i},2)^{\mathrm{T}}$.

2. (1) $\lambda=-1(n-1$重$)$, $\begin{pmatrix}-1\\1\\0\\0\\ \vdots\\0\end{pmatrix},\begin{pmatrix}-1\\0\\1\\0\\ \vdots\\0\end{pmatrix},\cdots\begin{pmatrix}-1\\0\\0\\ \vdots\\0\\1\end{pmatrix}$; $\lambda=n-1$, $\begin{pmatrix}1\\1\\ \vdots\\1\end{pmatrix}$.

(2) $n=2k$ 时，$\lambda=1(k$重$)$, $\begin{pmatrix}\boldsymbol{e}_k\\ \boldsymbol{e}_1\end{pmatrix},\cdots,\begin{pmatrix}\boldsymbol{e}_1\\ \boldsymbol{e}_k\end{pmatrix}$;

$\lambda=-1(k$重$)$, $\begin{pmatrix}\boldsymbol{e}_k\\ -\boldsymbol{e}_1\end{pmatrix},\cdots,\begin{pmatrix}\boldsymbol{e}_1\\ -\boldsymbol{e}_k\end{pmatrix}$.

$n=2k+1$ 时，$\lambda=1(k+1$重$)$, $\begin{pmatrix}\mathbf{0}\\1\\ \mathbf{0}\end{pmatrix},\begin{pmatrix}\boldsymbol{e}_k\\0\\ \boldsymbol{e}_1\end{pmatrix},\cdots,\begin{pmatrix}\boldsymbol{e}_1\\0\\ \boldsymbol{e}_k\end{pmatrix}$;

$$\lambda=-1(k\text{重}),\begin{pmatrix}\boldsymbol{e}_k\\0\\-\boldsymbol{e}_1\end{pmatrix},\cdots,\begin{pmatrix}\boldsymbol{e}_1\\0\\-\boldsymbol{e}_k\end{pmatrix}.$$

3. $a=1$ 时，$\lambda=1(\text{二重}),k_1(1,1,0)^{\mathrm{T}};\lambda=3,k_2(1,0,1)^{\mathrm{T}}$;
$a=3$ 时，$\lambda=3(\text{二重}),k_1(4,1,1)^{\mathrm{T}};\lambda=1,k_2(1,1,0)^{\mathrm{T}}$;
$a\neq1,a\neq3$ 时，
$\lambda=1,k_1(1,1,0)^{\mathrm{T}}$; $\lambda=3,k_2(3a-1,a-1,2)^{\mathrm{T}}$; $\lambda=a,k_3(8,11-3a,a-1)^{\mathrm{T}}$.

4. 反例：$\boldsymbol{A}=\begin{pmatrix}1&1\\0&0\end{pmatrix}$.　　8. $a=0,b=2$.

9. $\lambda=2,5/2,-10/3$.　　11. $\begin{pmatrix}-5&-25&16\\10&32&-20\\14&40&-25\end{pmatrix}$.

12. 提示：利用例 4.2.10 的结论和多项式相等关系.

14. (1) $\lambda=-2(\text{三重})$, 对应 1 个无关特征向量 $(1,0,0)^{\mathrm{T}}$, 故不可对角化.
(2) $\lambda=2(\text{二重})$, 对应 1 个无关特征向量 $(1,1,0)^{\mathrm{T}}$, 故不可对角化.
(3) $\lambda=1,2,3$, 特征值互不相同，可对角化;

若原矩阵为 $\boldsymbol{A}$, 则 $\boldsymbol{P}^{\mathrm{T}}\boldsymbol{AP}=\mathrm{diag}(1,2,3)$, 其中 $\boldsymbol{P}=\begin{pmatrix}1&1&1\\5&2&1\\6&1&0\end{pmatrix}$.

(4) $\lambda=-1(\text{二重})$, 两个无关特征向量为 $(1,1,0)^{\mathrm{T}},(-3,0,2)^{\mathrm{T}}$, 故可对角化;

若原矩阵为 $\boldsymbol{A}$, 则 $\boldsymbol{P}^{\mathrm{T}}\boldsymbol{AP}=\mathrm{diag}(-1,-1,2)$, 其中 $\boldsymbol{P}=\begin{pmatrix}1&-3&1\\1&0&1\\0&2&1\end{pmatrix}$.

15. $\begin{pmatrix}2&-1&0\\2&-1&0\\0&0&0\end{pmatrix}+(-1)^n\begin{pmatrix}-2&2&1\\-4&4&2\\2&-2&-1\end{pmatrix}+2^n\begin{pmatrix}1&-1&-1\\2&-2&-2\\-2&2&2\end{pmatrix}$.

16. $\boldsymbol{P}=\begin{pmatrix}1&1/2&-1/2\\1&-1/2&1/2\\-1&1/2&1/2\end{pmatrix}$　　$(a=-2,b=-6)$.

19. $(\boldsymbol{\alpha}_1,\boldsymbol{\alpha}_2)=5$, $\|\boldsymbol{\alpha}_1\|=5$, $\|\boldsymbol{\alpha}_2\|=2$.　　20. $\boldsymbol{\alpha}_1,\boldsymbol{\alpha}_2$ 夹角 $\arccos\dfrac{4}{9}\approx1.1102$.

23. $\begin{pmatrix}1\\1\\1\\0\end{pmatrix},\begin{pmatrix}1\\0\\-1\\2\end{pmatrix},\begin{pmatrix}-1/2\\-1/3\\5/6\\2/3\end{pmatrix}$.　　24. $\begin{pmatrix}1/\sqrt2\\1/\sqrt2\\0\end{pmatrix},\begin{pmatrix}-1/\sqrt6\\1/\sqrt6\\2/\sqrt6\end{pmatrix},\begin{pmatrix}1/\sqrt3\\-1/\sqrt3\\1/\sqrt3\end{pmatrix}$.

25. 提示: $|\boldsymbol{A}+\boldsymbol{B}|=|\boldsymbol{A}(\boldsymbol{A}^{\mathrm{T}}+\boldsymbol{B}^{\mathrm{T}})\boldsymbol{B}|$.

26. (1) $\boldsymbol{Q}^{\mathrm{T}}\boldsymbol{AQ}=\mathrm{diag}(2,2,8)$, 其中

$$Q=\begin{pmatrix}1/\sqrt{2} & 1/\sqrt{3} & 1/\sqrt{6}\\ 0 & -1/\sqrt{3} & 2/\sqrt{6}\\ -1/\sqrt{2} & 1/\sqrt{3} & 1/\sqrt{6}\end{pmatrix} \text{ 或 } \begin{pmatrix}-2/\sqrt{5} & -1/\sqrt{30} & 1/\sqrt{6}\\ 1/\sqrt{5} & -2/\sqrt{30} & 2/\sqrt{6}\\ 0 & 5/\sqrt{30} & 1/\sqrt{6}\end{pmatrix} \text{ 等.}$$

(2) $\boldsymbol{Q}^{\mathrm{T}}\boldsymbol{A}\boldsymbol{Q}=\mathrm{diag}(4,2,-2)$, 其中

$$\boldsymbol{Q}=\begin{pmatrix}1/\sqrt{3} & 1/\sqrt{2} & 1/\sqrt{6}\\ 1/\sqrt{3} & 0 & -2/\sqrt{6}\\ 1/\sqrt{3} & -1/\sqrt{2} & 1/\sqrt{6}\end{pmatrix}.$$

27. $\boldsymbol{A}=\dfrac{1}{3}\begin{pmatrix}5&2&2\\2&5&2\\2&2&5\end{pmatrix}$.　　28. $\boldsymbol{A}=\begin{pmatrix}2&-1&2\\-1&3&-1\\2&-1&2\end{pmatrix}$.

29*. 提示：$\boldsymbol{A}$ 有 r 个特征值 1 和 $n-r$ 个特征值 0，
故 $\boldsymbol{A}=(\boldsymbol{U}\ \boldsymbol{V})\mathrm{diag}(\boldsymbol{E}_r,\boldsymbol{O})(\boldsymbol{U}\ \boldsymbol{V})^{\mathrm{T}}=\boldsymbol{U}\boldsymbol{U}^{\mathrm{T}}$.

30*. $\begin{pmatrix}y_1\\y_2\\y_3\end{pmatrix}=C_1\mathrm{e}^{2t}\begin{pmatrix}1\\-1\\6\end{pmatrix}+C_2\mathrm{e}^{-2t}\begin{pmatrix}3\\1\\-2\end{pmatrix}+C_3\begin{pmatrix}1\\1\\0\end{pmatrix}$.

第 5 章

1. (1) $f(x_1,x_2,x_3)=9y_1^2+3y_2^2+y_3^2$,

$$\begin{pmatrix}x_1\\x_2\\x_3\end{pmatrix}=\begin{pmatrix}2/\sqrt{6} & -1/\sqrt{3} & 0\\ 1/\sqrt{6} & 1/\sqrt{3} & -1/\sqrt{2}\\ 1/\sqrt{6} & 1/\sqrt{3} & 1/\sqrt{2}\end{pmatrix}\begin{pmatrix}y_1\\y_2\\y_3\end{pmatrix}.$$

(2) $f(x_1,x_2,x_3)=6y_1^2+2y_2^2$,

$$\begin{pmatrix}x_1\\x_2\\x_3\end{pmatrix}=\begin{pmatrix}1/\sqrt{3} & -1/\sqrt{2} & -1/\sqrt{6}\\ 1/\sqrt{3} & 1/\sqrt{2} & -1/\sqrt{6}\\ 1/\sqrt{3} & 0 & 2/\sqrt{6}\end{pmatrix}\begin{pmatrix}y_1\\y_2\\y_3\end{pmatrix}.$$

(3) $f(x_1,x_2,x_3)=2\sqrt{3}y_1^2-2\sqrt{3}y_2^2$,

$$\begin{pmatrix}x_1\\x_2\\x_3\end{pmatrix}=\begin{pmatrix}(1+\sqrt{3})/\sqrt{6+2\sqrt{3}} & (1-\sqrt{3})/\sqrt{6-2\sqrt{3}} & 0\\ -1/\sqrt{6+2\sqrt{3}} & -1/\sqrt{6-2\sqrt{3}} & 1/\sqrt{2}\\ 1/\sqrt{6+2\sqrt{3}} & 1/\sqrt{6-2\sqrt{3}} & 1/\sqrt{2}\end{pmatrix}\begin{pmatrix}y_1\\y_2\\y_3\end{pmatrix}.$$

(4) $f(x_1,x_2,x_3,x_4)=2y_1^2-y_2^2-y_3^2$,

$$\begin{pmatrix}x_1\\x_2\\x_3\\x_4\end{pmatrix}=\begin{pmatrix}1/\sqrt{3} & -1/\sqrt{2} & -1/\sqrt{6}\\ 1/\sqrt{3} & 1/\sqrt{2} & -1/\sqrt{6}\\ 1/\sqrt{3} & 0 & 2/\sqrt{6}\end{pmatrix}\begin{pmatrix}y_1\\y_2\\y_3\\y_4\end{pmatrix}.$$

2. (1) $f(x_1,x_2,x_3)=3y_1^2+\dfrac{5}{3}y_2^2-\dfrac{3}{5}y_3^2$,　(2) $f(x_1,x_2,x_3)=3y_1^2$,

$$\begin{cases} y_1 = x_1 - \dfrac{1}{3}x_2 + \dfrac{2}{3}x_3 \\ y_2 = x_2 + \dfrac{2}{5}x_3 \\ y_3 = x_3 \end{cases}. \qquad \begin{cases} y_1 = x_2 + x_3 \\ y_2 = x_1 \\ y_3 = x_2 \end{cases}.$$

(3) $f(x_1,x_2,x_3) = 2z_1^2 - 2z_2^2 + 4z_3^2$,　(4) $f(x_1,x_2,x_3,x_4) = 2y_1^2 + \dfrac{3}{2}y_2^2 + \dfrac{4}{3}y_3^2$,

$$\begin{cases} z_1 = \dfrac{1}{2}x_1 + \dfrac{1}{2}x_2 + \dfrac{1}{2}x_3 \\ z_2 = \dfrac{1}{2}x_1 - \dfrac{1}{2}x_2 - \dfrac{3}{2}x_3 \\ z_3 = x_3 \end{cases}. \qquad \begin{cases} y_1 = x_1 + \dfrac{1}{2}x_2 + \dfrac{1}{2}x_4 \\ y_2 = x_2 + \dfrac{2}{3}x_3 - \dfrac{1}{3}x_4 \\ y_3 = x_3 + x_4 \\ y_4 = x_4 \end{cases}.$$

3. (1) $f(x_1,x_2,x_3) = y_1^2 + 6y_2^2 - 6y_3^2$,

$$\begin{pmatrix} x_1 \\ x_2 \\ x_3 \end{pmatrix} = \begin{pmatrix} 1 & -1/2 & 7/2 \\ 0 & 1 & -1 \\ 0 & 1/2 & 1/2 \end{pmatrix} \begin{pmatrix} y_1 \\ y_2 \\ y_3 \end{pmatrix}.$$

(2) $f(x_1,x_2,x_3,x_4) = y_1^2 + y_2^2 - 2y_3^2 + 8y_4^2$,

$$\begin{pmatrix} x_1 \\ x_2 \\ x_3 \\ x_4 \end{pmatrix} = \begin{pmatrix} 1 & 1 & -5 & -13 \\ 0 & 1 & -3 & -9 \\ 0 & 0 & 1 & 3 \\ 0 & 0 & 0 & 1 \end{pmatrix} \begin{pmatrix} y_1 \\ y_2 \\ y_3 \\ y_4 \end{pmatrix}.$$

4. 提示：证明 $\boldsymbol{A}$ 合同于 $\begin{pmatrix} 0 & \boldsymbol{0} & 1 \\ \boldsymbol{0} & \tilde{\boldsymbol{A}} & \boldsymbol{0} \\ -1 & \boldsymbol{0} & 0 \end{pmatrix}$，$\tilde{\boldsymbol{A}}$ 反对称.

5. (1) 2, 1.　(2) 4, 0.　(3) 1, 0.　(4) $n-1, 0$.

6. 提示：利用 $f(\theta) = \boldsymbol{\xi}(\theta)^{\mathrm{T}}\boldsymbol{A}\boldsymbol{\xi}(\theta), \boldsymbol{\xi}(\theta) = \cos\theta\boldsymbol{\xi}_1 + \sin\theta\boldsymbol{\xi}_n$.

13. (1) 正定.　(2) 正定.

14. (1) 正定.　(2) 非正定.　(3) 正定.　(4) 正定.

15. (1) $5 < t < 7$.　(2) $t > 0$.　(3) $t > \sqrt{3}$.

17. 提示：$\boldsymbol{x}^{\mathrm{T}}\boldsymbol{A}^*\boldsymbol{x} = (\boldsymbol{A}^{-1}\boldsymbol{x})^{\mathrm{T}}|\boldsymbol{A}|\boldsymbol{A}(\boldsymbol{A}^{-1}\boldsymbol{x})$.

18. 提示：利用正交变换 $\boldsymbol{P}^{\mathrm{T}}\boldsymbol{A}\boldsymbol{P} = \boldsymbol{\Lambda} = (\sqrt{\boldsymbol{\Lambda}})^2$.

19. 提示：利用 $\boldsymbol{A} = \boldsymbol{D}^{\mathrm{T}}\boldsymbol{D}, \boldsymbol{Q}^{\mathrm{T}}(\boldsymbol{D}^{-\mathrm{T}}\boldsymbol{B}\boldsymbol{D}^{-1})\boldsymbol{Q} = \boldsymbol{\Lambda}$.

20. 提示：$|\boldsymbol{P}^{\mathrm{T}}(\boldsymbol{E}+\boldsymbol{A})\boldsymbol{P}| = |\boldsymbol{E}+\boldsymbol{\Lambda}|$.

22. 提示：计算 $\boldsymbol{\beta}_i^{\mathrm{T}}\boldsymbol{A}(k_1\boldsymbol{\beta}_1 + \cdots + k_n\boldsymbol{\beta}_n)$.

23. 提示：利用 $\left|\begin{pmatrix} \boldsymbol{E} & \boldsymbol{0} \\ \boldsymbol{x}^{\mathrm{T}}\boldsymbol{A}^{-1} & 1 \end{pmatrix}\begin{pmatrix} -\boldsymbol{A} & \boldsymbol{x} \\ \boldsymbol{x}^{\mathrm{T}} & 0 \end{pmatrix}\right| = \begin{vmatrix} -\boldsymbol{A} & \boldsymbol{x} \\ \boldsymbol{0} & \boldsymbol{x}^{\mathrm{T}}\boldsymbol{A}^{-1}\boldsymbol{x} \end{vmatrix}$.

24*. 提示：(4)$\Longrightarrow$(1) 法一. $|t\boldsymbol{E}+\boldsymbol{A}| = t^n + p_1t^{n-1} + p_2t^{n-2} + \cdots + p_{n-1}t + |\boldsymbol{A}|$.
其中 p_k 为 k 阶主子式之和，故 $t>0$ 时 $|t\boldsymbol{E}+\boldsymbol{A}|>0$，得 $\boldsymbol{A}$ 特征值均非负.
法二. 归纳法,$n=m+1$ 时假设 $\boldsymbol{A}$ 非半正定，则有 $\lambda_1<0$. $|\boldsymbol{A}|\geqslant 0$，另有 $\lambda_2\leqslant 0$，对应

正交 $\boldsymbol{x},\boldsymbol{y}$. $\boldsymbol{z}=\boldsymbol{x}+t\boldsymbol{y}$，有 $\boldsymbol{z}^{\mathrm{T}}\boldsymbol{A}\boldsymbol{z}\leqslant\lambda_1\boldsymbol{x}^{\mathrm{T}}\boldsymbol{x}<0$，$\boldsymbol{z}$ 有 0 分量时与归纳假设矛盾.

第 6 章

1. (1) 否. (2) 是. (3) 否. (4) 否.　　2. 是, $c_k=\dfrac{1}{\pi}\displaystyle\int_0^{2\pi}\boldsymbol{x}\sin kt\mathrm{d}t$.

3. (1) 过渡矩阵为 $\begin{pmatrix}2&0&5&6\\1&3&3&6\\-1&1&2&1\\1&0&1&3\end{pmatrix}$，　(2)　$k(-1,-1,-1,1)^{\mathrm{T}}$，$k\neq 0$.

4. (1) $\begin{pmatrix}4&-2&1&0\\8&-4&2&1\\1&0&0&2\\-2&1&0&0\end{pmatrix}$. (2)　$(11,23,4,-5)^{\mathrm{T}}$;　(3) 存在.

5. (1) 是. (2) 是. (3) 是. (4) 不是.　　6. $\boldsymbol{\alpha}_1'$，$\boldsymbol{\alpha}_2'$.

9. 交的维数为 1, 基为 $\boldsymbol{\beta}_1$; 和的维数为 4, 基为 $\boldsymbol{\alpha}_1,\boldsymbol{\alpha}_2,\boldsymbol{\alpha}_3,\boldsymbol{\beta}_2$.

10. (1) 线性变换, 单射, 满射. (2) 线性变换, M 不可逆时不是单射也不是满射, M 可逆时是单射和满射.
 (3) 线性映射, 单射, 满射. (4) 不是线性, 单射, 满射.
 (5) 不是线性, 不是单射, 不是满射.

12. (1) $\begin{pmatrix}a_{33}&a_{32}&a_{31}\\a_{23}&a_{22}&a_{21}\\a_{13}&a_{12}&a_{11}\end{pmatrix}$.　(2) $\begin{pmatrix}a_{11}&ka_{12}&a_{13}\\k^{-1}a_{21}&a_{22}&k^{-1}a_{23}\\a_{31}&ka_{32}&a_{33}\end{pmatrix}$.
 (3) $\begin{pmatrix}a_{11}+a_{12}&a_{12}&a_{13}\\a_{21}+a_{22}-a_{11}-a_{12}&a_{22}-a_{12}&a_{23}-a_{13}\\a_{31}+a_{32}&a_{32}&a_{33}\end{pmatrix}$.

13. (1) $\boldsymbol{A}=\begin{pmatrix}-3&2&1\\-5&5&3\\6&-5&-2\end{pmatrix}$.　(2)　$(3,5,9)$.

15. $\lambda_1=-1,\lambda_2=1$(二重根), 特征向量为 $k_1\begin{pmatrix}1\\0\\0\end{pmatrix}$，$k_2\begin{pmatrix}1\\0\\1\end{pmatrix}+k_3\begin{pmatrix}0\\1\\1\end{pmatrix}$，
 k_1,k_2,k_3 为任意常数, 且 $k_1\neq 0$，$k_2^2+k_3^2\neq 0$.

16. $\boldsymbol{\alpha}_1=(1,1,1)^{\mathrm{T}}$，$\boldsymbol{\alpha}_3=(-1,1,-2)^{\mathrm{T}}$ 是 $\mathrm{Im}(T)$ 的一组基；$\boldsymbol{\xi}_1=(1,0,2,1)^{\mathrm{T}}$，$\boldsymbol{\xi}_2=(0,1,-2,-1)^{\mathrm{T}}$ 是 $\ker(T)$ 的一组基.

17. (1) $\begin{pmatrix} 2 & -5 & 3 & 2 \\ 2/3 & -14/3 & 10/3 & 10/3 \\ 8/3 & -56/3 & 40/3 & 40/3 \\ 2/3 & 13/3 & -11/3 & -14/3 \end{pmatrix}$.

(2) 像 $=\text{span}(T(\varepsilon_1),T(\varepsilon_2))$, 核 $=\text{span}\left(-2\varepsilon_1-\dfrac{3}{2}\varepsilon_2+\varepsilon_3,\ -\varepsilon_1-2\varepsilon_2+\varepsilon_4\right)$.

(3) 记核$=\text{span}(\boldsymbol{n}_1,\boldsymbol{n}_2)$, 则 T 在基 $\varepsilon_1,\varepsilon_2,\boldsymbol{n}_1,\boldsymbol{n}_2$ 下的矩阵$=\begin{pmatrix} 5 & 2 & 0 & 0 \\ 9/2 & 1 & 0 & 0 \\ 1 & 2 & 0 & 0 \\ 2 & -2 & 0 & 0 \end{pmatrix}$.

(4) T 在基 $T(\varepsilon_1),T(\varepsilon_2),\varepsilon_3,\varepsilon_4$ 下的矩阵 $=\begin{pmatrix} 5 & 2 & 2 & 1 \\ 9/2 & 1 & 3/2 & 2 \\ 0 & 0 & 0 & 0 \\ 0 & 0 & 0 & 0 \end{pmatrix}$.

第 7 章

2. (1) 不是. (2) 不是. (3) 是. 5. (2) $\boldsymbol{A}$. 7. (1) $\boldsymbol{A}=\begin{pmatrix} 2 & 0 & \frac{2}{3} \\ 0 & \frac{2}{3} & 0 \\ \frac{2}{3} & 0 & \frac{2}{5} \end{pmatrix}$. (2) 0.

8. $\boldsymbol{\eta}_1=\dfrac{\sqrt{2}}{2}(0,1,1,0,0)^{\mathrm{T}},\boldsymbol{\eta}_2=\dfrac{\sqrt{10}}{10}(-2,1,-1,2,0)^{\mathrm{T}},\boldsymbol{\eta}_3=\dfrac{\sqrt{35}}{105}(7,-6,6,13,5)^{\mathrm{T}}$.

10. $\dfrac{\sqrt{3}}{3}(i,-1,i)^{\mathrm{T}}$, $\dfrac{\sqrt{3}}{6}(2-i,1-i,-1+2i)^{\mathrm{T}}$, $\dfrac{1}{2}(i,1-i,1)^{\mathrm{T}}$.

13. 因 $\boldsymbol{\alpha}_1,\boldsymbol{\alpha}_2,\boldsymbol{\alpha}_3$ 线性无关, 对 $\boldsymbol{\alpha}_1,\boldsymbol{\alpha}_2$ 扩充，取 $\boldsymbol{\beta}_1=(1,0,0,0)^{\mathrm{T}}$, $\boldsymbol{\beta}_2=(0,1,0,0)^{\mathrm{T}}$, 再正交化, 单位化得 $\varepsilon_1=\dfrac{\sqrt{5}}{5}(1,0,2,0)^{\mathrm{T}}$, $\varepsilon_2=\dfrac{\sqrt{13}}{13}(0,2,0,3)^{\mathrm{T}}$,

$$\varepsilon_3=\frac{\sqrt{5}}{5}(2,0,-1,0)^{\mathrm{T}},\ \varepsilon_4=\frac{\sqrt{13}}{13}(0,3,0,-2)^{\mathrm{T}}.$$

14. $\varepsilon=\boldsymbol{\alpha}_1$, $\varepsilon_2=\boldsymbol{\alpha}_1+\boldsymbol{\alpha}_2$, $\varepsilon_3=-\sqrt{2}\boldsymbol{\alpha}_1-\dfrac{\sqrt{2}}{2}\boldsymbol{\alpha}_2+\dfrac{\sqrt{2}}{2}\boldsymbol{\alpha}_3$.

15. $\boldsymbol{A}_1$ 是恒等变换; $\boldsymbol{A}_2$ 是关于平面 yOz 的镜面反射; $\boldsymbol{A}_3$ 是关于 x 轴的反射, $\boldsymbol{A}_4$ 是关于坐标原点的反射; $\boldsymbol{A}_5$ 是绕 x 轴旋转 θ 角度; $\boldsymbol{A}_6$ 是绕 x 轴旋转 θ 角度后, 对 yOz 平面作镜面反射.